陇上学人文存

LONGSHANG XUEREN WENCUN

陇上学人文存

郭厚安　卷

郭厚安　著　田　澍　编选

甘肃人民出版社

图书在版编目（ＣＩＰ）数据

　　陇上学人文存. 郭厚安卷 ／ 范鹏，马廷旭总主编 ；郭厚安著 ；田澍编选. -- 兰州 ： 甘肃人民出版社，2023.2
　　ISBN 978-7-226-05906-7

　　Ⅰ．①陇… Ⅱ．①范… ②马… ③郭… ④田… Ⅲ.①社会科学－文集 Ⅳ．①C53

中国版本图书馆CIP数据核字(2022)第228219号

责任编辑：张　　菁
助理编辑：李舒琴
封面设计：王林强

陇上学人文存·郭厚安卷

范鹏　马廷旭　总主编
郭厚安　著　田澍　编选
甘肃人民出版社出版发行
(730030　兰州市读者大道 568 号)

兰州新华印刷厂印刷
开本 890 毫米 × 1240 毫米　1/32　印张 12.375　插页 7　字数 312 千
2023 年 2 月第 1 版　　2023 年 2 月第 1 次印刷
印数：1~1000

ISBN 978-7-226-05906-7　定价：60.00 元
（图书若有破损、缺页可随时与印厂联系）

《陇上学人文存》第一辑

编辑委员会

学术指导委员会

《陇上学人文存》第三辑

编辑委员会

《陇上学人文存》第五辑

编辑委员会

总　序

陇者甘肃，历史悠久，文化醇厚。陇上学人，或生于斯长于斯的本地学者，或外来而其学术成就多产于甘肃者。学人是学术活动的主体，就《陇上学人文存》（以下简称《文存》）的选编范围而言，我们这里所说的学术主要指人文社会科学研究。《文存》精选中华人民共和国成立以来，甘肃人文社会科学领域成就卓著的专家学者的代表性著作，每人辑为一卷，或标时代之识，或为学问之精，或开风气之先，或补学科之白，均编者以为足以存当代而传后世之作。《文存》力求以此丛集荟萃的方式，全面立体地展示新中国为甘肃学术文化发展提供的良好环境和陇上学人不负新时代期望而为我国人文社会科学事业做出的新贡献，也力求呈现陇上学人所接续的先秦以来颇具地域特色的学根文脉。

陇原乃中华文明发祥地之一，人文学脉悠远隆盛，纯朴百姓崇文达理，文化氛围日渐浓厚，学术土壤积久而沃，在科学文化特别是人文学术领域的探索可远溯至伏羲时代，大地湾文化遗存、举世无双的甘肃彩陶、陇东早期周文化对农耕文明的贡献、秦先祖扫六合以统一中国，奠定了甘肃在中国文化史上始源性和奠基性的重要地位；汉唐盛世，甘肃作为中西交通的要道，内承中华主体文化熏陶，外接经中亚而来的异域文明，风云际会，相摩相荡，得天独厚而人才辈出，学术思想繁荣发达，为中华文明做出了重要贡献。

近代以来，甘肃相对于逐渐开放的东南沿海而言成为偏远之地，反而少受战乱影响，学术得以继续繁荣。抗日战争期间作为大后方，接纳了不少内地著名学府和学者，使陇上学术空前活跃。新中国成立之后，人文社会科学领域的专家学者更是为国家民族的新生而欢欣鼓舞，全力投入到祖国新的学术事业之中，取得了一大批重要的研究成果，涌现出众多知名专家，在历史、文献、文学、民族、考古、美学、宗教等领域的研究均居全国前列，影响广泛而深远。新中国成立之后，人文社会科学几次对当代学术具有重大影响的争鸣，不仅都有甘肃学者的声音，而且在美学三大学派（客观派、主观派、关系派）、史学"五朵金花"（史学在新中国成立之后重点研究的历史分期、土地制度史、农民战争史等五个方面的重点问题）等领域，陇上学人成为十分引人注目的代表性人物。改革开放以来，甘肃学者更是如鱼得水，继承并发扬了关陇学人既注重学理求索又崇尚经世致用的优良传统，形成了甘肃学者新的风范。宋代西北学者张载有言："为天地立心，为生民立命，为往圣继绝学，为万世开太平"，此乃中华学人贯通古今、一脉相承的文化使命，其本质正是发源于陇原的《易》之生生不已的刚健精神，《文存》乃此一精神在现代陇上得到了大力弘扬与传承的最佳证明。

《文存》启动于中华人民共和国成立六十周年之际，在选择入编对象时，我们首先注重了两个代表性：一是代表性的学者，二是代表性的成果，欲以此构成一部个案式的甘肃当代学术史，亦以此传先贤学术命脉，为后进立治学标杆。此议为我甘肃省社会科学院首倡，随之得到政界主要领导、学界精英与社会各界广泛认同与政府大力支持，此宏愿因此而得以付诸实施。

为保证选编的权威性，编委会专门成立了由十几位省内人文社会科学领域著名学者组成的专家指导委员会，并通过召开专题会议研讨、发放推荐表格和学术机构、个人举荐等多种方式确定入选者。为使读者对作者的学术成就、治学特色和重要贡献有比较准确和全面的了解，在出版社选配业务精良的责任编辑的同时，编委会为每一卷配备了一位学术编辑，负责选编并撰写前言。由于我院已经完成《甘肃省志·社会科学志》（古代至1990年卷，1990至

2000 年卷）的编辑出版工作，为《文存》的选编提供了坚实的基础和基本依据，加之同行专家对这一时期甘肃人文社会科学发展的研究，使《文存》能够比较充分地反映同期内甘肃人文社会科学的基本状况。

我们的愿望是坚持十年，《文存》年出十卷，到 2019 年中华人民共和国成立七十周年之际达至百卷规模。若经努力此百卷终能完整问世，则从 1949 至 2009 年六十年间陇上学人以"人一之、我十之，人十之、我百之"的甘肃精神献身学术、追求真理的轨迹和脉络或可大体清晰。如此长卷宏图实为新中国六十年间甘肃人文社会科学全部成果的一个缩影，亦为此期间甘肃人文社会科学学术业绩的一次全面检阅，堪作后辈学者学习先贤的范本，是陇上学人献给祖国母亲的一份厚礼。此一理想若能实现，百卷巨著蔚为大观，《文存》和它所承载的学术精神必可存于当代，传之后世，陇上学人和学术亦可因此而无愧于我们所处的伟大时代，并有所报于生养我们的淳厚故土。

因我们眼界和学术水平的局限，选编过程中必定会出现未曾意料的问题，我们衷心期望读者能够及时教正，以使《文存》的后续选编工作日臻完善。

是为序。

2009 年 12 月 26 日

目　录

编选前言

　　《陇上学人文存》是甘肃省重大文化建设项目,旨在全面反映新中国成立以来甘肃人文社会科学发展的学术传承和学术成就,彰显陇上学人自强不息、独立思考、追求卓越的学术风采。对我而言,编选《陇上学人文存·郭厚安卷》,不仅是为了梳理郭厚安先生的学术成果,更重要的意义在于通过追忆昔日在先生身边学习和工作的种种情景,重温先生的治学之道,谨记先生教诲,发扬先生崇高的师德师风,将先生的治学精神代代相传、发扬光大。

一

　　郭厚安(1926—1999),字长祐,四川彭山县人。生前系西北师范大学历史系教授,并任中国明史学会理事、国际中国哲学会中国大陆西北资讯中心学术顾问和甘肃省旅游协会理事等学术职务。1949年,郭厚安先生考入四川大学师范学院教育系,后因病休学数年。1953年复学后,因院系调整进入重庆西南师范学院学习。1956年,郭先生考入四川大学历史系,跟随老一辈著名史学家徐中舒先生攻读明清史研究生。毕业后,分配来兰,支援大西北建设。先后在甘肃师专、甘肃教育学院及甘肃省中小学教材编写组工作。1978年调入西北师范大学历史系从事教学科研工作,1997年退休。

　　郭厚安先生长期担任古代史教研室主任,重视学科建设、本科教学、研究生教育和学术交流,强调教学与科研并重,为西北师大中国古代史学科的发展做出了积极的贡献。他与金宝祥先生、王俊杰先生、陈守忠先生、李庆善先生组成的导师组,培养了一大批青年才俊,如活跃在学术界的中国社会科学院经济研究所、民族学与人类学研究所的魏明孔研究员和王希恩研究员,浙江大学的李华瑞教授、北京大学的漆永祥教授、南京师范大学的王锷教授等专家学者,就是在他们的指导下打下了坚实的学术基础。在繁重的教学之余,郭先生能够克服一切困难,致力于学术研究,笔耕不辍,所获甚多。在四十余年的学术生涯中,他个人以及与他人合作完成的论著、地方志及教材等共有十余部,连同论文三十余篇,字数多达430万左右。

在学术研究中,郭先生孜孜不倦,乐此不疲,常言若有一得,皆自勤奋中来。他治学谨严,不务高论,其言朴实无华,其论信而有征。他力求博览,而又归之于约,故能触类旁通,说理辟透。他严谨的治学态度深得同行的赞许,其学术成果有重要的学术影响。郭先生的治学领域主要体现在,明代专题史、中国儒学史和西北地方史三个方面,下面分别予以简述。

二

明史研究是郭先生用力最多的领域。早在四川大学攻读研究生时,郭先生就发表了《从元末农民起义与明初社会状况论朱元璋的历史地位》和《略谈明初的屯田》两文。在《从元末农民起义与明初社会状况论朱元璋的历史地位》一文中,他认为"评价朱元璋,当然首先得从元末农民起义谈起;朱元璋时代高度中央专制集权有着一套完整的体系,这都不是他凭空创造的,一方面是总结历代统治者的经验,继承宋代以来中央集权发展趋势的结果,另一方面是专制权力的高度集中,阶级矛盾愈加尖锐的结果;元末农民起义的胜利与朱元璋个人才干有着密切的关系,但不应该片面歌颂朱元璋个人"[1]。此文后被《历史研究》编辑部选入《明清人物论集》之中,由四川人民出版社1983年出版。在《略谈明初的屯田》一文中,他认为明初恢复农业生产、巩固封建政权的措施中,屯田是主要的一环;明初的屯田分为民屯、商屯和军屯三种,商屯实际上是民屯,也可作为军屯的一种形式;屯田对明初社会经济的恢复和发展以及政权、边防的巩固等各方面,的确发挥过较大的作用,但由于统治阶级的兼并、掠夺而衰落了。[2]

郭先生十分重视重要的历史人物对于历史发展进程所起的作用,认为元末农民起义的胜利以及明初社会经济的迅速恢复、吏治的焕然丕变和专制主义中央集权的空前强化,无不与朱元璋个人的才干有着密切关系。"靖难之役"的结局,则与朱棣和朱允炆两人的才智紧密相连;建文君臣并未实行过什么新政,而朱棣也并非一切都遵守祖制,"靖难之役"的实质是争夺皇位,削藩是其爆发的根本原因。明王朝的灭亡,除历史的必然性之外,朱由检个人也难辞其咎。他认为高度强化了的明代专制主义中央集权,其影响及于各个方面,因此,要研究明代的历史,不能离开这一特定的历史条件,否则就不能给出圆满的答案。关于明代选举制度,郭先生认为,明初的选举制度为明王朝的官僚机构补充了大量的、基本上合格的官吏;而这些官吏在任期间,又将受到严格的考核制度的甄别,奖善罚恶,从而知所劝惩,促使明初的吏治蒸蒸,百职厘举,称为极盛。当然,严刑峻法使官吏不敢肆意妄为是一个重要因素,但选举制度也无疑起着较大的作用。

1994年,郭厚安先生撰写的《弘治皇帝大传》由辽宁教育出版社

---

[1]柯建中、郭厚安:《从元末农民起义与明初社会状况论朱元璋的历史地位》,《四川大学学报——社会科学》1958年第2期。

[2]郭厚安:《略谈明初的屯田》,《历史教学》1958年第4期。

出版,这是一部开拓性的史学传记。在撰述时,郭先生"不是简单地排列史料,而是加以精心的梳理和剪裁,将弘治一朝的纷繁史实组织起来;并对许多问题加以分析研究,得出了许多较为客观公正的结论,从而将弘治一朝历史的研究推进了一步"①。他认为明孝宗是一个既非圣主、又非暴君的"中间人物",但他本质上和明朝其他皇帝一样,是极端君主专制制度的捍卫者。这一认识突破了以往论著对明孝宗两极分化的评价,具有重要学术价值。此书出版后受到学术界的一致好评,是研究明孝宗绕不开的必读著作之一,2008 年由中国社会出版社再版。

郭先生重视对张居正的研究。在《论张居正的政治思想》一文中,他认为张居正的政治思想内容较为丰富;其中效法"后王"、力主变革是鲜明特点,整饬纪纲、加强集权是张居正政治思想的核心,立贤无方、唯才是用以及民为邦本、本固邦宁也是张居正政治思想的重要内容。②在以人治为主的封建社会里,没有强有力的权力的支持是无法进行改革的。权力是张居正推行改革的支柱。最后,其改革也必然随着他的权力的消失而夭折。张居正靠强权并没有也不可能根除明王朝的痼疾。单靠权力来进行改革,实行自救,其本身就有着极大的局限性,对权力的崇拜不能不引起我们的深思。③同时,郭先生与吴廷桢先生共同主编了《中国历史上的改革家》,由甘肃教育出版社于 1986 年出版发行。

郭厚安先生重视明代宦官研究,其论文《假皇权以肆虐的奴才——论明代的宦官》在学术界有重要影响。他认为明代的宦官尽管

①刘靖、赵中男:《一生功过,重予评说——〈弘治皇帝大传〉读后》,《西北师大学报(社会科学版)》1995 年第 3 期。

②郭厚安:《论张居正的政治思想》,《甘肃社会科学》1985 年第 5 期。

③郭厚安、田澍:《对张居正权力之剖析》,《甘肃社会科学》1989 年第 2 期。

权势熏灼,但他们只不过是假皇权以肆虐的奴才,为皇帝搏噬臣民的鹰犬而已,没有也不可能对皇权构成任何威胁。明代宦官这种既拥有很大权势,又只是皇帝的忠实奴才的特点,是极端君主专制制度所决定的。

对明代江南地区赋税沉重问题,郭厚安先生予以特别关注。他认为这是由当时的历史所决定的,一方面,明初"军国所用租赋,悉出南方郡邑";另一方面,同时也与朱元璋出身贫民且施行"使富者得以保其富,贫者得以全其生"的总政策密切相关。江南的重赋致使江南人民经常处于饥寒交迫的困境之中,甚至破家荡产,流离失所。然而,由于中国封建经济结构的特殊性,农业和家庭手工业十分牢固地结合在一起,因而使得小农经济具有很强的韧性。统治者在"重农"的口号下,采用各种手段,使小农经济得以苟延残喘,长期维持不坠,从而使封建的生产方式、封建的统治得以长期延续。①

在明代思想史方面,郭厚安先生着重关注明代著名思想家的重要思想和学术专著。他认为李贽"绝不是什么'尊法反儒'的'法家',而只是地主阶级进步的思想家";李贽的思想是比较庞杂的,而且也每多抵牾,这是当时纷繁的社会现实生活的反映,是不足为奇的。②对于王守仁的心学,郭先生指出其在理论上的缺陷和错误的同时,也充分地肯定了王守仁对明朝中叶以后"异端"思想的崛起所产生的影响。但他认为明末的思想界的确存在着"异端",但决不能离开当时的具体历史条件而任意拔高、夸大。③在《论明清之际对君主专制的批

①郭厚安:《明代江南赋重问题析》,《西北师范学院学报》1984 年第 4 期。

②郭厚安:《论李贽的所谓"尊法反儒"思想——对广东某教授主观唯心主义的批判》,《甘肃师大学报(哲学社会科学版)》1979 年第 1 期。

③郭厚安:《略论王守仁"心学"的历史地位》,《西北师范大学学报》1990 年第 1 期。

判》一文中,他认为明清之际对君主专制的批判思潮有其深刻的社会根源和思想根源:既是历史上以民为本、反对君主专制思想的继续和发展;又是明中叶以后逐渐萌生的"异端"思潮在政治思想方面的表现;其次是对明王朝自中叶以后日益衰朽以至灭亡的严酷现实的反思;也是地主士大夫在极端君主专制下政治地位日益低下境况中的抗争行为。这股批判思潮虽然闪耀着理性光辉,对晚清思想之骤变影响甚巨,但并不具备反对封建制度的性质,也不属于近代启蒙思想。①黄宗羲是明清鼎革之际的著名思想家,他的学术观点集中体现在《明夷待访录》之中。郭先生认为黄宗羲"虽然尖锐地批判了极端君主专制,但他没有否定封建制度,没有否定君主,从总体来说,他的光辉的民主思想就免不了罩上一层封建的乌云。受限于时代,在这位启蒙思想家的头脑中,便不可避免地存在着一些旧制度的幽灵;同时,在他所描绘的理想社会的蓝图中,又不免存在一些虚幻的楼阁。自然,我们不应该苛求于古人,因此,必须从总体上给予充分的肯定"②。

《明实录》是研究明代历史的基础资料,但卷帙浩繁,在没有现代信息检索手段之前,翻检费时费力。为此,郭先生依据多个版本、花费数年心血从 3508 卷的明代各朝《实录》中筛选出重要的经济史料,分门别类,编成了《明实录经济资料选编》,由中国社会科学出版社于 1989 年出版发行。在结构上,全书章节编排合理,分为户口、田地、岁入总数、田制、赋役、农业、工商业、盐务、漕运、财政等八大类,每大类下又分若干子目。所有史料均以年月为序,记事为纬,编排简明,便于检索。在选择史料方面,该书既考虑到使史料具有广泛性,力求使每

①郭厚安:《论明清之际对君主专制的批判》,《西北师范大学学报(社会科学版)》1995 年第 5 期。

②郭厚安:《〈明夷待访录〉读后》,《西北师范学院学报》1985 年第 3 期。

个问题的基本情况及其发展变化都能反映出来,如屯田一项,所选史料便反映了屯田的设立和管理,屯田子粒的征收方法和标准,以及屯田由盛转衰等情况。郭先生以"梁本"《明实录》为底本,参以现存多个版本的《明实录》,对所收史料进行了精细校正。先生甘为人梯的精神于此可见一斑!

三

郭先生在儒学史研究方面,梳理了中国儒学发展的历史脉络,推动了儒学研究。他和赵吉惠等先生共同主编的《中国儒学辞典》以及《中国儒学史》两书,既填补了学术界在这方面的空白,又系统地阐述了儒学的发生、发展和演变以及儒学在漫长的中国历史中所起的巨大作用和深远影响。

1988 年,郭厚安先生与赵吉惠先生主编的《中国儒学辞典》由辽宁人民出版社出版。全书 88 万字,收入词目 2200 余条,并附有"二十五史"《儒林传》12 条。辞典所收词目起自先秦,迄于 1986 年,按人物、典籍著述、学派书院、概念词语四部分排列,具有开创之功。冯友兰为之题词,张岱年为之作序。该辞典一经出版,反响热烈。魏鉴勋、高虹认为该辞典是"一部独具特色,很有价值的工具书"[1]。金景芳、吕绍纲认为:"读者可以当辞典用又可以当书看,可谓横看侧看均可,成峰成岭皆宜;儒学万宗,一书总揽。"[2]《中国儒学辞典》出版后获第三届"中国图书奖"和辽宁省"图书一等奖"。

---

[1]魏鉴勋、高虹:《辩证地对待儒学——兼评〈中国儒学辞典〉》,《社会科学辑刊》1989 年第 4 期。

[2]金景芳、吕绍纲:《儒学万宗,一书总揽——评〈中国儒学辞典〉》,《中国图书评论》1989 年第 3 期。

《中国儒学史》是赵吉惠、郭厚安等先生主编的国内外第一部全面、系统论述儒学发生、发展和演变史的专著，开启了儒学发展通史研究的先河，第一次从历史的高度对儒学作了全面的审视。[①]该书首开为儒学发展划分阶段之先河，将其分为五个时段即"先秦为儒学形成和初步发展时期，两汉为儒学经学化的时期，魏晋南北朝至隋唐为儒学的玄学化和儒释道三教融合时期，宋明为儒学的理学化时期，清代为儒学的衰落时期"。在儒学的起源、孔子思想体系和传统儒学终结的原因等方面，该书亦多有创见。学界对此书评价颇高，如田文棠认为：《中国儒学史》"立足于时代和当前改革实践的需要，以儒学演变的历史形态为主线，以中国传统文化史为背景，对儒学思想形成发展的全过程，及其在中国传统文化中的重要地位和作用，进行了精到深入的剖析和具有新意的诠释；它既是一部专业性的学术史著作，又是一部文化史和思想史著作，具有较高的学术价值和一定的现实意义"[②]。该书于 1991 年荣获全国古籍图书一等奖。

郭厚安先生对西北史研究情有独钟，成果丰硕。郭先生在甘肃工作生活了 41 年，将整个人生奉献给了大西北。他深深地爱着这片热土。为了使更多的人了解甘肃、热爱甘肃，作为一名史学工作者，郭先生投入大量精力来研究甘肃史。先是与吴廷桢先生共同主编了《悠久的甘肃历史》（甘肃人民出版社 1988 年出版），后又与陈守忠先生、吴廷桢先生、李清凌先生共同主编了《甘肃古代史》（兰州大学出版社1989 年出版）、《河西开发研究（古代卷）》（甘肃教育出版社 1993 年出

---

①谭宝刚：《20 世纪 90 年代中国大陆几部儒学史著作述评》，《中国史研究动态》2002 年第 2 期。

②田文棠：《对传统儒学的现代诠释与超越——评〈中国儒学史〉〈儒学在现代中国〉》，《陕西师大学报（哲学社会科学版）》1994 年第 1 期。

版)、《河西开发史研究》(甘肃教育出版社 1996 年出版)和《西北通史(第三卷)》(兰州大学出版社 2005 年出版)等四部著作。郭先生在西北地方史研究中自有独到之处。他既注重长时间段的考察,主编多部通史类著作,也着眼于微观史实的探究,如对明代河西走廊和"关西七卫"的开拓性研究。在《明代河西走廊与"关西七卫"》一文中,他重点阐述了明代河西走廊的重要性和为保障河西走廊与西北边疆安全而设置七个羁縻卫所,认为明代河西走廊的重要性不仅在于军事方面,而且还在于它仍然是中西陆上交通的孔道,西北贡使必经河西走廊;而"关西七卫"置废始终与明朝的国力相关,当它们相继削弱、残破以致于覆亡之后,西陲日益多事,明王朝也更难于应付了。[1]

四

本人于 1982 年考入西北师范大学历史系,那时郭先生讲授中国古代史通史课和明清史专题课。他讲课认真,线索清晰,分析深刻,是学生喜欢的好老师。1986 年毕业时,自己有幸被免试推荐为郭先生的硕士研究生,攻读明清史。同时投入师门的还有来自青海师范大学的董倩和湘潭大学的陈育松。当时除外语和政治课集中授课之外,专业课都在老师家中讲授。郭先生带领我们三人先后拜访了金宝祥先生、王俊杰先生、李庆善先生和陈守忠先生,并要求我们选修他们的课程。明清史的课程主要由郭先生讲授,分两个学期进行,一周一次。每次上完课,我们中午都在先生家中用餐。先生一家都是四川人,做的饭当然好吃。所以,在先生家中上课,就是我们改善生活的时候。我们三人与先生家人结下了深厚的感情。

---

[1]郭厚安:《明代的河西走廊和"关西七卫"》,载《悠久的甘肃历史》,甘肃人民出版社 1988 年。

郭先生在培养研究生的过程中十分重视学术交往。在1987年9月时，他就带领我们参加在哈尔滨召开的第二届明史国际学术研讨会，期间顺道考察了北京、沈阳两地的明清遗存。在那次会议上，我们全程听取了专家们的精彩发言，其中黄仁宇先生的大会演讲给我留下了深刻的印象。作为刚入门的硕士研究生，能够参加如此高水平的学术会议，使我开阔了眼界，增长了见识。在开会和考察期间我结识了中国社会科学院近代史所的张德信先生、中央民族大学的陈梧桐先生、黑龙江大学的暴鸿昌先生，并与他们建立了深厚的友谊。同时，郭先生支持我们走访相关专家，扩大学术视野。我们先后去成都、重庆、杭州、武汉、上海、南京、西安等地考察并拜访专家。

在攻读硕士学位期间，在郭先生的指导下，我们共同完成了《对张居正权力之剖析》一文。为了突出主题，与先生多次讨论，反复修改，不断完善，对自己提高撰写学术论文的能力有很大的帮助。由于对张居正的研究与我所写的硕士学位论文《明代内阁新论》息息相关，也就决定了自己研究明史的基本格局，并与后来博士学位论文的选题一脉相承。

在学位论文答辩时，先生为我们组织了阵容强大的答辩委员会。答辩委员会主席由兰州大学赵俪生先生担任，成员有兰州大学的李蔚先生，西北师范大学的金宝祥先生、王俊杰先生和陈守忠先生。赵俪生先生的精彩点评给我留下了难忘的印象。

在1989年硕士毕业之时，先生给时任西北师范大学校长白光弼先生写了推荐信，建议将我留在历史系从事教学科研工作。白校长对郭先生的推荐很重视，指示人事处会同历史系进行考察。在考察之后，自己得以留校工作。可以说，在自己的人生道路上，郭先生的指导和帮助是至关重要的。

郭先生积极支持我进一步深造。在1993年准备报考博士研究生时,最初打算报考东北师范大学李洵先生的明清史,考试时间是五月份。1993 年 2 月下旬,我的同事漆永祥同志送来一份刊有中国社会科学院研究生院博士研究生招生简章的《光明日报》,其中有蔡美彪先生招收元明清史方向博士研究生的信息,考试时间是三月份。由于对考取东北师范大学没有绝对的把握,得知这一消息后,我决定先试着报考中国社会科学院研究生院。在报考之前,自己从未见过蔡先生,也没有与先生有过任何交往,对先生的了解主要是通过阅读《中国通史》和蒙元史方面的相关论著获得的。当自己把这一想法告诉郭先生时,他也积极支持,并说认识蔡先生,回忆到曾经在北京大街上偶遇蔡先生的情景。由于考完后被录取,故再未报考东北师范大学。1995 年,李洵先生去世,自己未能见上先生一面,甚为遗憾。不过,李先生鼓励报考的长信我一直在珍藏着。

在攻读博士学位期间,寒暑假回到兰州,我都要向先生汇报自己的学习情况,并向他请教问题。比如在认识正德、嘉靖之际政局演变时,相当一部分学者放大武宗暴亡后政局的不稳定性,借此来夸大所谓杨廷和的"拥立之功"。但郭先生认为,由于明朝政治体制的高度稳定性,该时期的政局十分稳当,不宜过分夸大皇位更迭时期的危局。这一观点对我影响很大,在我发表的系列论文中,始终坚持着郭先生的这一观点。1996 年从中国社科院研究生院获得博士学位之后,我回到西北师大历史系工作,郭厚安师仍耳提面命,即使在病榻上也不例外。先生宅心仁厚,对我的关怀、教导与提携,我将铭刻于心!

值得一提的是,在留校工作之初,郭先生与吴廷桢先生主持编写《河西开发研究》一书时,他把明代部分交给了我。这样,先生便将我引入河西走廊研究之中,扩大了自己的学术领域。后来在西北师大历史学科建设中,我提出教师在学术研究中要学会"两条腿走路"的理念,也是基于此而来。所谓"两条腿走路",就是既要研究通史的问题,又要研究区域性问题。而在具体的研究中,在充分了解和深度吸纳通史和断代史研究成果的前提下,既要有对某一时段的微观研究,又要有大历史观的眼光;既要有史学的素养,又要有现实的关照;既要有中国情怀,又要有国际视野。只有相互融通,才能有所创见。

1999年5月2日,郭先生因病去世。先生的辞世,使我失去了一位促膝交谈的良师!他的音容笑貌时常浮现在我的眼前和梦中!为了不辜负先生的栽培,自己唯有勤奋研读和笔耕不辍!人生的最大幸福,莫过于得一良师!前有郭先生,后有蔡先生,得到两位恩师的指导,对我而言,乃人生之大幸!

五

2022年2月中旬,甘肃社会科学院副院长、《陇上学人文存》副主编马廷旭研究员打来电话,说要计划出版《陇上学人文存·郭厚安卷》,让我负责整理。对于马廷旭先生对郭先生学术成果的特别关注和对我的信任,在此表示真诚的谢意!

在接受任务之后,我立刻与郭先生的子女联系,征求他们的意见,并寻求他们的支持。在他们同意让我全权负责整理郭先生的成果之后,便将繁重的编辑工作交给我指导的学生来做,主要由2021级博士生李航负责,2021级博士生辛婉怡,2019级硕士生崔健健,2021级硕士生马博、程佳丽等人参与。输入文字、校对史料和依照出版规范标注资料出处等工作,是非常辛苦的工作,他们克服一切困难,在防疫封闭时期的一个多月内完成了任务。对他们出色的表现,表示衷心的感谢!

郭厚安先生已发表的学术论文有30余篇,独立撰写、合著、主编、合作主编的论著达10余部,参与编审《中国军事百科全书》(中国古代战争史·元明清分册)。因篇幅所限,本书选取其中的22篇论文。

在整理文稿时,我们按照原文录入,只对个别语句做了微调,如将一些论文中的"象是""那末"等词改为"像是""那么"等。同时,按照当下的注释规范,完善了所引材料的注释格式,并统一改为页下注。

仰之弥高,钻之弥坚。编辑出版《陇上学人文存·郭厚安卷》,一方面在于全面梳理郭先生的学术成果,对了解先生的学术贡献具有重要意义;另一方面在于激励后学,传承先生锲而不舍、独立思考的学术精神。今天是郭厚安先生去世 23 周年纪念日,谨以此文表达对先生的深深怀念! 我相信先生的治学精神会一代代地传承下去!

田 澍

2022 年 5 月 2 日

论朱元璋的治国之道

　　1351 年，朱元璋投身于元末农民起义的行列，并很快崭露头角。渡江以后，虽然其富庶不如张士诚，强大不如陈友谅，但十数年间，终于削平群雄，取得了反元斗争的胜利，登上了皇帝宝座。大明帝国建立以后，他又劳心焦思，强化了封建专制主义中央集权，扭转了"元政废弛"，吏治腐败的局面，并迅速恢复了极端残破的社会经济，奠定了明王朝近 300 年统治的坚实基础。正如《明史·太祖本纪》所说："武定祸乱，文致太平，太祖实身兼之。"

　　本文不拟谈他的"武定祸乱"，而只就其"文致太平"方面，即以孔孟之道治国的问题作一些探讨。

一

　　"以游丐起事，目不知书"①的朱元璋，居然与孔孟之道结下了不解之缘，地主士大夫对他的影响和熏陶，不能不说是一个重要因素。

　　洪武三年（1370 年），朱元璋曾对徐达等人说过："曩四方纷乱，朕与卿等图生而已，渡江以来……始有救民之心。"②所谓"救民之心"，实即建立帝王之业的同义语。而要实现这个宏图，"以一布衣，无少凭

---

　　①〔清〕赵翼：《廿二史札记》卷 32《明祖文义》。
　　②〔明〕何乔远：《名山藏》卷 2《典谟记》。

藉"①的朱元璋,自然不得不争取饱读圣经贤传,具有文韬武略、治国安民之才的地主士大夫的拥戴和支持。因此,在削平群雄和反元斗争中,朱元璋不得不"所至征召耆儒",在网罗地主士大夫方面,真可谓不遗余力。

明王朝建立以后,朱元璋更是多次遣使求遗贤于四方,甚至立下"寰中士夫不为君用"之条,驱迫那些不愿出仕新朝者就道。其中固然包含着朱元璋对一些地主士大夫的怀疑猜忌,但是不可否认,朱元璋的确需要地主士大夫。洪武元年(1368年)九月,朱元璋在求贤诏中说:"朕为天下之广,固非一人所能治,必得天下之贤共成之。……今天下再定,日与诸儒讲明治道,启沃朕心,敢不以古先哲王是期。岩穴之士,有能以贤辅我,以德济民者,尚不吾弃!"②这种"治国以得贤为先"的思想,贯穿在朱元璋历次的求贤诏以及始开科举诏中。朱元璋深深地懂得:"躬擐甲胄、决胜于两阵之间,此武夫之事,非儒生所能;至若承流宣化、绥辑一方之众,此儒者之事,非武夫所长也。"③特别是朱元璋要制礼作乐,立一代之宏规,更离不开地主士大夫。正如他自己所说:"自古以来,兴礼乐、定制度,光辅国家,成至治之美,皆本于儒。"④在朱元璋的竭力蒐求之下,明初便出现了"山林岩穴,草茅穷居,无不获自居于上,由布衣而登大僚者不可胜数"⑤的盛况。

就当时的情况来说,朱元璋固然需要地主士大夫,而地主士大夫也同样需要朱元璋。

---

① 〔清〕谈迁:《国榷》卷8。

② 佚名:《皇朝本纪》。

③ 〔明〕周应宾:《旧京词林志》卷1。

④ 〔明〕胡广:《明太祖宝训》卷8《任官》。

⑤ 《明史》卷71《选举志三》。

　　大量的历史事实表明,元朝末年,汉族地主士大夫尽管不少人怀材抱道,然而并不为时所用,在政治舞台上,他们无法扮演重要的角色。同时,他们虽然对元朝的统治感到失望,但却无法依靠自身的力量改变现实,从而改善自己的处境。元末农民起义的狂飙席卷中原大地以后,有识之士自然十分清楚元朝的统治是无论如何也保不住了,他们要物色一个能代表自己利益的"主子"。韩林儿、刘福通虽然势盛,但坚持农民起义的主张,因而在地主士大夫看来,简直比"洪水猛兽"还可怕。所谓"不幸小民,误中妖术……聚为烧香之党,根据汝颍,蔓延河洛。妖言既行,凶谋遂逞,焚荡城郭,杀戮士夫,荼毒生灵,千端万状"[1]。既是如此,自然不能投靠。张士诚据有东南富饶之地,又开宾贤馆以致天下之士。然士诚器小,耽于逸乐,没有远图。因而附之者多贪图官爵田宅、声色狗马之辈,"贤豪弗为之用"[2]。至于陈友谅,虽然鸷悍,且"地险而兵强",但终属一介武夫,难成大业。其他如明玉珍、方国珍、陈友定等,俱"阖门坐大,非有图天下之志"[3]。比较之下,朱元璋自然是最适合的人选。明朝建立以后,官僚地主士大夫中,除少数人因各种原因不愿为新朝效忠外,其余的大多数人仍愿以自己所学用世,并借此荣身。正如《明史·刘三吾等传赞》所说:"夫诸臣当元之季世,穷经绩学,株守草野,几于没齿无闻。及乎泰运初平,连茹利见,乃各展所蕴,以润色鸿猷,黼黻文章。"

　　当时聚集在朱元璋麾下的地主士大夫,不仅数量多,而且不少是颇有声望、颇有才干的名儒。这是朱元璋之所以取得成功的重要因

---

①祝允明:《前闻记·平吴仁言》。《弇山堂别集·诏令杂考一·高帝平伪周榜》文字微异。应该说这是地主士大夫和朱元璋对北方红巾军的共同看法。

②〔清〕钱谦益:《国初群雄事略》卷8《周张士诚》。

③〔清〕谷应泰:《明史纪事本末》卷3《太祖平汉》。

素。他们与朱元璋讲说经史，使他从"目不知书"到粗通文墨，到"文学明达，博通古今"①。他们为朱元璋运筹帷幄，克敌制胜；守土安民，劝课农桑；兴学育才，制礼作乐。《明史·陈遇传》说："太祖起布衣，经营天下。渡江以来，规模宏远，声教风驰。虽曰天授，抑亦左右丞弼多国士之助欤！"

应该说诸儒之功最大、最主要的乃在于用孔孟之道去影响朱元璋，使他的言行基本上符合古先哲王之道。陶安初见朱元璋时即劝其"神武不杀"，"以此顺天应人而行吊伐"②。陈遇答复朱元璋"保国安民至计"时说，应"以不嗜杀人，薄敛，任贤，复先王礼乐为首务"③。章溢告诉朱元璋："天道无常，惟德是辅，唯不嗜杀人者能一之。"④所有这些，实即孟子所说"保民而王，莫之能御也""不嗜杀人者能一之"⑤的翻版。陶安在与朱元璋相处的14年中，"所陈皆王道，所论皆圣学"⑥。理学家范祖干初见元璋时，"持《大学》以进。太祖问治道何先？对曰不出是书"⑦。刘基"暇则敷陈王道，帝每恭己以听"⑧。宋濂则要朱元璋按《春秋》之法褒善贬恶，照《尚书》二典、三谟⑨之大经大法行事⑩。这类事例甚多，不胜枚举。朱元璋在诸儒的熏陶之下，渡江以后即大力提

---

①详见《廿二史札记·明祖文义》。

②〔清〕谈迁：《国榷》卷1。

③《明史》卷135《陈遇传》。

④《明太祖洪武实录》卷8，至正二十年三月戊子。

⑤〔战国〕孟轲等：《孟子》卷1《梁惠王章句上》。

⑥〔清〕夏燮：《明通鉴》卷1《太祖纪一》。

⑦《明史》卷282《范祖干传》。

⑧《明史》卷128《刘基传》。

⑨按指《尧典》《舜典》以及《大禹谟》《皋陶谟》《益稷》。

⑩详见《明史·宋濂传》。

倡并身体力行地尊孔读经。他"晚岁训群臣,微引古道,出言成文,动协典谟"①,居然升了儒学之堂。

朱元璋以孔孟之道治国的原因,还在于儒家思想,或者说自董仲舒以后经过不断改造的儒家思想,是最适合于维护封建统治秩序的思想。因为按照儒家以伦理为核心的政治观点所建立的社会,最有利于维护"君君、臣臣、父父、子子"的尊卑等级秩序以及宗法血缘关系,保持整个社会的稳定与和谐。特别是封建社会后期,专制主义中央集权日益发展,皇权不断扩张,广大臣民愈来愈被君主当作可以任意宰割的羔羊。此外,随着地主土地所有制以及商品经济的发展,地主士大夫对权力和财产的追逐,表现出日益剧烈的趋势。至于广大劳动人民,在残酷的封建压榨下,经常挣扎在死亡线上,因而他们不断掀起反抗斗争,以改善自己的境遇。在这种情况下,如何才能调节好各阶级、阶层的关系,使之各得其所? 也就是说如何才能"格君心之非",使其以仁为宝而不以货财为宝? 如何才能使统治阶级内部各守礼法,不至僭越? 如何才能使为上者成为"民之父母","民之所好好之,民之所恶恶之"而不专其利? 如何才能使庶民克制甚至消除物欲,安于现状并尽力事上? 根据当时的社会需要,于是一种吸收了释、道哲学思想而形成的新儒学诞生了。新儒学特别强调格物致知、正心诚意、修身齐家,即古已有之的"内圣"之学,并把它确立为准宗教式的道德律条,使"天子以至于庶人"都能致力于身心修养,以复其仁义礼智之性,"以知其性分之所固有,职分之所当为"②。由于新儒学更能维护高度专制主义中央集权的统治,更能维护封建统治阶级的利益,更能使被统治者误认为现存秩序是天然合理的,因而儒学地位更牢固了,其

①〔明〕王圻:《续文献通考》卷198《道统考》。
②〔南宋〕朱熹:《四书章句集注》,《大学章句序》。

独尊的地位已为任何封建统治者所不能忽视和动摇。朱元璋要建立并维护其高度封建专制主义中央集权的统治，理所当然地必须借重孔孟之道，而绝对不能抛弃这面具有十分强大影响力的旗帜。

二

提倡尊孔读经，热心制礼作乐，宣扬仁义忠孝，是朱元璋以孔孟之道治国的主要内容。

朱元璋对孔子顶礼膜拜，表现出相当的虔诚。洪武元年二月，"以太牢祀孔子于国学，仍遣使诣曲阜致祭"。使臣临行时，朱元璋对他说："仲尼之道，广大悠久，与天地竝，有天下者莫不虔修祀事。朕为天下主，期大明教化以行先圣之道。今既释奠成均，仍遣尔修祀事于阙里，尔其敬之。"①十五年（1382年）四月，在下诏天下通祀孔子时，又与礼部尚书刘仲质说："孔子明帝王之道，以教后世，使君君、臣臣、父父、子子，纲常以正，彝伦攸序，其功参于天地。"②朱元璋对孔子这些很高的评价，在封建帝王中也是不多见的。

朱元璋认为，要以圣人之道"化民成俗"并作育人才，最迫切的莫过于兴办学校。吴元年（1367年）十月，他对御史大夫邓愈等说："治天下当先其重且急者而后及其轻且缓者。今天下初定，所急者衣食，所重者教化。衣食给而民生遂，教化行而习俗美。足衣食者在于劝农桑，明教化者在于兴学校。学校兴则君子务德，农桑举则小人务本。如是为治，则不劳而政举矣。"③洪武二年（1369年），朱元璋又谕中书省臣说："朕恒谓治国之要，教化为先，教化之道，学校为本。京师虽有太

①《明史》卷50《礼志四》。
②《明太祖洪武实录》卷144，洪武十五年四月丙戌。
③《明太祖洪武实录》卷26，吴元年十月癸丑。

学,而天下学校未兴,宜令郡县皆立学,礼延师儒,教授生徒,以讲论圣道,使人日渐月化,以复先王之旧,以革污染之习。此最急务,当速行之。"①于是,明朝初年便出现了"无地而不设之学,无人而不纳之教,庠声序音,重规叠矩,无间于下邑荒徼,山陬海涯"②,超过了唐宋以来的盛况。

要"明教化",自然要攻读圣经贤传。国子监建成后,规定《五经》《四书》为必读之书。洪武十四年(1381年)三月,又"颁《五经》《四书》于北方学校"。朱元璋说:"道之不明,由教之不行也。夫《五经》载圣人之道者也,譬之菽粟布帛,家不可无。人非菽粟布帛则无以为衣食,非《五经》《四书》则无由知道理。③从此不难看出朱元璋对读经的重视程度。为了鞭策士子们皓首穷经,以明圣人之道,服膺孔孟的"正统"思想——程朱理学,因而规定科举考试时,《五经》《四书》义基本上以程朱学派所阐释者为主。

朱元璋对礼在维持封建统治中的巨大作用是有深刻认识的,因而对制礼十分重视。他认为:"礼者所以美教化而定民志。……有礼则治,无礼则乱。居家有礼则长幼序而宗族和,朝廷有礼则尊卑定而等威辨。"④"先王制礼,所以辨上下,定民志,秩然而不紊,历世因之,不敢违越。诚以纪纲法度,维持世道之具。"⑤在此思想指导下,朱元璋兴起了一股议礼定制的热潮。命陶安、詹同等人各发挥其所长,"援据经义,酌古准今",制定了各种礼仪。朱元璋热衷于制礼,是因为:他要用

①《明太祖洪武实录》卷46,洪武二年十月辛巳。
②《明史》卷69《选举志一》。
③《明太祖洪武实录》卷136,洪武十四年三月辛丑。
④《明太祖洪武实录》卷73,洪武五年三月辛亥。
⑤《明太祖洪武实录》卷177,洪武十九年丁未。

礼来保证君主的权威不受丝毫侵犯。洪武九年(1376年)十月,朱元璋告诫群臣说:"《书》云'惟辟作福,惟辟作威,惟辟玉食,臣无有作福作威玉食。'君臣之分如天尊地卑,不可逾越。故《春秋》有谨始之义,《诗》有陵分之讥,圣人著之于经,所以垂训天下后世者至矣。尔在廷群臣以道事朕,当有鉴于彼,毋擅作威福,越礼分,庶几上下相保,而声名垂于不朽矣。"①他要用礼来"辨贵贱、明等威",因而规定房舍服色的区别,不许"僭礼败度";规定官民相见礼仪,"俾习以成化,庶几复古之治"。朱元璋还要用礼去限制人们的欲望。他说:"人之害莫大于欲。欲非止于男女、宫室、饮食、服御而已,凡求私便于已者皆是也。然惟礼可以制之。先王制礼,所以防欲也。礼废则欲肆。为君而废礼纵欲则流毒于民,为臣而废礼纵欲则祸延于家。故循礼可以寡过,肆欲必至灭身。"②为了广泛地进行礼教,朱元璋还把古代的乡饮酒礼搬了出来。以为"如此则家识廉耻,人知礼让,父慈子孝,兄友弟恭,夫和妇顺之道,不待教而兴"③。千百年来,礼教不知毒害了多少人的心灵,吞噬了多少人的生命。所以,对朱元璋如此苦心孤诣地提倡礼教,决不能视为虚文,而应充分估量它的巨大影响。

对于仁义和仁政,朱元璋同样把它看作夺取天下和治理天下必不可少的法宝。至正十九年,朱元璋进军浙东前夕,告诫诸将说:"仁义足以得天下,而威武不足以服人心";"克城虽以武,而安民必以仁",要诸将多事抚恤,"使民乐于归附"④。朱元璋认为,仁义乃天下之本,自然也是治国之本。尽管自古至今,治乱相继,然而亘古不变的却

---

①《明太祖洪武实录》卷110,洪武九年十月戊寅。
②《明太祖洪武实录》卷126,洪武十二年八月丁卯。
③《明太祖洪武实录》卷135,洪武十四年正月丁丑。
④《明太祖洪武实录》卷7,至正十九年正月乙巳。

是仁义,舍弃仁义就无以治国。而要讲仁义,就要行仁政,就要使民受实惠。具体地说,就是要"阜民之财而息民之力"。他说,"治民犹治水,治水顺其性,治民顺其情。人情莫不好生恶死,当省刑罚、息干戈以保之;莫不厌贫喜富,当重农时、薄赋敛以厚之;莫不好佚恶劳,当简兴作、节徭役以安之。若使之不以其时,用之不以其道,但抑之以威,迫之以力,强其所不欲而求其服从,是犹激水颣,终非其性也。"①只有实行德政、仁政,才能使人"归之如就父母"。而人心既归,则有土有财,便是十分自然之理了。基于此,当然更重要的是从维护明王朝的统治出发,朱元璋采取了一系列恢复残破不堪的社会经济、安定人民生活的措施。这是尽人皆知的事实,毋庸赘述。

对于孔孟之道的其他道德律条,朱元璋也是提倡不遗余力的。例如他在人人必读的《大诰》里,按照自己的需要,把孝推衍为:"事君以忠,夫妇有别,长幼有序,朋友有信,端庄,莅官以敬,战阵勇敢,不犯国法,不损肤肌。"②他以为这才是真正的孝。这样的处居人,才是他所要求的忠顺之民,忠顺之臣。为了使封建的伦常道德深入人心,除举行乡饮酒礼外,还在每里置一木铎,使老者于黄昏时沿路边敲边喊:"孝敬父母,恭敬长上,和睦乡里,教训子孙,各安生理,毋作非为"③,使人经常警惕,为善去恶。

必须指出,朱元璋是封建皇帝,而且是"威柄自操"的专制独裁者,而不是道学家。他提倡尊孔读经,主要的不在于弘扬儒学,而在于以孔孟之道治国,或者说利用儒学这面旗帜,利用孔圣人已被抬到吓人高度的地位来维护自己的统治。所以,在对待孔、孟的态度上,往往

---

① 《明太祖洪武实录》卷 177,洪武十九年正月己巳。
② 〔明〕朱元璋:《大诰续编》,《明孝第七》。
③ 〔明〕董谷:《碧里杂存》下卷《铎角》。

根据政治的需要而有所扬弃。在这点上,他与醇儒们是有距离的。

史载朱元璋曾于洪武二年下诏:"孔庙春秋释奠止行于曲阜,天下不必通祀。"①于是刑部尚书钱唐上书力争,说"孔子垂教万世,天下共尊其教,故天下得通祀孔子,根本之礼不可废。"侍郎程徐也疏言:"发挥三纲五常之道,载之于经,仪范百王,师表万世,使世愈降而人极不坠者,孔子力也。……今使天下之人读其书,由其教,行其道,而不得举其祀,非所以维人心扶世教也。"②但朱元璋拒不采纳,只是过了很久才恢复孔子的通祀。

先秦儒家在君臣关系上虽然也讲忠君,但并不认为君主是神圣的,为臣的不必绝对服从。孔子在回答鲁定公关于君臣关系的提问时说:"君使臣以礼,臣事君以忠。"③他还提倡"守死善道","天下有道则见,无道则隐"④。竭力保持士的独立人格,所谓"三军可夺帅也,匹夫不可夺志也"⑤。至于孟子的一些话,至今仍然掷地有声。例如他说:"贼仁者谓之贼,贼义者谓之残。残贼之人谓之一夫。闻诛一夫纣矣,未闻弑君也。"⑥国人皆曰贤然后用之,国人皆曰不可然后去之,国人皆曰可杀然后杀之。其他如"君之视臣如手足,则臣视君如腹心;君之视臣如犬马,则臣视君如国人;君之视臣如土芥,则臣视君如寇雠"。⑦"民为贵,社稷次之,君为轻"⑧。"君有大过则谏,反复之而不听,则易

---

① 谈迁否认此事,以为"高皇帝最尚儒术,安有罢祀之理"。见《国榷》卷8。

②《明史》卷139《钱唐传》。

③《论语·八佾》。

④《论语·泰伯》。

⑤《论语·子罕》。

⑥〔战国〕孟轲等:《孟子》卷1《梁惠王章句下》。

⑦〔战国〕孟轲等:《孟子》卷8《离娄章句下》。

⑧〔战国〕孟轲等:《孟子》卷14《尽心章句下》。

位";或者"反复之而不听,则去"①等等,无不闪现着中国传统文化民主性思想的光辉。显而易见,这类言论,与董仲舒以后,特别是唐宋以后的所谓儒学正宗是大相径庭的,自然不会为大搞专制集权的君主所容。所以,朱元璋在读到《孟子》"草芥寇雠语"时,"谓非臣子所宜言,议罢其配享",把孟子逐出了文庙。并且宣布,有敢于进谏者,"以大不敬论"。孟子是"亚圣",将其逐出文庙,在儒生们看来自然是件了不起的大事,虽然朱元璋十分严厉,但仍然有不怕死的卫道士站出来维护孟子的地位。刑部尚书钱唐上疏反对朱元璋的决定,并说"臣为孟轲死,死有余荣"。结果,朱元璋没有加罪钱唐,并且不久就以"孟子辟邪说,辨异端,发明先圣之道"为由,恢复了他的配享。但是,在朱元璋看来,《孟子》里面那些太刺眼的东西如不剔除,终究于自己不利。于是便命刘三吾主持修《孟子》节文,"凡不以尊君为主者皆删之"②。这样既"净化"了《孟子》,又维护了朱元璋的尊严,可谓一举两得。

三

张居正在《辛未会试程策》中谈到朱元璋对历史上的东西,包括所谓的"陋习敝政"采取兼收并蓄的政策,结果是"反以收富强之效,而建昇平之业"③。在张居正看来,朱元璋的兼收并蓄并不是以孔孟之道为主,而是以法治为主的。他说:"高皇帝以神武定天下,其治主于威强。前代繁文苛礼,乱政弊习,划削殆尽,其所芟除夷灭,秦法不严于此矣。"④说朱元璋兼收并蓄,凡是有助于稳固自己统治的东西,都

---

① 〔战国〕孟轲等:《孟子》卷10《万章章句下》。
② 《明史·钱唐传》;《明通鉴》卷4、卷8。
③ 〔明〕张嗣修等:《张太岳集》卷16《辛未会试程策三问》。
④ 〔明〕张嗣修等:《张太岳集》卷18《杂著》。

拿来为我所用而不拘一格,这是事实;但认为朱元璋与秦一样实行法治,或者说以申商之术治国,则并不十分妥当。这是因为:

首先,以申商之术治国的历史,早已随着秦王朝的灭亡而一去不复返了。众所周知,在"天下方务于合纵连横,以攻伐为贤"的战国时期,儒家的代表人物孟轲在干预诸侯,争取自己的学说能为世所用的斗争中,因"述唐虞三代之德",鼓吹仁政,反对战争,被认为"迂远而阔于事情",未能得势。相比之下,法家代表人物却以霸术得到诸侯的欢心而占了上风①。秦始皇统一六国后,继续以申商之术治国,所谓"秦之盛也,繁法严刑而天下振"②。不过,历史总爱捉弄人,秦始皇本想传之万世的天下,谁知二世就亡了。这一严酷的现实,不能不引起汉初统治者的深深思考,认真总结秦王朝短命的历史教训:贾谊认为,秦之所以二世而亡,主要原因在于"仁义不施";陆贾也是同样的看法,他对刘邦说:"乡使秦以并天下,行仁义,法先圣,陛下安得而有之?"③于是,西汉初期的统治者便不得不从各家的学说中撷取符合自己需要的思想成分,以便更有利于稳固自己的统治。因为各家尽管各有自己的特点,但其本质都是为统治阶级服务的。正如司马谈在《论六家要旨》中所说:"《易·大传》:'天下一致而百虑,同归而殊涂。'夫阴阳、儒、墨、名、法、道德,此务为治者也,直所从言之异路,有省不省耳。"④既然如此,所以汉初统治者便在申商刑名法术之外,兼收并蓄黄老的清静无为以及儒家的仁义礼乐。就是说并不专主法家学说,也不纯任儒术,而是像汉宣帝教训他儿子汉元帝时所说:"汉家自有制

---

①详见《史记·孟子荀卿列传》;《史记·商君列传》。

②〔西汉〕司马迁:《史记》卷6《秦始皇本纪》。

③〔东汉〕班固:《汉书》卷43《郦陆朱刘叔传》。

④〔西汉〕司马迁:《史记》卷130《太史公自序》。

度,本以霸王道杂之,奈何纯任德教,用周政乎!"①后来,随着封建统治的日趋稳定,"法家不别亲疏,不殊贵贱,一断于法"的主张,便愈来愈暴露出与封建统治的不相契合,表明了它只"可以行一时之计而不可长用"②。于是,儒家思想日益受到封建统治者的青睐,特别是自董仲舒上疏,请"罢黜百家,独尊儒术",提倡以"三纲五常"作为封建统治的正统思想以后,经过改造的儒学更日益抬头,到汉元帝后,终于占据了统治地位。以致历朝历代都相继以儒学作为治国的指导思想,纯任法术或者以法术为主的,事实上并不存在。因此,朱元璋除了儒术以外,别无其他的选择。

其次,在如何看待仁义礼乐及其与政刑的关系方面,朱元璋与法家是正好相反的。法家的代表人物极端诋毁儒家所提倡的仁义礼乐,而对法却十分推崇,以为法才是治国之本。商鞅说:"国有礼、有乐、有诗、有书、有善、有修、有孝、有弟、有廉、有辩:国有十者,上无使战,必削至亡;国无十者,上有使战,必兴至王。……国用诗、书、礼、乐、孝、弟、善、修治者,敌至必削国,不至必贫国。不用八者治,敌不敢至,虽至必却;兴兵而伐必取,取必能有之,按兵而不攻必富。"③韩非也说:"是故乱国之俗,其学者则称先王之道,以藉仁义,盛容服而饰辩说,以疑当世之法,而贰人主之心。"④在法家看来,以仁义礼乐等治国,必然贫弱以至乱亡,只有明法才能富国强兵。商鞅说:"法令者,民之命也,为治之本也,所以备民也。为治而去法令,犹欲无饥而去食也,欲

① 〔东汉〕班固:《汉书》卷9《元帝记》。
② 〔西汉〕司马迁:《史记》卷130《太史公自序》。
③ 〔战国〕商鞅等:《商君书》,《去强第四》。
④ 〔战国〕韩非:《韩非子》,《五蠹》。

无寒而去衣也,欲东西行也,其不几亦明矣。"①大量事实表明,朱元璋却把仁义看作立国之本,而将礼乐放在政刑之上。这与法家是大相径庭的。洪武四年(1371 年)二月,朱元璋在任命刘惟谦为刑部尚书时对他说,"仁义者养民之膏粱也,刑罚者惩恶之药石也。故为政者若舍仁义而专务刑罚,是以药石毒民,非善治之道也。②洪武十七年(1384 年),也就是朱元璋杀人愈来愈多的时候。他还在奉天门对群臣说:"治天下之道,礼乐二者而已。……或者曰,有礼乐不可无刑政。朕观刑政二者,不过辅礼乐为治耳。苟为治徒务刑政而遗礼乐,在上者虽有威严之政,必无和平之风,在下者虽存苟免之心,终无格非之诚。大抵礼乐者治平之膏粱,刑政者救弊之药石。"告诫大家"毋徒以礼乐为虚文也"③。不难看出,这完全是孔子"道之以政,齐之以刑,民免而无耻,道之以德,齐之以礼,有耻且格"④思想的继承。

第三,朱元璋并非一切唯法、更不是在任何时候、任何情况下都使用严刑峻法。《明史·刑法志》说:"盖太祖用重典以惩一时,而酌中制以垂后世,故猛烈之治,宽仁之诏相辅而行,未尝偏废也。"《廿二史札记·明祖晚年去严刑》条也说,"盖初以重典为整顿之术,继以忠厚立久远之规,固帝之深识远虑也。"根据记载,朱元璋确有"治狱以宽厚为本"的主张,认为如果用刑不当则使无辜受害,如果失于宽厚则流于苛刻。洪武四年五月,朱元璋与廷臣讨论刑罚,御史中丞陈宁说,"法重则人不轻犯,吏察则下无遁情。"朱元璋不同意此说,认为"法重则刑滥,吏察则政苛。钳制下民而犯者必众,钩索下情而巧伪必

①〔战国〕商鞅等:《商君书》,《定分第二十六》。

②《明太祖洪武实录》卷 61,洪武四年二月戊午。

③《明太祖洪武实录》卷 162,洪武十七年五月庚午。

④《论语·为政》。

滋。……秦有凿颠、抽胁之刑,参夷之诛,而囹圄成市,天下怨叛。所谓法正则民悫,罪当则民从。今施重刑而又委之察吏,则民无所措其手足矣。朕闻帝王平缓刑狱而天下服,从未闻用商韩之法可致尧禹之治也。"①根据这一认识,朱元璋在定罪时,往往不是依法而是原情。如洪武六年(1873 年)正月,江西行省有商民因沮坏盐法,刑官依法判以死罪。朱元璋却说:"有罪而杀,国之常典。然有可以杀,可以无杀。彼愚民沮坏盐法,原其情,不过为贪利耳,初无他心"。于是通通免死,"输作临濠"②。同年三月,广西卫卒王昇因差遣回沂州,受亲旧私遗。卫官以其违法将王昇及其亲旧 34 人逮捕送都督府拟罪。朱元璋却说:"人归故乡,孰无亲故? 慰劳馈赠,人情之常",下令将人犯通通释放③。洪武十五年四月,天下造进的赋役黄册,丁粮数字有不少错误,户部请予逮问,朱元璋却以里胥不熟悉书算而宥之,"命官为给钞,市纸笔再造以进"④。此外,由于实践证明重刑并不能完全制止犯罪,因而洪武八年(1375 年)、十四年(1381 年)一再下令,除十恶真犯决之如律外,其余杂犯死罪皆令输作屯种,"以全其生, 且冀其悔罪改过, 复为善人"⑤。洪武二十年(1387 年),又"以治锦衣卫者多非法凌虐,乃焚刑具,出系囚送刑部审录。诏内外狱咸归三法司,罢锦衣狱"⑥。而刑罚方面则更进一步放宽,"命犯轻罪者悉宥之, 徒流及杂犯罪俱令戴罪复职,有犯至再三者,亦录其罪而复其官"⑦。毫无疑义,这完全是"推恕

①《明太祖洪武实录》卷 65,洪武四年五月辛巳。
②《明太祖洪武实录》卷 78,洪武六年正月辛酉。
③《明太祖洪武实录》卷 80,洪武六年三月乙卯。
④《明太祖洪武实录》卷 144,洪武六年三月乙卯。
⑤《明太祖洪武实录》卷 97,洪武六年三月甲午。
⑥《明史》卷 76《职官志五》。
⑦《明太祖洪武实录》卷 182,洪武二十年五月戊寅。

行仁""法外施仁"的感化政策。洪武二十八年(1395年)六月,随着吏治的基本澄清,特别是威胁皇权的势力基本上被扫除,朱元璋更公开向文武群臣宣告废除重刑。他说:"朕自起兵至今四十余年,亲理天下庶务,人情善恶真伪无不涉历,其中奸顽刁诈之徒,情犯深重灼然无疑者,特令法外加刑,意在使人知所警惧,不敢轻易犯法。然此特权时处置,顿挫奸顽,非守成之君所用常法。以后嗣君统理天下,止守律与大诰,并不许用黥、刺、剕、劓、阉割之刑。……臣下敢有奏用此刑者,文武群臣即日劾奏,处以重刑。"①从上所述,不难看出,朱元璋是始终坚持他的政刑不过是救弊之药石,只能是辅礼乐而治的观点的。

第四,不可否认,朱元璋的确使用过严刑峻法,而且在中国历史上还是罕见的。他屡兴大狱,把曾经为他立下汗马功劳的元勋宿将诛除殆尽;他"大戮官民,不分臧否",致使"中外凛凛。奉法救过不给"。然而我们认为,朱元璋的严刑峻法与法家所说的明法是有不小差距的。比如商鞅说:"人君而有好恶,故民可治也。人君不可以不审好恶。好恶者,赏罚之本也。"又说,"法无度数而事日烦,则法立而治乱矣。""度数已立,而法可修,故人君不可不慎己也。"②一则说人君的好恶要审慎,不能任意,再则说法要轻重适度。而朱元璋却好恶无常,往往法外用刑,带有极大的随意性,因而根本无度数可言。所以,严刑峻法与申商之术之间不能画等号,不能据此就判定朱元璋主要是以刑名法术治国。让我们通过一些具体事例如朱元璋杀人最多的诛戮功臣、惩治贪污,"空印案""文字狱"等等进行粗略的分析,问题当会更加清楚。

朱元璋以布衣而登天子宝座,深知创业艰难,守成尤难。因而"忧危积心,日勤不怠",不敢稍怀晏安,具有强烈的忧患意识。不过应当

①《明太祖洪武实录》卷239,洪武二十八年六月己丑。
②〔战国〕商鞅等:《商君书》,《错法第九》。

指出,朱元璋的忧患意识,决不如他所说"务有益于民"①。这从他肆意诛戮功臣便可看得很清楚。

洪武十三年(1380年),朱元璋为了废除丞相制度,从根本上解决君权与相权的矛盾,从而把权力高度集中到自己手上,乃借口丞相胡惟庸"谋反",将其诛死,当时同诛者不过陈宁,涂节等数人。但是到了二十三年,随着全国的统一以及元朝残余势力的基本被肃清,却又借题发挥,大兴"胡党"之狱,"以为草薙禽狝之计",坐诛者三万余人。二十五年(1392年)四月,懿文太子死,此时朱元璋已老,而皇太孙又年轻,且优柔寡断,很难驾驭尚存的元勋宿将。为了皇权不受威胁,于是二十六年二月便兴起了"蓝党"之狱,列侯以下坐党夷灭者一万五千人,"于是元勋宿将相继尽矣"。赵翼指出,"明祖起事虽早,而天下大定则年已六十余,懿文太子柔仁,懿文死,孙更孱弱,遂不得不为身后之虑。是以两兴大狱,一网打尽,此可以推见其心迹也。"②所谓"心迹",无非就是朱元璋小生产者的狭隘性以及把天下国家视为自己囊中之物,唯恐别人染指的自私自利之心;无非就是像黄宗羲所说,要将"屠毒天下之肝脑,离散天下之子女"所争夺来的这份若大产业,"传之子孙,受享无穷"③而已。应该说,这种出于一己之私的肆意诛杀,与以法治国是毫不相干的。

严惩贪污腐败以整饬吏治,是朱元璋忧患意识的另一方面的反映。大家知道,元朝末年,吏治败坏到了极点,"上下贿赂,公行如市,荡然无复纪纲"④。为了整饬吏治,使人民免受额外剥削,迅速恢复残

①《明史》卷3《太祖本纪三》。
②〔清〕赵翼:《廿二史札记》卷21《胡蓝之狱》。
③〔清〕黄宗羲:《明夷待访录》,《原君》。
④叶子奇《草木子·杂俎篇》;另外,《辍耕录·拦驾上书》及黄溥《闲中今古录摘抄》也有类似记述。

破的社会经济,从而巩固明王朝的统治,势必严惩贪赃枉法、废事害民的官吏。洪武二年二月,朱元璋对群臣说:"尝思昔在民间,时见州县官吏多不恤民,往往贪财好色,饮酒废事,凡民疾苦,视之漠然,心实怒之。故令严法禁,但遇官吏贪污,蠹害吾民者,罪之不恕。"①六年,朱元璋对御史台的官员说,"朕于廉能之官,虽或有过,常加宥免;若贪虐之徒,虽小罪亦不赦也。"②他要求各道按察司官加强对贪官污吏的纠治,"毋以姑息,纵其为害"。朱元璋深知,贪污之弊不除,"欲善治无由"。因而下令,凡是贪赃者,一律不得宽贷,甚至将贪赃官吏剥皮实草,放在街门公座旁,以警后来。这种法外用刑,严厉诛杀,虽然有不小的消极后果,但对扭转积弊太深的吏治来说,也的确有着很大的作用。正如赵翼所说,"明祖惩元季纵弛,特用重典驭下,稍有触犯,刀锯随之。时京官每旦入朝,必与妻子诀,及暮无事,则相庆以为又活一日。法令如此,故人皆重足而立,不敢纵肆。盖亦整顿一代之作用也"。③自然,从刑名的角度来说,朱元璋在这方面仍然表现出他的任意而不依法的特点,结果自然不免罚不当罪,冤狱遍于寰中。例如"空印案",仅仅是怀疑其中有诈,于是"自尚书至守令,署印者皆坐抵欺论死,佐贰以下榜一百戍边",郑士利疏谏不听,"卒杀空印者数百人"④。又如"郭桓盗粮案","株累天下官吏,死徒数万人。寄染遍天下,民中豪以上皆破家"⑤。既然论刑不管其情之轻重,事之公私,罪之大小,通通以重典治之,岂非表面上有法,实际上是无法?

---

①〔明〕胡广《明太祖宝训》卷6《谕群臣》。
②《明太祖洪武实录》卷79,洪武六年二月壬寅。
③〔清〕赵翼:《廿二史札记》卷32《明祖晚年去严刑》。
④〔清〕谈迁:《国榷》卷6。
⑤〔清〕谈迁:《国榷》卷8。

朱元璋建立了一套完整的高度专制主义中央集权制度，皇帝处于至高无上的独尊地位，君臣之间的关系，实质上是主奴关系，人身依附十分强烈。皇帝的尊严，丝毫不容亵渎；皇帝的权威，丝毫不容冒犯；皇帝的意旨，丝毫不容违拗。事实表明，在极端君主专制下，法律不过是皇帝的侍婢，权力的附庸。皇帝的意旨就是法律，皇帝的好恶就是定刑的依据。没有客观标准，谈不上法治，唯一的原则就是"君要臣死，臣不得不死"。只要我们略一翻检《明史》，便不难发现许多这样的事例：左都御史杨靖，"公忠有智略，善理繁剧，治狱明察而不事深文。宠遇最厚，同列无与比"。后仅因"为乡人代改诉冤状草"，以致"帝怒，遂赐死"。左佥都御史严德珉，"以疾求归，帝怒，黥其面，谪戍南丹"。"丹诚图报国，不避圣心焦"的抗直之臣茹太素，因顶撞朱元璋，屡濒于危，终"坐排陷詹徽，与同官十二人俱镣足视事。后竟坐法死"。李仕鲁切谏朱元璋勿重用释道，结果"帝大怒，命武士捽搏之，立死阶下"。而另一名进谏者陈汶辉则惧罪投金水桥下死。平遥训导叶伯巨以谏分封，"帝大怒，曰：小子间吾骨肉。速逮来，吾手射之。既至，丞相乘帝喜，以奏，下刑部狱。死狱中"。苏州知府魏观，"课绩为天下最"，仅以迁府治于张士诚旧宫，便加以"兴既灭之基"之罪而诛之。当时，以"冒犯天颜""大不敬""谤讪朝廷""恃权罔上""专擅威福"等等罪名处死者，比比皆是。甚至拒绝出仕新朝，不愿当奴才者，也以"寰中士夫不为君"用之罪处以极刑。正如后来何良俊所说："洪武间秀才做官，吃多少辛苦，受多少惊怕，与朝廷出多少心力，到头来小有过犯，轻则充军，重则刑戮，善终者十二三耳。其时士大夫无负国家，国家负天下士多矣。"①

① 〔明〕何良俊：《四友斋丛说》卷9《史五》。

朱元璋出身寒微，没有煌赫的家世值得炫耀。"朕本布衣""淮右布衣""朕本农家"等等桂冠，固然可以显示布衣而为天子的荣耀，但也未尝不隐含些许自卑的情怀。我们说他有自卑的情怀，并非臆断。洪武元年，元国子祭酒、孔子后裔孔克坚称疾不朝朱元璋，朱元璋很恼火，乃敕谕之曰："朕率中土之士，奉天逐胡，以安中夏，以复先王之旧。虽起自布衣，实承古先帝王之统。且古人起布衣而称帝者，汉之高祖也。天命所在，人孰违之！闻尔抱风疾，果然否？若无疾而称疾则不可。谕至思之。"[①]这篇敕谕包含了朱元璋自卑而又自傲以及心中愠怒的复杂情绪。一方面，朱元璋是唯我独尊、"威柄自操"的独裁者；另一方面，又不免有自卑的心态。在这种情况下，他的心理状态是很复杂的，往往表现为极端的偏执以及莫名其妙的怀疑猜忌。他老是怀疑别人瞧不起他甚至骂他，怀疑有人结党营私，怀疑有人背后捣鬼、谋反谋叛。他怀疑猜忌徐达、刘基、李善长，怀疑猜忌所有的功臣，甚至对他的侄儿、外甥以及患难夫妻马皇后似乎都存在某种戒备。明乎此，对于《廿二史札记·明初文字之祸》所列举的以及其他史籍所载的大大小小的冤案就不难理解了。自然，所有这些也很难从刑名法术的角度来加以诠释。

早在至正十四年（1354年）李善长投靠朱元璋时，就劝他以刘邦为榜样。后来的事实表明，朱元璋不仅以有刘邦这个同乡而自豪，而且行事也每每模仿汉高。在治国之道方面，汉初采用的是"霸王道杂之"，而以黄老刑名为主，儒术虽在统治中日益发挥着重要作用，但未处于独尊地位。洪武年间，也可说是"霸王道杂之"，但由于时代条件与汉初相异，朱元璋只能独尊儒术，以孔孟之道治国，即"礼致耆儒，

---

①《明太祖洪武实录》卷31，洪武元年三月戊申。

考礼定乐,昭揭经义,尊崇正学……文致太平"①。刑名法术只是朱元璋审时度势,通权达变,在特殊情况下才被采用,只是诗书礼乐的辅助手段。这就是我们从大量事实中应该得出的结论。

（原载《西北师大学报（社会科学版）》1991 年第 1 期）

① 《明史》卷 3《太祖本纪赞》。

对朱元璋"右贫抑富"政策之剖析

　　《明史·食货志》载，朱元璋"惩元末豪强侮贫弱，立法多右贫抑富"。实行"右贫抑富"的目的，乃在于"使富者得以保其富，贫者得以全其生"。这是从元末农民起义以后错综复杂的情况出发，或者说从明王朝统治者的需要出发所采取的符合地主阶级整体利益的政策。剖析这一政策，对于了解明初的社会经济和政治状况，都是颇有裨益的。

一

　　至正十一年（1351年），元末农民起义爆发了。这次起义是一场阶级大搏斗，在这场阶级大搏斗中，元朝的各级政权被摧毁了。同时，"江南北巨姓右族，不死沟壑，则奔窜散处"[①]，"往年大姓家，存者无八九"[②]；地主阶级被打得落花流水，地主的体面威风扫地以尽。与此相反，不少农民却挣脱了封建枷锁，驱丁、奴婢也大量地在战争过程中获得了解放，"海岱初云扰，荆蛮遂土崩，王公甘久辱，奴仆尽同升"[③]，概括了当时阶级关系的变化。

　　为了保存自己，不少豪绅地主或是紧紧追随元朝统治者，或是结

---

①〔明〕贝琼：《清江集》卷8《黄湾述怀二十二韵寄钱思复》。
②〔元〕李继本：《一山文集》卷1《送李顺文》。
③〔明〕贝琼：《清江集》卷8《黄湾述怀二十二韵寄钱思复》。

寨自保,或是组织"义军"与农民军对抗。但其结果却是玩火自焚。例如:至正十二年(1352年)七月,红巾陷江阳州。"州大姓许晋字德昭者……乃潜聚无赖恶小,资以饮食,保护邻井……寻闻官军驻近郊,阴遣人约为内应,十一月八日,浙东宣慰元帅观孙统兵入城,晋率所募应之"。结果是"众寡不敌,父子皆死"①。

　地主阶级的大多数却走着另外一条道路。他们在元朝统治时期尽管占有土地,对农民进行残酷的剥削,但在政治上却没有出路,没有前途。如王祎就曾一再慨叹:"士生今时,欲以所学自见,亦何其难也"②;又说:"十年以来,吾南走越,北走燕,而惟利禄之是干,其劳心苦思,殆亦甚矣";打算隐居著述,"藏之名山,以俟后世"③。陈高则说:"如何穷巷士,埋首书卷间,年年去射策,临老犹儒冠。"④朱思本也说:"儒生心事良独苦,皓首穷经何所补? 胸中经国皆远谋,献纳何由达明主?"⑤他们对元朝统治的不满是可想而知的。但是他们也深知自己没有力量改变现状,所以当农民起义爆发以后,他们不是独树一帜,而是注意物色一个可靠的代理人。《诚意伯刘公行状》载:元末,刘基"尝游西湖,有异云起西北……乃大言曰:此天子气也,应在金陵,十年后有王者起其下,我当辅之"。"客或说公曰:'今天下扰扰,以公才略,据括苍、并金华,明越可折简而定,方氏将浮海避公矣。因画江守之,此勾践之业也。舍此不为,欲悠悠安之乎?'公笑曰:'吾平生忿方国珍、张士诚所为,今用子计,与彼何殊耶! 且天命将有归,

①〔元〕陶宗仪:《南村辍耕录》卷27《忠孝里》。
②〔明〕王祎:《王忠文公集》卷4《送朱仲桓序》。
③〔明〕王祎:《王忠文公集》卷5《青邑山居记》。
④〔元〕陈高:《不系舟渔集》卷3《感兴诗》。
⑤〔元〕朱思本:《贞一斋诗文稿》卷下《观猎诗》。

子姑待之'。"①可以说,刘基所选择的道路,正是当时大多数地主和地主士大夫想要走的道路。在这种思想支配下,他们选择了朱元璋,并纷纷投靠他,帮助他削平群雄,建立新的国家。《明史·儒林传序》说:"明太祖起布衣,定天下。当干戈抢攘之时,所至征召耆儒,讲论道德,修明治术,兴起教化,焕乎成一代之宏规。虽天亶英姿,而诸儒之功不为无助也。"当明王朝建立以后,地主阶级及其政治代表自然要求分享胜利果实,甚至希望在财产和权力的再分配中,得到较大的份额。

众所周知,自朱元璋离开郭子兴走上独立发展的道路,特别是渡江以后,其王霸思想与日俱增②。与此同时,也就逐渐地与地主阶级和地主士大夫结下了不解之缘。《国榷》卷一载,朱元璋攻下集庆后,"召官吏父老曰:元失其政,所在纷扰。兵戈并起,生民涂炭。吾为民除暴乱耳。各守生业。贤人君子,吾礼用之,旧政不便,吾除焉。"后来在讨伐张士诚时,更是一方面肆意辱骂红巾军,另一方面则声称"凡尔百姓,果能安业不动,即我良民,旧有田产房舍,仍前为主,依额纳粮,以供军需,余无科取,使汝等永保乡里,以全室家。"③等到他成了封建皇帝,保护地主阶级的利益自然是顺理成章的事。

根据记载,明朝初年,无论在经济上还是政治上,朱元璋都给了地主阶级以极其优厚的待遇。除保护一般地主的田宅外,还大力扶植新贵,赐给他们大量的土地和佃户。根据"食禄之家,与庶民贵贱有等"的原则,优免现任和致仕官员徭役。在政治上,与地主和地主士大

---

①〔明〕刘基:《诚意伯文集》卷1《诚意伯刘公行状》。

②〔明〕何乔远:《名山藏》卷1《典谟记一》载:洪武三年,朱元璋与徐达等人说:"曩四方纷乱,朕与卿等图生而已。渡江以来,……始有救民之心"。所谓"救民之心",就是建立大一统的王霸之业的同义语。

③〔明〕祝允明:《前闻记·平吴仁言》。

夫广开入仕的门路,以致"山林岩穴草茅穷居,无不获自居于上。由布衣而登大僚者,不可胜数。"①在封建社会里,权力是掠夺、占有财富的一种有力手段,权力的大小,又往往是占有财富多少的一个标志。朱元璋为地主跻身于官僚行列广开方便之门,既扩大了统治的阶级基础,又达到了"使富者得以保其富"的目的,满足了地主和地主士大夫的要求。

不过,社会现象是纷繁复杂的。应该看到,明朝是封建王朝,朱元璋是封建皇帝。首先,按照"普天之下莫非王土,率土之滨莫非王臣"的传统观念,朱元璋自然把天下看成自己偌大的一份私产,要求臣民为皇上竭力奉献;同时又要确保这份产业能够"传之子孙,受享无穷"②。其次,他必须依靠地主阶级作为全部统治的基础,同时保护这个阶级的整体利益。第三,根据"君者舟也,人者水也,水可载舟,亦可覆舟"的历史经验教训,他必须"右贫",给劳动人民以生活出路,但同时又要他们尽可能地提供租税和力役。由于如此,所以朱元璋在考虑问题、制定政策时,就必然不能只是"使富者得以保其富",而是必须同时"抑富",从而使"贫者得以全其生",使皇室统治集团得到最大的利益。

对于一般的中小地主,朱元璋既保护他们的剥削利益,又要他们承担自己应负的赋税和徭役,同时还要防止他们隐占土地和劳力。所以,洪武元年规定:"田一顷出丁夫一人,不及顷者,以他田足之,名曰均工夫……每岁农隙赴京供役三十日遣归。田多丁少者以佃人充夫,而田主出米一石以资其用。非佃人而计亩出夫者,亩资米二升五合"③。

①《明史》卷 71《选举志三》。
②参看《明夷待访录·原君》。
③《明史》卷 78《食货志二》。

洪武三年又推行户籍户帖制度。"户部置户籍、户帖,各书户之乡贯、丁口、名、岁,以字号编为勘合,用半印钤记。籍藏于部,帖给于民。仍令有司岁计其户口之登耗以闻。"[1]如登记不实或隐匿不报,要受到遣戍或斩首的惩处。为了彻底清理全国户口,建立一套严密的户籍管理制度,从而使赋役的负担趋于合理,洪武十四年(1381年),在户口普查的基础上,建立了"赋役黄册"制度。按照规定,各户的户类以及乡贯、姓名、年龄、丁口、田宅、资产以及应该负担的赋役,都必须一一如实填报,不许妄行变乱,隐瞒作弊,否则将受到严厉的惩罚。与严格户籍管理的同时,洪武二十年(1387年)又在实际丈量土地的基础上,绘制"鱼鳞图册",以此作为管理土地的工具。其法是:"各处随其税粮多寡,定为几区。每区设粮长四人,使集里甲、耆民,躬履田亩以量度之。图其田之方圆,次其字号,悉书主名及田之丈尺四至,编类成册,其法甚备。"[2]"赋役黄册"和"鱼鳞图册"虽然各有所主,但却是关系密切,互相配合的。《明史·食货志》说:黄册"以户为主,详具旧管、新收、开除、实在之数为四柱。而鱼鳞图册以土田为主,诸原坂、坟衍、下隰、沃瘠、沙卤之别毕具。鱼鳞图册为经,土田之讼质焉,黄册为纬,赋役之法定焉。"这两套册籍的制定,起到了抑制富户隐占人口和土地以及逃避赋税和徭役的不法行为的作用。

朱元璋"抑富"的重点是豪强地主。

在元朝统治时期,汉族地主虽然在政治上没有出路,但兼并土地、残酷地压榨人民,却仍然受到元朝统治者的庇护。因此,全国出现了不少大地主。例如:至大二年(1309年)十月,乐实言:"江南平垂四十年,其民止输地税、商税,余皆无与。其富室有蔽占王民奴使之者,

---

①〔明〕王圻:《续文献通考》卷13《户口考二》。
②《明太祖洪武实录》,洪武二十年二月戊子。

动辄百千家,有多至万家者,其力可知。乞自今有岁收粮满五万石以上者,令石输二升于官……富国安民,无善于此。"①延祐七年(1320年),中书省以"田多富户每,一年有收三二十万石租子的,占著三二千户佃户",乃定随粮添科之条②。余阙《青阳先生文集·宪使董公均役之记》载:"吴人之兼并武断,大家收谷岁至数百万斛,而小民皆无盖藏"。《农田余话》载,曹宣慰在淀山湖围湖占田,"凡数万亩。相传其仓中……积粟百万,豪横甲一方……北人目之曰富蛮子。"③这些豪强大地主虽然在元末农民起义中受到了沉重的打击,但他们是"百足之虫,死而不僵";而江南大地主,则是"漏网之鱼"。这是因为,南方的几个割据势力,诸如张士诚、陈友谅、方国珍、陈友定、明玉珍、何真等,实行的都是保护地主阶级的政策。例如,在张士诚割据的吴中地区,可说是地主和地主士大夫的乐园。据《国初群雄事略·周张士诚》载:"士诚迟重寡言,欲以好士要誉。士有至者,不问贤不肖,辄重赠遗,舆马、居室,无不充足。士之嗜利者,多往趋之。"又载:"张氏割据时,诸公自谓化家为国,以底小康,大起第宅,饰园池,蓄声伎、购图画,民间奇石名木,必见豪夺。"又如,洪武元年以广东降朱元璋、后封东莞伯的何真,当中原兵起,岭海骚动之时,就弃官归乡里,"慨然以生民为念",集"义兵"保境,残酷地屠杀人民④。当朱元璋消灭这些割据势力,完成统一大业的时候,由于需要包括大地主在内的地主阶级的支持,因而只要他们归顺,朱元璋就不会去触动他们,让其保留下来。但当大明帝国建立以后,朱元璋与大地主、特别是与江南大地主之间的关

①蒙思明:《元代社会阶级制度》,中华书局1980年,第88页。
②蒙思明:《元代社会阶级制度》,中华书局1980年版,第88—89页。
③详见《国初群雄事略》卷14《东莞伯何真》。
④〔明〕明太祖:《大诰·民不知报第三十一》。

系却因形势的变化而日益紧张起来。当时，田连数千亩以至数万亩的大地主们，一方面依然如故地肆其贪欲，残酷地压榨人民；另一方面又竞相采用"飞洒""诡寄""移坵换段"等等办法来隐瞒土地，逃避应纳的税粮和差役，而把它转嫁给贫苦人民。朱元璋就曾说过："民有不知其报而恬然享福，绝无感激之心。因不知报，不知其感激，一日天灾人祸并至，茫然无知其由……方今九州之民，有田连数万亩者，有千亩之下至千百十亩者，甘于利其利而不知其报者多矣。"①显然，这种情况是朱元璋所绝对不能容许的。首先，大地主们采用"合法的"和"非法的"手段，把从农民那里剥削来的劳动果实完全据为己有而不给封建王朝报效，这既不利于封建政府的赋役征发，又有损于皇室统治集团的利益，与朱元璋家天下的原则相背驰。其次，这些地主分子的不法手段，加重了农民的额外负担，这与朱元璋扶植小农经济，使"贫者得以全其生"，从而迅速恢复残破不堪的社会经济，使封建国家赋税和力役的来源有可靠的保证，使封建统治建立在牢固的基础之上的愿望是大相径庭的。因此，对于豪强地主，除立法定制对其贪欲严加抑制，把他们的剥削限制在农民可以忍受的限度以内外，朱元璋更采用移徙、籍没、诛戮等等手段给以有力的打击。史载洪武二十四年（1391 年），朱元璋仿汉高祖徙天下富民实关中之意，"徙天下富民至者凡五千三百户"②。又"尝命户部籍浙江等九布政司、应天十八府州富民万四千三百余户，以次召见，徙其家以实京师，谓之富户"③。此外则为籍没。如"苏、松、嘉、湖，怒其为张士诚守，乃籍诸豪族及富民

①〔明〕明太祖：《大诰·民不知报第三十一》。
②《明太祖洪武实录》卷 210，洪武二十四年七月庚子。
③《明史》卷 77《食货志一》。李洵《食货志校注》以为"此批富民，在召见时，已移徙京师"。

田以为官田,按私租薄为税额"。更有甚者则借故诛杀。如洪武十八年(1385 年),"郭桓盗粮案"发以后,"举部伏诛,株累天下官吏,死徙数万人。寄染遍天下,民中豪以上皆破家"①;又如《逊志斋集·采苓子郑处士墓碣》载:"当是时,浙东西巨室故家,多以罪倾其宗"。

洪武三年(1370 年)二月,朱元璋以"富民多豪强,故元时此辈欺凌小民,武断乡曲,人受其害",召诸郡富民至,谕之曰:"汝等居田里安享富税者,汝知之乎?古人有言:'民生有欲,无主乃乱'。使天下一日无主,则强凌弱、众暴寡,富者不得自安,贫者不能自存矣。今朕为尔主,立法定制,使富者得以保其富,贫者得以全其生。尔等当循分守法,能守法则能保身矣。毋凌弱,毋吞寡,毋欺老,孝敬父兄,和睦亲族,周给贫乏,逊顺乡里,如此则为良民。若效昔之所为,非良民矣!"②由此可见,"抑富"正是从根本上使富民能够"安享富税",它与"保富"是完全一致的。这是在当时特定的历史条件下所采取的符合地主阶级整体的、长远的利益的一种手段。

二

"右贫"与"抑富"一样,是特殊情况下的产物。

农民阶级在元朝统治时期,由于残酷的政治压迫和经济剥削,陷于水深火热之中。于是不得不铤而走险,拿起武器进行战斗。正如叶子奇所说:"贫富不均,多乐从乱,曾不旬月,从之者殆数万人。"③他们提出了"贫极江南,富夸塞北","摧富益贫"的口号,同时期冀着弥勒佛降生,光明驱走黑暗,过上太平幸福的生活。尽管他们的鲜血没有

①〔清〕谈迁:《国榷》卷 8。
②《明太祖洪武实录》卷 49,洪武三年二月庚午。
③〔元〕叶子奇:《草木子》卷 3 上《克谨篇》。

白流,战争使他们在一定程度上改善了自己原来的处境,然而并没有也不可能彻底打碎封建的牢笼。因此在新王朝建立以后,有的是继续屯聚山寨,拒绝为新的统治者纳粮当差①,有的则继续以白莲教、弥勒佛相号召,掀起一次又一次规模不等的起义。

此外,根据《明太祖洪武实录》《明史》等书的记载,洪武初年,到处是"积骸成丘,居民鲜少","民物凋丧,千里垝墟"的荒凉景象。如繁华的扬州,在朱元璋占领时,居民只剩下十八户了。号称天府之国的成都平原,也变成了"故田数万亩,皆荒芜不治"之区。至于边远地区的情况,则更为严重。如洪武三年(1370年)九月,河州(今甘肃临夏)卫指挥韦正"初至河州时,城邑空虚,人骨山积,将士见之,咸欲弃去"。

面临严重局面的朱元璋,不能不考虑如何尽快地恢复十分凋敝的社会经济,恢复受到猛烈冲击的封建生产关系,从而确保自己统治的稳定。洪武元年(1368年),刚刚接位的朱元璋在任命宋冕为开封知府时与他说:"今丧乱之后,中原草莽,人民稀少。所谓田野辟、户口增,此正中原今日之急务。"②这就充分反映了朱元璋复苏社会经济的急切心情。

复苏社会经济以及使农民安静下来,两者是互相关联的。而要使农民安静下来,就必须"右贫",给劳动人民以生活出路,使"贫者得以全其生"。关于这点,朱元璋是十分清楚的。他出身贫苦,在穷困潦倒中被迫走上了反元起义的道路,后来又被历史的潮流推上了皇帝的宝座。从他的出身和经历来说,对农民的疾苦和要求,是会有比较深

---

①〔明〕吕毖:《明朝小史》卷1《洪武纪》载有洪武诏书:"避兵人民,团结山寨,诏书到日,并听各还本业。若有负固执迷者,罪在不原"。这种"团结山寨","负固执迷者"在当时似乎为数不少,这是农民进行反抗斗争的一种形式。

②《明太祖洪武实录》卷37,洪武元年十二月辛卯。

刻的认识的。他一再声称:"朕起布衣,深知民间疾苦","朕起农业,深知稼穑艰难",要儿孙臣僚"念农之劳,取之有制,用之有节,使之不致于饥寒"。从朱元璋曾经是农民起义的领袖来说,他深知对农民进行敲骨吸髓的压榨将带来的严重后果。他说"民富则亲,民贫则离,民之贫富,国家休戚系焉",假如"恣意奢欲",使"百姓困乏",就将"至于乱亡"①。所以,洪武元年他告诫来朝的府州县官说:"天下初定,百姓财力俱困。譬犹初飞之鸟不可拔其羽,新植之木不可摇其根,要在安养生息之而已。"②应该指出,已经是封建皇帝的朱元璋的这种思想,乃是一种传统的儒家的民本思想。唐太宗也曾给侍臣说过:"国以民为本,人以食为命,若禾黍不登,则兆庶非国家所有……今省徭赋,不夺其时,使比屋之人,恣其耕稼,此则富矣。"又谓公卿曰:"朕终日孜孜,非但忧怜百姓,亦欲使卿等长守富贵。"③朱元璋和李世民的思想简直是一脉相承,相似之极!

洪武元年正月,朱元璋与刘基有一次谈话。"上谓基曰,'曩者群雄角逐,生民涂炭,死亡既多,休养难复。今国势已定,天下次第而平,思所以生息之道何如?'基对曰:'生息之道,在于宽仁'。上曰:'不施实惠而概言宽仁,亦无益耳。以朕观之,宽民必当阜民之财而息民之力。不节用则民财竭,不省役则民力困,不明教化则民不知礼义,不禁贪暴则民无以遂其生。(不)如是而曰宽仁,是徒有其名而民不被其泽也。故养民者必务其本,种树者必培其根'。"④"阜民之财而息民之力"包含着发展生产和减轻人民负担两个方面的重要内容。其目的主要

①《明太祖洪武实录》卷176,洪武十八年十一月甲子。

②〔清〕谷应泰:《明史纪事本末》卷14《开国规模》。

③〔唐〕吴兢:《贞观政要》卷8《论务农》,卷6《论贪鄙》。

④《明太祖洪武实录》卷25,洪武元年正月乙酉。

在于使"贫者得以全其生"。它是在社会经济极其残破,民生十分困苦,封建统治尚未臻于巩固的情况下,朱元璋必须采取的对策。

早在明朝建国之前,朱元璋就很重视生产问题。1366 年(元至正二十六年),他与中书省臣说:"为国之道,以足食为本。大乱未平,民多转徙,失其本业;而军国之费,所资不少,皆出于民。若使之不得尽力田亩,则国家资用,何所赖焉!"他要求有司"劝民农事,勿夺其时"。认为发展生产,使"国富而民安",是"为治之先务,立国之根本"①。明王朝建立以后,朱元璋更采取了一系列恢复和发展生产的措施,或者说是"右贫"的措施。根据记载,洪武五年(1372 年)朱元璋规定:"佃见田主,不论齿序,并以少事长之礼。若在亲属,不拘主佃,则以亲属之礼行之。"②同年又下诏说:"曩时兵乱民散,因为人家奴者,诏书到日,即放为良民……福建、两广等处,有豪户阉割人驱使者,以阉割抵罪,没官为奴。"③同时明文规定:"若庶民之家存养奴婢者,杖一百,即放从良。"④这就使农民的地位比起元代来有较大的改善,对地主的依附关系较大的松弛了。此外,朱元璋还在竭力鼓励农民屯垦的同时,规定"各处人民先因兵燹遗下田土,使他人开垦成熟者,听为己业。业主已还,有司于附近荒田拨补"。"复业人民,见今丁少而旧田多者,不许依前占护,止许尽力耕屋为业。见今丁多而旧田少者,有司于附近荒田验丁拨付"⑤。这样就在一定程度上满足了农民对土地的要求,激发了他们的耕垦热情。至于众所周知的劝课农桑、蠲免钱粮、移民垦

---

①《明太祖洪武实录》卷 19,至正二十六年正月辛卯。
②《明太祖洪武实录》卷 73,洪武五年五月戊辰。
③〔清〕谈迁:《国榷》卷 5。
④〔明〕朱元璋:《大明律》卷 4《户律·立嫡子违法》。
⑤〔明〕申时行等:《明会典》卷 17《户部·田土》。

荒、大力推行屯政、兴修水利、整顿赋役制度等等给予农民的实惠,对发展生产所起的作用就用不着多说了。值得指出的是,在朱元璋在位的三十一年,他对"阜民之财而息民之力"的问题,始终是十分重视的。例如,洪武元年在赈恤中原贫民问题上,"中书省虑财匮"。朱元璋却认为"周穷乏者不患无余财,患无其心。果心注之,何忧不赡!"五年十二月,"敕中书命有司考课,必有学校农桑之绩,违者降罚"。不久山东日照知县马亮、山西平遥主簿成乐就以"长于督运"和"能恢办商税"而受到相应的惩处。十九年(1386年)三月,朱元璋逾户部:"国家赋税已有定制,撙节用度,自有余饶。轻摇抑末,使得尽力农桑,自然家给人足,毋事聚敛仿国体。"三十年(1397年)九月,"令民每村置一鼓,凡遇农桑时月,晨起击鼓,会田所;怠惰者里老督责之,里老不劝督者罚"①。还应着重指出的是,抑制豪强和严惩贪吏对"息民之力"的作用,是无论如何也不能低估的。对豪强、富民的抑制,扩大了承担课税和徭役的范围,也就相应地减轻了对劳动人民的剥削和奴役。这个问题,具如前述。至于严惩贪吏,在当时的历史条件下,对减轻人民的额外负担,促进生产的发展,其积极作用是不容忽视的。众所周知,元朝末年,官贪吏污,吏治的腐败到了极点。可以说,这是元朝灭亡的重要原因之一。对此,朱元璋深有感受。他曾说过:"昔在民间,时见州县官吏多不恤民,往往贪财好色,饮酒废事,凡民疾苦,视之漠然,心实怒之。"②他强调指出:"今创业之初,若不严立法度,以革奸弊,将恐百司因循故习,不能振举"③,"今严法禁,但遇官吏贪污蠹害吾民者,罪

---

① 以上引文均见《明史纪事本末》卷14《开国规模》。
② 《明太祖洪武实录》卷39,洪武二年二月甲午。
③ 《明太祖洪武实录》卷15,至正二十四年五月丁巳。

之不恕。"①可是,采取一般的手段并不能制止贪污之风,明朝初年的大量事实,特别是三编《大诰》所列举的众多案例,清楚地说明了这点。当时的情况,真是"掌钱谷者盗钱谷,掌刑名者出入刑名"。朱元璋也曾说过,从洪武元年到十九年(1368—1386年),"两浙、江西、两广、福建,所设有司官,未曾任满一人,往往未及终考,自不免乎赃贪"②。于是,只好用重典以新天下。正如刘辰所说:"太祖于国初编律颁行各衙门遵守,岂期犯法者多,太祖曰:我欲除贪赃官吏,奈何朝杀而暮犯。今后犯赃者不分轻重,皆诛之。"③尽管朱元璋对贪赃枉法的官吏采用严刑峻法,没有也不可能根绝贪污,但总算在很大程度上改善了吏治,抑制了这些如狼似虎的官吏对老百姓的膏血的吸吮。对此,不少史家已有定评。如陆容说:"国初惩元之弊,用重典以新天下,故令行禁止,若风草然。"④《明史·循吏传序》说:"一时守令畏法,洁己爱民以当上指,吏治焕然丕变矣!海瑞则说:"我太祖视民如伤,执《周书》'如保赤子'之义,毫发侵渔者加惨刑。数十年民得安生乐业,千载一时之盛也。"⑤朱元璋在遗诏中说自己"三十一年,忧危积心,克勤不息,专有意于民"⑥。此话虽不尽然,但总是部分地反映了他对农民疾苦的认识及其所采取的有利于农民的措施的真情。

当然,尽管像朱元璋那样对农民疾苦的认识及其所采取的有利于农民的措施,在中国的封建帝王中,是并不多见的。但是,如果我们

---

①《明太祖洪武实录》卷39,洪武二年二月甲午。

②〔明〕朱元璋:《大诰续编·松江逸民为害第二》。

③〔明〕刘辰:《国初事迹》。

④〔明〕陆容:《菽园杂记》卷5。

⑤〔明〕海瑞:《海瑞集》卷4《赠赵三山德政序》。

⑥〔清〕谈迁:《国榷》卷10。

因此而就认为朱元璋是代表农民利益的皇帝,那简直是十分荒唐的。如前所述,"右贫抑富"的政策,是特定历史条件下的产物。明朝初年,由于存在着大量离开土地流移各地的农民和无地或少地的农民,因而地主阶级对农民的控制削弱了,封建生产关系发生了动摇;另外,历代的统治经验告诉朱元璋,贵族、官僚、地主隐占土地和劳力,关系到封建王朝对赋役的征发,关系到封建统治的盛衰,关系到中央集权是否巩固。因此,采取一些"右贫"措施,把从封建桎梏下挣脱出来的流移人口和千千万万小生产者固定在土地上,恢复和巩固封建生产关系,恢复和发展社会经济;抑制豪强、富民,把部分贵族、官僚、地主隐占的土地和劳力搜括出来,扩大纳粮当差的范围,使高度专制主义中央集权建立在牢固的基础之上,这就是朱元璋"右贫抑富"政策的实质。

洪武十九年(1386年)四月,朱元璋敕谕户部:"朕有天下,务俾农尽力畎亩,士笃于仁义,商贾以通有无,工技专于艺业。所以然者,盖欲各安其生也。"他要户部"榜谕天下,其令四民务在各守本业。医卜土著,不得远游。凡出入作息,乡邻必互知之。其有不事生业而游惰及舍匿他境游民者,皆迁之远方。"[1]由此可见,所谓"各安其生",所谓"右贫",对广大劳动者来说,无非是强制其接受现存的封建统治秩序,忍受统治者的压迫和剥削罢了;充其量不过是使"贫者得以全其生"而已。朱元璋是决不会放弃从"被奴役的农民和工人身上榨取成千上万的收入的权利"[2]的。因此,大量的事实表明,明朝初年劳动人民的赋役负担仍然是比较重的。例如,祝允明《前闻记·驿儿属对》载:

---

①《明太祖洪武实录》卷177,洪武十九年正月壬寅。

②[苏]列宁:《在第二届国家杜马中关于土地问题演说的草稿》,《列宁全集》第15卷,人民出版社1986年版,第261页。

"太祖皇帝一日阅远方驿夫,见一小儿在其中,问之,儿对曰:'臣父当此役,近凡死,臣来代耳。'上曰:'你几岁了?'对曰:'七岁。'"宋濂《芝园前集·义乌王府君墓志铭》载,郡县吏胥为了征发木工石工来营建朝廷及诸王官室,于是"不问老幼废疾之不可任,悉上其名。索之弗得,辄捕比邻以代",以致"鸡犬不宁"。所以当时就有人指出:"方今力役过烦,赋敛过厚","或卖产以供税,产去而税存;或赔办以当役,役重而民困"①。地主阶级政权的本质就是如此,它能给予劳动人民的东西,不会是太多的。

三

"右贫抑富"的政策,尽管是为了"使富者得以保其富,贫者得以全其生",为了巩固封建统治,维护地主阶级的整体利益和长远利益,但仍然是值得肯定的。

在漫长的中国封建社会里,绝大多数的帝王总是尽情地享乐,纵容贵族、官僚、地主对劳动人民进行敲剥,而置人民的生死存亡于度外。朱元璋却不如是,他能够比较严厉地抑制贵族、官僚、地主豪强对人民的压榨,能够体恤人民的疾苦,给他们以生活出路,这本身就是值得称道的。虽然,农民阶级的要求没有得到完全的满足,但是,由于"右贫抑富"的政策的执行,因此他们对土地的要求在一定程度上得到了解决;赋役负担也有所减轻,基本上被控制在可以忍受的限度以内;对地主的人身依附关系,比从前松弛了;特别是朱元璋对吏治的整饬以及对豪强的打击,更使农民免受不少额外的压榨。所有这些,都给农民提供了较好的生产和生活条件,从而也就激起了农民的生

---

① 《明史》卷 139《周敬心传》,卷 147《解缙传》。

产热情,并相应地改善了自己的处境。应该说,对小农经济的扶植,使其稳定并有所发展,是朱元璋"右贫抑富"政策的十分成功之处。对农民来说,是在当时的历史条件下,所能得到的较好的结局。何良俊说:"正德以前,百姓十一在官,十九在田。盖因四民各有定业,百姓安于农亩,无有他志,官府亦驱之就农,不加烦扰。故家家丰足,人乐于为农。"但到了嘉靖、隆庆之际,却变成了"百姓十九在官,十一在家。身无完衣,腹无饱食,贫困日甚,奸伪日滋。公家逋负日积,岁以万计(按指其乡华亭县逋负)。虽缙绅之家,差役沓至,征租索钱之吏,日夕在门……终岁惴惴,卧不帖席"[1]。前后对照,民之休戚,不是十分清楚的么!"右贫抑富"的政策值得肯定,不也是十分清楚的么!

由于"右贫抑富"政策的执行,劳动人民生产和生活条件的改善,因而残破的社会经济得到了迅速的恢复和发展。如原来十分残破的凤阳、开封、太原、河南(今洛阳)、西安等府,在洪武八年(1375年)时,都因户、粮数增多而升为上府;扬州、怀庆、巩昌、庆阳等府则升成了中府[2]。庄浪、河州、洮州、岷州、西宁、凉州、宁夏、临洮等卫,原为荒凉贫瘠之区,在洪武二十二年(1389年)时,却成了"米多,价日减"的富庶地区了。而大宁、松亭关、会州等地所贮粮食,"足供数年边用"。济南府广储、广丰"蓄积既多,岁久红腐"。至于户口、土地、赋税收入的急剧增加,更是尽人皆知的事实。所以《明史·食货志》称道当时的富庶情况说:"是时宇内富庶,赋入盈羡,米粟自输京师数百万石外,府县仓京廪积甚丰,至红腐不可食。岁歉,有司往往先发粟赈贷,然后以闻。"

---

① 〔明〕何良俊:《四友斋丛说》卷13《史九》。
② 洪武六年规定,各府粮在二十万石以上曰上府,二十万以下曰中府,十万以下曰下府。

随着社会经济的恢复和发展，社会分工必然逐渐扩大，而社会分工的扩大，又必然带来商品货币经济的繁荣。马克思主义告诉我们，商品经济乃是资本主义生产关系产生和发展的起点。因此可以说，明初社会经济的迅速恢复和发展，为明中叶以后资本主义生产关系的最初萌芽，奠定了坚实的基础。

必须指出，"右贫抑富"的政策，决不是阶级调和的政策。它不是牺牲地主阶级的阶级利益，恰好相反，是以维护地主阶级的阶级利益为出发点和归宿的。列宁指出："在马克思看来，国家是阶级统治的机关，是一个阶级压迫另一个阶级的机关，是建立一种'秩序'，来使这种压迫合法化、固定化，使阶级冲突得到缓和。""右贫抑富"的政策，只是用以缓和阶级冲突，或者说是"剥夺被压迫阶级用来推翻压迫者的一定的斗争手段和斗争方式。"①它丝毫也不改变明王朝的阶级压迫和阶级剥削的本质。

纵观中国封建社会的历史，凡是统治比较稳定和繁荣的时期，基本上也就是富者能够保其富，贫者能够全其生的时期。如果富者肆其贪欲，致使贫者饥寒交迫、流离失所，无以全其生，那么，社会必然发生动乱，统治必然不稳。所以，适当地抑制富者的贪欲，同时又给贫者以生活出路，是求得统治稳定的无上良方。朱元璋是一个有作为的封建皇帝，自然深谙此道。加之他的出身和经历，也使他清楚地知道，只要使贫者能够全其生，他们就不会铤而走险，从而自己的统治也就得以维持和巩固。于是这就更加坚定了他制定和执行"右贫抑富"政策的决心。

对于"右贫抑富"的政策，豪绅大地主及其政治代表自然是坚决

①［苏］列宁：《国家与革命》，人民出版社 1964 年版，第 8 页。

反对的。但是,由于他们本身力量的薄弱,所以无能为力,只能听任朱元璋的摆布。至于中小地主,对这一政策则是欢迎的、支持的。他们的政治出路,比起在元朝统治下要好得多。他们的剥削利益,只要不太过分,仍然受到保护。特别使他们感到满意的,是封建统治的稳固和加强,保障了他们的财富不受侵犯。《明史·茹太素传》载:一日,朱元璋宴于便殿,赐酒与太素饮,并说"金杯同汝饮,白刃不相饶";太素叩头谢恩,并续韵对曰"丹诚图报国,不避圣心焦"。这种对朱元璋诚惶诚恐,忠心耿耿的态度,可说是明初一般的地主及地主士大夫的真情的写照。

"右贫抑富"政策的施行,受益最大的当然首推明朝政府,实即皇室统治集团。它以"官田"的名义,掌握着大量的土地;又通过赋役黄册的编制和里甲制度的推行,控制了大量的劳动人手。这对明王朝的统治者来说,是异常重要的。按照儒家的传统观点,"有人此有土,有土此有财,有财此有用"。在生产力不发达的社会里,直接掌握人和土地,对统治者来说,是命运攸关之事。而朱元璋在这两个方面,算是成功地实现了自己的愿望。于是,各种赋税收入源源不断地流进了国家的仓库,在分配从劳动人民那里掠夺来的劳动成果时,他占据了最大的份额。而雄厚的经济力量,又是明代专制主义中央集权高度发展的物质基础。正如恩格斯所说:"暴力的胜利……是以'经济力量',以'经济情况',以暴力所拥有的物质资料为基础的。""在任何地方和任何时候,都是经济的条件和资源帮助"暴力"取得胜利,没有它们,暴力就不成为暴力。"①

---

① [德]恩格斯:《反杜林论》,人民出版社1970年版,第164、169页。

也谈明代的祖制问题

吴智和先生在《史学集刊》(长春)1991 年第 3 期上发表了《明代祖制释义与功能试论》一文,对《皇明祖训》《诸司职掌》《大明律》等等所谓"祖制"(或"祖训")的涵义及其在明代政治生活中所起的重要作用等问题进行了诠释和论证。文中不乏精辟之见,读后受益匪浅。当然,由于这一问题牵涉面很广,又是首次专门讨论,因而有些方面还需补充,有的还可商榷。但愿本文能够对此问题的深入探讨有所助益。

一、祖制的神圣性

吴智和先生在其大作中说:"上自皇帝,下至臣僚百官,凡言及'祖制',崇仰肃穆之意则至深"。明代如此,历朝历代又何尝不是如此! 对自己祖宗的教训以及"先圣""先贤"的"前言往行",简直亦步亦趋,唯恐须臾偏离。像王充那样敢于"问孔""非韩""刺孟"①者,王安石那样敢于提出"天变不足畏,祖宗不足法,人言不足恤"者,李贽那样敢于反对以孔子之是非为是非,认为"六经、语、孟乃道学之口实,假人之渊薮",不可以为"万世之至论"②者,确系凤毛麟角,十分罕见。

---

① 详见《论衡》之《问孔篇》《非韩篇》《刺孟篇》。
② 〔明〕李贽:《焚书》卷 3《童心说》。

为什么在悠悠的历史长河中,举国上下对于"祖训"以及"先圣先贤"的"前言往行"都具有一种"崇仰肃穆之意"?这是一个十分值得深思的问题。我认为:

首先,从现实情况而言,开国之君以及"英明君主"或"圣贤"等,由于他们深谙世事,考虑问题周密,故而立法定制及其训诫比较符合实际,因而有利于社会生产的发展,有利于统治的稳固。这样自然会受到后人的崇仰,遵循其法制和训诫。以朱元璋而言,他出身贫苦,幼年饱尝人世艰辛。参加农民起义后,转战南北十余年,终于完成一统大业。登上皇帝宝座以后,又"忧危积心,日勤不息"地统治三十一年,建立了空前的高度专制主义中央集权制度,并使一个满目疮痍的国家繁荣富强起来。因此他有丰富的生活经历和统治经验,创制立法,既参考古人行之有效的成法,又结合当前实际。正如张居正所说:"明兴,高皇帝神圣统天,经纬往制,博稽逖采,靡善弗登。若六卿仿夏,公孤绍周,型汉祖之规摹,宪唐宗之律令,仪有宋之家法,采胜国之历元,而随时制宜,因民立政。"①而朱元璋自己对其立法定制,也深信为尽善尽美,可以传之永久而无须更改。例如《大明律》,他认为是自己"劳心焦思,虑患防微近二十载"、经过多次修改的"不刊之典"②。所以告诫其子孙:"钦承朕命,勿作聪明,乱我已成之法,一字不可改易。"③对废中书、罢丞相,将权力完全集中到皇帝手中的措施,特别告诫其子孙万万不可变更。他说:"自古三公论道,六卿分职。自秦始置丞相,不旋踵而亡。汉、唐、宋因之,虽有贤相,然其间所用者,多有小人专权乱政。我朝罢丞相,设五府、六部、都察院、通政司、大理寺等衙门,分

①〔明〕张嗣修等:《张太岳集》卷16《辛未会试程策三问》。
②〔明〕何乔远:《名山藏》卷2《典谟记》。
③《明太祖洪武实录》卷82,洪武六年五月壬寅。

理天下庶务,彼此颉颃,不敢相压,事皆朝廷总之,所以稳当。以后嗣君,并不许立丞相,臣下敢有奏请设立者,文武群臣即时劾奏,处以重刑。"①洪武二十八年(1395年)九月颁《祖训条章》(后更名为《皇明祖训》)于内外诸司时,他对必须遵守祖训之意阐述得十分详尽。说:"自古国家建立法制,皆在始受命之君。以后子孙,不过遵守成法以安天下。盖创业之君,起自侧微,备历世故艰难,周知人情善恶。恐后世守成之君,生长深宫,未谙事故;山林初出之士,自矜已长;至有奸贼之臣,徇权利作聪明;上不能察而信任之,变更祖法,以败乱国家,贻害天下。故日夜精思,立法垂后,永为不刊之典。……朕少遭乱离,赖皇天眷命,翦除群雄,混一天下。即位以来,劳神焦思,定制立法,革胡元弊政。至于开导后世,复为《祖训》一编,立为家法,俾子孙世世守之。尔礼部其以朕训颁行天下诸司,使知朕立法垂后之意,永为遵守。后世敢有言更改祖法者,即以奸臣论无赦。"②

其次,"造神运动"的结果把一大批帝王和"圣贤"塑造成形象高大、完美无缺的"超人""神人",成为世世代代顶礼膜拜的偶像。尧、舜、禹、汤、文、武,是举世公认的"圣帝明王"。在他们的身上,闪烁着人间的一切美德;他们统治的时期,被誉为不可企及的盛世。其实,这是孔、孟及其门人的附会,其中不乏理想的成分。王充就曾指出:"儒书称'尧舜之德,至优至大,天下太平,一人不刑'。又言'文武之隆,遗在成康,刑错不用四十余年'。是欲称尧舜,褒文武也。……尧舜虽优,不能使一人不刑;文武虽盛,不能使刑不用。"他的结论是"未得为优,未可谓盛也"③。自然,尧舜时代还谈不上什么刑罚的问题,这里暂且

---

①〔明〕余继登:《典故纪闻》卷5。
②《明太祖洪武实录》卷241,洪武二十八年九月庚戌。
③〔东汉〕王充:《论衡》卷8《儒增篇》。

不去涉及它。

董仲舒的"君权神授"论,是中国封建社会第一次也是影响很深的一次"造神运动"。他把君主奉为天帝之子,而天子则是受天帝之命来主宰万民的,拥有刑赏祸福的绝对权威。他说:"唯天子受命于天,天下受命于天子。""王者承天意以从事。"①董仲舒所指的"天"是至高无上的、有意志的、永恒的神。"道之大原出于天,天不变,道亦不变"②。因而君权神授、代天理物、威柄自操也自然是天经地义、亘古不变的。随着专制主义中央集权制的发展,君主的权威也在不断发展。谁要稍有触犯,必将受到相应的惩处。

当然,我们无意否定对历史发展曾经起过作用和有影响的人物,特别是一些杰出的历史人物。但是,我们反对将其神化。对后人抹在他们身上的灵光,应该给予充分的审视。

第三,"敬天法祖"的传统思想的深刻影响。所谓"三年无改于父之道,可谓孝矣"③。"不愆不忘,率由旧章"④。鉴于先王成宪,其永无愆⑤。"率乃祖文王之彝训……无作聪明乱旧章"⑥。等等道德律条,几千年来,君以之数其臣,父以是训其子,从而在上自天子,下至庶人的思想上打下了深深的烙印。如果有人敢于背离"先圣先贤"的"教诲",背离"祖训",必然会遇到极大的阻力,甚至被视为"异端""离经叛道",群起而攻之。

---

① 〔西汉〕董仲舒:《春秋繁露》卷11《为人者天》《尧舜汤武》。
② 〔东汉〕班固:《汉书》卷100《董仲舒传》。
③ 《论语·学而》。
④ 《诗经·大雅·假乐》。
⑤ 《尚书》卷5《说命下》。
⑥ 《尚书》卷10《蔡仲之命》。

第四，小农经济是"敬天法祖"思想的深厚土壤，从本质上来说，小农经济是封闭的、保守的。正如马克思所说："这种生产方式是以土地及其他生产资料的分散为前提的。它既排斥生产资料的积聚，也排斥协作，排斥同一生产过程内部的分工，排斥社会对自然的统治和支配，排斥社会生产力的自由发展。"①像汪洋大海一样的小农经济，在很长时期内，曾经是中国封建社会的基础。生活在这种社会之中的人们，思想观念基本上是封闭的，保守的；或者说是父子相继，一脉相承的。"率由旧章"，实际上就是这种思想观念在政治上的反映。它要求人们像对待"祖传秘方"一样，只能照旧炮制而不能有丝毫的更张。我们认为，这是"祖训"容易为人们所接受，而且很难动摇其信念的深刻原因。

应该说，包括"祖制"在内的"敬天法祖"之类的传统，是一股极其强大的力量，是套在人们脖子上的十分牢固的精神枷锁。

二、祖制不能一成不变

吴智和先生在其文章中说："纷更祖制者，不论是在位之君，或在朝之臣，皆存有害公之私心，而此私心足以贻患败政。"我认为在变更祖制问题上，情况较为复杂，不能一概而论。

首先，开国君主或者继起的有作为的君主，在立法定制时，固然考虑得较为周密妥当，如上所述。但由于他们出于维护己私以及认识上的局限性，因而所立之法，所定之制，本身便不可避免地存在若干不合理之处，自然也就难于永远遵行而不变。兹略举数例于下：

在《唐律》基础上斟酌损益而制定的《大明律》，是朱元璋的得意

①［德］马克思：《资本论》第一卷，人民出版社1956年版，第830页。

之作。所以他谆谆告诫其后嗣，不要像他那样"法外加刑"，而"止守律与《大诰》，并不许用黥刺剕劓阉割之刑……臣下敢有奏用此刑者，文武群臣，即时劾奏，处以重刑"①。抛开"法外加刑"不说，即以《大明律》而论，出于维护极端君主专制的需要，因而"视唐简核，而宽厚不如宋"。建文帝就曾告诉刑官说："《大明律》皇祖所亲定，命朕细阅，较前代往往加重。盖刑乱国之典，非百世通行之道也。朕前所改定，皇祖已命施行，然罪可矜疑者尚不止此。夫律设大法，礼顺人情，齐民以刑，不若以礼。其谕天下有司，务敦崇礼教，赦疑狱，称朕嘉与万方之意。"②此时距《大明律》定本颁布才一年左右，建文帝便开始背离"祖制"了。成祖即位以后，一反建文所为。然而，他并没有遵守朱元璋的教导。永乐年间，法外用刑、大肆诛杀的情况，比起洪武时期有过之而无不及。谈迁曾经指出："革除之初，鹰鹯成风。或戍或诛，家懔户怵。旧臣宿士，恫疑沮丧，殆无穴自避。"③《明史·刑法志二》也说："成祖起靖难之师，悉指忠臣为奸党，甚者加族诛、掘冢，妻女发浣衣局、教坊司，亲党谪戍者至隆、万间犹勾伍不绝也。"仁、宣时期，为了缓和君臣之间极度紧张的关系，又一反朱棣所为，较为宽厚。他们要求法司不要以罗织为功能，"专务诛杀"；不准"傅会昧情失实以致冤滥"；"不许恣肆暴酷，于法外用鞭背等刑，以伤人命；尤不许加人宫刑，绝人嗣续"；"除谋反大逆外，其余不许一概处以连坐之法"④。到了弘治年间，删定了《问刑条例》。《明史·刑法志一》说："自是以后，律、例并行而网亦少密。王府禁例六条，诸王无故出城有罚，其法尤严。"又说："钦恤

---

①〔明〕余继登：《典故纪闻》卷5。

②《明史》卷93《刑法志一》。

③〔清〕谈迁：《国榷》卷13。

④〔明〕余继登：《典故纪闻》卷8。

之意微，侦伺之风炽，巨恶大憝，案如山积，而旨从中下，纵之不问；或本无死理，而片纸付诏狱，为祸尤烈。"这就离"祖制"更远了。之所以如此，一方面是专制集权发展的必然结果，另一方面也与《大明律》有取自上裁的条文，付与朝廷生杀予夺大权有关。

明代江南的田赋特重，据说系朱元璋怒苏、松、嘉、湖"为张士诚守，乃籍诸豪族及富民田以为官田，按私租簿为税额。而司农卿杨宪又以浙西地膏腴，增其赋，亩加二倍。故浙西官、民田视他方倍蓰，亩税有二三石者"①。搜刮江南财赋以稳定明朝统治，是朱元璋的真实意图。所谓惩治为张士诚死守豪民，以及司农卿杨宪擅自加赋，不过是一种借口。②这是极不合理的。所以建文二年（1400 年）下诏："江、浙赋独重，而苏、松准私租起科，特以惩一时顽民，岂可为定则以重困一方？宜悉与减免，亩不得过一斗。"③公然与"祖训"唱反调。不久建文逊国，其政令全被明成祖废除，于是江南田赋仍然很重。后来虽然采取过一些措施，但重赋带来的问题仍十分严重。所以景泰四年（1153年）便下诏均定应天等府州县官、民田赋，逐渐打破官、民田的界限。嘉靖时，这一趋势又有所发展。尽管江南赋重问题，终明之世均未解决，但朱元璋的"祖制"的确被其后嗣更改了。而这种更改又是合理的。

大封诸子为王，无论如何都是朱元璋犯的历史性错误。虽然明代的封藩与以往不尽相同，"分封而不锡土，列爵而不临民，食禄而不治事"，同时朱元璋还采取了一些防范措施。但是，诸王的政治地位却很尊崇，"冕服、车旗、邸第下天子一等。公侯大臣伏而拜谒，无敢钧礼。特别是他们还拥有军权，既有自己的护卫甲士，又可以干预

---

①《明史》卷 78《食货志二》。
②详见拙文《明代江南赋重问题析》，《西北师院学报》社科版 1984 年第 4 期。
③《明史》卷 78《食货志二》。

军务。①既然如此，随着诸王权势的膨胀，必然要严重地威胁皇权的稳固。在这方面存在的隐患，许多人都是十分清楚的。早在洪武九年（1376年），训导叶伯巨，就曾上疏极言分封太侈之害说："臣恐数世之后，尾大不掉，然后削其地而夺之权，则必生觖望；甚者缘间而起，防之无及矣。"②朱元璋见疏后勃然大怒，以离间骨肉的罪名将其投入诏狱。但历史是无情的，谁要一意孤行，必然会受到惩罚。当朱元璋去世不久，便爆发了"靖难之役"。而在朱棣篡夺帝位以后，便毫无顾忌地削夺诸王，并严厉地限制他们的行动，消除了诸王对皇权的威胁。昔日诸王"拥重兵，据要地，以为国家屏翰"的情况，已成历史的陈迹。随着时间的推移，诸王简直像囚犯一样，困处一城受到严密监视。他们完全变成了腐朽的寄生的社会集团，全靠大量的人民血汗养活。只是到了万历年间，才一反"祖制"，"决意下令，一切宗人，俱得充诸生应举，为中外官"③。可惜为时已晚。

其次，任何时候，立法定制都不能离开当时的现实。而社会总是在不断变化，历史也是在不断发展的。今天的现实，与明天的现实总是不太一样，不可能一成不变。因此，用以治世的"祖制"，就必须根据现实情况的变化而相应地变化。如果认为有一种包医百病的万应灵丹，祖宗精心设计的永远适用的法制，那不过是自欺欺人而已！

废中书、升六部，虽然保证了皇帝大权独揽，但在实践中却不可避免地出现一些问题：像朱元璋那样精明能干又勤于政事的皇帝，还能应付；以后诸帝（包括明成祖的后期），则既无此精力，又无此能力。至于昏庸之主就更不用说了。因此，一个既能参政而又不掌握实权的

①《明史》卷116《诸王传序》。
②《明史》卷139《叶伯巨传》。
③〔明〕沈德符：《万历野获编》卷4《二郡王建白》。

机构,势必应运而生。于是我们看到,从洪武开始,中经永乐,到宣德年间终于形成了内阁制度。后来内阁大学士又有了首辅和次辅之分。尽管首辅并没有也不可能成为真宰相,但这一政治体制与洪武年间相较,已经迥然不同了。或者说,"祖制"已经根据实际情况有了某种程度的改变。此外,废中书省以后,在皇帝不太管事或干脆不管事的情况下,中枢权力结构便出现了空隙。而内阁的形成,又没有弥补这一空隙。于是皇帝亲信的宦官便乘机而起。正如黄宗羲所说:"盖大权不能无所寄。彼宫奴者见宰相之政事坠地不收,从而设为科条,增其职掌,生杀予夺出自宰相者次第而尽归焉。"①于是,司礼监、内阁并立的中枢权力结构的双轨制确立起来了。而在这种双轨制中,司礼监的权势始终居于内阁之上。或者说只有司礼监才是明代中枢权力之所在。从宣德年间开始,就出现了"朝廷政令不由朝官,皆出自司礼监"的情况;②中叶以后,地方各个部门的大权也由宦官把持。因此,所谓不可改易的"祖制"已经变得面目全非了。黄宗羲对此曾有过较为深刻的论述。他说:"有明之阁下,贤者贷其(按指宦官)残膏剩馥,不贤者假其喜笑怒骂,道路传之,国史书之,则以为其人之相业矣。故使宫奴有宰相之实者,则罢丞相之过也。阁下之贤者尽其能事,则曰法祖。亦非为祖宗之必足法也,其事位既轻,不得不假祖宗以压后王,以塞宫奴。祖宗之所行未必皆当,宫奴之黠者又复条举其疵行,亦曰法祖,而法祖之论荒矣。"③

为了加强中央集权,朱元璋于洪武九年废除了元代的行中书省,

---

①〔清〕黄宗羲:《明夷待访录·置相》。

②吴晗辑:《朝鲜李朝实录中的中国史料》上编卷 5,中华书局 1980 年版,第 359 页。

③〔清〕黄宗羲:《明夷待访录·置相》。

设立了地方三司、分管行政、军事和监察、刑名。它们互不统率，各自向中央负责。这样虽然避免了尾大不掉、分裂割据的危险，但是权力过于分散，致使牵涉地方全局的应兴应革之事，难以统筹兼顾和较好地解决。因此，自宣德年间开始，建立了巡抚制度。后来又陆续有总督、总理、总制等更高一级官员的设置。这虽然不合"祖制"，但确是现实的需要。

还有不少规定、制度，洪武、永乐时期合适、可行的，由于时异世殊，因而后世未必合适，未必可行，这里就不一一列举了。

至于随着封建统治阶级的腐朽而出现的不遵"祖制"的事例，更是屡见不鲜。洪武元年（1368年），"太祖命画古孝行及身所经历艰难起家战伐之事，为图以示子孙。谓侍臣曰：'……今图此者，使后世观之，知王业艰难也。'……富贵易骄，艰难易忽，久远易忘。后世子孙，生长深宫，惟见富贵，习于奢侈，不知祖宗积累之难。故示之以此，使朝夕览观，庶有所望也"①。可是，自英宗以后，没有一个皇帝遵守这一"祖训"。因为他们无一例外地忘记了祖宗创业的艰难，把勤政事，亲贤臣，远小人，听言纳谏，赏功罚过，节用爱民等等君职完全置诸脑后，而"惟见富贵，习于奢侈"，致使明王朝的统治日益陵替，终至于灭亡。

三、洪武后君臣对祖制的态度

只需粗略地翻检明代历史，便不难发现，从明建文帝开始，历代皇帝都在不同程度地变更"祖制"。然而，由于"敬天法祖"思想的深远影响，以及他们企图以"祖制"来掩盖其"非祖制"的真实，或者说以

---

① 〔明〕胡广：《明太祖宝训》卷4《警戒》。

"祖制"为幌子来推行其"非祖制"的举措,因而没有公开提出更改"祖制"的主张。相反,总是信誓旦旦地宣称自己忠于"祖制"。这确是一种奇特的现象。

明成祖多次攻击建文帝"信任奸回,悉更旧制"。其实在更改旧制方面,他比建文帝毫不逊色,走得更远。众所周知,大肆削夺诸王,使之徒具虚名的是朱棣;法外用刑,残酷地屠戮反对派的还是朱棣;在政治、经济、军事、外交各个方面重用宦官,并专设东厂,实行恐怖的特务统治,从而彻底更改禁止宦官预政典兵"祖训"的仍然还是朱棣。……所有这些,有其历史的必然性,不能因为它不合"祖制"便一概否定。可是,朱棣却说什么:"我太祖君临天下四十余年(可能是算上争夺天下的十余年),法度明备,朕恪遵成宪。"①还假惺惺地说什么:"我朝大经大法,皆太祖皇帝所立,以传子孙。昨有憸人为朕言,朝廷法太宽,非所以为治,朕已斥之。今朕当守成之日,正安养生息之时,乃严法为治,岂不反有伤乎?"②朱棣这番表白,究竟有多少可信之处!

宣德时,有人建议对洪武、永乐中的法制,有的应根据时宜作某些改易。这个意见是很好的。因为立法定制时的客观现实已经发生了变化,同时"祖制"的某些缺陷又已清楚地暴露了出来。善于治理天下者,自然会对原有的法制作必要的调整。实际上宣宗也是这样做的。然而,他却摆出一副"敬天法祖"的严肃面孔,说什么:"朕祗奉祖宗成法,诸司事有疑碍而奏请者,必命考旧典。盖皇曾祖肇建国家,皇祖考相承,法制详备。况历涉世务,练达人情,谋虑深远,子孙遵而行之,犹恐未至。世之作聪明,乱旧章,驯致败亡,往往多有可鉴。"他举的例子

---

①〔明〕余继登:《典故纪闻》卷7。

②〔明〕余继登:《典故纪闻》卷6。

是唐朝之亡乃导源于府兵变为可彍骑，宋之亡则系实行新法。现在看来，这自然是十分幼稚的。更加荒唐的是，宣宗还说："古人云：'商周子孙能守先王之法，虽至今，存可也。'此诚确论。"①孔子说："殷因于夏礼，所损益可知也。周因于殷礼，所损益可知也。其或继周者，虽百世可知也。"②孔子虽说保守，但还承认因革损益之不可避免。而宣宗却企图让社会在永恒中存在下去，岂非荒谬绝伦！

明代第一个权势煊赫、擅作威福、害国害民的大宦官，就是英宗朝的王振。王振之所以嚣张跋扈，完全是英宗宠幸的结果。《明史·王振传》载："（英宗）倾心向振，尝以先生呼之，赐振敕极褒美。振权日益积重，公侯勋戚，呼曰翁父；畏祸者争附振免死。赇赂辐集。"可是正统八年（1443 年），英宗却煞有介事地敕谕内官内使说："祖宗旧制，内官内使职掌内府事务，纤毫不敢透漏。今尔等有不遵法度，与在外各衙门官员私相交结，透漏事情，或因公务营干己私，或徇亲情请求嘱托公事，或借拨军夫役使，以致所司那移选法，出入刑名，重劳军民，妨废公道。已往之事，悉置不问，自今宜相戒饬，谨遵法度。其有徇情违法者，必罪不宥。"③实际情况并非如此。所以，英宗对内官内使的敕谕，除了表白自己是忠实于"祖训"的孝子贤孙外，毫无实际意义。

颇得士大夫好评的明孝宗也经常把遵守祖宗成宪挂在嘴上。弘治元年（1488 年）二月，他告诫在京诸司说："朝廷政事，祖宗俱有成宪，今后五府、六部、都察院、通政司、大理寺等衙门，务须遵守，毋得互相嘱托，有亏公道。如内外官敢有写帖子嘱托者，内官连人送东厂，

---

① 〔明〕余继登：《典故纪闻》卷 9。
② 《论语·为政》。
③ 〔明〕余继登：《典故纪闻》卷 11。

外官送锦衣卫,奏来处治。若容隐不奏者,事发俱治以重罪。"①事实表明,这仍然是虚张声势,故作姿态。弘治年间,由于孝宗的纵容,宦官的权势继续膨胀,因而中枢和地方权力结构的双轨制终于确立和巩固起来。通过宦官和近幸而转升、乞升的官员,远远超过成化年间。断案一依《大明律》与《大诰》的历史,由于此时制定了《问刑条例》而正式宣告结束。至于弘治中年以后,很少接见大臣,视朝很晚,热衷于斋醮等等有违"祖训"的事就太多了。因此,我们不能凭他的一纸宣言,就判定其以遵"祖训"为治的。

抽象地宣称应当恪遵"祖训",而具体地又不断更改"祖训",这就是洪武以后君臣对待"祖训"的共性。

洪武以后君臣还往往把"祖训"作为"护身符"或攻击对手的武器,从而维护自己的权势、利益。所以,维护"祖训"者并不一定就正确,更改"祖制"者也不一定就错误。

明成祖曾对其侍臣说:"凡开创之主,其经历多,谋虑深,每作一事,必筹度数日乃行,亦欲子孙世守之。……后世轻佻诙谀之徒,立心不端,以其私智小见,导嗣君改易祖法,嗣君不明,以为能而宠任之。徇小人之邪谋,至于国弊民叛而丧其社稷者有之矣,岂可不以为戒哉!"②很清楚,以篡得天下,对"祖制"多有更改的明成祖,无非是要利用"祖训"来为他的反叛、削夺诸王、严刑峻法、重用宦官等等举措开脱,从而使他的所作所为"合法化"和"合理化"。同时也是利用"祖训"来攻击建文帝,认定他之所以逊位,就是因为"改易祖法"。此外,还含有告诫其子孙,一定要遵守他的法制之意。

---

① 〔明〕余继登:《典故纪闻》卷16。
② 〔明〕杨士奇:《明太宗宝训》卷1《法祖》。

景泰四年(1453年)五月,巡按山东监察御史顾曈以六部官偏执己见为由,奏议"自今各部常事俱径行。若吏部推选内外重臣,法司发落矜疑重囚,户部整理边储,兵部选将用兵,俱令会同内阁大臣计议可否,具奏行之。"他的这一建议,立即遭到各部的强烈反对。户部尚书金濂说:"六部尚书分理庶务,具载《诸司职掌》。"兵部尚书于谦等也说:"国家重务俱用奏请处分,此祖宗成法。今曈要先与内阁大臣计议,然后奏请。臣等但知遵祖宪、重君命,其他非所敢从。"最后,景泰帝以"天下事祖宗法已定,不可擅自更改"为由,否定了顾曈的建议①。顾曈建议,自然不合"祖制"。不过,即使照此实行,无非是加大了内阁的权力,相应地限制了皇帝及司礼监的权力,绝不至于出现民心不安,国本动摇之事。反之,不改旧制,明王朝的统治照样每况愈下。所以,更改或维护"祖制",在这里不过是争夺权力的一种借口而已。

明代江南的田赋很重,特别是迁都北京以后,转输之费大增,有时"正粮一石,率用米至于三石"②,因而长期拖欠。江南巡抚周忱在征收田赋的具体办法上作了某些调整,使赋税毋独苦贫民,收到了一定的效果。宣德六年(1431年)三月,周忱又以华亭、上海旧有官田税粮太重,奏"乞依民田起种,庶征收易完"。户部认为:"自洪武初至今,籍册已定,征输有常。忱欲变乱成法,沽名要誉,请罪之。"宣宗不同意处分周忱,但也没有批准他的建议③。到了正统年间,户科给事中李素等又劾奏周忱"不遵成规,妄意变更,专擅征科,掊多益寡",请求"正其欺罔之罪,以为将来之戒"。于是,周忱只好在正统九年(1444年)五

①《明英宗正统实录》卷229,景泰四年五月丁卯。
②〔清〕顾炎武《天下郡国利病书》原编第22册,《浙江下》引《海盐县志》。
③《明宣宗宣德实录》卷77,宣德六年三月戊辰。

月上疏认罪。说:"缘直隶苏、松、常州各府,税粮繁重。自永乐初年至宣德七年以前,并无一年纳完者。臣受命以来,夙夜恐惧,是以不避嫌疑,违越常例,令各府县于水次置立仓场,将一应税粮连其食用船钱加耗米,俱收于内,现数拨运。积有余剩,付有司赈济贫民及买办军需公用。近八九年间,方得总足通关缴报。臣妄作聪明,擅为变更,罪犯深重,死有余辜,不胜恐惧之至。"对此,英宗的批示是:"忱旧加耗米,既为公用,悉宥不问。今后仍令忱提督有司,勘实贫富等第,贫者止收正米,富者酌量加耗,具数闻奏,庶不负累贫民。若有当用,以苏民力,明白支销,须区画得宜,税粮无欠,官有稽考,民不受害。"①这一问题本应到此画上句号的,但事实并未如此。景泰元年(1450 年)四月又有人告发周忱擅加耗米,假公花销。于是户部请遣官前往苏、松、常、镇、嘉、湖等府追征周忱所费米。他们去后,只管追征,"不为究实",逼得老百姓不是"挈家逃窜",就是"相聚为盗"。周忱只好又一次认罪说:"臣先总督各府粮,见彼处大户不肯纳粮,里甲逼征,小民倍出加耗,代其远运,以致连年负欠。臣遂于宣德八年(1433 年)春赴京,议将加耗并远运脚费,衬仓作囤,芦席稻草,悉令大小户自纳,本年税粮方得完足。行之数年,余粮积出渐多,芦席稻草并易钱入官。"因各府赈济饥荒及其公用所需无着,于是将所余粮及所易钱随时支用。"缘奉宣宗皇帝并太上皇帝敕谕,许臣便宜行事,以此支用,不复具闻。"今被十三道纠劾,"实臣出纳不谨,罪重丘山,死有余辜"。后将所遣官取回,并以"忱年老,置不问"②。其实,周忱何罪之有?他无非是侵犯了江南豪绅地主的既得利益!某些官员一再叫嚷的维护祖宗成宪,不过

---

①《明英宗正统实录》卷 116,正统九年五月壬申。
②《明英宗正统实录》卷 205,景泰二年六月丙子。

是维护这一阶层的特殊利益而已,岂有他哉!

这类事例是很多的。明中叶以后,贵族大地主阶级日益腐朽没落而成了寄生集团,他们的既得利益不容丝毫侵犯;同时也由于法久弊生,积习难返;因此,哪怕是对现状稍加改易,也会横遭非议。而其所用武器则往往是"祖宗成宪""先王旧章"。例如张居正的改革,一旦触动某些积弊时,贵族大地主及其政治代表们便群起而攻之。说他"才虽可为,学术颇偏";说他"专尚刻核""擅作威福"等等。要求他"法先王""循旧章""施仁政"。当居正父亲去世,明神宗要他"夺情"视事时,反对派更是高举"礼制""祖制"的武器,对他大张挞伐,气势汹汹地要赶他下台。张居正深知自己的出处去就,所系非浅,因而摒弃世俗之见,固守阵地,继续他的改革事业。其结果,正如《明史·张居正传》所说:"肩劳任怨,举废饬弛,弼成万历初年之治。其时中外乂安,海内殷阜,纪纲法度,莫不修明。功在社稷,日久论定,人益追思。"明朝能再延续半个多世纪,应该说与张居正有违"祖制"而实行改革有着密切的关系。

从整个明王朝的统治来看,可以说,国势的盛衰,与是否遵守"祖制"并无直接的、必然的联系。如果要说有一定联系的话,那就是身系天下安危的君主,能够记取"祖训",尽其职责而不太荒淫,则国势自然较为兴盛;否则就会衰败以至灭亡。至于具体的法制以及针对某一具体问题而提出的训诫,则必须根据变化了的客观实际,作必要的扬弃,决不能"率由旧章",死守前人的规范。这就是我们的结论。

(原载《西北师大学报(社会科学版)》1993 年第 5 期)

明初选举制度述论

《明史·选举志》载:"选举之法,大略有四:曰学校、曰科目、曰荐举、曰铨选。学校以教育之,科目以登进之,荐举以旁招之,铨选以布列之,天下人才尽于是矣。"这是就有明一代的情况说的。明初在用人方面则略有不同。顾炎武说:"国初之制,谓之三途并用,荐举一途也,进士、监生一途也,吏员一途也。或以科与贡为二途,非也。"①当时,多途并用,未尝畸轻重,科目还不是唯一的入仕途径。多途并用,既保证了明王朝所需官僚的数量,又使之能够得到合用的官僚。比起明中叶以后非科举(而且主要还是甲科)不予官的情况来,自然要优越得多。

选举制度是政治制度的一部分,它对吏治的好坏以及整个统治都有着较大的影响,因而是值得研究的课题。

一

国家机构是国家机器的重要组成部分,它的健全与否,官吏的素质如何,极大地关系着统治的盛衰。吴元年(1367年)十二月,朱元璋曾说:"百姓安否在守令,守令之贤者以才德。有才则可以应变集事,有德则足以善治。……元之所以致乱者,虽上失其柄,亦州郡官吏不得其人。懦者不立,流于纵驰;强者急遽,发于横暴。又皆以胡人为之

---

①〔清〕顾炎武撰,黄汝成集释:《日知录集释》卷16《通经为吏》。

长,不惟尸位而已,反为奸吏愚弄,假威窃权,以生乱阶。"①洪武七年(1374 年)六月,朱元璋又对吏部臣说:"古称任官惟贤材,凡郡得一贤守,县得一贤令,足以致治。"②选择才德兼备的合格官僚的重要性,由此可见。

明王朝建立以后,摆在朱元璋面前的迫切任务之一,就是建立一套适合自己需要的官僚机构,使国家机器更加完备,以巩固地主阶级的政治统治。然而,要实现这一愿望,无论就所需官吏的数量或是质量而言,都是大成问题的。

朱元璋出身贫农,在走投无路的情况下参加了反元起义队伍。只是凭着自己的勇敢和机智,才得以独树一帜。他没有自己的一套班底,要很好地治理日益大的占领地是十分困难的。虽然从离开郭子兴南略定远以后,陆续罗致了一些人才,但仍感不足;特别是在其统治区域不断扩大的情况下,缺乏安邦治国的人才的问题,就更形突出。

朱元璋既缺乏自己的人才班底,而可供使用的原有官吏,也由于种种原因而颇为不足。

元末农民大起义,实质上是一场阶级大搏斗。经过起义风暴的扫荡,元朝的各级政权土崩瓦解了。在这场殊死的斗争中,原有官吏中不少人被起义农民镇压或是逃走了。所谓"满城都是火,府官四散躲,城里无一人,红军府上坐"③,正是当时真实情况的写照。此外,也有不少人在对抗农民起义军时战死,即所谓"殉节"。有关这类情况的记载,比比皆是。《廿二史札记·元末殉难者多进士》条以及《明史·陈友定传》就列举了不少"守节殉难"的"忠义之士",正所谓"当元亡时,守

---

① 〔明〕胡广:《明太祖宝训》卷 3《任官》。
② 〔明〕胡广:《明太祖宝训》卷 3《任官》。
③ 〔元〕陶宗仪:《南村辍耕录》卷 9《松江官号》。

土臣仗节死者甚众"。还有，元朝各级政府，上自中书省、枢密院、御史台，下至行省、路、府、州、县的长官，都是蒙古人，汉人、南人只是在特殊情况下偶一为之。当元朝政权瓦解以后，这些蒙古贵族官僚，无论如何不能再留任了，即使他们没有死，也没有逃走。

明王朝的建立，只是封建政权的更替。所以朱元璋对元朝遗留下来的官吏，仍然尽量地加以录用。然而，他们当中，有的人以元朝的遗老、遗臣自居，"身在江南，心思塞北"①；或者"诈死佯狂，求解职事"②；或者坚决不仕新朝，甚至以死相拒③。有的人虽然为新朝效劳，但又多不合朱元璋的要求。由于如此，难怪"元朝畈降诸臣，始虽荣遇，终必摈辱"④。

明初官吏数量的不足，还与官吏的素质问题有着密切的关联。洪武二年（1369 年）二月，朱元璋对群臣说："尝思昔在民间时，见官吏多不恤民，往往贪财好色，饮酒废事。凡民间疾苦，视之漠然，心实怒之。"⑤洪武五年（1372 年）二月又说："元季诸臣，皆苟且溺职，日徇肥

①《明史·扩廓帖木儿传》："张昶仕明，累官中书省参知政事。有才辨，明习故事，裁决如流，甚见信任。自以故元臣，心尝恋恋。会太祖纵降人北还，昶附私书访其子存亡。杨宪得书稿以闻，下吏按问。昶大书牍背曰：'身在江南，心思塞北'。太祖乃杀之。"

②〔明〕何乔远：《名山藏》卷 48《刑法记》。

③《明史·扩廓帖木儿传》载：扩廓定西军败以后，其幕下士、行省参政蔡子英单骑走关中，亡入南山。后为朱元璋所得，以礼遇之，授以官，不受。"馆之仪曹。忽一夜，大哭不止。人问其故，曰："无他，思旧君耳。'帝知不可夺。洪武九年（1376）十二月，命有司送出塞。令从故主于和林。"又《明史·陈友定传》载：友定败亡后，其属下有潮州路总管王翰者，"太祖闻其贤，强起之，自刎死。"又有元吏部侍郎伯颜子中者，洪武十二年（1379 年）诏郡县举元遗民，江西布政使以子中名闻于朝。聘使至，子中饮鸩而死。

④〔明〕黄佐：《广州人物传》卷 11《东莞伯何公》。

⑤《明太祖洪武实录》卷 39，洪武二年二月甲午。

甘。于生民疾苦,政事得失,懵如也。纪纲日弛,民心土崩。"①直到洪武十八年(1385年)七月他还在说:"朕向在民间,尝见县官由儒者而多废事,由吏者多奸而弄法,蠹政厉民,靡所不至。"②最使朱元璋深恶痛绝的,莫过于官贪吏污。元朝末年,吏治腐败,"上下贿赂,公行如市,荡然无复纪纲"。"肃政廉访司官,所至州县,各带库子检钞秤银,殆同市道"。他们要钱的名目很多,有拜见钱、撒花钱、追节钱、生日钱、常例钱、人情钱、公事钱等等③。这种腐朽的官风,虽然经过元末农民革命风暴的荡涤,但在明初并没有也不可能改变,不少官僚往往是"掌钱谷者盗钱谷,掌刑名者出入刑名"④。洪武十年(1377年),朱元璋曾说:"近者天下有司奏缺官,朝廷以时选补。比除未久,有司又复奏缺,是何犯罪罢黜者之众也。"⑤对于官僚的玩忽职守、贪赃枉法,朱元璋丝毫不能容忍。为了"惩元季纵弛,特用重典驭下,稍有触犯,刀锯随之"⑥。"凡《三诰》所列凌迟、枭示、种诛者无虑千百,弃世以下万数"⑦。特别是屡兴大狱,所诛戮者更难以数计。如洪武九年(1376年)之"空印案",主印长官死者数百人,佐贰戍边者数倍之。十三年(1380年)之"胡惟庸案",死者数万。十八年(1385年)之"郭桓盗粮案",自六部左、右侍郎以下,举部伏诛,词连直省诸官吏,系死者数万人。寄染遍天下,民中豪以上皆破家。二十六年(1393年)之"蓝玉案",死者又

①〔清〕谈迁:《国榷》卷5。
②《明太祖洪武实录》卷174,洪武十八年七月丙子。
③可参阅《辍耕录·拦驾上书》;黄溥《闲中今古录摘抄》;叶子奇《草木子·杂组篇》。
④〔明〕朱元璋:《大诰·谕官毋作非为第四十三》。
⑤《明太祖洪武实录》卷116,洪武十年十一月甲辰。
⑥〔清〕赵翼:《廿二史札记》卷32《明祖晚年去严刑》。
⑦《明史》卷94《刑法志二》。

数万。正如何良俊《四友斋丛说》所说:"洪武间秀才做官,吃多少辛苦,受多少惊怕,与朝廷出多少心力,到头来,小有过犯,轻则充军,重则刑戮,善终者十二三耳。"应该指出,这中间包含着不少政治因素。在极端君主专制下,皇权被认为是天然合理的,其他人只配做奴才;在财产分配上,君主也要求独占而不容他人分享。所谓"惟辟作福,惟辟作威,惟辟玉食,臣无有作福作威玉食"①。这样,便不可避免地在地主阶级内部引起错综复杂、尖锐激烈的斗争。而在当时的具体情况下,不少人就只好屈死在朱元璋的屠刀之下。

由于上述种种原因,所以明初急需采取各种办法培养、选拔大量的、才德兼备的官吏,以补充、更换官僚队伍中的缺额和不称职者,使国家官僚机器日益臻于完善。

二

洪武二十四年(1391 年),朱元璋曾对吏部臣说:"观人之法有数等,材德俱优者上也,材德不及者其次也,材有余而德不足又其次也,苟二者俱无,此不足论也矣。若逐势而变移,好作威福,言是而行非,此小人,不可用也。"②所谓材德俱优,就是能够"事君抚民"。朱元璋曾说过:"夫为臣之职,事君抚民二者而已。然能尽抚民之心,即所以尽事君之道。"③具体说来,就是必须具有竭诚地忠君长上、甘作奴才以及宣扬风化,为朝廷抚循百姓,均赋役、恤穷困、审冤抑、禁盗贼,以达朝廷爱养斯民之意,得民之欢心和廉洁奉公、不贪赃枉法等品质。

为了尽快地培养、选拔、搜罗一大批符合上述要求的人为自己的

①《尚书·洪范第六》。
②〔明〕胡广:《明太祖宝训》卷 3《任官》。
③〔明〕胡广:《明太祖宝训》卷 6《谕群臣》。

统治服务,朱元璋采取了历史上行之有效的,诸如广设学校、开科取士以及蒐求贤才等办法来实现自己的预期目的。

朱元璋对学校十分重视,以为"治国之要,教化为先,教化之道,学校为本"。办学的目的,可以概括为两个方面:其一,"延礼师儒,教授生徒,以讲论圣道,使人日渐月化,以复先王之旧,以革污染之习"①。这是就其普遍意义说的。其二,"育君子以仲尼之道,以助我后世,以安天下苍生"②。这是就其特定目的而言的。

基于这样的目的,还在明朝建国之前,朱元璋就以集庆路学为国子学。天下既定以后,又在京师首建太学,以此作为兴礼乐、明教化、育贤才之地。后来改称国子监,规模日益扩大,监生日益增多,洪武二十六年(1393年)曾达到八千一百多人,可谓盛极一时。监生在监期间,不只读书,且有出使历事之任。而当政府缺员时,则立即从监生中选充。如洪武十九年(1386年)就择监生千余人送吏部,授知州、知县等职。其他出任侍郎、金都御史、布政使、按察使、监察御史、御史、郎中、主事、参政、参议、知府、训导、教谕等职的,更是不在少数。故《明史·选举志》说:"其时布列中外者,太学生最盛"。

除国子监外,洪武二年(1369年)诏天下府、州、县立学。在校生员,按洪武十三年(1380年)规定府学四十人,州学三十人,县学二十人计算,全国有府一百四十,州一百九十三,县一千一百三十八,共该生员三万四千多人。③这些生员中,有相当一部分被陆续输送到国学或国子监,如洪武四年(1371年)诏择府州县学生之俊秀通经者入国

①《明太祖洪武实录》卷46,洪武二年十月辛巳。
②《明太祖洪武实录》卷145,洪武十五年五月丁丑。
③这是根据《明史·地理志》所列府、州、县数字计算的。明初的版图是不断扩大的,而府、州、县也常有变动。因此,这个统计数不是绝对数。

学,得二千七百二十八人。即使按常规选贡,人数也不少。洪武十六年(1383年)规定,自第二年起,天下府州县学岁贡生员各一人,经翰林院考试,中式者入国子监。二十年(1387年)更定为府学岁一人,州学二岁一人,县学三岁一人。这样每年也有六百左右生员被选入国子监。此外,生员也可直接通过科举,与升入国子监一样,最终补充到官僚行列中去。所以,生员实际上是官僚队伍的庞大的后备军。

学校既然担负着培养官僚的重任,所以朱元璋对教官的选择,教学内容的安排以及生员的行为规范都十分重视,严格要求。洪武年间,先后为祭酒、博士、助教的多为当时名儒;有的虽然不是名儒,但像宋讷这样对待生员以严酷著称的人,也同样甚至更为朱元璋所器重。至于府州县学教官,如果教育生员无成绩,将受到不同程度的惩罚,有时还要累及守令。生员学习的内容,主要是"圣经贤传",此外还兼及刘向《说苑》和律令书数、御制《大诰》。对学生的要求特别严格。朱元璋经常告诫他们:"当谦柔恭谨,存礼义之勇,去血气之刚,持守仲尼四勿之训";"立乃志,务乃学,正尔仪,慎尔言,勉务进修,无间昼夜。"①此外,从饮食起居到立身处世,都有严格的规定,不得违犯。特别强调:"在学生员,当以孝弟忠信、礼义廉耻为本,必先隆师亲友,养成忠厚之心,以为他日之用。""在学读书,务要明体适用,以须仕进。宜各遵承师训,循规蹈矩。凡出入起居,升堂会馔,毋得有犯学规。""每日诵受书史,并须在师前立听讲解。其有疑问,必须跪听,毋得傲慢,有乖礼法。"②"各州县学生员……毋轻至于公门。""军民一切利病,并不许生员建言。"③生员如果犯了监规或学规,轻者杖责,重则充

---

①《明太祖洪武实录》卷145,洪武十五年五月丁丑。
②〔明〕黄佐:《南雍志》卷9《谟训考》。
③〔明〕申时行:《明会典》卷78《礼部三十六》。

军、枷镣终身以至枭首示众。生员们学习的是儒家经典,言行又有着严格的规范,"以故诸生多所成就"。所谓"成就",当然不是成就了多少政治家、思想家、军事家、科学家、文学家、艺术家,而只能是成就了一批深受儒家思想熏陶且又具备做官才能并竭诚效忠皇上的合格官僚。

荐举在明初颇为盛行,成为地主士大夫入仕以及有才干的下级官吏得以不次迁擢的重要途径。明王朝刚刚建立,朱元璋便下诏求贤,说:"朕为天下之广,固非一人所能治,必得天下之贤共成之。向以干戈扰攘,疆宇彼此,致贤养民之道,未之深讲,虽赖一时辅佐,匡定大业,然怀材抱德之士,尚多隐于岩穴。岂政令靡常而人无所守与刑辟烦重而士怀畏惧欤?抑朕寡昧,事不师古而致然欤?不然,贤士大夫幼学壮行,思欲尧舜君民者,岂终没没而已哉!今天下再定,日与诸儒讲明治道,启沃朕心,敢不以古先哲王是期。岩穴之士有能以贤辅我,以德济民者,尚不吾弃。"①洪武元年(1368 年)十一月遣文原吉、詹同、魏观、吴辅、赵寿等分行天下,访求贤才。以后又不断下诏或遣官,敦促那些"怀材抱德,隐于岩穴"之士出仕于朝,"讲明治道,启沃朕心,以臻至治"。同时不拘资格地超擢"庶官之有材能而居下位者"。洪武年间,以荐举授官者究竟有多少,很难确切计算。十三年(1380 年)十二月,"吏部奏:天下郡县所举聪明正直、孝弟力田、贤良方正、文学才干之士至京者八百六十余人"②。可见荐举之多。《明史·选举志》说:"时中外大小臣工,皆得推举,下至仓库司局诸杂流,亦令举文学才干之士,其被荐而至者又令转荐,以故山林岩穴草茅穷居无不获自达于

---

①《皇朝本纪》;《太祖洪武实录》卷 35 所记与此略异。

②《明太祖洪武实录》卷 134;《明史·选举志》载:"吏部奏荐举当除官者多至三千七百余人,其少者亦至一千九百余人。"

上,由布衣而登大僚者,不可胜数。"据《弇山堂别集·六部尚书表》粗略统计,六部尚书163人,其中荐举者78人,占48%强。其他任四辅官、侍郎、翰林院待制、郎中、主事、布政使、参议、按察司佥事、知府、知州等官的,更不乏其人。由于朱元璋任官不拘资格,曾引起部分官僚的非难。《明太祖宝训》卷三载:二十二年(1389年)九月,"太祖御奉天门,廷臣有言:比来儒士起自田里而擢用骤峻,非朝廷爱重名爵之意。"朱元璋不以为然,批驳道:"朝廷爵禄所以待士,彼有卓越之才,岂可限以资格?朕但期得贤,名爵非所吝。若曰起自田里不当骤用,如伊尹在莘野,孔明在陇中(应为隆中),一旦举之,加于朝臣之上,遂至建功立业,何尝拘于官职?朕所患不得贤耳,诚得贤而任之,品秩非所限也。"朱元璋的意见自然是正确的。

被荐举者虽然也有冒滥,或者名不副实的情况,但总的说来,大多数仍然属于怀材抱德、博学老成、通达时务,或有一艺之长、一才可称之士。加之朱元璋采取了一系列措施,诸如诏诸司精慎所举,严举主之法,认真考核,量才授任等等,这就保证了荐举授官者基本上符合朱元璋的要求。

明代的科举,从洪武三年(1370年)开始。这年五月朱元璋下诏说:"……今朕统一中国,外抚四夷,与斯民共享升平之治。所虑官非其人,有伤吾民,愿得君子而用之。自洪武三年八月为始,特设科举,以取怀材抱德之士。务在经明行修,博古通今,文质得中,名实相称。其中选者,朕将亲策于廷,观其学识,品其高下而任之以官。果有材学出众者,待以显擢。使中行(《皇朝本纪》作中外)文武,皆由科举而选,非科举,毋得与官。敢有游食奔竞之徒,坐以重罪,以称朕责实求贤之意。"洪武四年(1371年)朱元璋又告诉中书省臣说:"今天下已定,致治之道,在于任贤。既设科取士,令各行省连试三年,庶贤才众多而官足任使也。"①按照洪武三年规定,会试录取一百名,乡试通取五百名。实际上会试每科取士多寡不同,多者四百七十余人,少者三十余人。乡试也有类似情况。科举中式者无论进士或举人,均可直接得官,补充官僚队伍。

科举是最为人所诟病的,认为这种办法不仅不能得人,相反是败坏人才,等于焚书坑儒。我们认为,科举制度的弊病确实不少,诸如士子把它作为步入仕途的敲门砖,读书只是为了应试、做官,有的甚至废书不读,专以摘经拟题为志,因而涉猎范围甚窄,科举成为入仕的唯一途径以后,士子自少至老,孜孜以求一第,真所谓"天下英雄尽入吾彀中";以《四书》《五经》命题试士,特别是八股取士,限制了知识分子的思想;怀挟倩代、夤缘请托,有才者未必得中,中式者又未必都有才。除此以外,当然还可举出一些。

尽管如此,但科举制度自隋创建以来,到明初已有好几百年的历史了,其间除了在考试内容、考试方法上有些改变外,这一制度的本身并没有被怀疑、被废除。只是到了清朝末年,出现了新的社会历史条件时,它才被送进了历史陈列馆。由此看来,作为封建社会中后期选拔官吏的重要途径的科举制度,无疑有其不可废弃的原因。洪武六年(1373年)朱元璋诏停科举时说:"朕设科举以求贤才,务得经明行修、文质相称之士以资任用。今有司所取多后生少年,观其文词若可与有为,及试用之,能以所学措诸行事者甚寡。"②只会做文章而不谙世情的后生少年,做官不太合适,只好"别令有司察举贤才"。此后,朱元璋经过一番观察、比较、思考,觉得选官办法没有一种是十全十美的,而作为一种经久之制,似乎荐举的流弊更多。十三年(1380年)十

---

① 《明太祖洪武实录》卷60,洪武四年正月丁未。
② 《明太祖洪武实录》卷79;《皇朝本纪》文字略异。

一月,朱元璋与吏部尚书阮畯等说:"比遣使遍谕有司,各举才能以备任使,而有司不体朕意,往往以庸才充贡。已尝敕所司按之以法。尔吏部宜申谕有司,用心咨访,务得真才。举非其人,加罚无贷。"①十四年(1381年)正月,又命吏部:"凡郡县所举诸科贤才至京者,日引至端门庑下,令四辅官、谏院官与之论议,以观其才能。"②这可说是不专任荐举而兼以考试的前奏。十八年(1385年)朱元璋在再行科举后第一次策试举人时,说得更清楚。他说:"朕自代元,统一华夷,官遵古制,律仿旧章,孜孜求贤,数用不当。有能者委以腹心,或面从而志异;有德者授以禄位,或无所建明;中材下士,寡廉鲜耻,不能克己。若此无已,奈何为治!尔诸文士,当进学之秋,既承朕命,悉乃心力,立身扬名,在斯始举,其条陈之。"③科举制度只好再度恢复了。而且再过几十年,竟成了选官的唯一途径。科举制度之所以不能废弃,我们认为主要原因在于:其一,科举制度是伴随庶族地主土地所有制的兴起以及庶族地主在政治上的日益抬头而出现的,它是为庶族地主的官僚政治服务的。因此,只要这个历史条件没有发生根本性的变化,科举制度就会继续存在,并且日益成为中央集权制的官僚政治不可缺少的选官办法。其二,至少从表面上看来,科举制度使人人在分数面前处于平等地位,它对调整统治阶级内部的关系,并使少数被统治阶级的上层人士产生一种经过努力就可上升为统治者的希望。因此,科举制度对稳定和巩固统治很有用处。其三,在一般情况下,科举比荐举、保举、荫官、传奉、捐官等办法优越,至少它能选拔出具有较高文化水平的儒生,用这种人做官,朱元璋(其他统治者也一样)是比较放心的。他说:

---

①《明太祖洪武实录》卷134,洪武十三年十月辛酉。
②《明太祖洪武实录》卷135,洪武十四年正月乙巳。
③《明太祖洪武实录》卷172,洪武十八年三月壬戌。

"自古以来,兴礼乐、定制度,光辅国家,成至治之美,皆本于儒。儒者知古今、识道理,非区区文法吏可比也。"①其四,少数有真才实学者不由科举出身,这是事实,但不能以此反证出身科举者就没有学问。实际上,科举出身的政治家、军事家、思想家、科学家、文学家、诗人、艺术家、著名学者代有其人,并不在少数。其五,科举制度主要是选拔为封建专制统治效忠的官僚。考试作为一根指挥棒,自然会对当时的文风、学风以及士风产生影响。不过,这种影响对一些独特奇伟之士较小,不能限制他们的发展。同时还应看到,影响文风、学风、士风的主要是当时的社会政治条件,是高度专制主义中央集权的官僚政治。其六,从明初的具体情况来说,人们经常指责的科举弊病,不少在明初并不存在,如"八股文"始于成化以后;"十八房之刻",使士子他书一切不观,是万历以后的事②,试题"取经书中大道理、大制度系人伦治道者出以课士。当时题目无多,士专心于大且要者用功。有伦序得以余力及他经子史"③。因而,"拟题""程文"的现象并没有出现。有的指责并无多少道理,如说糊名、搜索等待士不以礼,以致科场之弊不能根绝,且愈演愈烈。既然要考试,就得严格考场纪律,不能让侥幸者得逞。难道考试纪律松弛,反而会使科场弊绝吗?

明初吏员的迁转虽然没有中叶以后那样困难,有的人如小吏徐辉还擢升到了户部尚书这样的高官;但朱元璋对吏员总是心存戒惧,认为"吏多狡狯,好舞文弄法";"为吏者寡于学术,惟弄文法,故犯罪者多"。他要求长官给属吏讲解经史、时务,"以变其气质"。甚至规定

---

① 《明太祖洪武实录》卷64,洪武四年四月辛卯。

② 参阅《日知录集释》卷16;黄云眉《明史考证》第二册;阮葵生《茶余客话》卷16《八股文坏文风文运》。

③ 〔清〕李调元:《制义科琐记》卷1《题目无多》。

"上官驭吏,动必以礼而严之以法。若吏卒背理违法,绳以死无论"①。因此,在多途用人中,吏员这一途并不如科贡、荐举那样广阔。

总而言之,由于朱元璋大兴学校、开科取士以及广开荐举之门,培养、选拔、搜罗了大量的人才,因此尽管明初不断地、成批地诛戮、清洗官吏,而所需官吏仍然不虞匮乏,且其素质基本上符合朱元璋的要求。

由于明初的具体历史条件,需要学校、科目、荐举等无畸轻畸重地同时并用;而且,也只有在明朝初年才能同时并用。

明初需要不断地补充新的官吏,如在大狱之后,更需立即补充大量的官吏,而且这些新补充的官吏还必须符合极端君主专制的要求。于是,兴办学校,按照自己的需要训练官僚,便成了明初的当务之急。而学校也正是在这种情况下,颇为兴旺发达。但是,中叶以后,大批地补充官吏的情况不复存在,学校生员的出路因之被阻塞,学校的重要性因之降低了。生员成了交结官府、敲剥百姓的一大蠹虫;也用不着入学了,"入其庭,不见其人,若废寺然"②。

荐举之所以盛行于明初,除了急需补充大量的官吏外,还有一些为中叶以后不曾具有的条件。这就是:第一,元朝时期,汉族地主士大夫在政治上没有地位,仕途不通。"如何穷巷士,埋首书卷间。年年去射策,临老犹儒冠"③;"儒生心事良独苦,皓首穷经何所补。胸中经国皆远谋,献纳何由达明主?"④这就是当时地主士大夫发自内心深处的愤懑和报国无门的呼吁。因此,明王朝建立以后,这批人正好为朱元

①《明太祖洪武实录》卷 64;卷 82;卷 108。

②〔明〕陆容:《菽园杂记》卷 13。

③〔元〕陈高:《不系舟渔集》卷 3《感兴诗》。

④〔元〕朱思本:《贞一斋诗文稿·观猎诗》。

璋所用。第二,朱元璋在夺取天下的整个过程中,得到地主士大夫的帮助不少。《明史·儒林传序》说:"明太祖起布衣,定天下。当干戈抢攘之时,所至征召耆儒,讲论道德,修明治术,兴起教化,奂乎成一代之宏规。虽天亶英姿,而诸儒之功不为无助也。"明王朝建立以后,朱元璋对这些儒士,一方面是尊重他们,需要他们,他说:"躬擐甲胄,决胜于两阵之间,此武夫之事,非儒生所能,至于承流宣化,绥辑一方,此儒者之事,非武夫所能也。"①另一方面又不免有些担心。因为他深知这些人的能量颇大,如不设法使他们出仕于朝,是有潜在的威胁的。故以求贤的名义强迫他们出来,既能为我所用,又可消除隐患,真是一举两得。"有司驱迫上道,如捕罪囚",甚至定下"寰中士夫不为君用"的律条。"求贤"的幌子掩盖着朱元璋不可告人的隐私。第三,明初法令严峻,"令行禁止,若风草然",吏治比较澄清。因此在荐举时,举主除了知人不深,推荐不准外,有意作弊以致冒滥的极少。这就保证了荐举的正常进行。明中叶以后,上述适合于荐举的有利条件都不复存在了,以致"科举日重,荐举日益轻。能文之士,率由场屋进以为荣。有司虽数奉求贤之诏,而人才既衰,第应故事而已"②。

于是,多途并用在明中叶以后就只剩下科举一途了。自然,一途选官肯定不如多途并用的优越。关于这点,我们只需举出黄宗羲的论述就足够了。他说:"……今也不然,其所以程士者止有科举之一途,虽使古豪杰之士若屈原、司马迁、相如、董仲舒、扬雄之徒,舍是无由而进取之,不谓严乎哉! 一日苟得,上之列于侍从,下亦置之郡县。即其黜落而为乡贡者,终身不复取解,授之以官,用之又何其宽也。严于

---

① 〔明〕胡广:《明太祖宝训》卷3《任官》。
② 《明史》卷71《选举志三》。

取,则豪杰之老死邱壑者多矣,宽于用,此在位者多不得其人也。"①

三

朱元璋不仅重视官吏的培养、选拔,也重视官吏的考核,并根据考核的结果以为黜陟。

朱元璋喜用严刑峻法对待官吏,使之畏威惟谨,守法爱民。这是众所周知的事实。与此同时,朱元璋也经常苦口婆心地告诫官吏、特别是郡守县令等"牧民之官",要他们兴学校、重农桑、勤于政事,平赋敛、均徭役、简诉讼,使民受其利;不准贪虐毒民,怠弛废事以殃民。

此外,为了对官吏进行经常性的监督,使之向善而不为恶,并根据其功过以为赏罚,朱元璋还建立了一套严密的官吏考核制度。它是整个选举制度的一部分,而且不是可有可无的一部分。

专制君主对任何人都操有生杀予夺、祸福贵贱的大权。但是,如果赏罚不以其道而是随心所欲,必然会造成贤愚不辨、臧否不分、赏罚不公。其结果也必然是吏治败坏,上下解体。朱元璋为了使赏罚适中,起到劝惩的作用,因而十分重视对官吏的考课。他曾对吏部臣说:"任官之法,考课为重。……若百司之职,贤否混淆,无所惩劝,则何以为治? 故鉴物必资于明镜,考人当定以权衡。尔等考核,务存至公,分别臧否,必循名责实,其政绩有异者即超擢之,庶几贤者在位而人有所劝矣。"②

掌管官吏考课黜陟之事的主要是吏部的考功司。监察御史、提刑按察使以及按察司佥事也参与其事。洪武十四年(1381 年)十月定考核之法,规定在京六部五品以下及太常司、国子学属官,听本衙门正

---

①〔清〕黄宗羲:《明夷待访录·取士下》。

②《明太祖洪武实录》卷 163,洪武十七年七月壬子。

官察其行能,验其勤怠,定为称职、平常、不称职,五军各卫首领官,俱从监察御史考核;各三年一考,九年通考,综其称职、平常、不称职而黜陟之。其四品以上及通政使司、光禄司、翰林院、尚宝司、给事中等近侍官,监察御史风纪耳目之司及太医院、钦天监及王府官等不在常选之官,任满黜陟,取自上裁。直隶有司首领官及属官,从本司正官考核,任满从监察御史复考。各布政使司首领官及属官,并从提刑按察司考核。其茶马司、盐马司、盐运司、盐课提举司并军职首领官任满,俱从布政使司考核,仍送提刑按察司复考。其布政使司四品以上,按察司、盐运五品以上官任满,黜陟取自上裁。内外入流并杂职官,九年任满,给由赴吏部考核,依例黜陟;果有殊勋异能、超迈等伦者,取自上裁。根据考核结果,陟无过二等,黜无过三等,甚者罪之。外官三年一朝,朝觐时各携其纪功图册,文移稿簿,赴吏部复核。府州县官之考,以地之繁简为差。①十六年(1383年)、十九年(1386年)又先后对考核办法作了一些补充。十七年(1384年)还专对吏员的考满升转出身资格作出了较为详细的规定。②

明初对州县官吏的考核标准,主要为农桑与学校。洪武五年(1372年),朱元璋下诏:"农桑衣食之本,学校理道之原。朕尝设置有司,颁降条章,敦笃教化,务欲使民丰衣足食,理道畅焉。何有司不遵朕命,秩满赴京者,往往不书农桑之务,学校之教,甚违朕意。特敕中书,令有司今后考课,必书农桑、学校之绩,违者降罚。"③九年(1376

①府以田粮十五万石以上,州以七万石以上,县以三万石以上,或亲临王府、三司以及军事要冲之处,俱以事繁。府州县田粮不及上述数字及僻静之处,俱以事简。在京诸司,俱从繁例。

②详见《太祖洪武实录》卷139,卷155,卷159,卷177以及《明史·职官志一》。

③《明太祖洪武实录》卷77,洪武五年十二月甲戌。

年)六月,山东莒州日照县知县马亮考满入觐,其考语为"无课农兴学之绩而长于督运"。朱元璋认为农桑、学校乃"守令先务,不知务此而日长于督运,是弃本而务末,岂其职哉! 苟任督责以为能,非岂弟之政也。为令而无岂弟之心,民受其患者多矣。宜降黜之,使有所惩。"与此同时,山西汾州平遥县主簿成乐官满来朝,州之考语为"能恢办商税"。朱元璋认为:"地之所产有常数,官之所取有常制。商税自有定额,何俟恢办? 若额外恢办,得无剥削于民? 主簿之职在佐理县政,抚安百姓,岂以办课为能? 若止以办课为能,其他不见可称,是失职矣。"①劝课农桑的成绩,主要表现在户口增、田野辟两个方面。《明会典》卷14载:"凡各处府州县官员,任内户口增、田野辟为上。所引事迹,从监察御史、按察司考核明白,开坐实迹申闻,以凭黜陟。"洪武十七年(1384年),朱元璋以"上下之政,惟务苟且,县之贤否州不能知,州之贤否府不能察,府之贤否布政司不能举",又具体地规定几条,要他们"各以所临,精其考核,以凭黜陟,昭示劝戒"。其规定主要是:"其一,州县之官宜宣扬风化,抚字其民,均赋役、恤穷困、申冤抑、禁盗贼。时命里长告戒其里人,敦行孝弟,尽力南亩,毋作非为,以罹刑罚。行乡饮酒礼,使知尊卑贵贱之体,岁终察其所行善恶而旌别之。其二,为府官者当平其政令,廉察属官。致治有方,吏民称贤者优加礼遇,纪其善绩;其有阘茸及蠹政病民者,轻则治之以法,重则申闻黜罚。然不得下侵其职以扰吾民。其三,布政司官宜宣布德化,考核府州县官能否,询知民风美恶及士习情伪,奸弊甚者具闻鞫之。如所治不公,则从按察司纠举。"②

明朝初年,朱元璋出于维护朱家的一统天下以及极端君主专政

---

①《明太祖洪武实录》卷106,洪武九年五月庚戌。

②《明太祖洪武实录》卷161,洪武十七年四月壬午。

的需要,屡兴大狱,因而罚不当罪,无辜受戮的情况比较严重。不过,从对官吏的正常考核来说,情况基本上是好的。极少徇私舞弊、颠倒是非、混淆黑白的事发生。在正常情况下,官吏的升降基本上根据考核的结论。如洪武十八年(1385 年),吏部言:"天下布政使司、按察司及府州县朝觐官凡四千一百十七人。考其政绩,称职四百三十五人,平常二千八百九十七人,不称职四百七十一人,贪污百七十一人,阘茸百四十三人。"诏:"称职者升,平常者复其职,不称职者降,贪污者付法司罪之,阘茸者免为民。"①此外,朱元璋还规定:"称职而无过者为上,赐坐而宴;有过而称职者为中,宴而不坐;有过而不称职者为下,不预宴,序立于门,宴者出然后退,庶使有司知所激劝。"②为了弥补官府考核之不足,朱元璋对来自民间(当然主要是地主阶级)的意见也比较重视。只要"州县父老有诣阙上言县官善政,当罢任而举留者",辄"赐手敕奖励复职",以其能"抚循百姓","得其欢心"。

明初的选举制度为明王朝的官僚机构补充了大量的、基本上合格的官吏;而这些官吏在任期间,又将受到严格的考核制度的甄别,奖善罚恶,从而知所劝惩。因而促使明初的吏治蒸蒸,百职厘举,称为极盛。当然,严刑峻法使官吏不敢肆意妄为是一个重要因素,但选举制度也无疑起着较大的作用。

明初的选举制度按照高度专制主义中央集权的要求塑造和选拔官吏,从而加强了国家官僚机构这样一个统治工具。这对巩固明王朝的统治以及极端君主专制无疑有着不容忽视的影响。

(原载《西北师院学报(社会科学版)》1987 年第 4 期)

---

①《明太祖洪武实录》卷 170,洪武十八年正月癸酉。
②《明太祖洪武实录》卷 117,洪武十一年正月丁丑。

论明初的吏治

吏治的好坏,与"民情之休戚,世道之惨舒"总是有着密切的关系。

明初的吏治与元朝末年和明中叶以后比较起来算是好的,这是众所周知的事实。同时,由于明初吏治的澄清,致使社会经济得以迅速恢复和发展,人民生活也相应地有所改善,这同样是历史的真实。可是,过去我们对此却重视不够,没有进行深入的研究。所以,本文拟就明初在强化专制主义中央集权条件下整顿吏治所具有的特点、澄清吏治对社会经济的发展以及人民生活所产生的影响、明初吏治澄清的局面为何不能持久等等问题进行一些探讨。缺点错误在所难免,希望专家学者们不吝指教。

一

明初对吏治的整顿,是当时的社会现实所提出来的迫切要求;同时,在当时的具体历史条件下,又不能不具有明显的时代特点。

大明帝国建立以后,摆在统治者面前的一个严重问题,就是极端残破的社会经济亟需迅速恢复。当时,到处是人烟稀少、土地荒芜的景象。仅据《明太祖洪武实录》所载,中原诸州是"积骸成丘,居民鲜少""民物凋丧,千里丘墟",因此"耕桑之地,变为草莽"。河北州县,同样是"道路皆榛塞,人烟断绝"的荒凉地区。其他如繁华的扬州,在朱元璋占领时,居民只剩下十八户了。而濠州到应天一带,则是"百姓稀少,田野荒芜","骨肉离散,生业荡尽"。号称天府之国的成都平原,在战乱后也成了"居民鲜少","故田数万亩,皆荒芜不治"之区了。显然,对这样残破不堪的社会经济,如不及时恢复,以安定人民生活,缓和阶级矛盾,则新政权是很难维持和巩固的。正如洪武元年朱元璋在任命宋冕为开封知府时与他说的:"今丧乱之后,中原草莽,人民稀少,所谓田野辟、户口增,此正中原今日之急务。"

要迅速恢复社会经济,就必须有一个清明的吏治;或者说,分管兵、刑、钱、谷的各级政府官吏必须是颇为廉能的。这在实行人治的中国封建社会显得特别重要。否则,一切有益的措施、良好的愿望都将成为泡影。然而,当时朱元璋从元朝继承下来的关于吏治方面的遗产,却无论如何也难以完成迅速恢复社会经济的艰巨任务。据《草木子·杂俎篇》记载:"元朝末年,官贪吏污,……其问人讨钱,各有名目:所属始参曰拜见钱,无事白要曰撒花钱,逢节曰追节钱,生辰曰生日钱,管事而索曰常例钱,送迎曰人情钱,勾追曰赍发钱,论诉曰公事钱,觅得钱多曰得手,除得州美曰好分地,补得职近曰好窠窟";"肃政廉访司官,所至州县,各带库子检钞秤银,殆同市道"。当时的吏治,总的说来是"上下贿赂,公行如市,荡然无复纪纲"①。对这种腐败的情况及其严重的危害性,朱元璋是十分清楚的。他在总结元朝覆亡的教训时曾经明确指出,由于元末吏治的纵弛,致使"内之奸臣乱政,外之强将跋扈;典兵者崇空名,牧民者无善政,仕进者尚阿附而轻廉耻,读书者重浮华而乏节行;庶绩不凝,四民失序。加以舞文之吏玩法于上,豪强之家兼并于下,事无纪统,民无定志,一遇凶荒而乱者四起,由法制不明而彝伦之道坏也"②。尽管元末农民起义的洪流,给了这种腐败的吏治以猛烈的冲刷,无奈枳弊已深,很难根除。如果朱元璋掉以轻心

①可参阅《辍耕录·拦架上书》;黄溥《闲中今古录摘抄》。
②《明太祖洪武实录》卷176,洪武十八年十月己丑。

而不加以锐意整顿,不采取"治乱国,用重典"的果断措施,那么,元末腐朽的官僚习气势必像瘟疫一样,很快地在明初的政府机构中流行起来。

此外,朱元璋认为,"主荒臣专,威福下移,由是法度不行,人心涣散,遂致天下骚乱"[①],是元朝灭亡的主要原因。所以他在建国之前就宣布要"立纲陈纪",就是要强化专制主义中央集权,搞极端的君主专制。这就促使他需要通过吏治的整顿把权力高度集中在自己的手里;或者说,按照极端君主集权的需要来整顿吏治,即训练和选拔一批忠顺的奴才,而将一些不愿臣服、不愿做奴才的官僚士大夫镇压下去。

既要划除宿弊,又要强化专制主义中央集权,因而明初对吏治的整顿,便不得不带着自己的特点。那就是在若干措施中,明显地充斥着前所未有的高压和恐怖气氛。

二

明初对吏治的整顿采取了很多措施。其中最重要的是:大力培养和通过不同的途径破除资格选拔官僚,以改善和提高官僚的素质;实行严刑峻法以及加强对臣僚的监督,使之畏威惟谨,不敢肆意妄为。

明初的官僚,除质量存在问题以外,数量也感到严重不足。因为在元末农民战争中,"满城都是火,官府四散躲,城里无一人,红军府上坐"[②]的情况并不是个别的。原有的官僚机构受到了很大的冲击,不少官吏死伤和逃亡,因而迫使新的统治者不得不采取各种办法来培养和遴选自己所需要的官僚。这样,既能充实各级政府机构,又可借此改变原有的腐朽的官僚习气。当时,官僚的来源主要是国子监培养

①《明太祖洪武实录》卷14,至正二十四年正月戊辰。
②〔明〕陶宗仪:《南村辍耕录》卷9。

的监生;通过科举考试的举人、进士;荐举的所谓"经明行修之士"以及所谓的杂流。

朱元璋对于学校是寄予殷切期望的,因而对学校的设置和生员的培养,都给予很大的关注。洪武年间,除京师有国子监外,各府州县卫所都有儒学。"盖无地而不设之学,无人而不纳之教,庠声序音,重规叠矩,无间于下邑荒徼,山陬海涯"①。当时的学校有两重任务:其一是"讲论圣道,使人日渐月化,以复先王之旧";其二是训练合格的官僚,即具备做官应有的才能而又深受儒家思想熏陶并且竭诚效忠皇上的奴才。所以,像国子监生学习的内容,便是"自四子本经外,兼及刘向说苑及律令书数、御制大诰"。整个学习过程,采取严格的考试和积分法,及格者与出身,不及者仍坐堂肄业。"如有才学超异者,奏请上裁"。监生的行为,有着严格的规范,不准逾越,否则将受到程度不等的惩治。对于教官的选择,朱元璋也是十分重视的。洪武年间,先后为祭酒、博士、助教、学录的多为当时的名儒;有的虽然不是名儒,但像宋讷这样对待生员以严酷著称的人,也同样甚至更为朱元璋所器重。由于严格的管教,"以故诸生多所成就",即达到了朱元璋对他们要求的既是合格的官僚,又是忠顺的奴才的标准,因而"其时布列中外者,太学生最盛"。

尽管学校为朱元璋培养了不少合格的官僚,然而,一则是仍不能满足当时的需要;再则大多数未入学的地主士大夫却无法加以牢笼而为朱元璋所用。因此,洪武三年朱元璋又下诏"特设科举,以起怀才抱德之士,务在经明行修,博通古今,文质得中,名实相称。其中选者,朕将亲策于廷,观其学识,品其高下而任之以官;果有才学出众者,待

---

①《明史》卷 69《选举志一》。

以显擢。使中外文臣由科举而选,非科举者毋得与官"①。本来,如果考试的内容和方法得当,且能做到在成绩面前人人平等的话,科举取士倒不失为一种选择官僚、打破权豪势要垄断禄位的可行之道。然而,明代的科举,在考试内容上,专取四书五经命题试士,士子只消用古人语气敷衍成篇,这就是后来所说的八股文。因此,虽然自朱元璋开科取士之后,便出现了"家有弦诵之声,人有青云之志"②的情况,可是他们只不过把读书和应试作为猎取禄位的一种手段,因而只知"以摘经拟题为志,其所最切者,惟四子一经之笺,是钻是窥,余则漫不加省,与之交谈,两目瞪然视,舌木强不能对"③。这与朱元璋"设科取士,期必得乎全材;任官唯能,庶可成于治道"④的要求,相去何啻天壤!加之考试又颇多弊病。因此洪武六年朱元璋又下令停止科举。但是,尽管科举的弊病很多,不能尽如朱元璋之意,但它已有好几百年的历史了;同时,从当时的情况来说,似乎还找不出一种能够完全取代它的好办法;再说,这也是"使天下士尽入吾彀中"的一种强制形式。因为读书人舍此以外再无其他更好的仕进之路,所以只得皓首穷经、竭精敝神以应科举。而其结果,则使得一大批读书人成为没有头脑、没有抱负,只知俯首帖耳、唯命是从的庸人、奴才。不过,这正是极端君主专制所需要的"人才"。因此,到了洪武十七年,仍复举行科举考试,而且此后便逐渐地几乎成为唯一的选拔官僚的途径。

早在元至正二十四年(1364 年),朱元璋就考虑到了将来打下江

---

①佚名:《皇朝本纪》。

②〔明〕徐一夔:《始丰稿》卷 5《送赵乡贡序》。

③〔明〕宋濂:《宋文宪公全集》卷 36《大明故中顺大夫礼部侍郎曾公神道碑铭》。

④〔清〕李调元:《制义科琐记》卷 1《初设科举条格记》。

山时官僚队伍的补充问题。他颇有见地地指出:"郡县官年五十以上者,虽练达政事,而精力既衰,宜令有司选民间俊秀年二十五以上,资性明敏,有学识才干者辟赴中书,与年老者参用之。十年以后,老者休致而少者已熟于事,如此则人才不乏而官使得人。"①因此,他在当时就注意了人才的网罗。大明帝国建立以后,朱元璋不断遣使求遗贤于四方,指出"天下之治,天下之贤共理之";表示愿"日与诸儒讲明治道";殷切期望"岩穴之士,有能以贤辅我,以德济民者,尚不吾弃"②。应该指出,这一措施固然是为着网罗贤才以治理国家,然而也不可否认其中还包含着朱元璋的另一企图,那就是借此牢笼和镇压地主士大夫的反对派。因为,一批元朝遗留下来的官僚士大夫,特别是其中的亲元派,还有在张士诚那里作过食客的文人,他们深深地怀念旧主子的恩情,坚决不愿与新王朝的统治者合作,采用自杀、逃往漠北、放浪山水间等等方式来抗拒。至于中间派,他们则以为新王朝并不尽如自己的理想,怕朱元璋的严刑酷法保不了自己的身家性命。因此,这些所谓的"怀材抱德之士",往往不愿出仕于朝,而"多隐于岩穴";即使"出仕于朝者",也"多诈死佯狂,求解职事"③。对于这些人,朱元璋是十分不放心的,决不能让他们优游于林下,或者去组织力量反对自己;于是只好如捕罪囚一样,驱迫上道,甚至定下"寰中士夫不为君用"的法令强迫他们出来;对于已经出来的,则不免猜忌防范,如果稍有不愿臣服的表示,便不惜采用流血的恐怖手段来迫使他们就范。当然,我们决不能因此而全盘否定荐举对于罗致人才、补充官僚机构以及维护明王朝统治所起的重要作用。《明史·选举志》说:"时中外大小

①《明史》卷71《选举志三》。
②佚名:《皇朝本纪》。
③〔明〕何乔远:《名山藏》卷8《刑法志》。

臣工，皆得推举，下至仓库司局诸杂流，亦令举文学才干之士，其被荐而至者又令转荐，以致山林岩穴草茅穷居无不获自达于上，由布衣而登大僚者，不可胜数"。《明史·刘三吾等传赞》也说："明初建国，首以人材为务。征辟四方宿儒群集阙下，随其所长而用之。自议礼定制外，或参列法从，或预直承明，而成均胄子之任尤多称职，彬彬乎得人焉"。这无疑是对荐举所作的比较合乎实际的概括。

与荐举相似的还有保举。其对象为屈在下僚或军民中的"廉洁公正、才堪抚字者"。

洪武年间，上述几种选拔官吏的办法，系"参错互用"，无所偏重。仁、宣之际，虽然渐不如初，但还没有大变。因此，有真才实学的人，能够通过各种途径选拔出来，而不至于湮没无闻。同时，对被选拔出来的人才，一般地都能量才录用而不拘于资格。例如，《明史·选举志》载："洪武二十六年，尽擢监生刘政、龙镡等六十四人为行省布政、按察两使及参政、参议、副使、佥事等官，其一旦而重用之至于如此；其为四方大吏者盖无算也"。又如被荐举者有即授文华殿大学士、尚书、侍郎、副都御史、佥都御史、大理少卿、府尹、祭酒、布政使等等高官的，"其以渐而贵仕者又无算也"。直到建文、永乐间，以荐起家的，"犹有内授翰林，外授藩司者。而杨士奇以处士，陈济以布衣，遽命为太祖实录总裁官，其不拘资格又如此"。至于当时内外官吏的升迁调转，也并不严格地按照什么资历。因为朱元璋认为："资格为常流没耳，有才能者当不次用"。正由于此，所以刑部郎中刘惟谦可以超擢为尚书；礼部主事曾鲁才能"超六阶拜中顺大夫礼部侍郎"；宝钞提举费震以及西安知府李焕文才可不次擢为户部侍郎。这种不循资格的做法，曾经遇到过阻力。如朱元璋攻下婺州以后，以王兴宗为知县，"兴宗，故隶人也。李善长、李文忠皆以为不可。太祖曰：'兴宗从我久，勤廉能断，儒生法吏莫先也'。居三年，果以治行闻。后来兴宗一直做到布政使的高官。①直到洪武二十二年,还有廷臣提出:"比来儒士起自田里,擢用骤峻,非朝廷爱重名爵之意";而朱元璋的答复却是:"朕患不得贤耳。若伊尹出有莘,孔明起隆中,岂嫌骤哉!"②由于不循资格用人在现实生活中显示了它的优越性,因而尽管遭到保守派的反对,却并未停止,直到仁、宣时犹然。如有名的苏州知府况钟,原系吏部一个小吏,因有才干,为尚书吕震所举,授礼部主事(正六品),进郎中(正五品)。宣德初,"大臣奏苏州九郡繁剧难治,遂擢钟等九人为知府(从三品),皆授玺书以行"。况钟至苏州以后,因有善政,所以博得了"况青天"的美名,受到了吏民的爱戴。③正是根据这种情况,《明史·选举志》才说:"故其时吏治蒸蒸,称极盛焉"。

明初吏治的澄清,与采用严刑峻法以及加强对官吏的监督,即与朱元璋极力强化专制主义中央集权的特殊历史条件有着密切的关系。

立国之初,朱元璋曾告诫群臣说:"元季诸臣,皆苟且溺职,日徇肥甘,于民生疾苦,政事得失,懵如也;纪纲日弛,民心土崩。朕夜不安寝,未明视朝,尝恐怠政。卿等当体朕怀,共修厥职。"④所谓的"共修厥职",从朱元璋其他的谕旨来看,无非是遵守封建的纲纪,忠君爱民;不结党乱政、朋比为奸;公慎廉明,不贪财好货、因循玩惕;劝课农桑,大兴教化等等。应该指出,明初吏治的澄清,不端在于这种训诫的有无或多少,因为继元末吏治纵弛之后,只靠这类训诫是无济于事的。朱元璋当然也清楚地知道这点,因而除训诫之外,更十分注意法治。他"劳心焦思,虑患防微",用了近二十年的时间,制定了一部带有强

---

①《明史》卷 140《王宗显传附王兴宗传》。
②〔清〕谈迁《国榷》卷 9。
③〔明〕刘昌:《县笥琐探摘抄》。
④〔清〕谈迁:《国榷》卷 5。

化专制主义中央集权特点的、所谓"不刊之典"的《大明律》。对那些玩忽职守以及违犯法纪的官吏,毫不宽贷。如户部尚书朱昭因怠职谪苏州知府;中书右丞相汪广洋以罪怠降广东行省参政;岢岚教官吴从权、山阴教官张桓因不关心民生疾苦,"命窜之边方"。至于因触犯法律而受到惩处的就更加不胜枚举了。由于在上者严于法纪,因而在下者也就不敢宽纵。如《国榷》卷十载:工部尚书严直的弟、侄犯法,朱元璋命直按问,"狱上不欺",因而并释其罪。又据何良俊《四友斋丛说摘抄》载:"宣德中,鲁穆为福建佥事,持宪甚严,不避强御。杨文敏公家有一家人犯罪,鲁置之法,略不少贷。文敏知之,即荐为佥都御史"。

就明初的实际情况而言,不是执法较严的问题,而更多的是法外用刑,肆意诛杀。从《大诰》三篇所列的罪名以及锦衣卫镇抚司所用的酷刑来看,明初对待臣民的残酷,是历史上罕见的。朱元璋屡兴大狱,诛死谪戍者以万计;至于受到廷杖、镣足视事、屯田工役之罚的就更多了。正如《四友斋丛说摘抄》所说:"洪武间秀才做官,吃多少辛苦,受多少惊怕,与朝廷出多少心力,到头来,小有过犯,轻则充军,重则刑戮,善终者十二三耳"。"大戮官民,不分臧否"[1]的恐怖气氛,使得不少官僚真是惶惶不可终日。如当时"京官每且入朝,必与妻子诀,及暮无事,则相庆以为又活一日"[2]。有的人就是在事过境迁以后,仍然余悸难消。如佥都御史严德珉,"以疾求归,帝怒,黥其面,谪戍南丹。遇赦放还,布衣徒步,自齿齐民。宣德中犹存。……有教授与饮,见其面黥,戴敝冠。问'老人犯何法'?德珉述前事。因言'先时国法甚严,仕者不保首领,此敝冠不易戴也'。乃北面拱手,称'圣恩,圣恩'云"[3]。这

---

①《明史》卷139《周敬心传》。

②〔清〕赵翼:《廿二史札记》卷32《明祖晚年去严刑》。

③《明史》卷138《严德珉传》。

种法外用刑,肆意杀戮的结果,对于扭转积弊太深的吏治来说,起到了一定的作用。正如赵翼所说:"明祖惩元季纵弛,特用重典驭下,稍有触犯,刀锯随之……法令如此,故人皆重足而立,不敢纵肆。盖亦整顿一代之作用也。"①但是,我们也应该充分注意到它所带来的严重后果:其一,如叶伯巨所说:"古之为士者,以登仕为荣,以罢职为辱,今之为士者,以溷迹无闻为福,以受玷不录为幸。"②其二,造成"为善未必蒙福,为恶未必蒙祸",且冤狱遍于寰中的状况,很难达到惩恶劝善的目的。正如韩宜可所说:"刑以禁淫慝,一民轨。宜论其情之轻重,事之公私,罪之大小。今悉谪屯,此小人之幸,君子殆矣。"③

严刑峻法对于抑制贪污之风所起的作用是比较明显的。洪武二年,朱元璋告诉群臣说,元时"吏不恤民,惟好酒色财货。朕在民间,心疾之。今考官事之治,惟重贪吏之禁"。他深深地知道,"此弊不革,欲善治无由也",因而下令:"官吏犯赃者无贷。"④尽管如此,由于积习太深,也由于在中国的封建社会里,似乎理所当然地把权力的大小作为占有财富多少的标志,——正如马克思在《道德化的批评和批评化的道德》一文中所指出的:"'权力也统治着财产。'这就是说:财产的手中并没有政治权力,甚至政治权力还通过如任意征税、没收、特权、官僚制度加于工商业的干扰等等办法来捉弄财产。"⑤——因而不少官僚往往是"掌钱谷者盗钱谷,掌刑名者出入刑名"⑥;"法出而奸生,令下而诈起";朝诛一人,暮即有犯者。这种情况使得朱元璋十分恼怒,

①〔清〕赵翼:《廿二史札记》卷 32《明祖晚年去严刑》。

②《明史》卷 139《叶伯巨传》。

③《明史》卷 139《韩宜可传》。

④〔清〕谈迁:《国榷》卷 3、卷 4。

⑤《马克思恩格斯全集》第 4 卷,人民出版社 1958 年版,第 330 页。

⑥〔明〕朱元璋《大诰·谕官毋作非为第 43》。

因而不得不采用更加严酷的刑罚来惩治贪污分子。规定:除受赂官吏必然重惩外,送贿者也要同样治罪,全家徙边,赃至六十两以上者,枭首示众,仍剥皮实草。当时,"府州县卫之左,特立一庙以祀土地,为剥皮之场,名曰皮场庙。官府公座旁各悬一剥皮实草之袋,使之触目惊心"①。此外,朱元璋还两兴大狱,即"空印案"和"郭桓盗粮案"。洪武九年,空印事发,朱元璋怀疑其中有诈,"凡主印吏署字有名者,皆逮御史狱。狱数百人。自尚书至守令,署印者皆坐抵欺论死,佐贰以下榜一百戍边";郑士利疏谏不听,"卒杀空印者数百人"②。洪武十八年,户部侍郎郭桓盗粮案发,"词连礼部尚书赵瑁、刑部尚书王惠迪、兵部侍郎王志、工部侍郎麦志德等,举部伏诛。株累天下官吏,死徙数万人。寄染遍天下,民中豪以上皆破家"③。严刑峻法,虽然没有也不可能根绝贪污,但在较大程度上有所抑制,则是可以肯定的。试举一例,便可说明。洪武四年,"刑部搜系囚,得嘉兴王升所遗其子平凉知县瑱书,奏上之。书曰:'当官先廉,贫,士常也。以仁慈抚民,以忠勤报国,以谦敬处己,暇日玩味经史,则自然无私无邪入。熟读律令,则守法不惑,盖仕学不可偏废。人便,可致附子二三枚,川椒一二斤,经税乃来,毋致余物'"④。懔懔奉法之情,溢于言表。赵翼认为当时的情况是"法令森严,百职厘举",不是没有根据的。

惩罚固然是整顿吏治的一种手段,而奖劝也同样是一种不可或缺的手段。如果认为朱元璋只知诛杀惩处而不知奖劝,那是不符合历史事实的。根据记载,朱元璋对于奖劝良吏还是十分注意的。《明史·

①〔清〕赵翼:《廿二史札记》卷 33《重惩贪吏》。
②〔清〕谈迁:《国榷》卷 6。
③〔清〕谈迁:《国榷》卷 8。
④〔清〕谈迁:《国榷》卷 4。

高斗南传》说:"时太祖操重典绳群下,守令坐小过辄逮系;闻其贤,旋遣还,且加赏赍,有因以超擢者"。《明史·魏观等传赞》也说:"太祖起闾右,稔墨吏为民害,尝以极刑处之。然每旌举贤能以示劝勉,不专任法也"。尽管奖劝良吏在当时来说,似乎被一片杀戮之声所掩盖,但仍然是"所以风劝者甚至,以故其时吏治多可纪述"。

关于朱元璋肆意诛杀功臣的问题,主要是为皇权的极度扩张以及维护朱家万世一统的天下扫除障碍,排除隐忧。这里我们不打算涉及它,而只就其抑制权贵、从而保证法纪能够贯彻执行这点,谈点看法。在封建社会里,由于封建的等级、特权根深蒂固,根本谈不上在法律面前人人平等的问题。但是,究竟能在多大程度上执行地主阶级制定的法律,用法律来调节各个阶级之间的关系,约束地主官僚、特别是权贵近幸的行为,往往是吏治是否能够澄清的一个重要因素。本来,按照法律的规定,统治阶级的上层已经享有"八议"等等特权,然而他们并不以此为满足,总是企图不受法律的约束而为所欲为。正如马克思所说:"所谓特权者的习惯是和法相抵触的习惯。""贵族的习惯权利按其内容来说是反对普遍法律的形式的。""是习惯的不法行为。"[①]早在朱元璋建国之前,一些权贵近幸就有点骄恣不法;大明帝国建立以后,与朱元璋一同起事的元勋宿将,骄蹇自恣的也不乏其入。同时,他们在成为新贵族以后,还占有很多良田美宅,并不断加以扩大。这种政治上和经济上的不断扩张,不仅与朱元璋所要建立的极端君主专制集权以及经济上的独占企图有着极其尖锐的矛盾,而且也是法律得以较好执行的严重阻力。因此,朱元璋不得不对这些利用习惯权利的人给以某种惩罚。如胡大海之子犯了私自酿酒的禁令,

---

① 《马克思恩格斯全集》第1卷,人民出版社1958年版,第142—143页。

"太祖怒,欲行法。时大海方征越,都事王恺请勿诛,以安大海心。太祖曰:'宁可使大海叛我,不可使我法不行'。竟手刃之"①。又如朱元璋的侄儿、大都督朱文正,因为"在镇淫暴不法,夺人妇女,榻饰龙凤",所以被免职安置桐城。再如驸马都尉欧阳伦,因犯茶禁,被赐死。很显然,这种刑及亲贵的做法,不仅对于遏制他们滥用权力以欺凌和非法剥削百姓有其积极的作用,而且对于促使其他官僚奉法爱民也是一个有力的措施。

朱元璋在整顿吏治时,对风纪耳目之司颇寄期望。他不仅在全国范围内建立了一个严密的监察网,而且付与言官们很大的权力。根据《明史·职官志》的记载:"都御史职专纠劾百司,辨明冤枉,提督各道,为天子耳目风纪之司。凡大臣奸邪,小人搆党作威福乱政者劾;凡百官猥茸、贪冒、坏官纪者劾;凡学术不正、上书陈言变乱成宪希进用者劾。遇朝觐考察,同吏部司贤否陟黜;大狱重囚,会鞫于外朝,偕刑部、大理谳平之;其奉敕内地,拊循外地,各专其职行事"。"十三道监察御史,主纠察内外百司之官邪";"而巡按则代天子巡狩,所按藩服大臣府州县官,诸考察举劾尤专。大事奏裁,小事立断";"凡政事得失,军民利病,皆得直言无避;有大政,集阙廷预议焉"。六科给事中同样要"稽察六部百司之事"。由此可见,言官的权力是十分广泛的,正所谓"总宪纲维";而他们又"所见闻得纠察",因而在整个官僚机构中占有十分重要的地位。不过,从实际上说来,他们只是替皇帝搏击百官的鹰犬而已。所谓"御史纠弹,皆承密旨"②一语,便道尽了其中的奥秘。

朱元璋除了依靠耳目风纪之司纠劾百司之外,更实行公开的特务恐怖统治。他专门设立了锦衣卫这样一个特殊机构,专掌侍卫、缉

①《明史》卷133《胡大海传》。
②《明史》卷147《解缙传》。

捕、刑狱之事,其权力远在三法司之上。锦衣卫的特务专门在大街小巷和各个角落进行秘密的侦探和逮捕所谓的"盗贼奸宄",几乎所有臣民的言行都很难逃出特务们的网罗。如皇太子的老师、号称"诚谨"的宋濂,"尝与客饮,帝密使人侦视。翌日,问濂昨饮酒否,坐客为谁,馔何物?濂具实对。笑曰:'诚然,卿不朕欺'"[1]。又如教训生徒以严酷著称、深受朱元璋宠信的宋讷,也同样逃不出特务的监视。史载"帝使画工瞷讷,图其象,危坐有怒色。明日入对,帝问昨何怒?讷惊对曰:'诸生有趋跄者碎器,臣愧失教,故自讼耳。且陛下何自知之?'帝出图,讷顿首谢"[2]。更有甚者,就连致仕还家的,也被列为监视对象。如吏部尚书吴琳致仕村居,"上尝遣使觇之,见老人力田,私问吴尚书安在?对曰:'身是也'。使者以闻"[3]。朱元璋不仅使用锦衣卫的校尉做特务,而且还用僧徒做特务。如"吴印、华克勤之属,皆拔擢至大官,时时寄以耳目。由是其徒横甚,谗毁大臣,举朝莫敢言"[4]。由于特务的严密监视,以致人人危惧,不得不小心谨慎,深恐一有差错,便@灾难临头。但也有不少人因之不安其位,甚至"勋旧耆德,咸思辞禄去位"[5]。

自从永乐年间设立东厂以后,明代的特务统治虽然更加强化,然而吏治却并没有因此而得到进一步的改善,相反日益腐败起来。

三

由于朱元璋的锐意整顿,所以明初的吏治是比较澄清的,因而也

---

①《明史》卷128《宋濂传》。

②《明史》卷137《宋讷传》。

③〔清〕谈迁:《国榷》卷4。

④《明史》卷139《李仕鲁》。

⑤〔清〕陈鹤:《明纪》卷4《太祖纪四》。

就促使残破的社会经济迅速地恢复和发展起来。正如《明史·循吏传序》所说:"明太祖惩元季吏治纵弛,民生凋敝,重绳贪吏,置之严典";"一时守令畏法,洁己爱民,以当上指,吏治焕然丕变矣。下逮仁、宣,抚循休息,民人安乐,吏治澄清者百余年"。当时社会经济的发展,总的来说是"宇内富庶,赋入盈羡,米粟自输京师数百万石外,府县仓廪蓄积甚丰,至红腐不可食"①。

应该指出的是,朱元璋在整顿吏治时,按照传统的做法,特别注重于人治;尽管有一些立法和定制,然而并不是也不可能是十分完备的。因此,不可避免地会出现"人存政举,人亡政息"的情况。同时,明初吏治的澄清,是建立在极端君主专制的淫威之上的,而极端君主专制又不可避免地存在着许多弊端。加之封建社会晚期,地主阶级已日趋腐朽没落,很难振作起来。所有这些,便必然导致朱元璋整顿吏治的措施,有的在当时,有的则在稍晚一点的时间,就出现了弊病,甚至是阻格不行;而明代的吏治也就日非了。

培养官僚的学校,由于专重科举以后,慢慢地失掉了它的重要性,后来甚至没有生徒在校肄业,"入其庭,不见其人,如废寺然"②。荐举的办法,自永、宣以后因渐循资格而阻滞不行。保举则"所举或乡里亲旧、僚属门下、素相私比者"。至于选拔官僚的主要途径——科举,自永乐十五年统一以四书、五经、性理大全作为教本后,士子自传注外一无所知,"甚者不知经史为何物"③。由于原有培养、选拔官僚的办法产生了弊窦,随之而来的就是不得不将量才录用改为循资格授官。而循资格所带来的后果则是极其严重的。《日知录·停年格》条引宋孙

①《明史》卷78《食货志二》。
②〔明〕陆容:《菽园杂记》卷13。
③〔明〕黄佐:《南雍志》卷4《事纪四》。

洙资格论说："今贤材之伏于下者,资格阂之也;职业之废于官者,资格牵之也;士之寡廉鲜耻者,争于资格也;民之困于虐政暴吏,资格之人众也;万事之所以抚弊、百吏之所以废弛、法制之所以颓烂决溃而不之救者,皆资格之失也"。尽管如此,由于它有利于一些昏庸腐朽、持禄固宠的官僚,而职司铨选的人也认为简便易行,因此循资格用人的办法总是很难更改。

　　只靠高压和恐怖手段来维持统治是绝对不能持久的。朱元璋也清楚地知道这点。他曾说过,刑政不过是救弊的药石,而礼乐才是治世的膏粱。所以他在大肆杀戮一番,牢固地巩固了皇权并确立了君臣之间的主奴关系之后,便宣布了废止严刑;规定"后嗣止循律典",臣下敢有请用酷法者,"置重典"。不过,在大规模采用严刑酷法的情况基本结束以后,原来只是依靠恐怖手段才得以抑制的、存在于不少官僚身上的诸如贪污等恶习,却又渐渐地滋长起来。例如,永乐时侍讲兼左中允邹缉在上疏中就曾指出:"贪官污吏,遍布内外,剥削及于骨髓。朝廷每遣一人,即是其人养活之计,虐取苛求,初无限量,有司奉承,唯恐不及。间有廉强自守,不事干谒者,辄肆谗毁,动辄得罪,无以自明。是以使者所至,有司公行贿赂,剥下媚上,有同交易。"①到了宣德年间,君臣上下的宴安思想日益抬头,名为宽仁,实为纵弛的迹象已开始出现。仅从《明宣宗宣德实录》所载的几件事例中,便可窥见一斑。如镇远侯顾兴祖等贪虐,而宣宗却以"兴祖总兵镇一方,姑令自陈虚实";工部尚书吴中私取官木,而宣宗却以其为"皇祖旧臣,姑宥之"。宁阳侯陈懋贪赃枉法,而宣宗却"念其勋戚大臣,姑曲宥之"。由于如此,所以宣德时的吏治就自然不如以前了。《明史·刘观传》载:

----

①〔清〕陈鹤:《明纪》卷10《成祖纪三》。

"宣德初，臣僚宴乐，以奢相尚，歌伎满前。观私纳贿赂而诸御史亦贪纵无忌。三年六月，朝罢，帝召大学士杨士奇、杨荣至文华门，谕曰：'祖宗时朝臣谨饬，年来贪浊成风，何也？'士奇对曰：'永乐末已有之，今为甚耳！'"

极端君主专制对吏治的影响很大，下面我们只谈谈明初就已存在的几个问题。

在极端君主专制下，皇帝处于至高无上的独尊地位。君臣之间的关系实质上是主奴关系，人身依附较为强烈。皇帝的意旨，任何人也不得违拗，否则就是"冒犯天颜""大逆不道"，就要受到惩处。例如，史载"（茹）太素抗直不屈，屡濒于罪"；"一日宴便殿，赐之酒曰：'金杯同汝饮，白刃不相饶'；太素叩头，即续韵对曰：'丹诚图报国，不避圣心焦'。帝为铡然"。但结果仍然"坐法死"[①]。洪武年间，像这样"犯颜直谏"而不得善终的人，何止茹太素一个！在封建社会里，做官的都希望安享荣华富贵，既然直言不讳、纠举之失会招来横祸，那么，又有多少人愿意抛头颅、捐妻子去"批龙鳞而犯天怒"呢？又怎能不迫使大批的官僚、包括专职言事的御史科道对政事的得失、民生的疾苦默默无言，以远祸保身；甚至采取阿谀逢迎、奴颜婢膝、颠倒是非、混淆黑白的卑劣作法，以博得主子的欢心和青睐呢？

在极端君主专制下，权力高度集中于皇帝之手。在这种情况下，即使是精力过人、勤于政事的皇帝也难于应付，更不用说昏庸荒怠之主了。这样，在皇帝的周围，必然形成一个掌握很大权力的集团。这个权势集团的人之所以能得到皇帝的信任，无非是因为他们能够揣摩主子的心理，处处逢迎；或者能够作为忠实鹰犬，搏击群僚。这样的权

---

①《明史》卷139《茹太素传》。

势集团,在明代就是宦官。它是极端君主专制的产物。随着宦官干政的发展,明代的吏治也就日益被推向腐朽黑暗的尽头。

在极端君主专制下,判别是非曲直,既非出自公议,也不是依据法律,而是取自上裁。所谓上裁,其根据不过是个人的好恶,并没有什么客观的标准。至于法律,在封建社会里,不过是皇帝的侍婢,权力的附庸;皇帝的旨意就是法律,谁的权大,谁就有"理"。因此,法律也不能作为判别是非的客观标准。既然如此,因而必然形成是非不分,善恶莫辨,贤愚难别,赏罚不当的局面;必然带来正气难伸,歪风邪气弥漫的恶果。

在极端君主专制下,必然形成极其腐朽的官僚政治。因为官僚们的天职就是奉命行事,绝对效忠于上司。他们唯一需要操心的只是如何迎合、巴结掌握自己命运的上司,只是如何攫取财富。马克思说:"就单个的官僚来说,国家的目的变成了他的个人目的,变成了他升官发财、飞黄腾达的手段。"①他们素餐尸位,而对其管辖范围内的生产以及人民的生活根本漠然视之,置之不理。正如叶伯巨在上书中所指出的:"方春,守令未尝行课种莳次第旱捞预备之具也,下一文帖,里甲回申文状而已。是虚文乎农桑也。"②这简直是典型的官僚政治。

综上所述,可见封建统治阶级是无论如何也找不出一条根除吏治宿弊的途径的。尽管朱元璋用了很大的力气来整顿吏治,然而也只能救弊于一时。过了不久,仍然是"奸伪日滋",百弊丛生,从而给社会生产和人民生活带来了沉重的灾难。根据记载,明朝初年,"百姓十一在官,十九在家;亦家给人足,日勤农作,至夜帖帖而卧"。到了中叶却成了"百姓十九在官,十一在家。身无完衣,腹无饱食,贫困日甚,虽缙

①《马克思恩格斯全集》第1卷,人民出版社1958年版,第302页。
②《明史》卷139《叶伯巨传》。

绅之家,差役沓至,征租索钱之吏,日夕在门";"终岁揣揣,卧不帖席"①。神宗末年以后,更是"郡县不克修举厥职,而庙堂考课,一切以虚文从事,不复加意循良之选。吏治既以日媮,民生由之益蹙。仁、宣之盛,邈乎不可复追,而太祖之法蔑如矣"②。前后对照,真是何其鲜明!

(原载《甘肃师大学报(哲学社会科学版)》1981年第1期)

---

① 〔明〕何良俊:《四友斋丛说》卷13《史九》。
② 《明史》卷169《循吏传序》。

假皇权以肆虐的奴才

——论明代的宦官

　　明代的宦官,从永乐年间开始,直到国亡为止,始终在皇帝的宠幸、纵容下,在政治舞台上占据着重要的地位。他们把魔爪伸向各个领域,特别是对臣民进行公开的特务恐怖统治,虽然强化了极端君主专制,但却在政治、经济、军事等方面造成了极其严重的恶果。

　　明代的宦官尽管权势熏灼,但他们只不过是假皇权以肆虐的奴才,为皇帝搏噬臣民的鹰犬而已,没有也不可能对皇权构成任何威胁。明代宦官这种既拥有很大权势,又只是皇帝的忠实奴才的特点,是极端君主专制制度所决定的。

　　明代的宦官干政,是极端君主专制的重要组成部分。因此,研究这个课题,乃是全面探讨明代高度专制主义中央集权制度所不可忽视的一个方面。

一

　　1368 年,朱元璋登上了大明帝国的皇帝宝座。这个"淮右布衣"在自鸣得意之余,对于如何维护地主阶级的统治,巩固朱家万世一统的大业,却不免中心惴惴,寝食不安。

　　历史是一面镜子。而朱元璋则是很注意总结历史经验的。他认为汉唐之所以灭亡,一个重要的原因就是出现了外戚、宦官和藩镇之祸。为了长治久安而不重蹈汉唐的覆辙,朱元璋采取了一系列的预防措施。结果，终明之世，"宫壶肃清"，没有出现过女后临朝称制之事。而外戚则"最为孱弱"。至于藩镇，也从来没有发生过尾大不掉、称兵割据的情况。

然而在宦官干政这个问题上，却出现了朱元璋始料所不及的情况。有明一代，宦官的权势虽然时有消长，但总的说来，他们的气焰是愈来愈嚣张，而造成的恶果则是愈来愈严重的。

当然，这绝不是由于朱元璋对防止宦官干政的措施不力所致。他清楚地知道，"阉寺之人，朝夕在人君左右，出入起居之际，声音笑貌，日接乎耳目，其小善小信，皆足以固结君心。而便嬖专忍，其本态也。苟一为所惑而不之省，将必假威福、窃权势，以干与政事。及其久也，遂至于不可抑，由是而阶乱者多矣"①。所以，他规定阉寺只能洒扫侍奉，不准识字，不能用作耳目心腹，严禁他们预政典兵，与诸司文移往来。甚至将"内臣不得干预政事，犯者斩"的禁令铸为铁牌，悬之宫门。②洪武十年，"有内侍以久事内庭，泛言及朝政，即日斥还乡，终身不齿"③。由此可见，朱元璋对防止宦官干政，态度是颇为坚决的。

不过，就明代而言，宦官干政是极端君主专制的必然产物。因此，无论是"英主"还是昏君；也不管对宦官干政的后果有无认识，都必然会程度不同地使用甚至依靠宦官来进行统治。就连对宦官干政深恶痛绝的朱元璋也不可避免。如洪武八年以内侍使河州市马。十一年十月，遣内臣吴诚诣总兵官指挥杨仲名行营观方略。十九年九月，遣行人刘敏、唐敬偕内臣出使真腊等国。此外，还使他们刺事。所以，在洪武时期宦官干政的先例已开，禁令实际上解除了。

---

① 《明祖洪武实录》卷112，洪武十年五月丙午。
② 《明史》卷304《宦官传序》。
③ 〔清〕谈迁：《国榷》卷6。

到了永乐年间,宦官的际遇发生了很大的变化。这是因为,明成祖朱棣在夺取帝位时,得到了宦官很大的帮助;"靖难之役"以后,建文帝下落不明,传说纷纭,致使朱棣积疑不可解;更重要的,不少勋旧大臣对朱棣的篡位竭力反对,因而不能不招致朱棣对他们的猜忌。所有这些,都有力地促使朱棣对宦官的宠幸。除大量派遣他们出使、采办、提督市舶、监军、巡视、镇守外,还增设东厂这一特务机构,使"珰校刺事,布弥天之网","寄腹于左貂,专使分阃诏狱"。

自此以后,明代宦官的权势便有加无已,始终在政治舞台上占据着重要位置。就是在一些所谓的"英主""明君"之世,史称宦官比较敛迹之时也不例外。比如:

宣宗朱瞻基即位不久,便设立内书堂,命翰林修撰、大学士等专授小内使书,使他们掌握文化,以便担负重要使命。对亲信用事的太监金瑛,竟赐予免死诏,"词极褒美"。内官谭顺、王安、王瑾、兴安等几次同其他武臣率兵进行征讨。王瑾"从征汉王高煦还,参预四方兵事。赏赍累巨万。数赐银记,曰忠肝义胆,曰金貂贵客,曰忠诚自励,曰心迹双清。又赐以两宫人,官其养子王椿"①。宦官之被宠幸,于此可见一斑。

孝宗弘治年间,宦官蒋琮"以小才当上意","守备南京,骄恣不法。以湖田讦累百余人,经岁不解,留台为虚。"②李广"以符箓祷祀蛊帝,因为奸弊。矫旨授传奉官,如成化间故事。四方争纳贿赂。又擅夺畿内民田,专盐利巨万"③。一个"骄恣不法"的宦官,竟然可以"操诸臣短长",把一大批官僚赶下台去;而李广则仅仅因为深受皇帝的宠幸,便能"权

---

① 《明史》卷 304《金瑛传附王瑾传》。
② 《明史》卷 304《蒋琮传》。
③ 《明史》卷 304《李广传》。

倾中外"，而且使大臣们竞相向他纳贿结好。由此可见，宦官的权势已经膨胀到了何等程度；而宦官干政之势，此时已经积重难返了。

明代的宦官由于始终受到皇帝的宠幸，因而获得了极其广泛的权力。这些权力，主要是"照阁票批朱"；提督东厂，治理诏狱；与三法司共同审理狱囚；监军、镇守、守备、巡视、出使；提督市舶、充当矿使税监、采办、监工、监器、织造；等等。宦官既然大权在握，于是便造成了这样的情况：司礼监竟成了凌驾于内阁之上的机构，因为"内阁之票拟，不得不决于内监之批红，而相权转归之寺人。于是朝廷之纪纲，贤士大夫之进退，悉颠倒于其手，伴食者承意旨之不暇，间有贤辅，卒蒿目而不能救"①。三法司也徒具虚名，生杀予夺的大权完全掌握在厂、卫的手里。如弘治九年十二月，刑部典史徐珪因事上疏说："臣在部三年，每见鞫盗，多获自东厂镇抚司，或称校尉仇陷，或称校尉受赃。纵得真情，孰敢擅更只字！"②监军、镇守等的派遣，不仅使军队的统帅处处受到掣肘，甚至使之完全成为具员。此外，东厂的特务固然使天下臣民畏之如虎，重足屏息；就是一般被差遣的宦官，由于他们"手握王爵，口衔天宪"，因而臣民们自然把他们当成皇帝的代表者看待。宦官有所求，就不能不有所应；即使无所求，也要百般逢迎，唯恐得罪。而宦官则不免凭借"天子的威灵"，作威作福，为所欲为。总之，宦官既然掌握了政治、军事、刑狱、经济等各方面的大权，便不可避免地要凌驾于百司之上，成为皇帝以下最有权势的集团。

且让我们列举几个宦官，看看他们的权势究竟大到什么程度了吧。

王振在张太后死后，遂跋扈不可制，凡"所忤恨，辄加罪谪"。当时，英宗"倾心向振，尝以先生呼之，赐振敕极褒美。振权日益积重，公

---

① 《明史》卷72《职官志序》。
② 〔清〕谈迁：《国榷》卷43。

侯勋戚,呼曰翁父;畏祸者争附振免死。赇赂辇集"①。宪宗时,汪直掌西厂,"势倾中外,附之即荣,忤之即谴,天下重足,一时士绅趋走其门。巡边之役,所至,都御史铠甲戎装,望尘伏道,须过乃兴。至馆,易亵衣帽叩头;监道出半跽,有如役隶"②。当时,天下之人但知有西厂而不知有朝廷,只知畏汪直而不知有天子。武宗时的刘瑾,"权擅天下,威福任情。……公侯勋戚以下,莫敢钧礼。每私谒,相率跪拜。章奏先具红揭投瑾,号红本;然后上通政司,号白本,皆称刘太监而不名"③。魏忠贤气焰方盛时,"海内屏息丧气"。"内外大权,一归忠贤。自内阁六部至四方总督巡抚,偏置死党。海内争望风献谄,诸督抚大吏阉鸣泰等争讼德立祠,汹汹若不及,故天下风靡。章奏无巨细,辙颂忠贤。岁数出,所过,士大夫遮道拜伏,至呼九千岁,忠贤顾盼未尝及也。"④杨涟在劾魏忠贤疏中甚至说:大小臣工,都只知有忠贤而不知有"皇上";"宫中府中大事小事无一不是忠贤专擅,反觉皇上为名,忠贤为实。"

　　明代的宦官,就其权势之煊赫,为害之炽烈而言,与汉唐颇相类似。然而历史绝不会是简单的重复。随着封建专制主义中央集权的日益强化,宦官的地位也在起着变化,逐渐成为君主专制的工具。据《宋史·宦者传序》载:"宋世待宦者甚严。""中更主幼、母后听政者凡三朝,在于前代,岂非宦者用事之秋乎! 祖宗之法严,宰相之权重,貂珰有怀奸慝,旋踵屏除,君臣相与防微杜渐之虑深矣。"到了明代,在极端君主专制下,宦官不仅没有也不可能对皇权构成任何威胁,而且只能是皇帝的奴才和鹰犬。他们的赫赫权势,只不过是极端高涨的皇权

---

①《明史》卷304《王振传》。
②〔清〕谈迁:《国榷》卷39。
③《明史》卷304《刘瑾传》。
④《明史》卷304《魏忠贤传》。

的一种表现。因此,与汉唐比较起来,明代的宦官又不能不带着自己的特点。

明代宦官的社会地位实际上是很低的。这不仅表现在不少官僚士大夫对他们的鄙视,而且就连宠幸他们的皇帝,也是以奴才视之的。终明之世,没有给过宦官本人什么封爵、食禄以及政府的职衔;最大的荣誉无过于赐敕褒奖,赐祠额,赐祭。王振势焰方炽时,赞理云南军务户部右侍郎沈固上言:"今内官保护圣躬,赞翊皇化,其功尤著,乞如外臣例给诰敕为身家荣。不听。"在英宗看来,奴才是不配享此殊荣的。这和汉唐比较起来,简直不可同日而语。史载汉代宦官封侯的比比皆是,而唐代则尤为突出。如杨思勖"以军功累加辅国大将军","又加骠骑大将军,封虢国公"。天宝初,加高力士冠军大将军、右监门卫大将军,进封渤海郡公。七载,加骠骑大将军。"安史之乱"爆发,随玄宗逃到四川,进封齐国公。还京后,加开府仪同三司,赐实封五百户。死后陪葬泰陵。李辅国也加开府仪同三司,封郕国公,食实封五百户。拜兵部尚书。代宗即位,尊为尚父。加司空、中书令,食实封八百户。所有这些,都清楚地表明了汉唐时期宦官的社会地位比起明代来要优越得多。

总的说来,明代的皇帝是"威柄自操"的,不存在宦官挟制天子,"太阿倒持""大权旁落"的情况。天顺三年,英宗对大学士李贤说:"朕念曹吉祥旧人,每有于请,多曲徇之。吉祥不顾可否,无厌足。朕虽不可二三,四方奏事者不知,谓必行,往往造门求通,朕断以公道。"①万历三十二年,神宗谕中外诸臣时也说:"朕近年虽事静摄,而万机未常不亲,威福予夺,柄不下移。"②甚至就连熹宗也自称"政事朕所亲裁"。

---

① 〔清〕谈迁:《国榷》卷32。
② 〔清〕谈迁:《国榷》卷79。

不但皇帝自认是"威柄自操"的,当时的官僚士大夫对此也多所论列。《国榷》曾引何乔远的话说,永乐宣德时期,宦官虽然已经得势,"然不敢有所扞触";"英宗幼冲,王振窃权,赖张太后时裁抑之";"宪宗之朝,则有汪直,武宗之朝,则有刘瑾,肆行暴作,祸毒已甚,……然阿丑为戏,孝陵出守;张永一言,付狱法市,若嚼虮虱然。可以见祖宗之法行而列圣之武断也。"可是,汉唐的宦官与皇帝的关系,却与此完全两样。当时,宦官根本不把皇帝看在眼里,而是玩弄于股掌之间。真是主奴易位。例如:李辅国因拥立唐代宗"有功",便公然提出"大家但内里坐,外事听老奴处置"的狂妄要求①。杨思恭迎立昭宗,后因失宠致仕。复恭极端不满,在与其侄的信中说:"吾于荆榛中援立寿王,有如此负心门生天子,既得尊位,乃负定策国老。"②更有甚者,刘季述在废去昭宗以后,"手持银檛,于上前以檛画地数上罪状云:'某时某事,你不听我言,其罪一也。'"③田令孜"禁制天子,不得有所主断。帝(僖宗)以其专,语左右辄流涕"④。当时的皇帝只能仰承宦官的鼻息,毫无权威可言。

明代的宦官,无论其权势大到什么程度,都必须听从主子的叱声行事,博得皇帝的欢心;否则就会从权势的顶峰上跌落下来,摔得粉身碎骨。而汉唐时期(特别是汉唐末年),宦官不仅威福任意,而且废立由己。皇帝的命运自己无法掌握,而是完全操在宦官手里。

综上所述,我们可以清楚地看到,明代的宦官一方面在皇帝的宠幸下,拥有很大的权力,另一方面他们又只能是皇帝的忠实奴才,搏

①《旧唐书》卷184《李辅国传》。
②《旧唐书》卷184《杨复恭传》。
③《旧唐书》卷184《杨复恭传附刘季述传》。
④《新唐书》卷208《田令孜传》。

噬臣民的凶恶鹰犬。这就是明代的宦官所具有的特点。

二

为什么明代的宦官会具有如上所述的特点？这只能从当时的极端君主专制中去寻找答案。

朱元璋认为，元朝之所以灭亡，主要原因在于"主荒臣专，威福下移。由是法度不行，人心涣散，遂致天下骚乱"①。所以在即位以后，便"忧危积心，日勤不怠"地从各方面采取措施，建立了一套完整的高度专制主义中央集权体系，并把它推向极端的君主专制。

一般说来，庶族地主及其在政治上的代表对于封建专制主义中央集权是支持的。因为他们要维护自己的经济利益和政治地位并求得发展，不能不寄希望于这样的政权。同时，封建专制主义中央集权要能维持和巩固，也必须求得庶族地主及其政治代表的积极支持。当然，这只是问题的一个方面。另一方面，当庶族地主及其政治代表企图在经济上占有更大的份额、在政治上握有更大的权力的时候，他们又不能不和封建专制主义中央集权发生矛盾。特别是，当封建专制主义中央集权发展到极端君主专制的时候，皇帝成为名副其实的"代天理物，威柄自操"的主子，所有臣民都被视作他的奴才；同时，他还希图占有绝大部分经济利益，甚至是独占。在这种情况下，地主官僚和皇帝之间的矛盾就不能不表现得特别尖锐激烈。

根据大量的记载，明朝初年，不少官僚地主士大夫对于朱元璋推行的极端君主专制集权是极其抵触的。有的人坚决不愿与新朝的统治者合作，"怀材抱德之士，尚多隐于岩穴"，有的人虽然被迫"出仕于

①《明太祖洪武实录》卷14，至正二十四年正月戊辰。

朝",也"多诈死佯狂,求解职事",与新朝的统治者始终貌合神离。他们的共同之点就是企图摆脱朱元璋的钳制,不愿做奴才,不愿处于附庸地位。刘基所说"古者公卿有罪,盘水加剑,诣请室自裁,未尝轻折辱之"①,这话清楚地反映了不少官僚地主士大夫的政治要求。当时,地主阶级内部的矛盾,不仅不利于维护和巩固朱家"万世一统"的天下,而且在很大程度上影响了朱元璋更大地集中权力去对付相当频繁的人民的反抗斗争;而"剥削阶级需要政治统治是为了维持剥削,也就是为了极少数人的私利去反对绝大多数人民"②的。因此,朱元璋对那些不肯为自己尽力,不愿意当奴才的人,没有作丝毫的让步,而是用猜忌和愤怒来对付他们,甚至用流血的恐怖手段来强迫他们服从。"大戮官民,不分臧否";"凡三诰所列凌迟,枭示,种诛者无虑千百,弃市以下万数。"③不仅如此,对于一些元勋宿将,朱元璋也总是用疑忌的眼光看待他们,老是怀疑他们对自己的忠诚,深恐他们不利于自己的统治。因而屡兴大狱,将其诛除殆尽。于是,在一片杀声中,朱元璋总算把权力高度集中到了自己的手中。

明成祖朱棣的帝位是篡夺得来的,因而遭到建文朝不少文武大臣的反抗。矛盾更趋复杂尖锐。朱棣对反抗自己的人,采用了前所未有的酷刑加以诛除。"杀身外且录九族外亲,以至外亲之外亲,师友交游,只字相通,即诬奸党,蔓延十族,村里为墟。"④当时的确造成了一种十分恐怖的气氛,正如谈迁所说:"革除之初,鹰鹯成风,或戍或诛,

①《明史》卷95《刑法志三》。
②《国家与革命》,《列宁选集》第3卷,人民出版社1960年版,第190—191页。
③《明史》卷94《刑法志二》。
④〔清〕谈迁:《国榷》卷12。

家懔户怵。旧臣宿士,恫疑沮丧,殆无穴自避。"①经过又一次的大肆杀戮,极端君主专制集权的程度又加深了一步,而君臣之间的主奴关系也就完全确立了。

唯恐大臣专擅,结党乱政;唯恐官僚士大夫图谋不轨,有害于自己的统治,这种对臣僚深怀疑惧的思想,在洪武、永乐之后的各代帝王中都顽固地坚持着。如崇祯年间,内阁大学士前后共经五十四人,更换频繁,你来我去,有如走马灯一般。查继佐说:庄烈帝"独少推诚,稍舞智,往往以处逆魏之法绳其下,于是诸臣救过不暇,即贤者亦或宁自盖,而坚任诸内侍,益灰豪杰之隐"②。明思宗对其臣僚的态度,基本上反映了明代君臣之间的关系。

不信任官僚士大夫,就必然要依靠所谓的亲信,并利用他们去严密监视所有的臣僚。正如谈迁所说:"人主深居宫禁,中外悬隔,常疑吏民之怨诅,奸顽之欺悖也。恨无术以笼之。官校洞察,耳目密布,不啻神镜。"③朱元璋时主要利用锦衣卫的校尉,间或派遣宦官。朱棣时,除寄耳目于锦衣卫外,更重用宦官。如永乐八年"敕内官马靖往甘肃巡视,如镇守西宁侯、宋琥处,事有未到,密与商议停当回话。"西宁侯是靖难的勋臣,而宋琥则是朱棣的女婿,但却偏偏要"别寄腹心于宦寺"④。宦官之被宠幸,于此可见。永乐十八年更设立东厂、专主"刺奸",从此以后,锦衣卫和东厂(以及后来设立的西厂,内行厂)互相表里,狼狈为奸,成为有明一代在皇帝直接指挥下的侦探机关和镇压臣民的黑暗监狱。

---

①〔清〕谈迁:《国榷》卷13。
②〔清〕查继佐:《罪惟录》帝纪卷17《毅宗烈皇帝》。
③〔清〕谈迁:《国榷》卷37。
④〔明〕沈德符:《万历野获编》卷6《内监》。

总的说来,锦衣卫和东厂的权势是互相消长的。但是,由于锦衣卫是外廷机构,不如宦官朝夕在皇帝左右,所以使用起来不如宦官方便。同时,宦官的身份就是奴才,就是主人豢养的狗,易于使唤;即使是一条凶恶的狗,也不难将其制服。正如侯方域所说:"盖轻其为熏刑之余,以为其恶不能有为,姑使察天下之情伪,一旦得罪,虽势如凶竖,而我能立除之无难也。"①由于如此,所以宦官更能得到皇帝的宠幸,而其权势自会愈来愈大,超过锦衣卫的校尉。无数事实表明,明代的皇帝对宦官是宠爱备至,深信不疑的。例如:宪宗朱见深在斥责大学士商辂等请罢西厂时说:"用一内竖,何遽危天下!"武宗朱厚照在坚持给太监崔杲引盐时,驳斥大学士刘健等说:"天下事岂皆内官所坏?朝臣坏事者十常六七,先生辈亦自知之。"②正德三年六月,有人写匿名书告刘瑾不法,武宗"手匿名书曰:'汝谓贤,吾故不用;汝谓不贤,今用之'。任瑾益专"③所有这些,都清楚地告诉我们,明代的宦官为什么会始终在政治舞台上扮演重要的角色。

在极端君主专制下,皇帝真正处于独尊的地位。他的旨意,他对于所有的人和一切事物的好恶,就是最后的裁决。"君主圣明,臣罪当诛",地主阶级内部仅有的一点民主完全窒息了。公卿坐而论道,君臣之间的伙伴关系已成历史的陈迹。由于如此,所以尽管有的官僚士大夫或者出于维护封建统治的一片忠心,或者出于与宦官及其同伙争夺权力的需要,曾经不断上疏指出重用宦官,"变乱祖宗成宪",使其"得颛刑杀,擅作威福,贼虐善良",贻误封疆,科敛累民等等在政治、军事、经济各方面带来的严重后果。然而,在倾心于宦官的皇帝看来,

①〔清〕谈迁:《国榷》卷100。
②《明史》卷181《刘健传》。
③〔明〕谷应泰:《明史纪事本末》卷43《刘瑾用事》。

官僚士大夫们的这些诤谏,无非是想"去其左右,使朕孤立",无非是"因内臣在镇,未便作弊"。因此,几乎涉及宦官干政的章奏,都遭到皇帝的深闭固拒,或者"不报""留中",置之不理;或者给上章奏的人以"斥责""降调""削籍""谪戍"等处分,甚至下诏狱处死。翻检史籍,当王振、汪直、刘瑾、魏忠贤等人羽翼尚未丰满、权势尚未炙手可热时,官僚士大夫对他们都提出过弹章,进行过斗争。然而,在皇帝的庇护下,竟无一个宦官的地位因此而动摇。相反,刘球因劾王振而身死图圄;商辂等因请罢西厂、裁抑汪直而遭斥逐;刘健、谢迁等因刘瑾而名列"奸党",罢斥、谪戍殆尽;杨涟、左光斗、魏大中等因劾魏忠贤而死于非命。所以,宦官权势的膨胀,是因为他们受到高度集权的皇帝深深信赖,并使用恐怖手段来镇压反对派,从而有恃无恐所造成的。

宦官之所以在政治上取得重要地位,也是和皇帝的荒诞腐朽分不开的。唐代大宦官仇士良在告老还乡时与其同辈说:"天子不可令闲暇,暇必观书;见儒臣则又纳谏,智深虑远,减玩好,省游幸,吾属恩且薄而权轻矣。为诸君计,莫若殖财货,盛鹰马,日以球猎声色蛊其心,极侈靡,使悦不知息,则必斥经术,暗外事,万机在我,恩泽权力欲焉往哉!"[1]这种伎俩,可说是历代的宦官所惯用的。明代的宦官自然也不例外。须要指出的是,明代的宦官不需费多少心机去引诱皇帝作乐。因为地主阶级到了明代已经进入了腐朽没落的阶段,再加上极端君主专制集权体制的建立,既可以使朱元璋以后的各代皇帝能够利用高度集中起来的政治权力去尽情搜刮人民的血汗以供其淫乐,又可自以为"皇图巩固,亿万斯年",用不着像朱元璋那样"忧危积心,日

---

[1]《新唐书》卷 132《仇士良传》。

勤不怠",大可尽情享受祖宗遗留下来的"福泽"。因此,喜好声色狗马,荒诞侈靡的皇帝在明代并不是少数。以"英主"见称的明成祖,"潜心释典,作佛曲,使宫中歌舞之"。当时,"中外梵刹开建无数,内官尤笃信,几于成风"①。宣宗好猎,"阅边谒陵,动逾旬日"。"英宗亲政,颇事燕闲"。宪宗"颇事游宴","奸人僧纪晓以媚道得幸,秽乱宫中"。孝宗号称勤于政事,实际上惑于左道,"斋醮烧炼,糜烂失度"。自弘治八年以后,"视朝渐晏",很少接见大臣。其他如武宗、世宗、神宗、熹宗等,都是有名的昏庸腐朽的皇帝,用不着赘言了。事情很清楚,有这样一批腐朽荒诞的皇帝,宦官又怎能不轻而易举地取得自己力求得到的权力?不是吗?明成祖因为"倦勤朝事",只好"渐寄笔扎"于宦官,而且"久乃称肺腑矣"②。武宗喜喝酒,"左右利其醉,不时进觞,遂日酣酗,不及亲政"③。此外,刘瑾"每奏,杂伎上前,乐甚,间进封事请裁。上曰:'尔何为,乃一一烦朕也。'故瑾取臆决矫旨,上多未悉也"④。魏忠贤奏事也要选择熹宗"引绳削墨时"。这样,他一奏事,熹宗便讨厌,"谬曰:'朕已悉矣,汝辈好为之。'忠贤以是恣威福,惟己意"⑤。

宦官不仅利用皇帝的荒诞从中窃权,而且还利用官僚士大夫对自己的谄附或结纳来巩固和发展自己的权势。有明一代,谄附或结纳宦官的官僚士大夫不在少数。其所以如此,这是因为,在财产和权力再分配的斗争中,权力对于庶族地主及其政治代表来说具有极其重要的意义。权力的大小,决定着占有财产的份额;有了权,就可以巧取

①〔清〕查继佐:《罪惟录》帝纪卷 3《太宗文皇帝》。

②〔清〕黄宗羲:《日知录·宦官》。

③〔清〕谈迁:《国榷》卷 51。

④〔清〕谈迁:《国榷》卷 46。

⑤《明史》卷 304《魏忠贤传》。

豪夺,尽量扩大自己的财富。否则就有可能身败名裂,倾家荡产。严嵩、张居正等人的荣辱兴衰清楚地说明了这个问题。如何才能巩固自己已有的权力并使之不断发展?在极端君主专制下,除了用各种办法博得皇帝的欢心,就只有谄附或结纳皇帝的心腹、忠实奴才——宦官。就明代的情况而言,后者显得尤为重要。天顺八年,两京六科给事中王徽等曾上疏英宗说:"内官侍奉陛下,朝夕在侧,文武大臣不知廉耻者,多与之交结,有馈以金珠宝玉,加之奴颜婢膝者,朝夕在陛下前称美之;有正大不阿,不行私谒者,内官便以为不贤,朝夕在陛下前非毁之,……日加浸润,未免致疑。称美者骤逾显位,非毁者久屈下僚。"①由此看来,要想飞黄腾达、青云直上,在争权夺利的斗争中取得优势地位,就势必谄附或结纳宦官。这样就给了宦官一个可乘之机,使他们得以网罗一批一心想着升官发财的无耻之徒作为自己的党羽,从而张大自己的权势。正如《明史·阉党传序》所说:"明代阉宦之祸,酷矣。然非诸党人附丽之,羽翼之,张其势而助之攻,虐焰不若是其烈也。……刘瑾窃权,焦芳以阁臣首与之比,于是列卿争先献媚,而司礼之权,居内阁上。迨神宗末年,讹言朋兴,群相敌雠,门户之争,固结而不可解。凶竖乘其弗溃,盗弄太阿,黜陟渠恢,窜身妇寺,淫刑庸毒,快其恶正丑直之私;衣冠填于狴犴,善类殒于刀锯。……庄烈帝之定逆案也,以其事付大学士韩爌等。因慨然太息曰:'忠贤不过一人耳,外廷诸臣附之,遂至于此,其罪何可胜诛!'"

前面已经提到,明代宦官的权势尽管很大,有的甚至气焰熏天,然而在极端君主专制集权制下,他们却只能做皇帝的忠实奴才,搏噬臣民的鹰犬。众所周知,明代的封建专制主义中央集权有着一套完整

---

① 〔清〕黄宗羲:《日知录·宦官》。

的体系，它远远超过了以往任何朝代的集权程度。无论其政治制度、军事制度或法律和思想意识，都保证了君权的高度集中，保证了天子能够"乾纲独揽"。就是受皇帝直接指挥、凌驾于百司之上的特务机构锦衣卫和东厂（以及西厂、内行厂）的大小特务，也不能"犯上作乱"。因为这些机构也是互相监视、互相钳制的，谁也无法专擅，都得听命于皇帝。明代的皇帝在防范任何机构、任何人的权力过于膨胀以至威胁皇权这点上，是考虑得很周密的，是无所不用其极的。史惇在谈到明思宗重用内臣时曾经指出："即内臣初出，亦谓惟己操人短长，而不意先帝防之亦复与外臣等，而又有操监视内臣之短长者亦往往得罪。"①由于如此，所以即使是权倾天下的宦官如王振、汪直、刘瑾、魏忠贤等想要破坏极端君主专制集权的制度，窃取最高权力都是根本不可能的。正如何乔远所说，这些人的专横，虽然"令臣子不得执法，则己亦不敢有所坏乱"。他们只有打着皇帝的旗号，凭借"天子的威灵"才能肆虐于一时。尽管他们中间曾经有人如曹吉祥、刘瑾、魏忠贤等都有过篡夺帝位的幻想，但这个幻想很快就破灭了，而且本人也立即成为阶下囚，身死籍没，彻底完蛋。因此，极端君主专制制度，决定了宦官只能做一个有权势的奴才而决不能做主子。

三

明代宦官的干政，对当时社会生活的各个方面都产生了极其深刻的影响。

首先是强化了君主专制。

马克思主义告诉我们，警察、法庭、监狱是国家政权机构的重要

---

① 〔清〕史惇：《恸余杂记·用内臣》。

组成部分。明代的厂、卫正是在皇帝直接指挥下的"秘密警察"、法庭和监狱。锦衣卫、东西厂等机构的建立对于强化极端君主专制起着极其重要的作用。

东厂有着一套严密的组织和侦缉的办法，因而臣民的隐私很难逃出它所布下的网罗。东厂的头子——提督，直接听命于皇帝。其地位在内臣中虽稍次于司礼掌印，但"每奏事，即首珰亦退避，以俟奏毕、盖机密不使他人得闻也"[1]。提督之下有理刑、掌刑官，皆锦衣卫官。其隶役亦完全取自于卫，而且是"最轻黠环巧者"。这些人无孔不入，"专主伺察"。"每月旦，厂役数百人掣签庭中，分瞰官府。其视中府诸处会审大狱，北镇抚司考讯重犯者曰听记；他官府及各城门访缉曰坐记；某官行某事，某城门得某奸，胥吏疏白坐记者上之厂曰打事件；至东华门，虽禽夜投隙中以入，即屏人达至尊。以故事无大小，天子皆得闻之。家中米盐猥事，宫中或传为笑谑。上下惴惴，无不畏打事件者。"[2]由于皇帝要依靠厂、卫的特务来监视和镇压臣民，而厂、卫的特务则要借伺察和酷刑来立威弄权；因此，终明之世，厂、卫之祸不稍衰歇。例如：成化时，汪直掌西厂，"厂校刺事，烦密苛细，民间斗骂，纵犬争鸡，并痛捶责。有犯，封闭其家，或夜搜之；所掠辱，妻孥皆去衣裸杖。遣人四出，伺王府镇守总兵诸处，亦辄私有禽械，人情大骚"[3]。正德时，刘瑾领内行厂，其同党谷大用提督西厂，分遣特务远出侦事。"江西南康民吴登显等，五月五日为竞渡，诬以擅造龙舟，籍其家。""自是民间见鲜衣怒马作都下语者，辄迹相告，长吏密赂。或无赖子奸

---

①〔明〕沈德符：《万历野获编》卷6《内监》
②《明史》卷95《刑法志三》。
③〔清〕谈迁：《国榷》卷37。

喝售利,天下重足屏息矣。"①魏忠贤以秉笔领厂事,用卫使田尔耕,镇抚许显纯之徒,"专以酷虐钳中外,而厂卫之毒极矣"②。魏忠贤诛,王体乾、王永祚相继领厂事,"告密之风未尝息"。"凡缙绅之门,必有数人往来踪迹,故常晏起早阖,毋敢偶语。旗校过门,如被大盗。官为囊橐,均分其利。高门富豪局蹐无宁居。其徒黠者,恣行请托,稍拂其意,飞诬立构,摘竿牍片字,株连至数十人。"③从上所举材料,不难看出,特务的网罗是如何的细密;而生活在这样极其恐怖气氛中的明代臣民,自然难免感到随时都有大祸临头而"诚惶诚恐""畏威惟谨"。

宦官干政还助长了吏治的腐败。主要表现在以下几个方面:

官吏的冗滥更加严重。在封建社会里,由于"任人唯亲",因此不可避免地会造成官吏的既冗且滥。随着宦官势力的膨胀,这种弊病也日益严重。如成化时,内侍梁芳"取中旨授官,累数千人,名传奉官。"御史张稷上疏论及此事时说:"比来末流贱伎,妄厕公卿;屠狗贩缯,滥居清要。文职有未识一丁,武阶亦未挟一矢,白徒骤贵,间岁频迁。或父子并坐一堂,或兄弟分踞各署;甚有军匠逃匿,易姓进身;官吏犯赃,隐罪希宠。一日而数十人得官,一署而数百人寄俸。自古以来,有如是之政令否?!"④武宗时,刘瑾"叙大同功,迁擢官校至一千五百六十余人;又传旨授锦衣官数百员"。天启时,魏忠贤权势熏灼,因而"舆厮贱隶,夤缘扳附,立跻显要,玷列卿行,污滥朝署"。连他们尚"在襁褓中,未能行步"的从孙也封侯、封伯。官吏的冗滥简直到了无以复加的地步。

①《明史》卷 304《谷大用传》;〔清〕谈迁:《国榷》卷 47。
②《明史》卷 95《刑法志三》。
③《明史》卷 95《刑法志三》。
④《明史》卷 180《张稷传》。

是非不清,赏罚不当。"为善未必蒙福,为恶未必蒙祸"的状况,在整个明代都是比较突出的。之所以出现这种状况,其根本原因固然在于极端的君主专制,以及统治阶级内部矛盾的尖锐激烈,是非功过,往往只凭皇帝或少数当权者的好恶而定,只视本集团的利害如何而定。不过,宦官的干政,使得这种状况更加恶化,则是无可置疑的。例如:成化时,广州市舶司太监韦眷多方掊克,尽情搜括,弄得"琼儋骚然"。广东左布政使陈选对眷屡加裁抑,因而被眷怀恨在心。成化二十二年,"岭外饥,选便宜行赈。眷因诬选矫制发粟,意在侵欺;褒奖属官,志图报谢"。宪宗命刑部员外郎李行与巡按御史徐同爱按问,"俱畏眷不敢反异。奏上,遣锦衣千户逮系之。至南昌石亭寺卒。"而韦眷则镇守如故①。又如:荆州知府王绶,贪酷异常,而监司反畏之。正德三年九月入觐时,都察院在他的考语上写道:"两司畏其胁制而考语欺天,百姓苦其诛求而怨声动地"。这虽然如实地反映了王绶的本来面貌,但由于他依附刘瑾,因而"竟不能去"②。既然是非不清,赏罚不当,就必然驱使大批官僚只知谄附宦官和权贵,而饱食终日,无所用心,置民生疾苦于脑后;就不可避免地驱使大批官僚为恶而不为善。

阿谀逢迎之风极盛。极端的君主专制,更加采用公开的特务恐怖统治,必然造成阿谀逢迎、口是心非、寡廉鲜耻、持禄固宠这样一种腐败透顶的官风和士风。早在洪武时期在朱元璋以重刑绳臣下,任意杀戮的情况下,就形成了官僚士大夫们只知逢迎而不敢谏诤的局面。这种阿谀逢迎、持禄固宠的腐朽作风,随着宦官权势的日益增长而更加鄙薄、恶劣。到了明朝中叶,"刻薄相尚,变诈相高,谄媚相师,阿比相倚","谗谄面谀,流为欺罔"的恶习已经泛滥而不可遏止。史载王振弄

①〔清〕谈迁:《国榷》卷40。
②〔清〕谈迁:《国榷》卷47。

权时,王佑以谄媚由工部郎中超擢为工部右侍郎,"佑貌美而无须,善伺候振颜色。一日,振问曰:'王侍郎何无须?'对曰:'老爹所无,儿安敢有?'"①像王佑这种卑鄙无耻的官僚,到了后来真可谓"俯拾皆是"。众所周知,魏忠贤的干儿义孙就不乏其人;而且这些人还不以为耻,反以为荣。此外,从浙江巡抚潘汝祯在西湖与魏忠贤建立生祠开始,此风很快吹遍天下。他们所建的生祠,不仅穷极华丽,而且"创宫殿九楹,仪如帝者"多"凡疏词揄扬,一如颂圣,称以尧天帝德,至圣至神"。尤为丑恶的是,督饷尚书黄运泰,为了表示自己对魏忠贤的耿耿忠心,在建好生祠迎忠贤像时,"五拜三稽首。率文武将吏,列班阶下,拜稽首如初。已,诣象前祝,称某事赖九千岁扶植,稽首谢;某月荷九千岁拔擢,又稽首谢;还就班,复稽首谢如初"。当时,甚至连楚王华奎、武清侯李诚铭辈,"以藩王之尊,戚畹之贵,亦献谄希恩,祝厘恐后"②。明代官风的败坏,一至于此极。这在历史上还是罕见的。

贪污之风甚炽。贪污可说是剥削阶级的痼疾。尽管朱元璋使用了严刑酷法来惩治贪官污吏,使史治稍稍有所改善,但贪污并未根绝。随着地主阶级腐朽的加深,官吏贪污之风又日益猖獗起来。中叶以后,已经是"人务奔竞,赇赂公行"了。张居正曾经指出:"自嘉靖以来,当国者政以贿成,吏胺民膏以媚权门。"③崇祯时,明思宗在他的诏书中也不得不承认:"比年以来,官方罕课,吏治日非。贪墨载途,廉风绝响。视敲扑为故事,农桑置若罔闻。暴敛横征,徒厌饕餮之欲;铺行里甲,半供纳结之需。吾民之罹于虐政者,亦既不啻水火矣。"④

①〔清〕谷应泰:《明史纪事本末》卷 29《王振用事》。
②《明史》卷 306《阉党传·阎鸣泰》。
③〔明〕张嗣修等:《张太岳集》卷 26《答应天巡抚宋阳山论均粮足民》。
④〔清〕孙承泽:《春明梦余录》卷 48《都察院》。

　　贪污之风所以不稍衰歇,原因固然是多方面的,而宦官的索贿则是十分重要的因素。我们只需举出下列事实就足以说明问题了。徐晞以谄媚王振见擢为兵部尚书后,"于是府部院诸大臣及百执事在外方面俱攫金进见。每当朝觐日,进见者以百金为恒,千金者始得醉饱出。由是竞趋苞苴,乃被容接"①。正德时,"诸司官朝觐至京,畏瑾虐焰,恐罹祸,各敛银赂之。每省至二万两。往往贷于京师富豪,复任之日,取官库贮倍偿之,名曰京债。上下交征,恬不为异"②。史惇《恸余杂记·东厂》条载:"东厂之设,原为访缉事件;而事件之多,无如吏兵二部。盖文武两途卖官鬻爵之垄断也。于是二部与东厂约:每一大选,坐银数千,谓之常例饭钱。后加至数万。而内外扶同,不相勾索矣。"根据籍没的几个宦官的财产来看,都是成千累万,数字十分惊人。其他未被籍没的几个宦官的财产当亦不在少数。这些财产,相当大一部分是收受的贿赂。归根结底则是搜刮得来的劳动人民的膏血。

　　加剧了党争。本来,在统治阶级内部由于争权夺利所以很容易形成根深蒂固的门户之见,形成党争。而宦官的干政,则更使这种党争激化起来。如前所述,宦官为巩固和扩大自己的权势,除了取悦于皇帝外,也需要笼络一批无耻的官僚士大夫作为自己的羽翼;而相当一部分官僚士大夫,为了自己的宦海前程,则不惜出卖灵魂,谄附宦官;因此他们结成了一帮"狐群狗党",排斥异己,打击反对派;贪婪酷虐,残害人民。但是,也的确有部分官僚士大夫"不怕鬼""不信神"。他们为了自身的、也是整个地主阶级的利益,不怕风险,甚至不惜牺牲性命,与大权在握的宦官集团展开针锋相对的斗争。例如:史载"魏大中被逮过吴,顺昌周旋累日,……缇骑促大中行,语侵顺昌。顺昌张目叱

---

　　①〔清〕谷应泰:《明史纪事末本》卷29《王振用事》。
　　②〔清〕谷应泰:《明史纪事本末》卷43《刘瑾用事》。

之曰:'若不知世间有不畏死男子耶?! 若曹归语而忠贤,我即故吏部郎周顺昌也"[1]。这种气概,与那些摇尾乞怜、谗谄取宠者相较,何啻天壤之别。可惜他们始终无法战胜得到皇帝庇护的宦官集团。不过,这种斗争并没有因为他们屡遭失败而停止,相反的是愈演愈烈。从明中叶起,到明末的"东林党"和"阉党",斗争发展到高潮,直到国亡才停止。由于激烈的党争,因而出现了明代中晚期那样一种争论不休而又动荡不定的政治局面。"纪纲颓坠,上下解体",明王朝的统治力量也随着党争的激烈而大大削弱了。

自从宦官的触角伸到军队以后,便加速了官军的腐败,从而动摇了明王朝的统治。

《明史·职官志序》说:"初领五军都督府者,皆元勋宿将,军制肃然。……既而内监添置益多,边塞皆有巡视,四方大征伐皆有监军,而疆事遂致大坏,明祚不可支矣。"这些监军、镇守、巡视、分守、监枪等等内臣之所以败坏疆事,主要是由于他们在军队中起了极其恶劣的作用。宦官以皇帝代表者的身份来到军队,难免君临一切,而督府镇将则必然处处受到掣肘,形同虚设。早在宣德初年,内官在边者,就"挟势恣肆,非总兵所能制"[2]。崇祯时,督师王之臣在给思宗的奏疏中自云"赘员",又云"虚拘",就是受到内臣掣肘的明证。这是问题的一个方面。另一方面,绝大多数边吏又都乐于有监视。因为只要满足了监视的贪欲,督抚镇道就"皆有所恃以饰功掩过"。因此,内臣监军,不是使镇将无所作为,就是助长了他们的腐败。不仅如此,监军内臣还把军营作为他们扩张权势,搜括钱财的场所。他们任用私人为营将,

---

① 〔清〕谷应泰:《明史纪事本末》卷71《魏忠贤乱政》。
② 《明宣宗宣德实录》卷56,宣德四年七月丁卯。

役占健卒,克扣军饷,削减马料,百计谋求以自肥;他们"挟势而骄,多夺人俘获以为功,轻折辱将士",使将士日益解体;遇有战事,"辄驱羸卒当之,故不能决胜。及有微功,虚张捷报",借此营私舞弊;"甚至迹未离于京师,名已登乎奏牍",致使"没者含冤,伤者抱痛"。这样的军队,没有什么战斗力,是十分自然的。

社会经济遭到了严重的摧残,阶级矛盾也因之迅速激化。

统治阶级剥削的不断加重,以及贪污之风的盛行,已经使百姓嗷嗷,莫必其命。再加上派遣大量宦官进行各种名目的搜括,更使社会经济遭到严重的摧残。从永乐以后,宦官的魔爪就伸向经济领域的各个方面。他们广占田地,"寄户郡县,徭役丁力,不应科差",大为民害。他们奉旨采办,擅役军民,索取货贿。他们为皇帝"市买"诸物,"有拘集之扰,有供应之烦;朝廷所需甚微,民间所费甚大"。他们"奏求塌房",或者私创"塌店","邀接旅客,倚势赊卖,负赖不还"。他们奏求盐引,转卖与人,盈利倍蓰,"坏国家权法,夺商贾之利"。他们利用"监器"的机会,"贪酷不堪"。他们假"进贡"之名,进行科敛。凡此种种,自然大大加重了人民的负担;而为害最烈的"矿使税监",对社会经济更是严重的摧残,对人民群众则是难以忍受的浩劫。

矿使税监的大量派遣,是从万历二十四年开始的。矿使"天下在在有之";而"通都大邑皆有税监。两淮则有盐监,广东则有珠监。或专遣,或兼摄。大珰小监,纵横绎骚,吸髓饮血,以供进奉"①。所谓的开矿、征税,不过是一块招牌。实际上是"矿不必穴而税不必商;民间邱陇所陌皆矿也,官吏农工皆入税之人也"②。矿使税监由于得到朝廷的

①《明史》卷 305《陈增传》。
②《明史》卷 237《田大益传》。

支持,因而十分强横。他们到处勒索民财,甚至"操弓挟矢,戕及良民,毁家逾室,祸延鸡犬,……毁掘冢墓则枯骨蒙殃,奸虐子女而良家饮恨"①。矿使税监派出后几年,全国就"如沸鼎同煎,无一片安乐之地。贫富尽倾,农桑交困,流离转徙,卖子抛妻,哭泣道途,萧条巷陌"②。真是"三家之村,鸡犬悉尽,五都之市,丝粟皆空"③。因此,不仅是"民不堪命",而且整个社会经济也凋敝了。鉴于这种严重的统治危机,统治阶级中一些有识之士,曾不断上疏指陈矿税之害,要求撤回矿使税监。凤阳巡抚李三才在请停矿税的奏疏中愤激地指出:"自矿税繁兴,万民失业。陛下为斯民主,不惟不衣之,且并其衣而夺之;不惟不食之,且并其食而夺之。征榷之使,急于星火,搜括之令,密如牛毛。……上下相征,唯利是闻。"他甚至责问道:"皇上爱珠玉,人亦爱温饱;皇上爱万世,人亦恋妻孥。奈何皇上欲黄金高于北斗,而不使百姓有糠秕升斗之储;皇上欲为子孙千万年,而不使百姓有一朝一夕?!"④话说得是够沉痛的了。然而,要腐朽透顶、嗜血成性的明神宗放弃"广南明珠、滇黔丹砂、空青宝石、豫章磁、陕西异织文罽、蜀重锦、齐楚矿金矿银,他搜括赢羡亿万计"⑤的巨大剥削,无异与虎谋皮。同时,借矿税肆虐以及搜括财富的宦官当然也不愿轻易住手。因此,请停矿税的所有奏疏,照例是"留中""不报"。

　　矿使税监贪婪肆虐的结果,激化了本来就已十分尖锐的阶级矛盾。而其直接的后果,则是导致了一系列的民变。主要是:高淮激变辽

①《明史》卷 220《赵世卿传》。
②〔清〕官修《明臣奏议》卷 33《请罢矿税疏》。
③《明史》卷 223《王宗沐传》。
④〔清〕谷应泰:《明史纪事本末》卷 65《矿税之弊》。
⑤〔清〕吴伟业:《绥寇纪略》卷 8《汴渠垫》。

东,梁永激变陕西,陈奉激变江夏,李凤激变新会,孙隆激变苏州,杨荣激变云南,刘成激变常镇,潘相激变江西。谷应泰认为:"当斯时也,瓦解土崩,民流政散,其不亡者幸耳。"然而,覆亡的种子已经在此时种下了。大约过了三十年,腐朽反动的明王朝便被农民革命的急风暴雨摧毁了。

　　明朝统治者本想利用宦官在各方面对臣民进行钳制来维持和巩固极端君主专制的统治,然而与统治者的愿望相反,他们的倒行逆施,却加速了自己的灭亡。从某种意义上说来,明王朝是被宦官葬送的。这是多么尖锐、辛辣的历史嘲弄啊!

　　　　　　（原载《甘肃师大学报(哲学社会科学版)》1980 年第 1 期）

关于明代专制主义中央集权高度强化的问题

大明帝国建立以后，明太祖朱元璋和明成祖朱棣先后采取了一系列措施，扫除了通向权力顶峰的一切障碍，把国家的权力全部集中在自己手里，使皇帝真正成为"代天理物，威柄自操"的独裁者。全体臣民，包括所有的权贵，都得由皇权的鞭子任意驱使：文武大吏，有如仆隶。正如叶伯巨所说："今公卿大臣数十万之众，战必胜、攻必取者，朝廷遣一介之使召之，则拱手听命，无敢后时，况敢有抗衡者乎！"①地位尊崇的藩王，中叶以后，也日益不振，几乎同囚犯一样，困处一城，完全成为腐朽的、"世世皆食岁禄"的寄生虫。后妃则深居宫中，"不预一发之政"。外戚也"最为孱弱"，"非有军国之权，宾客朋党之势"。至于宦官，尽管他们的权势很大，但也只是皇帝的忠实奴才，搏噬臣民的鹰犬。他们只有打着皇帝的旗号，凭借"天子的威灵"才能肆虐于一时，否则就会身败名裂。

为什么明代的专制主义中央集权会如此强化？在中国的封建社会已进入了晚期的时候，专制主义中央集权的高度强化，带来了什么样的后果？这就是本文拟加探讨的问题。

一

有的意见认为，抵御元朝残余势力的侵扰，防止其卷土重来，从

①〔明〕陈子龙：《明经世文编》卷 8，叶伯巨：《万言疏》。

而确保新王朝的统治，是明代专制主义中央集权之所以高度强化的重要原因。

诚然，对元朝残余势力的斗争，与明代专制主义中央集权的强化有关。因为当时元朝虽然已经灭亡，但仍保有强大的力量，所谓"引弓之士不下百万众也，归附之部落不下数千里也，资装铠仗尚赖而用也，驼马牛羊尚全而有也"①。对此，朱元璋始终持有高度的戒心，因而不得不加强中央集权，以便更好地集中力量与之进行斗争。然而，历史事实同样向我们表明，当蒙古贵族对明朝的威胁逐渐减轻以至于基本解除的时候，明王朝的专制主义中央集权却正好日趋强化，以至于发展到空前未有的高度。由此可见，促使朱元璋强化专制主义中央集权的重要原因是别有所在的。

有的意见认为，朱元璋出身贫农，就是在他登上皇帝宝座以后，地主阶级中仍有不少人对他怀着阶级的敌意，激烈反对他。因此朱元璋也就用仇视的眼光来看待他们，并且集中权力对他们进行屠杀。

不可否认，明朝初期，统治阶级内部的矛盾斗争是相当尖锐的，朱元璋也的确屠杀过不少官僚、贵族，打击过不少大地主。《明史·刑法志二》说："凡三诰所列凌迟、枭示、种诛节无虑千百，弃世以下万数。"何良俊《四友斋丛说摘抄》说："洪武间秀才做官，吃多少辛苦，受多少惊怕，与朝廷出多少心力，到头来。小有过犯，轻则充军，重则刑戮，善终者十二三耳。"赵翼《廿二史札记·胡蓝之狱》则说："明祖籍诸功臣以取天下，及天下既定，即尽举天下之人而杀之，其残忍实千古所未有。"然而，所有这些，都不足以否定明王朝是整个地主阶级利益的维护者，这只要从明初所实行的一系列无论在政治上还是在经济

---

① 〔清〕谷应泰：《明史纪事本末》卷10《故元遗兵》。

上对地主阶级都关怀备至的政策就可以得到证明。再说,马克思主义告诉我们,在阶级社会里,每个人不是作为个体而是作为阶级的成员处在一定的社会关系中,他的思想、他的行为必然要受本阶级的共同利益所制约。朱元璋既然已经从贫农变为皇帝,成了地主阶级的总头子,他自然也就成了地主阶级利益的代表者、维护者。而他所建立的高度专制主义中央集权,自然也不是为了镇压地主阶级。

还有的把明代专制主义中央集权强化的原因归结为朱元璋个人的因素,以为他"天性残忍""果于屠杀"。这种观点显然是错误的。马克思在《摩塞尔记者的辩护》一文中说:"在研究国家生活现象时,很容易走入歧途,即忽视各种关系的客观本性,而用当事人的意志来解释一切。但是存在着这样一些关系,这些关系决定私人和个别政权代表者的行动,而且就像呼吸一样地不以他们为转移。……一定的现象必然由当时存在的关系所引起,那就不难确定,在何种外在条件下这种现象会真正产生,在何种外在条件下即使需要它,它也不能产生。"①明代高度专制主义中央集权的建立,主要是朱元璋所擘画和经营,我们不否认他个人所起的作用,甚至包括他的个性。然而决不能忽视,这绝不是他的随心所欲,不是他个人的主观任意行动,而是"受内在的一般规律支配的"。明代专制主义中央集权的高度强化,是"当时存在的关系所引起"的。否则,朱元璋个人是无能为力的,"即使需要它,它也不能产生"。

我们认为,明代专制主义中央集权之所以高度强化,主要原因乃在于镇压人民的反抗,强制他们为地主阶级及其国家提供地租、赋税和徭役。正如列宁所指出的:"剥削阶级需要政治统治是为了维持剥

---

①《马克思恩格斯全集》第 1 卷,人民出版社 1972 年版,第 216 页。

削,也就是为了极少数人的私利去反对绝大多数人民。"①这可从下列两个主要的方面来加以论述。

第一,随着庶族地主土地所有制和租佃契约关系的发展,农民对地主人身依附关系的松弛,因而地主对农民实行强制的权力,便不得不从土地中分离出来,转到国家手中。于是,专制主义中央集权便日益强化起来。

早在南北朝末年,占支配地位的世族地主土地所有制便开始瓦解,士族门阀的势力也随之式微。加以隋唐统治者的有意摧抑,其势愈益不振;特别是经过隋末、唐末两次农民大起义洪流的荡涤,到了宋代,更是彻底崩溃,成了历史的陈迹。王明清在其所著《挥尘后录》中所说的"唐朝崔、卢、李、郑及城南韦、杜二家,蝉联珪组,世为显著,至本朝绝无闻人",正是这一情况的真实写照。随着世族地主所有制的瓦解,庶族地主土地所有制与商品货币经济都日益发展起来。土地作为商品投入市场,买卖更加频繁。这样,作为单个的庶族地主来说,很难长期稳定,长期保持其优势。与此相适应的,就是租佃契约关系的逐渐普遍,农民对地主的依附关系不断松弛。这种情况,宋代表现得相当明显。元朝统治时期,生产关系在原有的基础上倒退了。不少王公贵族、达官显宦、高级僧侣成了封建领主,实质上是农奴的驱丁、驱口以及奴隶比较广泛地用于手工业和农业生产,农民对地主的人身依附关系强化了。然而,历史是不会倒退的,经济的发展总是要无情地为自己开辟前进的道路。元末农民头起义爆发了。其结果是"江南北巨姓右族,不死沟壑,则奔窜散处"②,"往年大姓家,存者无八九"③,

① 《国家与革命》,《列宁选集》第 3 卷,人民出版社 1960 年版,第 190—191 页。
② 〔明〕贝琼:《清江集》卷 8《送王子渊序》。
③ 〔元〕李继本:《一山文集》卷 1《送李顺文》。

"巨姓右族"遭到了极其沉重的打击。另外,生产者的地位也发生了变化。奴婢大部分获得了自由。①驱丁、驱口的名称,不再见于记载。南方的佃户也多数成为国家的"编户齐民",从而改善了自己的境遇。明朝初年,部分农民是国家的佃农②,部分是自耕衣,其余佃种地主土地的,普遍实行租佃契约关系。佃农对地主的人身依附关系松弛了。从"佃户见佃主,不论齿序,并行以少事长之礼;若亲属不拘主佃,止行亲属礼"③以及"以佃人充夫,而田主出米一石资其用"④等规定可以得到证明。

农民对地主的人身依附关系的松弛是历史的进步。可是,封建生产关系的特点之一就是地主必须把农民固着在土地上,必须实行超经济的强制。马克思在《资本论》里说:"直接生产者还占有自己的生产资料,即他实现自己的劳动和生产自己的生活资料所必需的物质的劳动条件,他独立地经营他的农业和与农业结合在一起的农村家庭工业。……在这些条件下,要能够为名义上的地主从小农身上榨取剩余劳动,就只有通过超经济的强制,而不管这种强制是采取什么形

---

①《纪录汇编》卷之十一《皇朝本纪》:洪武五年诏:"先时兵乱,所在居所,或转他方,为人奴役,至是悉放从良,不许拘留。"又《明史·太祖本纪二》五年五月诏曰:"诸遭乱为人奴隶者,复为民。"又《国榷》卷五,五年五月诏曰:"曩时兵乱民散,因为人家奴者,诏书到日,即放为良民。"各书所说不一,其实都是指奴隶。又《明律》卷第四,《户律一》"立嫡子违法"条载:"若良民之家存养奴婢者,杖一百,即放从良。"则释放奴隶从良,又不尽以兵乱时为限。

②《明史·食货志》载:"弘治十五年,大卜土田止四百二十二万八千五十八顷,官田视民田得七之一。"明初两者的比例当与此相似,可见国家的佃农是不少的。

③《明律》卷12《礼律二》。

④《明史》卷78《食货志二》。

式。"与奴隶制经济相区别,"这里必须有人身的依附关系,必须有不管什么程度的人身不自由和人身作为土地的附属物对土地的依附,必须有真正的依附农奴制度"①。既然对农民的超经济强制是十分必要的,可是在地主土地所有制和租佃契约关系普遍发展的情况下,在商品货币经济日益繁荣的情况下,作为单个的地主来说,其经济地位是很不稳固的;即使是大地主,他们占有土地的世袭性和牢固性也已极大地削弱。因此,他们尽管还在一定程度上保持着对农民的强制,但却缺乏足够的权力(行政的、军事的)对农民实行极为牢固的强制,于是就必须形成一个统一、集中的权力来保护现存的经济关系,也就是强制农民为地主阶级及其国家提供地租、赋税和徭役。朱元璋的下述谈话,颇能说明问题。他说:"方今富豪之家、中等之家、下等之家,富者富安,中者中安,下者下安。……虽笃废残疾,富有家资,除依(应)差税外,本身生不能捍本家之患灾,其凶顽之徒孰敢称名道姓而盗取,云何?盖君礼法之所治也。礼,人伦之正,民间安分守礼者多;法,治奸绳顽。二者并举,遍行天下,人民大安。"②又说:"汝等居田里安享富税者,汝知之乎?古人有言:'民生有欲,无主乃乱。'使天下一日无主,则强凌弱、众暴寡,富者不得自安,贫者不能自存矣。"③为了实现对农民的强制,朱元璋还采取了一些具体措施。其中,里甲制度和赋役黄册的编制,无疑起着重要的作用。通过它,明王朝把农民牢牢地固着在土地上、忍受着地主阶级的剥削和奴役。此外,明朝政府还规定,各种人户的版籍不准随便变更"凡军、民、驿、灶、医、卜、工、乐诸色人户,并以籍为定。若诈冒脱免,避重就轻者,杖八十。其官司

---

① 〔德〕马克思:《资本论》第3卷,人民出版社1956年版,第890—891页。

② 〔明〕朱元璋:《大诰·民知报获福第四十一》。

③ 《明太祖洪武实录》卷49,洪武三年二月庚午。

妄准脱免及变乱版籍者,罪同"①。如不附籍,或将他人隐蔽在户不报,以及隐漏自己成丁人口者,都将分别治罪,然后"附籍当差"②。人民迁徙往来的自由也几乎全被剥夺。"若军民出百里之外不给引者,军以逃军论,民以私度关津论。"③"农业者不出一里之间,朝出暮入,作息之道互知焉。""凡民邻里,互相知丁,互知业务,具在里甲,州、县、府务必周知,市村绝不许有逸夫。""见诏仍有逸夫……捕获到官,逸夫处死,里甲四邻,化外之迁,的不虚示。"④所有这些,都是封建国家对农民的严重的人身强制,它明白无误地表明明朝政府承担着地主阶级对农民实行超经济强制的社会职能。

第二,在阶级斗争极其尖锐的情况下,必须有一种强大的力量,即"可以缓和冲突而把它纳于'秩序'之中的力量",借以维护和巩固地主阶级对农民的统治。

众所周知,在封建社会里,农民阶级和地主阶级的矛盾是主要矛盾。随着封建制度的日趋衰落,这两个阶级的矛盾也日益趋于尖锐,农民起义的广度和深度相应地都在不断发展。通过元末农民起义登上皇帝宝座的朱元璋,对农民起义的威力不能不有深刻的认识,不能不时时感到惴惴不安。特别是明朝初年,疾风骤雨式的、大规模的农民战争虽已结束,但农民的反抗斗争仍很激烈。有的是屯聚山寨,拒绝为明王朝纳粮当差。如洪武八年时,陕西汉中地区的人民还是"多居深山,少处平地","居无常处,田无常业,今岁于此山开垦……来岁又移于他山。……所种皆深山穷谷,迁徙无常"。尽管明王朝再三招

---

① 《明律》卷4,《户律一·户役》"人户以籍为定"。
② 《明律》卷4,《户律一·户役》"脱漏户口"。
③ 《明律》卷15,《兵律二》。
④ 〔明〕朱元璋:《大诰续编·互知丁业第三》。

谕,但仍"鲜有来者"①。这些屯聚山寨的"负固执迷者",为数似乎不少,它们对明王朝的统治构成了比较严重的威胁,以致朱元璋有时不得不派大兵前去剿除。②除此以外,武装反抗的也很普遍。当时,人民起义的次数既多,范围分布也很广,起义人数少者数百人,多者数万人;而且,这些起义不少是以弥勒佛、白莲教等为号召的,颇似元末农民起义的继续,因而愈益使朱元璋感到震恐。有时为了搜捕起义农民,竟不惜动用重兵,捕之数年,以致"骚动数千里之地,室家不得休居,鸡犬不得宁息"。在这样尖锐的阶级矛盾面前,明王朝要巩固自己的统治,使农民永远处于被奴役的境地,一方面不得不集中力量对农民阶级实行残酷的镇压,以建立一个稳固的统治秩序,使阶级冲突得到缓和,从而"使富者得以保其富"。正如列宁在《国家与革命》一书中所指出的:"在马克思看来,国家是阶级统治的机关,是一个阶级压迫另一个阶级的机关,是建立一种'秩序'来使这种压迫合法化、固定化,使阶级冲突得到缓和。"③另一方面,又不得不打击贪官污吏、豪强地主,把地主阶级对农民的剥削控制在农民可以忍受的限度以内,从而"使贫者得以全其生"。这样,既能消除农民铤而走险的因素,又能扩大明王朝赋税和力役的来源,使皇室统治集团在财产再分配的斗争中得到更大的份额,使专制主义中央集权建立在牢固的基础之上。

要完成上述两个方面的任务,都必须有一个统一集中的、强有力的国家政权。然而,从当时的情况米看,统治阶级内部却充满着错综复杂的矛盾。曾经为朱元璋立过汗马功劳的元勋宿将在天下平定以

①《明太祖洪武实录》卷 100,洪武八年五月己巳。

②据《鸿猷录》记载:"郧……地多山,元至正间流逋作乱,元祚终,竟不能制。国初命邓愈以大兵剿除之,空其地,禁流民不得入。"

③《列宁选集》第 3 卷,人民出版社 1960 年版,第 176 页。

后,有的恃功骄恣跋扈起来,"潜礼越度";有的则在成为新贵族后,广
占良田美宅,并不断加以扩大。而朱元璋对他们也怀疑猜忌,深恐其
不利于自己的统治。一批元朝遗留下来的官僚士大夫,深深地怀念旧
主子的恩情,坚决不愿与新王朝的统治者合作;一些人虽然被迫"出
仕于朝",但又"多诈死佯狂,求解职事"①,与新朝的统治者始终貌合
神离;有些人虽然愿为新朝的统治效劳,然而,一则由于朱元璋对他
们并不十分相信,再则他们之中有不少人要求享受古代公卿大夫的
政治待遇,不愿做个奴才;因此,朱元璋与上述贵族、官僚士大夫之间
的关系是比较紧张的。另外,在经济方面,一些大地主仍在进行兼并,
同时采用"飞洒""诡寄""移坵换段"等等手段来逃避应负的税粮和差
役,而将其转嫁与劳动人民。朱元璋说他们是"不知其报而恬然享福,
绝无感激之心",是"甘于利其利而不知其报"②;不仅如此,这些人一
有机会做官,便尽量贪赃枉法,"掌钱谷者盗钱谷,掌刑名者出入刑
名"③。上述这些情况,对明王朝的统治所带来的后果是:其一,影响了
地主阶级权力的高度集中,妨碍了极端的君主专制,从而也就不利于
对农民的强制和镇压。其二,加重了人民的负担,加深了人民的痛苦,
这既不利于"贫者得以全其生",终究也不利于"富者得以保其富";而
且还与朱元璋扩大赋税力役的来源,在财产再分配的斗争中获得最
大份额的企图有着严重的冲突。因此,从维护地主阶级的利益特别是
皇室统治集团的利益出发,对一部分有害于地主阶级整体利益的贵
族、官僚、地主采用"政治暴力"就是势所必然的了。

社会现象是纷繁复杂、光怪陆离的。明代专制主义中央集权的强

---

①〔明〕何乔远:《名山藏·刑法记》。
②〔明〕朱元璋:《大诰·民不知报第三十一》。
③〔明〕朱元璋:《大诰·谕官毋作非为第四十三》。

化本来是为着镇压农民阶级的，然而统治阶级之间的刀光剑影却使我们眼花缭乱。如果不透过重重迷雾去探索事物的本来面目，还会误以为明代专制主义中央集权的强化是为了镇压地主阶级呢！其实，朱元璋在总结元朝灭亡的原因时曾经明确表示其所以要强化专制集权，主要在于避免重蹈元朝那种"主荒臣专，威福下移，由是法度不行，人心涣散，遂致天下骚乱"①的覆辙。应该说，这就是朱元璋之所以要打击部分贵族、官僚、地主的症结所在。

明初的客观现实需要建立一个高度专制主义中央集权，同时也为这一制度的建立提供了可能条件。

元末农民起义，沉重地打击了地主阶级，特别是上层统治集团。明朝初年，剩下来的大地主及其政治代表，虽然不愿屈从于奴才的地位，然而他们并没有力量与朱元璋抗衡，只能接受朱元璋的宰割。如"浙东西故家巨室，多以罪倾其宗"②。成千上万户的江南"富民"被移徙到京师和凤阳，从而在政治上给以打击，经济上给以削弱。这一集团的政治代表，不少人身死籍没，遭到了同样的命运。至于中小地主阶层其及知识分子，他们在元朝统治时是没有政治出路的，如王祎就曾说："十年以来，吾南走越，北走燕，而唯利禄之是干，其劳心苦思，殆亦甚矣，是岂志于隐乎？今天下用兵，南北离乱，吾之所学，非世所宜用，其将何求以为仕籍？使世终不吾用，吾其可以枉道而徇人？"③由于没有出路，因而不断发出慨叹："士生今时，欲以所学自见，亦何其难也！"④"为士于今者，宜具穷困颠踣，视昔有加，其心甚劳，而力甚艰

---

① 《明太祖洪武实录》卷14，至正二十四年正月戊辰。
② 〔明〕方孝孺：《逊志斋集》卷22《采苓子郑处士墓碣》。
③ 〔明〕王祎：《王忠文公集》卷5《青岛山居记》。
④ 〔明〕王祎：《王忠文公集》卷4《送朱仲桓序》。

也。是岂势使之然，不得不至是欤？"①像这样的人，自然会另寻出路。于是，他们选中了朱元璋，纷纷投靠他，竭诚支持他的事业，希望由此飞黄腾达，获得荣华富贵。而朱元璋也不负他们之所望，网罗撷拾，不遗余为。《明史·刘三吾等传赞》说得很清楚："明始建国，首以人材为务，征辟四方，宿儒群集阙下；随其所长而用之。自议礼定制外，或参列法从，或预直承明，而成均胄子之任尤多称职，彬彬乎称得人焉。夫诸臣当元季之世，穷经绩学，株守草野，几于没齿无闻。及乎泰运初平，连茹利见，乃各展所蕴，以润色鸿猷，黼黻文治。"至于广大的农民呢？他们不仅不是专制主义中央集权的阻力，相反，从小农本身所具有的特点来说，恰好是专制集权存在和发展的深厚土壤。关于这，马克思在《路易·波拿巴的雾月十八日》一文中有过精辟的分析。他说："他们（按：指小农——引者）不能以自己的名义来保护自己的阶级利益，……他们不能代表自己，一定要别人来代表他们。他们的代表一定要同时是他们的主宰，是高高站在他们上面的权威，是不受限制的政府权力，这种权力保护他们不受其他阶级的侵犯，并从上面赐给他们雨水和阳光。所以，归根到底，小农的政治影响表现为行政权力支配社会。"②

本来在中国的封建社会里，封建制与宗法制始终牢固地结合在一起。君主在全国享有的绝对权威，就是家长在全家享有的绝对权威的扩充。因此，尊尊亲亲、君臣父子，既是封建伦理，又是政治原则，两者紧密地结合为难以冲决的网罗。朱元璋曾对解缙说"联于尔义则君

---

①〔明〕王祎：《王忠文公集》卷4《赠熊君序》。
②《路易·波拿巴的雾月十八日》，《马克思恩格斯选集》第1卷，人民出版社1958年版，第693页。

臣,恩犹父子"①,这正是上述原则的生动体现。此外,伴随着专制主义中央集权的日趋强化,一批封建地主阶级的思想家如董仲舒、韩愈、二程、朱熹等理学家大肆鼓吹"君权神授""君主圣明,臣罪当诛""三纲五常"是"天理如此"等等,把君父之权抬到了吓人的高度,天子成了凌驾于一切人之上的神圣。正如黄宗羲所说:"后世君骄臣谄,天子之位始不列于卿大夫士之间。"这种天子独尊的思想,到了明代已经深入人心,很少有人对它提出怀疑,因而比较容易地为大多数人所接受。可以这样说,明代专制主义中央集权的高度强化,程朱理学是一根有力的支柱。

二

恩格斯曾经说过,在欧洲中世纪普遍混乱状态下,"王权是一种进步的因素,这乃是极显而易见的。在漫无秩序中它是秩序的代表,它把正在形成中的国家和叛乱不已的各诸侯国家所造成的分裂状态形成了一个对比。在封建主义外衣下所形成的一切革命因素之倾向王权,也正同王权之倾向他们一样"②。至于中国,封建社会发展到了明代,已经进入了晚期,而此时的专制主义中央集权却空前地强化,它对社会的发展又带来什么影响呢?

列宁曾经指出:"在分析任何一个社会问题时,马克思主义理论的绝对要求,就是要把问题提到一定的历史范围之内。"③就整个明代的历史,或者就历史发展的趋势而言,明代专制集权的强化带来了严

①〔清〕谈迁:《国榷》卷9。
②〔德〕恩格斯:《论封建制度的解体及资产阶级的兴起》,《封建社会历史译文集》,三联书店1955年版,第13页。
③《论民族自决权》,《列宁选集》第2卷,人民出版社1960年版,第512页。

重的恶果，但就明初的具体情况而言，仍应给以适当的肯定。

首先，它有效地抵御了元朝残余势力的侵扰，防止他们卷土重来。元朝统治的近百年时期，在中国的封建社会里出现了大量的奴隶制的残渣，生产关系比起宋代来，无疑是倒退了。新建立的明王朝，强化专制主义中央集权，集中力量抵御元朝残余势力的侵扰，防止他们卷土重来，巩固了自己的统治。荡涤了元朝统治时期大量保留下来的奴隶制的残余，从而使封建生产关系和封建经济得以充分地发展。这在当时的特定的历史条件下，是值得肯定的。

其次，严惩贪污和恶霸豪强，促进了社会经济的迅速恢复和发展，其历史作用无论如何是难以一笔勾销的。

出身贫苦的朱元璋，对元朝统治时期豪强的横暴是深有感受的。洪武三年，他以"富民多豪强，故元时此辈欺凌小民，武断乡曲，人受其害"，专门把淮西豪强召集起来，告诫他们不能再像从前那样：否则会引起人民反抗，弄得"富者不得自安，贫者不能自存"；只有"循分守法"，"毋凌弱、毋吞贫、毋虐小、毋欺老"，才能"安享富税"。①此外，他还仿效汉高祖徙富民实关中之制，把江南富民大量地移徙中都和京师，从而抑制了他们对小民的压榨。

还在明朝立国之初，朱元璋就告诫群臣说："元季诸臣，皆苟且溺职，日徇肥甘。于民生疾苦，政事得失，懵如也。纪纲日弛，民心土崩。"②为了扭转元朝吏治的积弊，朱元璋不惜使用严刑峻法惩治那些敢于徇私舞弊、玩忽职守、贪赃枉法的官吏。其结果，吏治得到了大大的改善。正如后人的评价所说："国初惩元之弊，用重典以新天下，故

---

① 《明太祖洪武实录》卷47，洪武二年十一月壬辰。
② 〔清〕谈迁：《国榷》卷5。

令行禁止,若风草然。"①"一时守令畏法,洁己爱民,以当上指,吏治焕然丕变矣。"②无疑,这对减轻人民所受的压迫和剥削以及促进明初社会经济的迅速恢复和发展,有着不可忽视的历史作用。

有的同志对明初的严惩贪污持否定态度,以为它使得一些人产生赶紧捞一把的反常心理,因而贪污之风更甚。我们认为,这种情况的确存在,正如当时人所指出的:"法出而奸生,令下而诈起";"刑愈重而犯者愈多。"洪武年间;贪污没有也不可能根绝。然而,即令如此,对于严惩贪污以澄清吏治,仍然应该肯定。这是因为:其一,明初之所以要用严刑峻法是不得不尔,正如《廿二史札记·明祖用法最严》所说:"明祖亲见元末贪黩懈弛,生民受害;故其驭下常以严厉为主。虽不无矫枉过正,然以挽颓俗而立纪纲,固不可无此振作也。"其二,贪污不可能根绝的原因在于地主阶级腐朽的日益加深。加之商品货币经济的日趋发展,他们更像苍蝇逐臭一样,极其贪婪地追求财富,增殖财富,以满足自己豪华的生活享受。而在中国的封建社会里,权力总是被当作增殖财富的有力手段,所谓"千里为官只为财",几乎是封建官吏的信条。因此,贪污是封建社会的痼疾。对此即使采用诸如剥皮实草的酷刑,也只能暂且抑制而无法根除。其三,有比较才有鉴别。元朝末年吏治的败坏;史籍多有记载。如:《草木子·杂俎篇》说"元朝末年,官贪吏污","其问人讨钱,各有轻目";"肃政廉访司官,所至州县,各带库子检钞秤银,殆同市道"。当时的吏治,总的说来是"'上下贿赂'公行如市,荡然无复纪纲"。而明中叶以后,同样是"有司公行贿赂,剥下媚上,有同交易";"人务奔竞;赇赂公行"。前后对照,对明初

①〔明〕陆容:《菽园杂记》卷5。
②《明史》卷281《循吏传序》。

严惩贪污以澄清吏治，是不好过分责难的，更不能一概否定。

第三，由于用强大的政权力量来推行恢复和发展生产的政策和措施，因而明初社会经济的恢复和发展是比较迅速的。洪武二六年时，全国的土地、户口以及米麦豆谷的岁入数字，比建国初年增加了不少，比元朝末年也是成倍地增长。这种发展的势头，一直延续到永乐、宣德年间。《明史·食货志》说："是时宇内富庶，赋入盈羡，米粟自输京师数百万石外，府县仓廪蓄积甚丰，至红腐不可食。"这正是当时繁荣的社会经济的概括。

当然，明初社会经济的发展还存在不少问题，但是却也并非如有的同志所说的那样："强化皇权的结果，不是促进而是阻得了生产的发展。以通常用户口的增损来反映生产状况为例：洪武初有 619,565 户，到十四年上升为 10,654,362 户，十多年间增至六倍半还多。可是到二十四年，计户 10,684,435 户，比十年前没有什么增加。这在一定程度上反映了生产由洪武初的迅速恢复发展，到中期以后基本停滞的状况。"[1]我们认为，专制主义中央集权的强化的确影响了社会经济的发展，但决不是洪武十四年以后生产就停滞不前了。王鸿江同志的论据是不够充分的。因为包括明朝在内的整个封建社会的户口统计数字都是不甚可靠的，它只能部分地反映生产状况。更加值得注意的是，经过元末农民战争，很多地方的版籍都荡然无存，因而洪武初年在籍的户口自然很少；而洪武十四年天下编制赋役黄册，进行了一次人口普查，因而在籍的户口便猛然增加。此后的人口则呈缓慢发展的趋势。因此，应该说明初的社会经济始终是在不断发展的。

当然，明代专制主义中央集权的空前强化，带来的后果的确是极其严重的。

①王鸿江：《论明初皇权专制的加强》，《南开大学学报》1981 年第 1 期。

在极端君主专制下，皇帝拥有无限的权力。地主阶级内部仅有的一点民主空气也完全窒息了。皇帝的意志不受任何约束，想干什么就干什么，爱怎么干就怎么干。如万历二十四年矿税兴起以后，全国犹如沸鼎同煎，民少乐生之心，明王朝的统治被拖到了绝境，正在发展的资本主义萌芽也遭到了惨重的摧残。尽管民变蠡起，官僚士大夫也纷纷上疏请停矿税，然而这一切都无济于事。只是到了万历四十八年神宗死后，才用"遗诏"的形式罢一切矿税。由此可见，这种把国家和全体臣民的命运都操在君主一人手里的局面，是多么地不合理，它给国家和广大臣民会带来多么深重的灾难！

在极端君主专制下，必然形成极其腐朽的官僚政治。因为在这种政体下，官僚的天职就是奉命行事，绝对效忠于上司。他们唯一需要操心的只是如何迎合、巴结掌握自己命运的上司，只是如何攫取财富。明中叶以后，"居官有同贸易，出仕专为身谋"，尸位素餐、阿谀逢迎、寡廉鲜耻这种腐朽透顶的风气弥漫着整个官场。特务横行，恐怖气氛笼罩着全国。这种腐朽、黑暗、反动的统治，给人民的生活以及社会经济的发展都带来了灾难性的后果。

专制主义中央集权的高度强化，严重地阻碍了社会经济的顺利发展。

明朝中叶以后，随着社会生产力的提高，农业和手工业的不断发展，从而使社会分工不断扩大，商品交换日益频繁，一些工业中心城市和中心地区逐渐形成起来，国内外贸易也随之不断发展。由于商品货币经济的发展，因而在某些地区以及某些生产部门，稀疏地出现了资本主义生产关系的最初萌芽。

然而，明代的商品货币经济以及资本主义萌芽的发展既不平衡，也相当缓慢，始终没有、也不可能挣脱旧的生产方式的束缚。其所以如此，与高度专制集权的国家强制推行"重农抑商"的政策是密切不可分的。

所谓"重农",就是让小农经济能勉强维持简单再生产,使建立在封建土地所有制基础上的小农经济不至于全面崩解。

马克思曾经指出:"资本关系以劳动者和劳动实现条件的所有权之间的分离为前提。……创造资本关系的过程,只能是劳动者和他的劳动条件的所有权分离的过程,这个过程一方面使社会的生活资料和生产资料转化为资本,另一方面使直接生产者转化为雇佣工人。"[1]因此,小生产者的状况,小生产者的分化,与资本主义生产关系的发展是息息相关的。

明朝中叶虽然曾经发生过大批的农民被排挤出土地,四处流亡的现象,然而它并不是马克思所说的"创造资本关系"的过程;而单纯是由于疯狂的土地兼并以及残酷的封建地租剥削和繁重的徭役征发,剥夺了小农的生存条件所造成的。地主阶级并没有把他们的剥削所得转化为资本,而破了产的农民也没有转化为雇佣工人。值得指出的是明王朝对待这些破产农民的办法,完全不像西欧那样,强使他们成为大农场主或手工工场的雇佣劳动者,而是一方面残酷地进行镇压,强使他们回到土地上去,纳粮当差;另一方面则实行招抚,或者有限度地改善农民的处境,诱使他们固着在土地上。总之就是要尽量地维持小农的可悲境遇。

小农经济在极其贫困的状态下牢固地存在,这就严重地阻碍了社会经济的顺利发展,阻碍了资本主义生产关系萌芽的发展。因为正如马克思所指出的:"这种生产方式是以土地及其他生产资料的分散为前提的。它既排斥生产资料的积聚,也排斥协作,排斥同一生产过

---

[1][德]马克思:《资本论》第 1 卷,人民出版社 1956 年版,第 782—783 页。

程内部的分工,排斥社会对自然的统治和支配,排斥社会生产力的自由发展。"①

"抑商"是中国封建社会的传统政策。与以往各朝一样,明王朝也拥有庞大的官手工业,它控制和垄断了一些与国计民攸关的矿冶、织造、制盐等手工业部门,同时又制造国家和皇室所需的军需武器以及各种生活用品。官手工业的物料,则用土贡、岁办、坐派、采办、派办等等方式向人民搜括。官手工业以及包括城市、宫殿、山陵、桥梁等土木建筑在内的工程所需的劳力,则用力役的形式向人民征发。尽管随着社会经济的缓慢发展,商品货币经济的日趋繁荣,官手工业的内容也在发生变化,但它始终是封建性质的,是与商品生产对立的,因而不能不在一定范围内和一定程度上阻碍着交换的发展,阻碍着商品货币经济的发展。

对于私营工商业者,明王朝既把他们当作附庸,任意驱使和掠夺,又把他们视为异己力量,横加摧抑。明王朝以"劳民伤财,为害甚大","国家所重在民安,不在于利","生财有道,不在坑冶"为借口,一再禁止煤铁等矿的开采。从商品的流通来说,明王朝用"朝贡"的形式,垄断了海外贸易,同时又严格实行海禁政策,禁止私人出海贸易。这对刺激国内生产的发展以及积累资金都是十分有害的。对国内的贸易,明王朝则采取了疯狂的掠夺政策。它即表现在高额的税收,即税率的直线上升方面,也表现在重征叠税方面。特别是万历二十四年矿使税监大量派遣以后,更是"征榷之使急如星火,搜括之令密如牛毛",穷极勒索,肆为侵夺。这就不能不使工商业受到严重的摧残。致使"吴中之转贩日稀,机户之机张日减"。河西务"先年布店计一百六

①[德]马克思:《资本论》第1卷,人民出版社1956年版,第830页。

十余名,今止三十余家矣"。临清"向来缎店三十三座,今闭门二十一家,布店七十三座,今闭门四十五家;杂货店今闭门四十一家,辽左布商绝矣"①。商品经济繁荣的地区弄得如此凋残,其他地区也是"农桑交困,萧条巷陌"。

在十四世纪末叶至十七世纪中叶,当资本在欧洲冲决封建主义的堤防而胜利进军的时候,明王朝的统治者却能依仗高度集中的权力以维持衰朽的封建统治,让古老的封建帝国仍然迈着龙钟的步履,蹒跚地前进。这就不能不导致后来的时代的悲剧,历史的悲剧。

(原载《西北师院学报(社会科学版)》1983年第4期。《中国史研究动态》1984年第1期转载)

---

① 《明神宗万历实录》卷376,万历三十年九月丙子。

略谈明初的屯田

一

　　在元末明初的几十年中，由于战乱频仍，社会生产力遭到了严重的破坏，到处是人烟稀少，土地荒芜的景象。山东河南多是无人之地，①中原诸州，则是"积骸成丘，居民鲜少""民物凋丧，千里垆墟"，因此"耕桑之地，变为草莽"。河北州县，同样是"道路皆榛塞，人烟断绝"的荒凉地区。其他如繁华的扬州，在朱元璋占领时，居民只剩下十八户了；②江都在兵燹后，民死徙者十七八；③濠州到应天一带，则是"百姓稀少，田野荒无""骨肉离散，生业荡尽"。号称天府之国的成都平原，在战乱后也成了"居民鲜少""故田数万亩，皆荒芜不治"之区了。至于边远地区的情况，则更为严重，如洪武三年九月，河州卫指挥韦正"初至河州时，城邑空虚，人骨山积，将士见之，咸欲弃去"；而云南在洪武十九年时还是"土地甚广，而荒无居多"的。因此，在全国范围内，可说是一片荒凉景象。不想法恢复这种残破不堪的社会经济，新政权是难以维持和巩固的。正如洪武元年朱元璋在任命宋冕为开封府知府时与他说的，"今丧乱之后，中原草莽，人民稀少。所谓田野辟、

---

　　①〔清〕顾炎武：《日知录》卷10《治地》。
　　②《明太祖洪武实录》卷176，卷16，卷50，卷29，卷5。
　　③《明史》卷140《欧阳铭传》。

户口增,此正中原今日之急务"①。

另外,在洪武元年八月元顺帝逃出大都以后的很长时间里,元的残余势力一直威胁着明朝的北边,直到洪武二十年蓝玉平定纳哈出、次年又大败脱古思帖木儿于捕鱼儿海后,这才基本上解除了北边的威胁。在四川云贵湖广福建及其他地区的少数民族,则一直在此起彼伏地进行着斗争。这种种族之间的矛盾,直接威胁着明王朝的统治,需要建立一支强大的武装来抵抗外族和镇压国内的反抗斗争。而且,元末的农民起义,也给了明初的统治者以深刻的教训。封建政权要能维持和巩固,便不能不适当地满足农民对于土地的要求,并施行一些恢复农业生产的改良措施,以便诱使他们尽力南亩,为统治阶级提供税粮,充当奴隶,以巩固封建政权。

在明初恢复农业生产、巩固封建政权的措施中,屯田是主要的一环。

二

明初的屯田分为军屯、商屯、民屯三种,而商屯实际上是民屯,也可作为军屯的一种补充形式。

朱元璋早在元末攻克三卫时,因兵食不足,曾使兵士耕田自给,收到很好的效果,②"并令诸将分军于龙江诸处屯田"③。到了明帝国建立以后,由于前面提到的客观情况的需要,加以元代遗留下来的大量的屯田、官田、贵族庄田和战后出现的无主荒田的存在,就更加促使他讲求屯政,"令天下卫所督兵屯种,庶几兵农兼务,国用

---

①《明太祖洪武实录》卷 16,卷 181,卷 56,卷 179,卷 34。

②〔明〕宋濂:《銮坡集》卷 3《王郎中(恺)墓志铭》。

③〔明〕王圻:《续文献通考》卷 5《田赋考·屯田》。

以舒"①。因此,在洪武十五年时,便出现了"天下卫所皆事垦辟"的热潮。到了永乐初年,更是"东自辽左,北抵宣大,西至甘肃,南尽滇蜀,极于交趾,中原则大河南北,在在兴屯兵"②。

军屯遍及全国各地,有边屯,有营屯③,而以屯为重。军士屯守比例很不一致,因时因地而异,所谓"军士三分守城,七分屯种,又有二八、四六、一九、中半等例,皆以土田肥瘠,地方缓冲为差"④。一般是"边地三分守城,七分屯种;内地二分守城、八分屯种"⑤,只有个别的例外。

每个军士屯田的数量也不一致,据明会典的记载是:每军种田五十亩为一分,又或百亩、或七十亩、或三十亩、二十亩不等,大概以每军受田五十亩为常例,其余便要以土田的多少,各个军士屯耕的条件而定。至于土地的肥瘠,地方的缓冲等因素,也可能影响每军受田的数量。

屯田纳税的标准,当朱元璋在位时,并无统一规定。洪武四年"河南、山东、陕西、山西、淮安等府屯田,三年后每亩收租一斗";二十年九月规定"屯卒种田五百亩者,岁纳粮五十石";二十五年二月,又令陕西临洮等卫军士,屯田每岁所收谷种外,余粮以十分之二上仓,给守城军士。⑥这些规定,大约都在每亩纳租一斗的左右。到了朱棣即位

①《明太祖洪武实录》卷193,洪武二十一年八月丁丑。

②《明史》卷77《食货志一》。

③〔清〕顾炎武:《天下郡国利病书》卷3《北直二·屯田》:"屯田有边屯,有营屯。边屯,屯于各边空闲之地,且耕且战者也。营屯,屯于各卫附近之所,且耕且守者也。"

④《明会典》卷18《户部五·屯田》。

⑤《明英宗正统实录》卷18,正统元年六月戊戌。

⑥《明太祖洪武实录》卷185,卷216。

才统一规定为："军田一分,正粮十二石,贮屯仓听本军自支,余粮为本卫所官军俸粮。"①关于余粮的多寡,明史食货志的记载是"永乐初,定屯田官军赏罚例,岁食米十二石外,余六石为率,多者赏钞,缺者罚俸",据此则余粮为六石。但明会典的记载则是"(永乐)二十年,诏各都司卫所下屯军士,其间多有艰难,办纳子粒不敷,除自用十二石外,余粮免其一半,止纳六石";又"洪熙元年,令每军减征余粮六石,共正粮十八石上仓"。似此则余粮原为十二石,因屯军无力负担,只好减为六石。这个标准比私租是要轻得多的。但是,如果屯军在交纳正粮余粮外还有剩余时,管屯官员人等便要巧立名目分用,屯军士兵是无法享受的。

屯田所纳税粮的品种,有稻、谷、粟、蜀、秫、大麦、荞麦等,在交纳时,俱依米为折算标准,凡粟谷糜黍大麦荞穄二石、稻谷蜀秫二石五斗、穄稗三石皆准米一石,小麦麻豆与米等。②

明初对于屯军,一般是官给耕牛农具,有关这方面的记载很多:洪武二十六年规定"凡屯种去处。合用犁铧耙齿等器,著令有司拨官铁炭铸造发用,若木植,令卫军于出产山场自行采办造用"③。二十七年,遣官往光州等处买耕牛给洛阳护卫屯田军士。④同时,还"教树植,复租赋,遣官劝谕,诛侵暴之吏"⑤。洪武二十五年正月,令在屯军士,人树桑枣百株,柿栗胡桃之类,随地所宜植之。而明初对屯粮的征收。往往缓以年岁,然后才量地起科,如洪武二十七年九月,"命辽王府校

①《明史》卷 77《食货志一》。
②《明史》卷 77《食货志一》。
③《明会典》卷 202《屯田清吏司》。
④《明太祖洪武实录》卷 231,洪武二十七年正月戊申。
⑤《明史》卷 77《食货志一》。

尉军士屯种自食,与定辽等卫屯卒俱俟十年后始收其租"①。正由于以官方力量解决了农具耕牛问题,规定农副业生产和晚征屯赋,才有力地促进了明初社会生产力的迅速恢复。

在军屯制度建立不久便逐渐遭到败坏。首先是将校侵暴屯卒,使得军士大量逃亡。其次是豪右的霸占屯田,如宣德六年三月,"山西巡按御史张勋言:大同屯田多为豪右占据"②;《明史》也同样提到,宣宗之世,屡核各屯以征戍罢耕及官豪势要占匿者,减余粮之半"。再其次,本来屯田有肥瘠之不同,数量之不一,而屯军本身条件也有差别,因此容易发生分化,宣德时"分辽东各卫屯军为三等,丁牛兼者为上,丁牛有一为中,但无者为下"③的事实就是很好的证明。同时,宣德十年正粮免盘的规定,又进一步地助长了军屯的崩溃,因为"正粮纳官,以时给之,可以免贫军之花费,可以平四时之市价,可以操予夺之大柄。今免其交盘,则正粮为应得之物,屯产亦遂为固有之私,典卖迭出,顽钝丛生,不可收拾,端在于此"④。正粮免盘后,军屯的特点随之消失,而屯军则与一般农民无异,因之原来就在进行着的分化、兼并便加剧起来,自然军屯也就日益败坏了。

三

商屯是明初的创举,所谓商屯,就是政府利用食盐专卖权,诱使商人运粮到边地去换取盐引支盐,其名为"开中"。后来有些商人为了减省运费多获盐引,便私自募集破产农民到卫所边地去垦荒生产,以

① 《明太祖洪武实录》卷234,洪武二十七年八月丙寅。
② 〔清〕陈鹤:《明纪》卷12。
③ 《明史》卷77《食货志一》。
④ 〔清〕孙承泽:《春明梦余录》卷36《户部二·屯田》。

生产所得粮食入仓换取盐引,这就叫商屯。

纳米中盐的办法,开始于洪武三年,当时令商人于大同仓入米一石,太原仓入米一石三斗者,给淮盐一引(二百斤),商人纳米后,持引目赴所在官司兑盐。这样,既省转输之费,又使军储充足。因此,以后各行省边境多召商中盐,以为军储。①

要多少米才能换盐一引,并无统一规定,而是由道里远近、时间缓急、米值高下、中纳者利否等情况来定其多寡的。洪武四年定了一条中盐例,即"输米临濠、开封、陈桥、襄阳、安陆、荆州、归州、大同、太原、孟津、北平、河南府、陈州、北通州诸仓,计道里远近,自五斗至一石有差"。以后虽时有增减,大体上仍与这个标准接近。只有在特殊情况下才会减轻,如洪武十三年正月,因商人纳粟靖州崇山二卫中盐者,每米二石给淮盐一引,米贵盐轻而商人稀少,故减旧则四之一以便之。二十二年九月,用兵西南,因"道里险远,馈运弗继",乃将川盐由每引二石减为一石五升以致商人②。使"开中"法更好地为军事服务,对商人和政府都有好处。

按照规定,"开中"的办法是,"编置勘合及底簿,发各布政司及都司卫所,商纳粮毕,书所纳粮及应支盐数,赍赴各转运提举司照数发盐。转运诸司亦布底簿,比照勘合相符,则如数给与"。实际上有的商人在纳粮以后,并未如数支盐,有时祖孙几代都在"守支"。宣德三年,户部尚书郭敦说:"洪武中中盐客商,年久物故,代支者多虚冒,请按引给钞十锭。"③可见开中法实行不久就出毛病了。

根据一些材料看来,并不是凡有纳米中盐的地方就有商屯,如洪

---

①《明史》卷80《食货志四》。
②《明太祖洪武实录》卷61,卷129,卷197。
③《明史》卷80《食货志四》。

武十九年正月,云南左布政使张纮言:"旧例商人纳米于金齿者,每一斗给盐一引,以谷准米者听,以是商旅辐辏,储偫充溢。其后有司不许输谷,由是商人少至,军饷弗给。"同时,纳米中盐的地方也不固定,如洪武三十一年便决定:俟大宁、开平二卫军储已多时,则令商人输粟于东胜、西河。①朱棣即位后,"以北京诸卫粮乏,悉停天下中盐,专于京卫开中。惟云南金齿卫、楚雄府、四川盐井卫、陕西甘州卫开中如故"②。另外,即使纳了米也不一定能及时而如数地支到盐。因此,纳米中盐虽能充实边储,开发边地,减轻人民转输之劳……可是对商人却不便利,无怪乎后来他们宁愿多出一点钱,也不愿纳米,因为这对商业资本的活动无疑地会起着束缚的作用。

四

移民就宽乡、或招募、或罪徙,叫做民屯。

民屯以移民为普遍,而移民地区,很多是在战乱中遭到严重破坏的地方。如:洪武三年六月,徙苏、松、嘉、湖、杭五郡民之无田产者四千余户往临濠开种;二十一年八月,迁山西泽潞二州民之无田者往彰德真定临清归德太康诸处闲广之地置屯耕种;二十二年四月,命杭、湖、温、台、苏、松诸郡民无田者往淮河迤南滁和等处就耕;二十五年二月,徙山东登莱二府贫民无恒者五千六百三十七户就耕于东昌;二十八年二月,又徙青、兖、济南、登、莱五府田少之民于东昌开垦闲田。③明初移民的规模也是相当大的,如洪武时一次就"徙江南民十四万户于凤阳",直到朱棣"核太原、平阳、泽、潞、辽、沁、汾丁多田少及

---

①《明太祖洪武实录》卷177,卷256。
②《明史》卷80《食货志四》。
③《明太祖洪武实录》卷53,卷193,卷196,卷216,卷236。

无田之家,分其丁口以实北平"①以后,移徙的才少了。迁移无地或少
地农民于荒芜之区开垦,适当地满足了他们对土地的要求,因而,对
生产的恢复和发展便起到了很大的作用。

除移民外,也有自愿应募屯种的,如洪武二十二年九月,因为当
时山西地狭民稠,有许其民分丁于山东河南赔土耕种的命令,于是山
西沁州民张从整等一百一十六户便自愿应募屯田。朱元璋命户部赏
从整等钞,分田给之,并命从整等再回沁州招募居民。②一般说来,招
募屯田并不像移民那样的规模大、次数多。

至于徙罪囚屯田,绝大多数都集中在凤阳一地,洪武八年二月,
"宥杂犯死罪以下及官犯私罪者,谪凤阳输作屯种赎罪"③。在明初的
极端君主专制统治下,正如叶伯巨所说:"居官一有差跌,苟免诛戮,
则必屯田工役之科。"④所以在凤阳输作屯种的罪囚是数以万计。⑤到
了永乐初年又规定:"除人命、十恶死罪、强盗伤人者依律处决,其余
死罪及流罪,令聚家赴北平种田。流罪三年,死罪五年后录为良民。"⑥
使罪囚输作屯种赎罪,然后录为良民,对劳动力的利用,是一个很好
的办法。

对民屯的扶持,当时的统治者是比较注意的。首先是遣官买耕牛
给屯种之民,洪武四年二月,命工部遣官往广东买耕牛以给中原屯种
之民;二十五年闰十二月,命户部遣官于湖广江西诸郡县买牛二万二

①《明史》卷77《食货志一》。
②《明太祖洪武实录》卷197,洪武二十二年八月甲戌。
③《明史》卷2《太祖本纪》。
④〔清〕官修《明臣奏议》卷1《应星变求直言疏》。
⑤《明史》卷139《韩宜可传》。
⑥《明太宗永乐实录》卷12,洪武三十五年九月甲午。

千三百余头,分给山东屯种贫民;二十八年正月,命户部以耕牛一万头分给东昌府屯田贫民。①据《明会典》统计,天下屯牛共有二十五万五千六百六十四只,并且,洪武二十六年还规定:凡屯种合用牛只,股或不敷,即便移文索取,若官厩数多,差人发遣,若果路途窵远,此间地方出产,可以收买,务在公私两便,就给官价,②因此牛只的供应是比较充分的。其次,在移民屯种时,一般都赐钞备农具,并规定免税几年,如洪武二十一年,"徙泽潞民无业者垦河南北田,赐钞备农具,复三年";二十二年,"徙江南民田淮南,赐钞备农具,复三年"③。所有这些措施,对民屯的生产都有着积极的意义。

每份屯田是多少,并无统一规定。北方郡县近城之地,大率每户给地十五亩,另给地二亩种蔬菜,有余力者则不限顷亩。④洪武初规定:复业人民,见今丁多而田少者,有司于附近荒田验丁拨附,如见今丁少而旧田多者,不许依前占护,只许尽力耕垦为业。基本上是验丁授田,既保证了屯垦,又抑制了兼并。

民屯田每亩纳税多少,无明确记载。不过,从一般官田的税额每亩五升三合,以及洪武二十六年令开垦荒芜官田俱照民田起科的规定看来,民屯田每亩税额比起私租七八斗甚至一石以上来,那是较轻的,这与明初立法多抑富右贫的恢复生产的措施是一致的。

五

凡是屯田都是官田,不过,国家最关心的还是租税,对屯田只不

---

①《明太祖洪武实录》卷236,洪武二十八年正月庚戌。

②〔明〕申时行:《明会典》卷202《屯田清吏司》。

③《明史》卷3《太祖本纪》。

④《明太祖洪武实录》卷53,洪武三年六月丁丑。

过保有名义上的所有权而已，①因而实际上屯田军民便把屯田看作自己的私产。所以，在这种土地占有关系下的屯军和屯民，可以说相当于个体经营的小自耕农，因之，在客观上使大批失掉生产资料的农民（有些是穿上军装的）满足了对土地的要求，再加以国家有意的扶持，于是便刺激了农业生产的恢复和发展。主要表现在以下几方而：

首先是耕地面积的迅速增加。根据洪武实录的记载，从洪武元年到十三年，共垦田一百八十万三千九百余顷，几乎是洪武十四年天下官民田三百六十六万七千七百余顷的二分之一；②而明初屯田额为八十九万二千七百余顷，相当于洪武二十六年全国土地面积八百五十万七千六百余顷的十分之一强。由此可见，明初耕地面积的不断扩大，屯田是起着相当重要的作用的。

其次是屯田农业产量的日益增加。最初有很多屯军不能自给，每月还要月粮，可是到了洪武中叶以后，屯军不只能够自给，一般地还能缴纳余粮，如延绥卫，当时有屯田三万七千七百五十六顷，粮草数盈至十万。③至于民屯，最初也是比较困难的，后来也提高了生产量，如洪武二十六年，后军都督府金事李恪、徐礼从彰德等地视察后回京报告："彰德、卫辉、广平、大名、东昌、开封、怀庆七府民，徙居者凡五百九十八户，计今年所收谷粟麦三百余万石，棉花千一百八十万三千余斤，见种麦苗万三千一百八十余顷。"又洪武二十八年十一月，右军都督金事陈春言：彰德等四府，屯田凡三百八十一顷，屯租二百三十三万三千三百十九石，棉花五百二万五千五百余斤。④从上可见，屯田

---

①参阅《大明律·户律二·田宅条例》。
②参阅《明太祖洪武实录》，每年年终所记载之土田数字。
③〔明〕申时行：《明会典》卷28《会计田》。
④《明太祖洪武实录》卷233，卷243。

的生产是日益向上的,屯田生产量的增加,正是农业生产恢复和发展的标志。

再其次是促进了社会经济的繁荣。具体体现在明初人口的不断增加①。残破的地方经济的迅速恢复,以及国家增收税粮的逐年递增各方面。例如叶旺、马云在镇守辽东时,"薙荆棘、立军府、抚辑军民,垦田万余顷,遂为永利"②;原来残破不堪的凤阳,在洪武八年时便因户粮数增多而升成了上府;庄浪、河州、洮州、岷州、西宁、凉州、宁夏、临洮等八卫,原为荒凉贫瘠的边地,在洪武二十二年时却变成了米多价日减的富裕地区了。③正如《明史》所描述的:"是时宇内富庶,赋入盈羡,米粟自输京师数百万石外,府县仓廪,蓄积甚丰,至红腐不可食。岁歉,有司往往先发粟振贷,然后以闻。"这种宇内富庶的原因,明史上有一个很好的说明,即所谓"开屯田中盐以给边军,馈饷不仰借于县官,故上下交足,军民胥裕"④。如果没有广泛推行屯田,以"纾民力、足兵食",使"兵农兼务,国用以舒",要想在短时朋内由残破荒凉的景况达到富裕繁盛是不容易的。

明初屯田和"开中"的实行,使元末极端尖锐的阶级矛盾得到了暂时的缓和,失掉了土地的农民能够重新回到农业生产岗位,为统治者的赋税提供了保证,而且对于保证军饷的供给和减轻人民赋税负担,都有着积极的意义,从而巩固了明初政权。明初养军很多,内外官军总数应在二百万左右。如果每军月粮以一石计,则全年约需粮二千

---

① 《明太祖洪武实录》卷140:洪武十四年有五千九百八十余万人;《明史》卷77《食货志一》:洪武二十六年有六千零五十四万余人。

② 《明史》卷134《叶旺传》。

③ 《明太祖洪武实录》卷102,卷195。

④ 《明史》卷78《食货志二》,卷77《食货志一》。

四百万石,而洪武二十六年全年征收税粮不过三千二百多万石,似此,军饷就将占去十分之八,这样又怎能办到"上下交足,军民胥裕"呢?好在"明初各镇皆有屯田,一军之田足赡一军之用,卫所官吏俸粮皆取给焉"①。朱元璋也曾说:"吾京师养兵百万,要不费百姓一粒米。"②的确是"养军而不扰民,法莫善于屯田"③。后来屯田制度败坏了,军饷只好加在人民身上,于是,人民负担虽重,但军饷的供给仍很困难,弄得国库日绌,军民交困。

此外屯田对明初边防的巩固也起了很大的作用,因为沿边重镇都有屯兵戍守,如洪武元年设北平、大宁都司,各置屯田;四年,叶旺、马云屯田辽东;八年,遣邓愈、陆聚往陕西,李谥等往北平、永平,量兵屯田,开卫戍守;二十五年,令冯胜、傅友德籍山西民为军,屯田于大同东胜,立十六卫;二十八年,敕周王往塞北筑城屯田;敕燕王出辽东塞屯田;三十年,城开平卫,命盛熙分调北平等都司军马屯守,于农隙讲武,以备不虞。这些屯田士卒,都是无事则耕,有事则战,所以边境军储充足,军士生活安定,战斗力也就较强。后来由于将校豪右的侵暴,明代的边防力量也随着削弱了。

明王朝的最高统治者在名义上持有近百万顷屯田的所有权,这是明代极端君主专制所能凭借的雄厚基础。与争夺其他官田一样,皇室与一般地主在争夺屯田的直接所有权上,同样展开了剧烈的斗争,明王朝虽然用诛戮、法律条文来保障自己的特权,但效果并不大。不过,从此也可看出屯田对皇权的集中和巩固是有着重要意义的。

总之,无可怀疑地,屯田对明初社会经济的恢复和发展以及政

①《明史》卷82《食货志六》。
②〔清〕傅维麟:《明书》卷70《戎马志》。
③〔清〕孙承泽:《春明梦余录》卷36《户部二·屯田》。

权、边防的巩固等各方面,确曾发挥过较大的作用。元末农民起义推动了社会的向前发展,这也是一个明证。不过,屯田也与封建社会其他制度一样,其主要目的是在于维护地主阶级的利益,虽然有时客观效果并不如是。因此,在屯田制度建立不久以后,便由于统治阶级的互相兼并、掠夺而衰败了。

(原载《历史教学》1958 年第 4 期)

明代江南赋重问题析

《日知录》卷10《苏松二府田赋之重》条引邱濬《大学衍义补》的话说:"韩愈谓赋出天下,而江南居十九。以今观之,浙东西又居江南十九,而苏、松、常、嘉、湖五府,又居两浙十九也。"江南税粮之重,由此可见。然而,终明之世,这个问题却始终未能解决。而它对江南人民的生活以及社会经济的发展,都带来了巨大的影响。

所谓江南,历代所指的地区不一,本文基本上系指通称之江苏南部和浙江地区。

一

明代江南赋税之重,无论就其征收的绝对量或是剥削率来说,都是十分惊人的。以浙江和苏、松二府的情况而言,洪武二十六年,浙江的土地占全国土地的5.8%,而所纳税粮却占全国税粮的9.3%;苏州的土地占全国土地的1.1%,而所纳税粮却占全国税粮的9.5%;松江的土地占全国土地的0.6%,而所纳税粮却占全国税粮的4%。从平均每亩纳税粮数来看,浙江为全国的1.59倍,苏州为8.54倍,松江为7.1倍。[①]因此,难怪昔人要发出这样的慨叹:浙江、苏州、松江、常州"一藩三府之地,其田租比天下为重,其粮额比天下为多";"而苏、松、

---

①参看梁方仲:《中国历代户口、田地、田赋统计》乙表29,30,35。

常、嘉、湖五府者,几居江西、湖广、南直隶之半";"其科征之重,民力之竭,可知也已。"①

　　根据记载,明朝初年,官田比民田的赋重,而浙江、苏、松、嘉、湖、常、杭等地的官田税粮比其他地区更重,一般是四五斗、七八斗以至一石以上,甚至"亩税有二三石者"。虽然,江南的农业生产,自三国以来,就不断地向前发展,产量不断提高。明代松江的上等地亩产可达三石。但中等地只有一石五斗,而下等地"不过可种棉花五六十斤,菉豆五六斗而已"②。因此,每亩交纳四五斗、七八斗以至一石以上的税粮,大约要用去产品的百分之五十、六十以至七十。这个剥削率是相当高的。

　　江南重赋所造成的严重后果,很快就显露了出来。明朝统治者虽然采取过一些措施,但问题并没有、也不可能解决。其情况大体如下:

　　洪武七年(1374年)五月,朱元璋以苏、松、嘉、湖籍没之田税粮太重,"特令户部计其数,如亩税七斗五升者,除其半,以甦民力"③。十三年(1380年)三月,又命户部减苏、松、嘉、湖四府重租粮额。亩科七斗五升至四斗四升者减十之二,四斗三升至三斗六升者俱止征三斗五升,其以下者仍旧。④实际上这些命令并没有完全生效,所以建文二年(1400年)又才下诏:"江、浙赋独重,而苏、松准私租起科,特以惩一时顽民,岂可为定则以重困一方?宜悉与减免,亩不得过一斗。"⑤但不久建文帝即逊国,其政令全被明成祖废除,因之江南的赋税仍然很重。

---

　　①〔清〕顾炎武:《日知录》卷10《苏松二府田赋之重》。
　　②〔清〕顾炎武:《天下郡国利病书》原编第六册,《苏松》引《华亭县志》。
　　③《明太祖洪武实录》卷89,洪武七年五月癸巳。
　　④同上书,卷130《明史·食货志》。
　　⑤《明史》卷78《食货志二》。

永乐年间,虽然免除过苏、松等地税粮数百万石,但对原定则例,并未作任何变更。

永乐以后,江南赋重的问题更加严重。这是因为,国都北迁,江南粮食必须远运以供京师,耗费因而大量增加。一切转输之费,其耗几与正额等;甚至"正粮一石,率用米至于三石"①。于是,"苏州一府自宣德元年至七年(1426—1432 年),积欠米麦至七百九十三万六千九百九十石。松、常等府,莫不皆然"②。因此,作一点必要的厘改,是势在必行的了。宣德五年(1430 年)二月癸巳,诏"各处旧额官田,起科不一,租粮既重,农民弗胜。自今年为始,每田一亩,旧额纳粮自一斗至四斗者,各减十分之二;自四斗一升至一石以上者,减十分之三;永为定额"③。八年(1433 年),江南巡抚周忱奏定加耗、折征例。规定:正粮一石,初年加耗米七斗,以后递年削减;官民田皆画一加耗。金花银一两一钱,准平米四石六斗或四石四斗,阔白三梭布一疋,准平米二石五斗或二石四斗至二石;阔白绵布一疋,准平米一石或九斗八升;此于重则官田上照粮均派。此法的主要精神,在于用加耗、折征来调剂科则之不平,使赋税负担毋独苦贫民。经过一番调整,东南民困得以少苏。

但是,赋税定额仍重;同时,"苏州为财赋之薮,奸民猾吏,争窟穴其间,而官民田粮,轻重相悬,无虑千百则,易以上下其手"④;加以各级官吏并不认真执行朝廷的宽恤之令;致使江南"纯良小民,赋赢而产薄,产去而税存者,讼牒猥兴,逋案山积"⑤。

---

①《天下郡国利病书》原编第 22 册,《浙江卜》引《海盐县志》。
②〔明〕赵锦、张衮等:《(嘉靖)江阴县志》卷 5《食货记第四上·田赋》。
③《明宣宗宣德实录》卷 63,宣德五年二月癸巳。
④〔清〕顾炎武:《天下郡国利病书》原编第六册,《苏松》引《嘉定县志》。
⑤〔明〕杨逢春、方鹏等:《(嘉靖)昆山县志》卷 15《集文》。

　　正统以后，由于豪强的兼并，官田多名存实亡。因此从景泰开始，便逐渐打破官民田的界限，而将官田重租分配民田轻租之家承纳。景泰四年（1453 年）五月，诏巡抚直隶侍郎李敏，均定应天等府州县官民田。即将"江南小户官田改为民田起科，而量改大户民田为官田，以备其数"；"务使民田量带官田办粮，以甦贫困"①。七年（1456年）九月，定浙江嘉、湖、杭官民田征粮则例："起科重者征米宜少，运纳宜近；起科轻者征米宜多，运纳宜远。官田每亩科米一石至四斗八升八合、民田每亩科米七斗至五斗三升者，俱每石岁征平米一石三斗。官田每亩科米四斗至三斗、民田每亩科米四斗至三斗三升者，俱每石岁征平米一石五斗。官田每亩科米二斗至一斗四合、民田每亩科米二斗七升至一斗者，俱每石岁征平米一石七斗。官田每亩科米八升至二升、民田每亩科米七升至三升者，俱每石岁征平米二石二斗。"②嘉靖时，江南地区官民田税则合一的趋势又有所发展。二十六年（1547 年），"嘉兴知府赵瀛刱议：田不分官民，税不分等则，一切以三斗起征。苏、松、常三府，从而效之。自官田之七斗、六斗，下至民田之五升，通为一则。而州县之额，各视其所有官田之多少轻重为准。多者长洲至亩科三斗七升，少者太仓亩科二斗九升矣"③。

　　官田之名虽然不存在了，但税粮之重却依然如故。万历十四年（1586 年）七月，翰林院侍读赵用贤疏言嘉、湖、杭、苏、常、镇六府税粮特重，"乃自顷岁以来，逋负日积，而小民之嗷嗷者十室九空"④。十五年二月，陕西道御史徐元也题称："苏、松、常、杭、嘉、湖六府，钱粮颇

　　①《明英宗正统实录》卷 229，景泰四年五月庚申。

　　②《明英宗正统实录》卷 270，景泰七年九月甲戌。

　　③〔清〕顾炎武：《日知录》卷 10《苏松二府田赋之重》。

　　④《明神宗万历实录》卷 176，万历十四年七月己酉。

重,历年逋负难完"①。直到天启年间,给事中侯震旸还说:"吴之苏、松、常、镇,浙之杭、嘉、湖,赋额最重,皮骨已枯。"②这些奏疏,清楚地向我们表明了,终明之世,江南赋重的问题并未解决,尽管统治者采取了这样那样的措施,然而万变不离其宗,从江南地区搜括的税粮,决不能少于原额。

二

为什么江南的赋税负担会如此沉重?而且又自始至终不能减轻?不少记载认为,江南(特别是苏、松)税粮之重,其主要原因乃在于朱元璋惩治为张士诚死守之豪民,以及司农卿杨宪擅自加赋。

其实,仔细一推敲,这种说法是颇成问题的。据《明太祖洪武实录》《明史·太祖本纪》《明史·张士诚传》《国初群雄事略·周张士诚》等书的记载,元至正十六年(1356年),张士诚攻克平江,并进而据有湖州、松江、常州诸路以及崑山、嘉定、崇明和浙西杭州等地。与此同时,朱元璋南下攻克集庆,并于十七年(1357年)克长兴、常熟、泰兴、江阴等地;其后,又遣将略地江左浙右诸郡。至此,朱元璋便西与陈友谅为邻,东与张士诚接境。由于陈友谅力量强大,对朱元璋构成严重的威胁,因此,当时朱元璋的主攻方向乃在陈友谅,与张士诚之间虽然互有攻战,但总的说来处于相持局面。只是在朱元璋彻底消灭陈友谅并乘胜平定江西、湖广、岭南诸路以后,才使军锋东向张士诚。二十六年(1366年),朱元璋攻克淮东。同年八月,命徐达为大将军、常遇春为副将军,率师二十万讨伐张士诚。十一月,湖州投降;接着,松江、杭

---

①《明神宗万历实录》卷183,万历十五年二月己卯。
②《明熹宗天启实录》卷16,天启二年四月戊辰。

州相继降,乃招抚绍兴,攻取嘉兴,进抵姑苏。平江属县先后降附,惟苏州孤立。士诚拒守数月,于二十七年(1367年)七月城破被执。所以,从总的来看,在朱元璋与张士诚的战争中,除平江一城拒守数月而外,所有张士诚的辖区,都不存在死守的问题。退一步说,即使平江拒守数月,在群雄割据的时候,也并不是什么罪过,更不能以此作为惩罚平江甚至三吴地区的理由。昔人杨芳就曾指出"谓太祖忿东吴久抗王师而重其赋者",乃是"相传之妄"。他还指出:"太祖止科抄没之田,原未概加三吴之赋";"岂有以一士诚之故而并罪其民乎?"①虽然他有为朱元璋辩护的意思,但总算正确地指出了三吴赋重的原因不能归结为"东吴久抗王师"。因此,我们的结论只能是:所谓苏、松、嘉、湖为张士诚死守,因而按私租簿征收赋税的说法,不过是肆意进行搜括的一种借口而已。

至于司农卿杨宪,在极端君主专制集权的明朝初年,如果没有得到朱元璋的首肯,浙西地纵然膏腴,他岂敢擅自加赋?

由此可见,苏、松、嘉、湖以至江南赋重的真实原因,是别有所在的。

自三国、魏晋南北朝开始,南方的经济便逐渐发展起来。五代以后,特别是到了南宋,江南地区的经济就超过了北方。"苏湖熟,天下足",就是当时社会经济的真实写照。由于经济重心的南移,因而政府的赋税收入,也就主要来自南方;而南方(特别是江南)的赋税,也就重于北方。"吴在晋、唐时为乐土,当宋则已赋重"②。"自唐天宝之后,江淮租庸,已称繁重,固有民力竭矣之叹。今考宋世,苏州之税,凡三

---

① 〔清〕顾炎武:《天下郡国利病书》原编第四册,《苏上》引《苏州府·财赋》。
② 〔清〕顾炎武:《天下郡国利病书》原编第五册,《苏下》。

十余万,迨元乃增至八十余万石。"①明代在江南实行重赋,就是由于这里的经济繁荣,同时也是继承了江南赋税不断加重的历史趋势。

此外,明朝初年,就全国的经济情况而言,江南乃是明朝立国的基础。所谓"军国所用租赋,悉出南方郡邑"②。当时的北方,由于元朝末年统治阶级的横征暴敛,剥削无度,再加上农民起义爆发以后,官军和地主武装疯狂地烧杀抢掠,因而社会生产力遭到了严重的破坏。到处是人烟稀少,骨肉离散,积骸成丘,土地荒芜,生业荡尽的悲惨景象。面对如此残破的社会经济,朱元璋要想维持和巩固自己的统治,就只能尽量减轻这些地区的人民的负担,接二连三地蠲免这些地区的税粮;同时大规模地移民垦荒,尽快地恢复和发展社会经济。当时的南方虽然也遭受了战争的创伤,但其程度远不及北方;而且由于江南地区得天独厚,自然条件好,原有的基础好,恢复起来快,因此,比起北方来,社会经济的状况仍然优越得多,仍然是经济的重心所在。这可从朱元璋选择都城一事得到证明。根据记载,明王朝建立以后,都城究竟建在何处,长安、开封、洛阳、北京、临濠,还是南京? 朱元璋都考虑过。洪武二年(1369年)九月,朱元璋召集群臣专门讨论建都之事,最后还是以经济的原因,决定建都南京。《明史纪事本末》卷 14《开国规模》载:"上诏问群臣建都之地。或言关中天府之国,或言洛阳天地之中,汴梁亦宋旧京,或言北平宫室完备。上以平定之初,民未休息,供给力役,悉资江南。建业长江天堑,足以立国。临濠前江后淮,以险可恃,以水可漕,诏以为中都。"由此可见江南经济地位之重要,而征收重赋以供军国之需也就成了势所必然的了。

---

① 〔清〕顾炎武:《天下郡国利病书》原编第六册,《苏松》引《嘉定县志》。
② 〔明〕陈子龙:《明经世文编》卷 16,杨士奇《灵慈宫碑》。

永乐以后,国都北迁。政治形势虽然发生了变化,但经济形势却依然如故。江南仍然是全国的经济重心,仍然是明王朝的命脉所系。每年要由江南漕运四百余万石米以实京师。正如正德四年(1509 年)十月巡抚直隶监察御史李廷悟上奏所说:"东南财赋,京师之所仰给,起征兑运皆不可缓。"①为了保证从江南搜括到足够的粮食,明王朝一方面"自宣德、正统以来,每择任有心计重臣巡抚其地(按指苏、松、常、嘉、湖五部),以司其岁入"②;另一方面则慎选河漕总督,加意运道之修浚和漕粮的及时运抵京师。

明代江南赋税特重的原因,还在于朱元璋要贯彻他的"使富者得以保其富,贫者得以全其生"的政策。

"使富者得以保其富",是朱元璋的一贯政策。从至正十四年(1354 年)朱元璋离开郭子兴走上独立发展的道路开始,他就和地主以及地主士大夫结下了不解之缘。明王朝建立以后,由于它是一个不折不扣的封建政权,而朱元璋也是一个地地道道的封建皇帝,因而无论在经济上还是政治上都给了地主阶级以极优厚的待遇。这是众所周知的事实,毋庸赘述。

但是,要"使富者得以保其富",还必须使"贫者得以全其生";而要使"贫者得以全其生",又不得不采取一些"抑富"的措施。

这是因为,明朝初年,地主阶级虽然受到了农民起义的沉重打击,但也有不少大地主由于种种原因而被保留了下来。当时,江南拥有数百以至成千上万亩土地的大地主仍然不少。如富可敌国,"助筑都城三之一,又请犒军"的富民沈秀,就是一个典型③。这些大地主只

---

①《明武宗正德实录》卷 56,正德四年十月甲寅。

②〔清〕顾炎武:《日知录》卷 10《苏松二府田赋之重》。

③《明史》卷 113《太祖孝慈高皇后传》。

顾自己的利益,采取各种手段来逃避应纳的税粮,而把它转嫁给贫苦人民。朱元璋就曾经说过:"方今九州之民,有田连数万亩者,有千亩之下至千百十亩者,甘于利其利而不知其报者多矣。"①这就清楚地告诉我们,朱元璋和一些大地主在掠夺农民劳动果实的问题上,或者说在财产的再分配问题上发生了尖锐的矛盾。另外,这些地主分子的不法手段,加重了农民的额外负担,这与朱元璋的使"贫者得以全其生",从而"使富者得以保其富",使封建国家的赋税和力役来源有可靠的保证,使封建统治建立在牢固的基础之上的愿望也是大相径庭的。洪武三年(1370 年)二月,朱元璋以"富民多豪强,故元时此辈欺凌小民,武断乡曲,人受其害"为由,召诸郡富民至,谕之曰:"汝等居田里安享富税者,汝知之乎?古人有言,民生有欲,无主乃乱。使天下一日无主,则强凌弱、众暴寡,富者不得自安,贫者不能自存矣。今朕为尔主,立法定制,使富者得以保其富,贫者得以全其生。尔等当循分守法,能守法则能保身矣。"②由此可见,"抑富"正是从根本上使地主阶级能够"安享富税",它与"保富"是完全一致的。同时,"抑富"也保证了皇室统治集团在财产的再分配中得到最大的份额。所以,"抑富"是在当时特定的历史条件下所采取的符合皇室统治集团以及地主阶级整体的、长远的利益的一种手段。

因此,籍苏、松、嘉、湖等府诸豪族及富民田以为官田的措施,只能看作"使富者得以保其富,贫者得以全其生"这一政策的组成部分。它与移徙富民实京师以及借故杀戮豪强,在实质上是完全一致的。

---

①〔明〕朱元璋:《大诰·民不知报第三十一》。
②《明太祖洪武实录》卷 49,洪武三年二月庚午。

马克思指出:"捐税体现着表现在经济上的国家存在。"[1]列宁也指出,统治阶级决不会自愿放弃从"被奴役的农民和工人身上榨取成千上万的收入的权利。"[2]这也是江南人民的赋税负担始终未能减轻的重要原因。历史事实充分向我们证明了这点,例如:《天下郡国利病书》原编第六册《苏松》载:"金绚嘉兴人,洪武中为苏州知府。百姓苦官民田则不齐,里胥为奸,绚上疏请减重额,得罪赐死。"[3]不仅如此,减轻税粮的阻力还来自某些代表豪强利益的官僚。史载宣德六年(1431年)三月,周忱以华亭、上海科粮太重,"乞依民田起科"。户部以"洪武初至今,籍册已定,征输有常"为由,劾"忱欲变乱成法,沽名要誉,请罪之"。宣宗虽然没有加罪周忱,但也没有同意他的请求。[4]《日知录》卷10转引王上舍的话说:"建文诏免,而复于永乐;文襄请减,而增于万历。近世抚臣之请减浮粮者相继,而事寝不行。大抵以苏松财赋重地,为国家之根本,难议蠲恤耳!"可谓一语破的。

三

江南的重赋,给广大人民带来了深重的灾难。

江南的地租本来就很重,如苏州每亩收成多者不到三石,少者不过一石多,"而私租之重者至一石二三斗,少亦八九斗。佃人竭一岁之力,粪拥工作,一亩之费可一缙。而收成之日,所得不过数斗。至有今

①《马克思恩格斯选集》第1卷《道德化的批判和批判化的道德》,人民出版社1972年版,第181页。

②《列宁全集》第12卷《在第二届国家杜马中关于土地问题演说的草稿》,人民出版社1955年版,第261页。

③吴翌凤:《镫窗丛录》卷四也载其事。而《天下郡国利病书》原编第六册又引《嘉定县志》言:"知府金绚称额重,文皇帝怒,槛车征至京师以死。"

④《明宣宗宣德实录》卷77,宣德六年三月戊辰。

日完租,而明日乞贷者"①。转为官田后,照私租簿纳税,再加上正粮以外的加耗,负担就更重了。单以运费一项而言,洪武时,都城在南京,负担尚不太重,永乐以后,国都北迁,税粮必须远运,因而额外负担猛然增加。诚如《日知录》卷10所说:"田未没入之时,小民于土豪处还租,朝往暮回而已。后变租税为官粮,乃于各仓送纳,运涉江湖,动经岁月。有二三石纳一石者,有四五石纳一石者,有遇风波盗贼者,以致累年拖欠不足。"

后来,随着明王朝统治的日益腐朽,官府更"巧立名色,百方诛求";特别是豪强里胥,狼狈为奸,肆意敲剥;小民的负担因之大大地加重了。《高淳县志》谓:"嗣后民困征输,欲鬻田以办税,竟无受者。而富者惟利民田,于是业官者为作民田售之。田归富家,粮遗本户,由此不胜积逋,逃亡接踵,则又有所谓逃粮赔米,贻害无极矣。"②顾鼎臣说"苏、松、常、镇、嘉、湖、杭七府,财赋甲天下,而里书豪强欺隐洒派之弊,在今日为尤多,以致小民税存而产去,大户有田而无粮,害及生民,大亏国计。"③归有光也说:"东南之民,何其惫也?以蕞尔之地,天下仰给焉。……经二大赦,流离转徙之民,日夕引领北望,求活于斗升之粟,而诏书文移,不过蠲远年之逋,非奸民之侵匿,则官府之已征者也。民何赖焉?东南地方物产,虽号殷盛,而耗屈已甚,非复曩昔。……盖取之惟恐其不至,而残之惟恐其不极,如之何其不困也?今民流而田亩荒芜,处处有之。"④广大江南人民的生活,陷入了极端贫困的悲惨境地。景泰中,吴中大饥,龚大章曾作诗描述当地人民的困苦境况

<hr />

① 〔清〕顾炎武:《日知录》卷10《苏松二府田赋之重》。
② 〔清〕顾炎武:《天下郡国利病书》原编第8册,《江宁庐安》。
③ 《明世宗嘉靖实录》卷204,嘉靖十六年九月丁酉。
④ 〔明〕归有光:《震川先生集》卷9《送县大夫杨侯序》。

说:"一经水旱便流离,风景萧条思惨凄。到处唤春空有鸟,连村报晓寂无鸡。颓坦弃井荒芜宅,苦调衰音冻饿妻。更有社公同寂寞,年来不复享豚蹄。锅无粒粟灶无薪,只有松楸可济贫。半卖半烧俱伐尽,可怜流毒到亡人。"①王弼的《永丰谣》,同样为我们描绘了一幅明代江南人民在重租压榨下绝望挣扎的凄惨图景:"永丰圩接永宁乡,一亩官田八斗粮。……前年大水平斗门,圩底禾苗没半分。里胥告灾县官怒,至今追租如追魂。有田追租未足怪,尽将官田作民卖。富家得田贫纳租,年年旧租结新债。旧租了,新租促,更向城中卖黄犊。一犊千文任时估,债家算息不算母。呜呼,有犊可卖君莫悲,东邻卖犊兼卖儿。但愿有儿在我边,明年还得种官田。"②

苦难深重的江南人民,其出路究竟何在?在当时条件下,部分是逃亡异乡,另寻生路;而大多数则在"男耕女织"的老路上,艰难地度日。

明代人口的逃亡,在洪武年间还不多见。当时,农村人口相对说来还比较稳定。所谓"百姓十一在官,十九在田。盖因四民各有定业,百姓安于农亩,无有他志;官府亦驱之就农,不加烦扰。故家家丰足,人乐于为农"③的话,大体上是可信的。宣德时,逃亡者逐渐增多,苏、松三府,"粮重去处,每里有逃去一半上下者"。正统成化年间更是有加无已,成为严重的社会问题。

乍看起来,农民大量地被排挤出土地而逃亡的现象,似乎是资本原始积累的过程。因为马克思曾经说过:"创造资本关系的过程,只能是劳动者和他的劳动条件的所有权分离的过程,这个过程一方面使

①〔明〕杨逢春、方鹏等:《(嘉靖)昆山县志》卷13《杂记》。
②〔清〕顾炎武:《日知录》卷10《苏松二府田赋之重》。
③〔明〕何良俊:《四友斋丛说》卷13《史九》。

社会生活资料和生产资料转化为资本，另一方面使直接生产者转化为雇佣工人。因此，所谓原始积累只不过是生产者和生产资料分离的历史过程。"①然而事实并非如此。从当时巡抚直隶侍郎周忱在《与行在户部诸公书》中所谈江南逃民的归宿主要是大户包荫、豪匠冒合，船居浮荡，军囚牵引、屯营隐占、邻境蔽匿、僧道招诱几种情况来看，基本上没有引起"社会的生活资料和生产资料转化为资本"，直接生产者被抛向劳动市场而转化为雇佣工人。因为从所谓大户苞荫、屯营隐占、邻境避匿、僧道招诱等而言，逃民基本上并未脱离农业生产，有的甚至沦为大户、军丁、僧道的奴仆或依附农民。如"所谓大户苞荫者，其豪富之家，或以私债准折人丁，或以威力强夺人子，赐之姓而目为义男者有之，更其名而命为仆隶者有之。凡此之人，既得其役属，又复更其差粮，甘心倚附，莫敢谁何！""所谓屯营隐占者，……官旗犯罪，例不调伍，因有所恃，愈肆豪强。遂使避役奸氓，转相依附。或入屯堡而为之布种，或入军营而给其使令，或冒名而冒顶军伍，或更姓而假作余丁"②。应该说，当时江南的逃民，主要是重新落入了封建的网罗，弃本逐末者是有限的。如苏州"大家僮仆，多至万指"③。何良俊在谈到正德以后松江的情况时也说："昔乡官家人亦不甚多，今去农而为乡官家人者，已十倍于前矣。昔日官府之人有限，今去农而蚕食于官府者五倍于前矣。昔日逐末之人尚少，今去农而改业为工商者三倍于前矣。昔日原无游手之人，今去农而游手趁食者，又十之二三矣。大抵以十分百姓而言之，已六七分去农。"④他虽然没有说具体数字，但

---

①〔德〕马克思：《资本论》第 1 卷，人民出版社 1956 年版，第 782—783 页。

②〔明〕陈子龙：《明经世文编》卷 22，杨士奇《与行在户部诸公书》。

③〔清〕顾炎武：《天下郡国利病书》原编第 6 册，《苏松》引《嘉定县志》。

④〔明〕何良俊：《四友斋丛说》卷 13《史九》。

从其所列的比例来看，"去农而改业为工商者"，究竟是少数。其实，就是改业为工商者，也并不是被抛向劳动力市场而转化为雇佣劳动者，并没有突破封建的、宗法的藩篱。如周忱说的"所谓豪匠冒合者，苏、松人匠，丛聚两京，乡里之逃避粮差者，往往携其家眷，相依同住。或创造房居，或开张店铺，冒作义男女婿，代与领牌上工"。"所谓军囚牵引者，苏、松奇技工巧者多，所至之处，屠沽贩卖，莫不能之。故其为事之人。充军于中外卫所者。辄诱乡里贫民为之余丁；摆站于各处河岸者，又招乡里小户为之使唤；作富户于北京者，有一家数处之开张；为民种田于河间等处者，一人有数丁之子侄。"①所以，总的说来，江南破产的农民，除极少数弃农从事工商业，对商品货币经济的发展起着积极的作用外，大多数仍被封建的生产关系所吞没。还应指出的是，封建政权对待逃民的态度，一是严厉禁止，强令返回原籍，一是如果产业已成或因其他原因不能回原籍者，必须附籍，纳粮当差。②如果逃民进入深山开矿，甚至敢于聚众反抗，如叶宗留起义那样，统治者就进行无情的镇压。总而言之，就是采用各种办法强使农民固着在土地上，忍受封建统治者的剥削和奴役。

"男耕女织"，即农业和家庭手工业紧密地结合的小农经济，是封建经济的基础。在沉重的封建租赋和徭役的压榨下，江南的大多数农民，之所以尚能勉强度日未至于逃移转死、或沦为富家大姓的仆隶，重要的原因，就是除了种田以外，还从事家庭副业，所谓"三吴赋税之重，甲于天下，一县可敌江北一大郡，破家亡身者往往有之，而间阎不困者，何也？盖其山海之利，所入不赀；而人之财利，无微不析。真所谓

①〔明〕陈子龙：《明经世文编》卷22，杨士奇《与行在户部诸公书》。
②〔明〕陈子龙：《明经世文编》卷19，胡濙《攒造黄册事宜疏》。

弥天之网,竟野之罘,兽尽于山,鱼穷于泽者矣"①。如松江,"壤地广袤,不过百里而遥;农亩之入,非有加于他郡邑也。所由共百万之赋,三百年而尚存视息者,全赖此一机一杼而已。非独松也,苏、杭、常、镇之币帛枲丝,嘉、湖之丝纩,皆恃此女红末业,以上供赋税,下仰俯给,若求诸田亩之收,原必不可办"②。常州府之江阴县,农民"岁稍入,仅以充租,私累百至,室已荡然。东南皆纺花为布,率三日成一匹,抱粥(鬻)于市,谷贵则与本相当无几,少怠即朝不能夕。其不业布者,良信等乡,辟蒲编芦以自活。又东为香山,皆织草为屦"③。嘉兴府之崇德县,"田收仅足支民间八个月之食,其余月类易米以供。公私仰给,惟蚕息是赖"④。湖州之蚕丝业,"岁有百千万之益,是以虽赋重困穷,民未至于空虚"⑤。所有这些,都向我们表明了江南地区家庭副业之普遍以及它在维持农民的艰难困苦生活中所占有的重要地位。

此外,还应看到,广大的江南人民所从事的家庭副业,为市场提供了大量的手工业产品;同时,这些产品由于各地自然条件的差异以及历史传统的不一,因而呈现出多样性。于是,交换发展了,市场也扩大了。这就必然促使商品货币经济的日益发展。如"(嘉定)县不产米,仰食四方。夏麦方熟,秋禾既登,商人载米而来者,舳舻相衔也。中人之家,朝炊夕爨,负米而入者,项背相望也"⑥。其他如盛泽镇居民以绸绫为业,"四方大贾,辇金至者无虚日。每日中为市,舟楫塞港,街道肩摩";松江的线绫与三梭布"衣被天下";"湖丝遍天下"等等记载,更是

---

①〔明〕谢肇淛:《五杂俎》卷3《地部一》。
②〔明〕徐光启:《农政全书》卷35《蚕桑广类》。
③〔明〕赵锦、张衮等:《(嘉靖)江阴县志》卷4《风俗记第三》。
④〔清〕顾炎武:《天下郡国利病书》原编第22册,《浙江下》引《崇德县志》。
⑤〔清〕顾炎武:《日知录》卷10《苏松二府田赋之重》。
⑥〔清〕顾炎武:《天下郡国利病书》原编第6册,《苏松》。

俯拾皆是。农民既然要与市场发生密切的联系,因而不得不受市场的影响。于是,自然农业日益为商品性的农业所取代。如湖州以养蚕为主,所谓"农为岁计,天下所共也。惟湖以蚕。蚕月,夫妇不共榻,贫富彻夜搬箔摊桑。……竣事,则官赋私负咸取足焉。是年蚕事耗,即有秋亦告匮,故丝绵之多之精甲天下"①。又如嘉定"种稻之田不能什一";"崑山,不宜五谷,多种木棉";太仓则"郊原四望,遍地皆棉"。总之,商品交换的发展,使商品市场突破了地方的局限而扩大了,不少地区之间形成了密切而不可分割的联系。这种情况又反过来刺激社会分工的扩大和农产品的商品化;同时也使贵金属——白银日益成为流通的主要手段,排斥了宝钞以至铜钱的地位。这一切,就使得资本主义的生产关系逐渐产生并在一些部门和地区获得了初步的发展。所以马克思说:"商品流通是资本的起点。商品生产和发达的商品流通,即贸易,是资本产生的历史前提。"②

但是必须指出,虽然农民被愈来愈多地卷入商品流通的领域,因而促进了自然经济的逐渐解体。这只是问题的一个方面,而另一个方面,也是重要的一个方面,商品交换的发展,并没有使农民摆脱困境,更没有也不可能动摇自给自足的自然经济在当时所占的统治地位。

因为事实是,农民把丝和丝织品或棉纱和棉织品等拿到市场去出售,主要是为了换回其他的生活必需品,或者是为了偿还公私债务。尽管他们拿到市场上去出售的是商品,因为"商品所有者的商品对他没有直接的使用价值。否则,他就不会把它拿到市场上去"③。但农民是为了买才卖,这是一种简单的商品流通,其"最终目的是消费,

---

① 〔明〕王士性:《广志绎》卷4《江南诸省》。
② 〔德〕马克思:《资本论》第1卷,人民出版社1956年版,第167页。
③ 〔德〕马克思:《资本论》第1卷,人民出版社1956年版,第103页。

是满足需要"，因而不存在货币增值的问题。正如马克思所说："诚然，在 W—G—W 中，两极 W 和 W，如谷物和衣服，也可能是大小不等的价值量。……但是这种价值上的差异，对这种流通形式本身来说完全是偶然的。……在这里，两极的价值相等倒可以说是这种流通形式正常进行的条件。"①其实，在简单的商品流通中，农民不仅不能使货币增值，反而要受商人、牙行的剥削甚至敲诈勒索。如嘉定县"市中交易，未晓而集。每岁绵花入市，牙行聚少年为羽翼，携灯拦接，乡民莫知所适，抢攘之间，甚至亡失货物。其狡者多用赝银，……溷杂贸易，欺侮愚讷。或空腹而往，恸哭而归，无可告诉"②。在这种情况下，农民为了能够生存下去，只能延长劳动时间，增加劳动强度。如松江府青浦县盘龙镇，"俗务纺织，里妪抱布入市，易木棉以归，明旦复然。织者率日一匹，有通宵不寐者。东乡日用所需，都从此出"③。又如嘉定县"妇女勤纺织，早作夜休，一月常得四十五日"④。即使如此，农民仍然十分贫困，如吴县是"外负富饶之名，而内实窭困"⑤。江阴县是"通邑小民，生理单薄，凶年糠豆不赡，短褐不完，夫妇相守以死有焉"⑥。仪真县则"里甲萧条，十室九空。而富商大贾，坐享厚利。当道者惟见市肆之繁华，不知乡野之疾苦"⑦。

由此可见，农民所从事的简单商品交换，主要是维持生计的一种手段，他们的境况并没有因此而发生多大的变化，自给自足的自然经

---

① 〔德〕马克思：《资本论》第 1 卷，人民出版社 1956 年版，第 172—173 页。
② 〔清〕顾炎武：《天下郡国利病书》原编第 6 册，《苏松》。
③ 金惟鳌：《盘龙镇志》，《风俗》。转引自谢国桢：《明代社会经济史料选编》中册。
④ 〔清〕顾炎武：《天下郡国利病书》原编第 6 册，《苏松》。
⑤ 〔清〕顾炎武：《天下郡国利病书》原编第 5 册，《苏下》。
⑥ 〔明〕赵锦、张衮等：《（嘉靖）江阴县志》卷 4《风俗记第三》。
⑦ 〔明〕申嘉瑞、李文、陈国光等：《（隆庆）仪真县志》卷 6《户口》。

济也因之仍占统治地位。例如：嘉定"为农者力于稼穑，不习商贾之事"①。浦江县"凡宾客商贾之所犇凑。民生其间者，往往朴茂质实，力农务本，家以不欠赋租相尚，人以不历公庭为常"②。湖州府之武康县是"地僻土沃，民朴风简，所事者田蚕，蔼然有邹俗之风"③。扬州府之泰兴县是"以耕桑为业，鱼稻为利"。高邮则"俗厚而勤于稼，人足于衣食，有鱼稻之富"。如皋县"东北乡之民多业鱼盐以供课，西北乡之民惟力耕稼以资生"④。这就是商品货币经济比较发达的江南地区一幅农村的"耕织图"。

综上所述，明代的统治者为了军国之需以及满足自己的奢侈生活欲望，对江南实行重赋以资搜括，致使江南人民经常处于饥寒交迫的困境之中；甚至破家荡产，流离失所。然而，由于中国封建经济结构的特殊性，农业和家庭手工业十分牢固地结合在一起，因而使得小农经济具有很强的韧性。同时，封建统治者总是既残酷地压榨小农，又动用专制集权国家的力量，在"重农"的口号下，采用各种手段，使小农经济得以苟延残喘，长期维持不坠，从而使封建的生产方式、封建的统治得以长期延续。因为正如马克思所指出的："这种生产方式是以土地及其他生产资料的分散为前提的。它既排斥生产资料的积聚，也排斥协作，排斥同一生产过程内部的分工，排斥社会对自然的统治和支配，排斥社会生产力的自由发展。"⑤

（原载《西北师院学报(社会科学版)》1984 年第 4 期）

---

① 〔清〕顾炎武：《天下郡国利病书》原编第 6 册，《苏松》。
② 〔明〕毛凤韶：《(嘉靖)浦江志略》卷 2《风俗》。
③ 〔明〕程嗣功、骆文盛：《(嘉靖)武康县志》卷 3《风俗志》。
④ 〔明〕朱怀干、盛仪：《(嘉靖)惟扬志》卷 11《礼乐志(附风俗志)》。
⑤ 〔德〕马克思：《资本论》第 1 卷，人民出版社 1956 年版，第 830 页。

论"靖难之役"的性质

对于"靖难之役"这一影响明朝历史发展的重大事件,其性质如何,迄今尚无定论。有的认为,此役乃是统治阶级内部争夺皇权的斗争,正如明成祖朱棣所说:"此朕家事。"①而有的则认为,这次事件还是主张革新的文臣集团与守旧的亲王、武臣集团之间的斗争。究竟孰是孰非,让我们用事实来加以论证。

一、争夺皇位是"靖难之役"的根本原因

《尚书》说:"惟辟作福,惟辟作威,惟辟玉食,臣无有作福作威玉食,臣之有作福作威玉食,其害于而家,凶于而国。"②在中国历史上,这样至高无上、可以为所欲为的君权,曾经诱使统治阶级内部,包括父子、兄弟等至亲之间,展开过很多次无情厮杀的惨剧。"靖难之役"就是诸多惨剧之一,当然这并不是最后的一出。

说"靖难之役"是朱元璋亲手种下的恶果并不为过。众所周知,朱元璋在建立大明帝国以后,为了维持和巩固一人一姓之天下,的确是"忧危积心,日勤不怠"地在操劳。他认为,汉唐以来,女宠、外戚、宦官、藩镇之祸层出不穷,应该"深用为戒"。因此,他规定"皇后之尊,止

---

①《明史》卷141《方孝孺传》。
②《尚书》卷7《洪范》。

得治宫中嫔妇之事,即宫门之外,毫发事不预焉"①。宦官只准供洒扫、给使令、传命令、决不许预政典兵,否则即行斩首。至于藩镇跋扈问题,在改行中书省为地方三司、改大都督府为五军都督府以及健全卫所制度之后,也不存在了。特别是在经过胡、蓝两次大冤案之后,列侯以下诛除殆尽,武臣割据更不可能。总之,由于朱元璋的苦心经营,皇帝真正成了"代天理物,威柄自操"的最高独裁者,朱家的天下也就从而稳如磐石了。

然而,朱元璋在集权过程中,却为自己的帝国留下了一个严重的隐患——大封诸子。

"众建诸侯,屏藩王室"的体制,自西周之后,历史一再证明,这是导致统治阶级内部祸乱相寻的重要因素之一。但是,朱元璋出于一己之私利,错误地认为宋、元"孤立无援",因而导致迅速瓦解,于是大封诸子为王,使他们星罗棋布在全国的要冲之地,特别是边防线上。这样,既可加强对人民的统治,又可加强边防。尽管明朝的封藩与以往不尽相同,"分封而不锡土,列爵而不临民",但诸王的政治地位却十分尊崇,"冕服、车旗、邸第下天子一等。公侯大臣,伏而拜谒,无敢钧礼"②。在洪武年间,他们还可节制封国内的文武吏士。不仅如此,他们还握有兵权,其护卫甲士少者三千,多者至万九千人。塞上诸王的兵权更大。他们"皆预军务",有的还可节制大将军,而"军中事大者方以闻"③。更有甚者,朱元璋还给了诸王"清君侧"的特权。

既然如此,诸王的权势自然会迅速地膨胀起来,形成尾大不掉之势,特别是沿边诸王,更是严重地威胁着皇权的稳固。大封诸子为王

①《明太祖洪武实录》卷 52,洪武三年五月乙未。
②《明史》卷 116《诸王传》。
③《明史》卷 116《晋王朱㭎传》。

带来的隐患,明眼人早就看出来了。如洪武九年(1376年)平遥训导叶伯巨就曾上书极论分封太侈之害。①但朱元璋并未采纳他的意见。其实,朱元璋又何尝没有意识到诸王力量的强大有可能演出自相残杀的悲剧。所以,他一方面命儒臣"采摭汉唐以来藩王善恶可为劝戒者"编为《昭鉴录》,颁赐诸王,使其按封建礼法行事。另一方面,又"以秦、晋、燕、周等国强大,虑他日太孙难制之,因召选高僧,一国一人,令出守藩府导善,岁以报政。……太祖慎天下而防后世之心,可谓至矣"②。再则特别强调:"王府置护卫,又设都司,正为彼此防闲。都司乃朝廷方面,奉敕调兵,不启王知,不得辄行;有王令旨而无朝命,亦不许擅发。如有密旨,不令王知,亦须详审复奏而行。此国家体统如此。"③但是,皇位的诱惑力实在是太大了,这些软弱无力的措施,怎能遏止强悍的藩王"问鼎中原"的野心!

洪武二十五年(1392年),太子朱标去世,朱允炆被立为皇太孙,成为皇位的继承人。于是,围绕皇位问题展开的矛盾斗争便日益尖锐起来。

据尹守衡《明史窃》载,朱元璋曾"语太孙曰:'朕以御虏付诸王,可令边尘不动,贻汝以安。'太孙曰:'虏不靖,诸王御之;诸王不靖,孰御之?'太祖默然良久曰:'汝意何如?'太孙曰:'以德怀之,以礼制之,不可则削其地,又不可则废置其人,又其甚则举兵伐之。'太祖曰:'是也,无以易此矣。'"④《明史·黄子澄传》载:"惠帝为皇太孙时,尝坐东角门,谓子澄曰:'诸王尊属,拥重兵,多不法,奈何?'对曰:'诸王护卫

①详见《明史》卷139《叶伯巨传》。
②佚名:《建文皇帝遗迹》。
③《明太祖洪武实录》卷221,洪武二十五年九月戊申。
④〔明〕尹守衡:《明史窃》卷3《革除记》。

兵才足自守,倘有变,临以六师,其谁能支。汉七国非不强,卒底亡灭,大小强弱之势不同而顺逆之理异也。'太孙是其言。"另外,势力强大的藩王也在密切注视事态的发展,以便采取相应的对策。如野心勃勃的燕王,便经常与野心家僧道衍(姚广孝)密谋,暗中积极准备,伺机发难。正如有的记载所说:"是时燕王潜有夺嫡计,而天下莫之知也。"①

洪武三十一年(1398 年)闰五月,朱元璋去世,朱允炆继位,围绕皇权的斗争迅速激化。建文下令不准诸王赴京会葬,只哭临本国。后又下令王国所在文武吏士,悉听朝廷节制,惟护卫官军听王。从洪武三十一年七月到建文元年六月,先后废周、齐、代、岷诸王为庶人,迫湘王阖宫自焚,同时加强对燕王的防范。建文君臣这一连串的举动,促使燕王加快了反叛朝廷的步伐。他日夜与道衍谋划帐中,共图大举。"阴选将校,勾军卒,收材勇异能之士",并铸造兵器,练兵王府后苑。②建文元年七月,公开竖起反抗大旗,誓师称"靖难"。

事实很清楚,一方要保住自己的帝位,势必削夺虎视眈眈的藩王;而另一方要夺取帝位,则必然要寻找借口反叛,决不能坐以待毙。谈迁引屠叔方的话说:"燕王之变,削亦反,不削亦反,齐、黄之议,未尽非也。"③谷应泰也说:"……大都耦国,祸之本也。又况秦晋四府,湘岷六藩,莫不帝制自为,偃蹇坐大,藉神明之胄,挟肺腑之尊……变所从来,非无故矣。况乎冲龄御极,主少国疑,强宗乱家,视同赧献……正所谓养虎贻患,蓄痈必溃者也。故论者以建文之失在于削藩,而予则以诸藩者削亦反,不削亦反。"④这就是"靖难之役"的实质,或者说

①佚名:《建文皇帝遗迹》。

②《明史》卷 145《姚广孝传》。

③〔清〕谈迁:《国榷》卷 11。

④〔清〕谷应泰:《明史纪事本末》卷 16《削夺诸藩》。

根本原因,它同革新与守旧之争丝毫没有关联。

从朱棣多次向朝廷上书以及训诫将士的文告中,也很难看出他是为了反对建文革新而起兵。[①]这是因为,建文君臣根本就没有实行什么新政。

二、建文君臣并未实行新政

有的同志认为:"建文君臣所推行的是一套与洪武截然不同的政策,他们变更祖法实行新政的思想是极为明确的。""所以,可以说,建文与永乐之间的斗争,是革新与守旧之间的斗争,是争取实行开明政治的皇帝文人集团与保守的亲王军人集团之间的斗争。一方要保持和扩大自己的既得利益,反对改制;另一方则希望较多地参与政权,变更旧制,推行新政。这就是这场斗争的实质。"[②]我们认为,建文君臣实行比较宽松的政策是事实,但是,除削藩之外,其他的举措,不能说是"与洪武截然不同的政策",是"变更祖法实行新政"。从总体上来说,建文君臣并没有背离朱元璋宵衣旰食所要维护的极端君主专制政治体制。

所谓"齐泰等言:《皇明祖训》不会说话,只是用新法便"[③]。这是朱棣听北平左布政使张昺和燕府长史葛诚说的。这两人忠于朝廷,是朱棣的敌人,朱棣在誓师之前就把他们杀掉了。所以,对这种授敌人以柄的话,昺、诚二人是否说过,值得怀疑。退一步说,即使二人的确说过此话,从其背景看是在谈论削藩,并非泛指。如果任何与朱元璋不一致之处都叫变更祖法,建文君臣自然难辞其咎;不过,正如我们将

---

① 详见《奉天靖难记》。

② 毛佩琦:《永乐皇帝大传》,辽宁教育出版社 1994 年版,第 251 页。

③ 佚名:《奉天靖难记》卷 2。

要在下文提到的那样,建文君臣虽然有违"祖训",但并未实行新政。再说,祖制的问题比较复杂。一方面,"敬天法祖""率由旧章"之类的传统,是一股强大的精神力量,无论君臣上下都无法摆脱其束缚;另一方面,历史总是在发展,世事总是在变迁,因而不可能有一成不变的祖法要人们谨遵不逾;于是,不可避免地出现了另一种情况,或者是打着遵守祖制的幌子干着非祖制的事,或者是以"不遵祖制"作为政争的武器去攻击对方。①由此可见,要判定建文君臣是否有"对祖宗旧制的蔑视和实行变法的决心",不能只凭一两句话,主要看事实究竟如何才是。

所谓轻刑罚的问题。朱元璋是中国历史上罕见的滥用刑罚、动辄杀人的帝王。其实,朱元璋也深知治国不能只靠严刑峻法。洪武四年(1371年)二月,他对新任命的刑部尚书刘惟谦说:"仁义者养民之膏粱也,刑罚者惩恶之药石也。故为政者若舍仁义而专务刑罚,是以药石毒民,非善治之道也。"②《明史·刑法志》说:"太祖用重典以惩一时,而酌中制以垂后世,故猛烈之治,宽仁之诏相辅而行,未尝偏废也。"《廿二史札记·明祖晚年去严刑》条也说:"盖初以重典为整顿之术,继以忠厚立久远之规,固帝之深识远虑也。"洪武二十八年(1395年)六月,随着吏治的基本澄清,特别是两兴大狱,威胁皇权的势力基本被扫除之后,朱元璋公开向文武群臣宣告废除重刑。他说他"法外加刑,意在使人知所警惧,不敢轻易犯法。然此特权宜处置,顿挫奸顽,非守成之君所用常法。以后嗣君统理天下,止守《律》与《大诰》,并不许用黥刺剕劓阉割之刑。……臣下敢有奏用此刑者,文武群臣,即时劾奏,

---

① 详见郭厚安著《也谈明代的祖制问题》,载《西北师大学报》社会科学报1993年第5期。

② 《明太祖实录》卷61,洪武四年二月戊午。

处以重刑"①。

由此可见,朱元璋并非主张在任何时候、任何情况下都采用严刑峻法,特别不愿他的子孙法外用刑。在制定《大明律》时,"太孙(允炆)请更定五条,以上,太祖览而善之。太孙又请曰:'明刑所以弼教,凡与五伦相涉者,宜皆屈法以申请。'乃命改定七十三条。复谕之曰:'吾治乱世,刑不得不重,汝治平世,刑自当轻,所谓刑罚世轻世重也'"②。不过,这部以唐律为基础,经过近20年的不断修改,"所以斟酌损益之者,至纤至悉"的《大明律》,量刑仍然偏重。所以建文帝即位后又谕刑官:"《大明律》皇祖所钦定,命朕细阅,较前代往往加重,盖刑乱国之典,非百世通行之道也。朕前所改定,皇祖已命施行。然罪可矜疑者,尚不止此。夫律设大法,礼顺人情,齐民以刑,不若以礼。其谕天下有司,务崇礼教,赦疑狱,称朕嘉与万方之意。"③应该说,建文帝的这一思想是符合朱元璋意图的,或者说是朱元璋晚年主张去严刑的继续和发展。

关于减轻赋税的问题。建文帝的宽政也包含减轻人民的负担内容,这自然应该肯定。不过,不应忽略的是,减轻赋税并非建文朝独有之事。"轻徭薄赋"是朱元璋恢复和发展生产的重要措施之一,洪武时期减赋的命令可说是史不绝书的。建文之后的永乐、宣德以至于崇祯,没有一朝不减赋的。我们认为,建文的减赋并没有什么特殊之处。

至于江浙的田赋,的确很重;但由来已久,原因也是多方面的。顾炎武说:"吴在晋、唐时为乐土,当宋则已赋重。"④"自唐天宝之后,江

①《明太祖实录》卷239,洪武二十八年六月己丑。
②《明史》卷93《刑法志一》。
③《明史》卷93《刑法志一》。
④〔清〕顾炎武:《天下郡国利病书》原编第5册《苏下》。

淮租庸,已称繁重,固有民力竭矣之叹。今考宋世,苏州之税,凡三十余万,迨元乃增至八十余万"①。所以,不能把江浙的重赋完全归咎于朱元璋。正如杨芳所指出的:"谓太祖忿东吴久抗王师而重其赋者",乃是"相传之妄"。又说:"太祖止科抄没之田,原未概加三吴之赋";"岂有以一士诚之故而并罪其民乎?"②

江浙赋重所带来的人民生活困苦以至逃亡的严重后果,很快就暴露出来了。对此,朱元璋采取的措施大体可分为三个方面:1.减免税粮。洪武三年(1370年)五月,"户部奏:'苏州逋税三十万余,请论守臣罪'。上曰:'……今积二年不偿,民困可知。若逮其官,必责之于民,民畏刑罚,必倾资以输官,如是而欲其生,遂不可得矣,其并所逋免之'"③。四年,免两浙秋粮及没官田租。七年五月,"以苏、松、嘉、湖四府近年所籍之田,租税太重,特令户部计其数,如亩税七斗五升者除其半,以苏民力"④。十三年(1386年)三月,以苏、松、嘉、湖四府民困于重租,命户部悉减重租额粮。"于是旧额田亩科七斗五升至四斗四升者,减十之二;四斗三升至三斗六升者,俱止征三斗五升;以下仍旧"⑤。2.折纳以便民,且不泥时值。例如:洪武三年命松江输布30万匹代纳秋粮。六年九月,命直隶府州及浙江、江西二省以布代输今年秋粮。十七年七月,命苏、松、嘉、湖四府以黄金代输今年田租。3.移民。例如:洪武三年六月,命中书省移苏、松、嘉、杭"五郡民无田者往

①〔清〕顾炎武:《天下郡国利病书·苏松》。
②〔清〕顾炎武:《天下郡国利病书·苏上》。
③〔明〕祝允明:《野记一》卷1。
④《明太祖洪武实录》卷89,洪武七年五月癸巳。
⑤《明太祖洪武实录》卷130,洪武十三年三月壬辰;《明史》卷78《食货志二》。

临濠耕种,就以所种田为己业,官给牛种舟粮以资遣之,仍三年不征其税。"于是徙者四千余户①。二十二年(1389年)四月,命杭、湖、温、台、苏、松诸郡民无田者往滁、和等处就耕,官给钞户三十锭,使备农具,免其服役三年②。

由此可见,建文帝命减苏、松、嘉、湖诸府田赋,每亩不得过一斗,③固然是"德政",但并非与朱元璋的政策截然相反,而只能说是朱元璋"阜民之财而息民之力"政策的继续。

关于更改官制问题。朱元璋建立高度君主专制集权的政治体制时,其关键措施一是废除无所不统的行中书省而代之以地方三司,使其权力分散而听命于中央。一是改大都督府为五军都督府,使军权分散。一是废中书,罢丞相,将权力完全集中到皇帝手中。建文君臣更改官制的时间拉得很长,反复也较多。基本情况《罪惟录》卷27《职官志》以及《弇山堂别集》卷12《皇明异典述七》都有记载,这里就不赘述了。总的说来,建文更改官制,并没有破坏朱元璋建立的极端君主专制的政治体制。其实,根据实际情况,对原有的官制作必要的更改,也未尝不可。但是,如果要一切比照《周官》,那就大可不必了。朱棣曾就建文更改官制一事说:"如切系军民利害者,可因时损益,既于军民利害无所关涉,何用更改?"④遗憾的是,建文朝的更改官制多属无关军民利害者,因而也最为人所诟病。

是否设立过丞相,是建文朝更改官制的关键问题。黄溥说:"革除

①〔明〕王圻:《续文献通考》卷3《田赋考》。
②〔明〕王圻:《续文献通考》卷3《田赋考》。
③〔清〕夏燮:《明通鉴》卷12。
④《明太宗永乐实录》卷10上,洪武三十五年七月甲申。

年间又设(丞相)。其左丞相齐泰,右丞相黄子澄。"①王世贞驳斥了这一说法。他说:"按,齐以兵部尚书、黄以太常卿预机政,谋削诸王,当时何尝有左右丞相?靖难檄止称齐黄党恶,亦不言左右丞相也。"②在朱棣复李景隆的信中也说没有设立丞相。不过,他却换了一种说法:"将六部官增崇极品,掌天下军马钱粮,总揽庶务,虽不立一丞相,反有六丞相也。"③这完全是"欲加之罪"之词。本来,朱元璋废中书、罢丞相之后,就是要使五府、六部等衙门"分理天下庶务,彼此颉颃,不敢相压,事皆朝廷总之"的。升尚书为正一品,仍然是分理天下庶务,而不会总揽庶务,原来的格局丝毫没有改变,威福仍然操在天子手里。至于根据"阃外事一付泰"④一句话便推断齐泰有丞相之实,或是准丞相,这是不符合事实的。《明史·齐泰传》载:"(建文)即位,命与黄子澄同参国政。"泰虽为兵部尚书,兵事并未专擅。例如:削藩自周始,是黄子澄的主张,而齐泰是主张先削燕的。又如:遣还燕世子是黄子澄的意见,齐泰是主张扣押他们作为人质的。再如:耿炳文战败之后,子澄力荐李景隆代之,泰极言其不可任。结果一败涂地。既然在一系列重大问题上并未采用齐泰的谋划,怎能说"阃外事一付泰",而且是实际的丞相呢?

对于地方政权机构,建文曾革左右布政使,设布政使一人,堂上官各升一级。后来又增设中布政使,并复左右布政使。正二品。改提刑按察司为肃政按察司。可见洪武时期地方三司鼎立的格局并未改变。

关于重文轻武的问题。重文轻武或者重武轻文,总是根据客观形

①〔明〕黄溥:《闲中今古录摘抄》卷1。

②〔明〕王世贞:《弇山堂别集》卷22《史乘考误》。

③佚名:《奉天靖难记》卷2。

④〔清〕查继佐:《罪惟录》卷25《庸误诸臣传·齐泰》。

势来决定的,本身并不存在孰优孰劣的问题。从总体上来看,朱元璋并非重武轻文,朱允炆也没有重文轻武,让我们看看事实就清楚了。

朱元璋在建国前要消灭群雄,推翻元朝统治,夺取江山,当然要重用武人,好让他们去冲锋陷阵,斩将搴旗。不过就在此时,朱元璋也并不是完全信任武臣的。大明帝国建立之后,武臣的作用不如从前了,而诸勋臣亦多恃功骄恣,朱元璋对他们的怀疑猜忌更是与日俱增。他不断告诫功臣"不可忘艰难之时";要"事君有道,持身有礼,谦让不伐"①。洪武二十六年(1393 年),又编辑成《稽制录》,"颁功臣之家,俾遵行之"②。他暗示汤和等人交出兵权,甚至两兴大狱,将功臣一网打尽。如果在元勋宿将诛除殆尽之后,仍然认为朱元璋在重武,或者说武人的地位和特权并未受到影响,是无法令人信服的。看看《明史·功臣世表》就知道了,凡是被诛除的公侯,统统除爵。此时,他们哪里还有什么地位和特权?

至于说朱元璋轻文,在他争夺天下以及建国之后,地主士大夫似乎没有起过多大的作用,这是与事实恰好相反、且带有若干偏见的说法。洪武三年大封功臣时,韩国公李善长位居第一,在大将军、魏国公徐达等人之上,很能说明文臣在朱元璋心目中的地位。"以游丐起事,目不知书"③的朱元璋,深知要夺取天下,只靠一些能征惯战的武夫是远远不够的,必须争取饱读圣经贤传,具有文韬武略、治国安民之才的地主士大夫的拥戴和支持不可。因此,在削平群雄和反元斗争中,朱元璋便"所至征召耆儒"。明王朝建立以后,朱元璋更是多次遣使求遗贤于四方,希望他们出来为治理天下出力。在朱元璋的竭力蒐求之

---

① 〔明〕余继登:《典故纪闻》卷 2。
② 〔明〕余继登:《典故纪闻》卷 5。
③ 〔清〕赵翼:《廿二史札记》卷 32《明祖文义》。

下,明初便出现了"山林岩穴,草茅穷居,无不获自居于上,由布衣而登大僚者不可胜数"①的盛况。朱允炆是否重文轻武?回答是否定的。相反,在列侯以下已经被朱元璋诛除殆尽的情况下,建文帝连并无帅才的耿炳文以及赵括式的李景隆都作为卫国干城而寄以重任,难道这不是重用?当这两个败军之将回朝以后,并未受到任何处分,因而其地位、利益并未受到损害或威胁。从现有材料中,我们很难举出建文损害或威胁了武臣权益的举措。如果以武臣纷纷投降,文臣纷纷效死来反证建文重文轻武,从而招致失败,未免使复杂的问题简单化了。根据《明太宗实录》《明史》《国榷》《奉天靖难记》等书的记载,在这场叔侄争夺皇位的战争中,拒不降附燕王朱棣的武人并不是少数。例如:与宋忠共守怀来的都指挥余瑱、彭聚、孙泰或殁于阵,或被执不屈死;其他被俘将校百余人,皆不肯降,被杀。真定之战中,耿炳文驻守雄县的 9000 人,全部战死,无一人投降。真定战后,遣散被俘者数万,愿留不去者不过 2000 人。在投降的武臣中,一部分是燕王的故旧,或者是他的旧部。另一部分则是在燕王朱棣胜局已定的情况下,为了保住自己的权益不愿做无谓的牺牲而放下武器的。武臣如此,文臣是否就十分忠于建文呢?事实并非如此。当时,大多数官僚是持观望态度的。战争初起时,北平布政司所属官吏大批逃亡了。南京城下之日,朝臣死节者有程本立、王艮、高巍等 15 人;其在任遁去者有兵部右侍郎徐垕、太常寺少卿高逊志等 463 人;其出城迎降者有后来成为名臣的杨荣、杨士奇、杨溥、夏原吉、蹇义等 20 余人。②所谓文臣纷纷效死之说,不免有点夸大。即使建文朝臣殉难者颇多,也并非重文轻武所致。谷应泰在分析其原因时,认为一是朱元璋的培育,"方高皇英武在上,

①《明史》卷 60《选举志一》。
②〔清〕谈迁:《国榷》卷 11。

其养育者率多直节,不事委蛇";二是朱棣以"刑威劫人","相激而使然"。朱棣"甫入清宫,即加罗织。始而募悬赏格,继且穷治党与。一士秉贞,则祖免并及;一人操厉,则里落为墟"①。我们认为,这个分析是比较符合实际的。其实就连朱棣也知道,建文朝臣皆其父朱元璋"数十年作养人材,岂二三载所造就"②。

本来具有优势的建文朝,由于"人谋不臧"而导致败亡。对此应负主要责任的,除建文帝外,就是齐泰、黄子澄、方孝孺等人。建文帝生长于深宫,不谙世事。他深受儒家思想的熏陶,具有宽仁的品格和"仁政"的理想。但毫无政治才干,不能知人善任,也缺乏军事指挥能力,他的宽仁、他的"仁政"理想,博得了许多地主士大夫的赞誉;在他失国之后,又变成了无限的悼惜以及借表彰忠义来折射对他的颂扬。其实,他的宽仁已经流于柔懦,致使该杀的不杀,该惩罚的不惩罚,因而政纪军纪松弛,优势转成劣势,终致败亡。至于他的"仁政"理想,并无十分突出之处,而且其中还不乏空泛和复旧的内容。

齐泰、黄子澄均非一流人才。"两人本书生,兵事非所长"③。他们在对燕战争中,不能运筹帷幄,只知增兵,不知择将,愈到后来,愈显出他们的无能。

至于方孝孺,与建文帝一样,决不是政治家,更不是"天真的政治家"。应该说,他只能是服膺程、朱,具有儒家仁政思想的道学家。他与建文帝一道,仿照《周官》更改官制,更改官名、殿名、宫名、门名,在朱棣即将兵临城下之际还乐此不疲。他的仁政思想,主要就是打算推行井田制,使耕者有其田。这只能是空想。因为这种农村公社的公有土

①〔清〕谷应泰:《明史纪事本末》卷18《壬午殉难》。
②佚名:《奉天靖难记》卷4。
③《明史》卷141《黄子澄传》。

地制度,在西周之后,早就成了历史的陈迹。综观方孝孺所为,是地地道道的复古而决非革新。作为建文忠臣,视死如归,应该肯定。作为具有仁政胸怀的道学家,也可以肯定。但是,他只能是迂阔而不切实际的一介书生,"读书种子"。

综上所述,建文君臣并未实行与朱元璋截然相反的什么新政。所谓"靖难之役"乃革新与守旧之争的说法是没有根据的。

三、朱棣并非一切遵守祖制

朱棣在夺取帝位以后,一再信誓旦旦地要谨遵"祖训"行事。其实这全是言不由衷的政治伎俩。事实是他既不完全遵守"祖制",也不守旧,更不维护藩王、武臣集团的什么既得利益。他只维护自己至高无上的皇权,只根据实际需要行事。

削藩是"靖难之役"爆发的根本原因。朱棣以削藩违背了"祖训",举兵反叛。但当他夺得帝位之后,却继续去完成建文帝未竟之业,因为削藩是巩固极端君主专制所必需的。自然,富于政治斗争经验的朱棣,在削夺诸王权力时,表面上总是高唱着"亲亲之谊"的调子,尽量不使矛盾激化。根据记载,经过朱棣一番移徙、除爵、削护卫之后,诸王的力量大大地削弱了,他们不能与王国所在的一镇之兵力抗衡,更不能对抗王师。宣德以后,对诸王不断削弱,使之成了名副其实的蠹虫。

朱元璋严禁宦官预政典兵,尽管后来他并未完全实行,但终洪武之世,宦官一直被牢牢地束缚住,不敢稍有放肆。建文帝对宦官控制更严,因而彼等便另觅新主子,向朱棣输诚,告以京师虚实,致使朱棣长驱直入,攻下南京,夺得帝位。为了赏功,同时也为了镇压反对派,朱棣公开地放手让宦官预政典兵。王世贞在《弇山堂别集》中说:永乐元年九月,遣内官李兴等出使暹罗国,此内臣奉使外国之始。三年

（1405年）三月，命太监郑和率兵二万七千人，行赏古里、满剌诸国。此内臣将兵之始。八年（1410年），都督谭青等营有内官王安等，此内臣监军之始。同年，敕内官马靖往甘肃巡视，此内臣出镇之始。特别是十八年（1420年）设立东厂，使宦官刺事，自此直至明亡，这种公开的特务恐怖统治，愈演愈烈，给正直的官僚和老百姓带来了无穷的灾难。

所谓藩王、武臣集团全是子虚乌有之事。朱棣篡位之后，并不维护藩王的利益，已如前述。对于武臣，他也并不厚爱。虽然没有像对待某些文臣那样公开而残酷地杀戮，但对某些武臣并不宽容，如李景隆、耿炳文、平安、盛庸、梅殷等都以各种手段被诛除。一直跟随朱棣的武臣，除张玉、朱能外，多系平庸之辈。他们既无卓越的军事才能，又无赫赫战功，"以视开国诸臣，亦曷可同年而语乎？"①朱棣从心底里瞧不起他们②，不过把他们当成走卒而已，说不上重用。

朱棣也并不轻文。鼓动他起兵反叛，并为其出谋划策，在"靖难之役"中建立殊勋的是文臣姚广孝。朱棣攻下南京，迎降的颇多名臣，都得到格外器重。除少数至死不屈者外，就全国范围而言，绝大多数都归附了新朝。因为这不是异姓之间的战争，而是同室操戈。谁在皇帝宝座上就听谁的，无可厚非。正如有的官员所说："两朝（按指建文、永乐）天下，皆太祖高皇帝所经营之天下，两朝臣子，皆太祖高皇帝所培植之人物也。"③既然如此，所以朱棣在诛杀了少数反对派之后，便对建文朝臣基本上接收过来为己所用，因为这是朱元璋留给子孙的人才资源。

朱元璋对待周边国家和地区的态度是：对蒙古要经常防备，选将

---

①《明史》卷105《功臣世表一》。
②《明史·邱福传》载，永乐七年，福在北征中败殁，且全军皆覆。"帝震怒，以诸将无足任者"。可见武臣在朱棣心目中的地位。
③〔明〕宋端仪：《立斋闲录》卷2《重修王撰修墓记》。

练兵,整饬边防,敌人来犯则将其击退,但不可穷兵黩武。对朝鲜、日本、安南等国,只要彼不扰边,则不兴兵轻犯。他告诫后嗣说:"吾恐后世子孙,倚中国富强,贪一时战功,无故兴兵,致伤人命,切记不可。"①再三表白要谨遵旧章的朱棣,在这个问题上又表现得如何呢?

本来,自辽东以西至宣、大数千里之间,卫所关隘烽墩声势相联。可永乐年间,徙宁王于江西南昌,改北平行都司为大宁都司,徙之保定。以大宁地界兀良哈三卫。调营州五屯卫于顺义、蓟州、香河、三河。于是辽东与宣、大声势阻绝。又先后撤东胜、开平卫。辽东至宣、大之间,可谓藩篱尽撤,北京成了前沿阵地。为了弥补边防后撤的缺陷,朱棣一方面迁都北京,就近镇御,另一方面不断出击,劳师远征,直至死于第五次亲征途中才罢。

永乐初,安南陈氏、黎氏因争夺王位而互相残杀,陈氏来朝请求援助,好大喜功的朱棣卷入了这场战争。经过艰苦的战斗,永乐五年(1407 年)五月,战争结束,以耆老言"陈氏为黎贼杀尽,无可继者。安南本中国地,乞仍入职方,同内郡。"六月,"诏告天下,改安南为交址,设三司"②。从此兵连祸结,明朝将士牺牲者千千万万,军费支出浩大,人民负担剧增。明王朝背上了沉重的包袱。直到宣德三年(1428 年)十月,在又一次损兵折将,战事实在不能再继续的情况下,才决心放弃交址,封陈高为王,永奉职贡。

由上所述,可见朱棣并未尽遵成宪,也不守旧。既然如此,何谈"靖难之役"乃守旧与革新之争!

(原载《西北师大学报(社会科学版)》1997 年第 3 期)

----

① 〔明〕朱元璋:《皇明祖训·祖训首章》。
②《明史》卷 322《安南传》。

"靖难之役"及其对明代专制主义
中央集权的影响

明惠帝建文元年（1399 年）七月，朱元璋的儿子燕王朱棣，以"新天子即位，朝无正臣，内有奸恶，则亲王训兵待命，天子密诏入诛之"的所谓"祖训"为借口，举兵反叛。一场统治阶级内部争夺皇位的战争进行了整整三年。建文四年六月，燕王进入南京，登上皇帝宝座，建文帝"逊国"出亡。这就是历史上所谓的"靖难之役"。

在漫长的中国封建社会里，统治阶级内部围绕着皇权而展开的斗争真是层出不穷，史不绝书。"靖难之役"就是这种统治阶级内部为争夺皇位而进行的千百次斗争中的一次。这次事件在明代历史上是十分重要的，对明王朝以后二百多年的统治有着至深且巨的影响。

朱元璋在建立了大明帝国以后，认真地总结了历史的经验教训。对于汉唐时期的女宠、外戚、宦官、藩镇之祸，"深用为戒"，因而控制特别严格。规定"皇后之尊，止得治宫中嫔妇之事，即宫门之外，毫发事不预焉"①。由于如此，所以终明之世，"宫壸肃清"，没有出现过女后临朝称制以及外戚擅权之事。此外，按照朱元璋的规定，宦官只能洒扫侍奉，不准预政典兵，否则即行斩首，这个禁令在朱棣夺取帝位以前，一直没有解除。至于藩镇跋扈的问题，在极端君主专制下，更是不

---

① 《明太祖洪武实录》卷 52，洪武三年五月乙未。

可能出现。总之，由于朱元璋的苦心经营，皇帝真正成了"代天理物，威柄自操"的最高独裁者。像汉唐时期那样威胁皇权的种种因素都消除了。

然而，他在集权的过程中却为自己的帝国留下了一个严重的隐患，这就是大封诸子为王。

明初，元朝的残余势力还相当强大，"引弓之士不下百万众也，归附之部落不下数千里也，资装铠仗尚赖而用也，驼马牛羊尚全而有也"①，这对新建立的明王朝，是一个严重的威胁。为了巩固自己的统治，朱元璋除了在边防上部署重兵以外，还多次派遣大将军率兵出征。但是，诸将久握兵权是朱元璋所切忌的。因此他便大封诸子为王，使他们星罗棋布地驻在全国各地的军事重镇。这样，既削弱了诸将的兵权，又加强了对全国人民的统治。

虽然明代的封藩与以往不尽相同，"列爵而不临民，分藩而不锡土"。但是，诸王的政治地位却很尊崇，"冕服、车旗、邸第下天子一等。公侯大臣伏而拜谒，无敢钧礼"。特别是他们还拥有军权。每个藩王的护卫甲士少者三千人，多者至万九千人。塞上诸王的护卫甲士不在此限，他们的军权更重。史载洪武二十四年，"帝念边防甚，且欲诸子习兵事。诸王封并塞居者，皆预军务而燕晋二王尤被重寄，数命将兵出塞及筑城屯田，大将宋国公冯胜，颍国公傅友德皆受节制。又诏二王，军中事大者方以闻。②

朱元璋既然对诸王寄予如此重任，因而诸王的权势便不能不迅速地膨胀起来，真正形成尾大不掉之势，严重地威胁着皇权的稳固。在这方面存在的隐患，许多人都是十分清楚的。早在洪武九年，训导

①〔清〕谷应泰：《明史纪事本末》卷10《故元遗兵》。
②《明史》卷116《晋王棡传》。

叶伯巨在应诏陈言时，就曾极论分封太侈之害。他指出："今裂土分封，盖惩宋元孤立，宗室不竞之弊。而秦、晋、燕、齐、梁、楚、吴、蜀诸国，无不连邑数十，城郭宫室亚于天子之都，优之以甲兵卫士之盛。臣恐数世之后，尾大不掉，然后削其地而夺之权，则必生觖望；甚者缘间而起，防之无及矣"。①疏上，朱元璋大怒，加以离间骨肉的罪名，立即将其投入诏狱。从此再没有人敢谈这方面的问题了。其实，朱元璋又何尝没有意识到诸王力量的强大，很难避免自相残杀的悲剧。所以，他一方面命儒臣"采摭汉唐以来藩王善恶可为劝戒者"编为《昭鉴录》，颁赐诸王，使其按封建礼法行事。另一方面又特别强调："王府置护卫，又设都司，正为彼此防闲。都司乃朝廷方面，奉敕调兵，不启王知，不得辄行；有王令旨而无朝命，亦不许擅发。如有密旨，不令王知，亦须详审覆奏而行。此国家体统如此。"②但是，皇位的诱惑力实在太大了，这种软弱无力的措施，怎能阻遏强悍的藩王觊觎帝位的野心？

朱元璋一死，围绕着皇位而展开的斗争立即激化。当时，一则诸王尽是建文帝的叔父，他们根本不把新天子放在眼里，而建文帝也不能像朱元璋那样对诸王实行强有力的控制；这就助长了诸王的专横跋扈，甚至"问鼎中原"的野心。再则建文帝要想巩固自己的权力，又必然要削藩，决不能"养痈贻患"。所以，他们之间的矛盾是无法调和的，必然爆发一场公开的生死搏斗。

"靖难之役"初起时，燕王朱棣与建文帝朱允炆的力量比较起来是相当悬殊的。就他们所处的地位来说，朱棣为臣，允炆是君，朱棣举兵，就是叛逆，允炆完全可以堂堂正正地进行讨伐。从朱棣提出的"清君侧"，恢复祖宗法度的口号来看，也并不比允炆指斥朱棣"称兵构

①《明史》卷 139《叶伯巨传》
②《明太祖洪武实录》卷 221，洪武二十五年九月戊申。

乱,图危宗社,获罪天地祖宗,义不容赦"的罪状具有号召力;何况朱棣对建文帝的责难多系强词夺理,稍有头脑的人都很难受骗。①再说"靖难之役"不是什么革命,而仅仅是一场统治阶级内部抢夺皇位的斗争,并不存在建文朝的统治发生危机而被燕王利用的问题;相反,削藩在当时来说是历史提出的要求,如果再联系到后来众多的同情投到建文帝身上的情况来看,削藩是无可非议的,起码是得"官心"的。所有这些,按理说应该建文帝获得胜利才是,然而结果却恰恰相反。于是,不少封建史家感到迷惘了,他们只好把这说成是"天意"如此。

其实绝不是什么"天意"。建文帝的失败,完全是人谋不臧造成的。换言之是个人的因素起了不小的作用。列宁曾经指出:"历史必然性的思想也丝毫不损害个人在历史上的作用,因为全部历史正是由那些无疑是活动家的个人的行动构成的。"②普列汉诺夫在其著名的《论个人在历史上的作用》的小册子中,对历史运动的规律性与个人在历史上的作用问题,同样作过详尽的阐述。他指出:"如果说某些主观主义者因力求拼命抬高'个人'在历史上的作用而不肯承认人类历史运动是规律性的过程,那么现代某些反对主观主义者的人却就因力求拼命强调这种运动的规律性而显然决意要把历史是由人所创造,因此个人底活动在历史上不能不发生作用这一原理置之脑后了。"(着重点为原文所有。下同)他在列举了一些生动的、个人的作用对历史事件发生巨大影响的例证(如七年战争中,腓特烈第二只是因

---

①参看王崇武先生所著《明靖难史事考证稿》第二章《明代官书所记之靖难事变》。

②[苏]列宁:《什么是"人民之友"以及他们如何攻击社会民主主义者?》,《列宁选集》第 1 卷,人民出版社 1972 年版,第 26 页。

为布图林优柔寡断才得逃出窘境)以后说:"可见,国家的命运有时候还会由一些可说是次等偶然现象的偶然现象来决定哩。"我们之所以不厌其烦地援引上述一些论断,目的在于强调"靖难之役"的结局,不能归之于宿命论(无论是"上帝的旨意"还是历史的"无为主义")而应充分注意个人的历史作用。否则就很难说明建文帝为什么会以优势而失败,削藩为什么会推迟,历史的发展为什么会走着曲折的"之"字道路。

那么,让我们首先看看建文帝的情况吧。《明史·恭闵帝纪》说他"颖慧好学,性至孝"。《明史纪事本末》说他"性聪颖善读书,然仁柔少断"。《国榷》说他"性慈慧,幼即孝友,好诗书及古典礼文章"。应该说,他的致命弱点乃在于"仁柔""孝友",始终囿于尊尊亲亲之义而无法解脱。虽然王崇武先生在《明靖难史事考证稿》中,详尽地论证"不杀叔父诏"①之为无据,但我们认为,"仁柔""孝友",尊尊亲亲的思想意识,不能不对建文帝产生困扰。因为一方面,在封建社会里,这种思想对天子以至于庶人都是一种很难挣脱的精神枷锁;另一方面,从当时的客观形势而言,周、齐、湘、代、岷诸王的反形并未十分暴露,却遭到了削夺,特别是湘王柏自焚死,给建文帝的舆论压力更大,因而使他感到削夺诸藩违背了封建伦常道德,不免内疚。正如他自己所说:"朕即位未久,连黜诸王,若又削燕,何以自解于天下?"②这种思想,这种心理状态是完全可以理解的,正因为建文帝有较为浓厚的尊尊亲亲思想,所以在削夺燕王时,表现出相当大的犹豫不定。特别是当战事

①史载建文帝在发布文告对燕王大张挞伐的同时,又诫谕北征将士说:"昔萧锋入京,令其下曰:'一门之内称兵,甚不祥也'。今将士务体此意,毋使朕负杀叔父名。"

②《明史》卷141《黄子澄传》。

不利时,他总是企图按照亲亲之谊来解决他和燕王之间的矛盾,化干戈为玉帛。而燕王在几次上书中也总是用这种思想来动摇建文帝削藩的决心,离间他与其谋臣的关系。这样就使得建文帝在某些问题上进退失据,举措乖张,影响了战争的结局。

此外,建文帝生长深宫,年纪也轻,缺乏丰富的政治斗争经验,也缺乏指挥战争的才干;特别是不能知人善任,赏罚也不严明,更是他失败的重要原因。这里我们只需举出他对李景隆的任用就足够说明问题了。景隆本是一个不知兵的膏粱竖子,"寡谋而骄,色厉而馁";不仅是赵括式的人物,而且"观望怀二心","奸懦专阃"。可是他却"以肺腑见亲任"。当其将兵北伐时,"赐通天犀带,帝亲为推轮,饯之江浒,令一切便宜行事"。给他的荣宠和权力是很大的。然而这个未尝习兵见阵的贵公子却屡吃败仗。按理是应该撤职查办的,可是相反,"帝虑景隆权尚轻,遣中官赍玺书,赐黄弓矢,专征伐",进一步加大他的权力。以为李景隆只要挥舞权力的魔杖,就可以招来胜利。但结果仍然是事与愿违。白沟河一战,"复大败。玺书斧钺皆委弃"。"王师死者数十万人,南军遂不支"。只是到了此时,"帝始召景隆还"。然而却并没有给予任何处分。尽管力荐李景隆的黄子澄也痛感惭愤、误国,因而"执景隆于朝班,请诛之以谢天下",燕师渡江以后,方孝孺"复请诛景隆";但是,"帝皆不问"①。赏罚不明到了如此程度,自然难免将士离心,上下解体。

让我们再看看建文帝所倚重的文武大臣的情况吧。总的说来,由于朱元璋的大肆诛杀,因而当他去世时,给建文帝留下的遗产中最为匮乏的就是人才。正所谓"元功宿将相继尽矣","太祖功臣,存者甚

①《明史》卷126《李文忠传》。

少"。因此,建文帝只能依靠齐泰、黄子澄、方孝孺等一般文臣,以及耿炳文、李景隆、盛庸、平安等武将。而所有这些人,其才都不足以经世济民、安邦定国,都不能承担当时那种十分艰巨的任务。

齐泰和黄子澄都是书生,"兵事非其所长"。要靠他们来运筹帷幄、决胜千里是不可能的。至于方孝孺,可算是食古不化、近乎迂腐的书呆子。他昧于大势,而将主要精力用于改革典章制度。《明史·齐泰黄子澄方孝孺等传赞》说他们"抱谋国之忠而乏制胜之策"。《国榷》卷11引朱鹭的话说:"大抵齐、黄计躁于削国而虑不能远,正学志迂于法古而目不见近。"这些评价基本上是正确的。建文帝的失败,齐泰、黄子澄、方孝孺等是负有一定责任的。

耿炳文是洪武末年幸存的功臣。他在朱元璋争夺天下的过程中,曾经立下汗马功劳;然而,他只是"长于战",从来没有作过指挥几十万大军的大将军。更重要的是他对削藩以及因此而使新贵们骤进,思想上是抵触的、反对的。他在兵败被代还朝后,曾给建文帝上书说:"燕王与上皇父为同母弟,陛下之嫡叔父,其性尚未离骨,陛下何至解支体而散肝胆于他人?不如诚信亲迎,使受顾命,授以国政,而陛下燕恭坐理,亲臣夹辅,勋业凑翼,可保燕王之无敢有他志也。不然,新进用谋,骤而握兵握权,敢当国家之重任。诸王皆太祖之亲子,臣辈皆太祖之亲臣,彼不屠食而空不已也。陛下何至以太祖之天下为屠肆,而以太祖之子孙、太祖之旧臣为犬豕乎?"[1]在这里,耿炳文明白无误地把自己摆在燕王一边而站在建文帝及其亲信齐泰、黄子澄、方孝孺等的对立面。试问,像这样的统帅,怎能克敌制胜?!李景隆的情况已如前述。至于盛庸、平安之流,的确骁勇,"屡挫燕师,斩其骁将,厥功甚

---

①〔清〕谈迁:《国榷》卷11。

伟"。然而,他们同样不是帅才;也没有一个好的统帅使他们的才能得以充分发挥。

上述"君优柔而弗断","臣躁愎而寡谋"的情况,必然导致"纪纲不立","兵兴前后,其失著不可胜言"的局面。这里我们只着重谈谈以下几个问题①。

首先是轻敌。当开始议论削藩时,黄子澄就认为:"诸王虽有三护卫,仅足自固。万一有变,以六师临之,其谁能支?汉七国非不强,卒底灭亡,小大强弱之势不同,而顺逆之理异也。"②后来,执周王、废岷王、幽代王、囚齐王、迫湘王自焚死,像风吹草偃一样。这就更加助长了轻敌思想的发展。以为只要把北平围困起来,然后一纸诏书就可以迫使燕王就范。对握重兵,有大志的燕王采取这种办法,实在是太天真了。建文元年四月,户部侍郎郭任曾经指出:"今储财粟以备军实,本谁为者?而北讨周,南讨湘,舍其本而末是图。旷日既久,锐气竭而姑息从之,所谓强弩之末不能穿鲁缟也,将自困耳,愿陛下熟计而早断焉。"③然而类似这样的一些正确意见,并没有引起建文帝的重视而加以采纳。直到建文元年七月燕王起兵反叛后,才被迫起而应战。但有利的时机已经失去。此时的燕王则通过"练兵蓄威,从容为备",羽翼更加丰满,实力更加强大,成为更难对付的势力了。更为严重的是,当燕兵已起,形势十分紧张的时候,建文帝仍然以为"北兵不足忧",没有把

---

①王崇武先生在其所著《明靖难史事考证稿》第四章《靖难战役之推测》一节中,对燕王运用巧妙的战略战术步步取胜的问题,作了较为详尽的论述。燕王的胜著,反过来就是建文帝的失著。因此,王先生已经谈过了的问题,我们就不再赘述了。

②〔清〕谈迁:《国榷》卷11。

③〔清〕谈迁:《国榷》卷11。

主要力量放在与自己生死存亡密切相关的对燕斗争上，而是与同自己一样具有嗜古癖好的方孝孺一起，"锐意文治"，天天讨论周官法度。"四年之间，今日省州，明日省县；今日并卫，明日并所；今日更官制，明日更勋阶；宫门殿门，名题日新"。①这种"注思讲学，恬武兢文，缙绅亲而介胄疏"的做法，完全忽视了武功，忽视了武将争效死力对战胜敌人、维持和巩固自己统治的重要性。其结果，还在建文二年三月，即战争爆发不久，便出现了这样的情况："武臣率怀移贰，叛附接踵。其临阵生心，甘为虏缚者，多至千人，皆身为将帅而都督指挥者也。"但这并没有促使建文帝及其亲信臣僚改弦更张，也没有使他们的麻痹轻敌思想稍稍克服。建文三年十一月，当战争形势即将发生根本转变的时刻，建文君臣仍然陶醉在"小大强弱之势不同，而顺逆之理异也"的迷梦之中，以为"燕出没劳苦，军少不足虑"，以为只要"多发兵，荡平在旬月间耳"。这种极其有害的麻痹轻敌思想，盲目乐观的情绪，终于导致了建文朝的彻底崩溃。

其次是没有全力攻占北平。北平是燕王的根据地，又是军事重镇。攻占北平，不仅在政治上会给燕王以沉重的打击，大大削弱燕军的斗志，并促使其瓦解；同时在军事上还将使燕王进退失据，腹背受敌，从而遭到围歼。事实证明，只要南军进攻北平，就会使燕王受到极大的威胁，不得不回师救援。例如建文三年七月，当燕王正集中兵力于彰德（今河南安阳市）、林县一带，并准备南下时，平安"度北平空虚，帅万骑宜走北平。至平村，去城五十里而军"。燕王对此感到十分恐惧，马上派遣刘江等驰还救援。后平安因战不利，退至真定。此时，房昭又引兵入紫荆关，进据易州水西寨，集兵粮，准备进攻北平，燕人

①〔清〕谷应泰：《明史纪事本末》卷16《燕王起兵》；〔清〕谈迁：《国榷》卷11。

又立即还师援保定①。可惜的是,建文帝及其文武大臣们并没有把攻占北平一事提到战略的高度来对待,因而不能采取强有力的措施去夺取这一关系全局的要地。如济南解围以后,参军宋征曾给铁铉提出乘北平空虚,出奇兵以图之的建议。以为如此一来,敌将"腹背受敌,大难旦夕平尔"。铁铉虽然认为这个意见较好,但以"饷尽于德州,守卒久疲,南将多驽材,无可恃"等等原因而未加采纳。其他如房昭、平安、盛庸等人不能互相呼应,互相配合以捣北平,致使"成祖乃得以从容破敌,抚定根本";李景隆攻北平时,以忌瞿能功,阻其前进,致使功败垂成。这些都是缺乏战略眼光的表现。无怪乎高岱也发出这样的感慨:"虽天命之有在,岂非人谋之不臧乎!"

再其次,不了解保卫南京的重要性。建文三年七月,燕王围攻彰德,并拟招降守将都督赵清,"清谢曰:'殿下至京师,第片纸召,不敢不至。今守朝廷封疆,其敢弃君之命?'"②事实也正是这样,只要燕王进入南京,登上皇帝宝座,建文君臣所仗恃的什么"小大强弱之势""顺逆之理"就会立即颠倒过来,建文朝就会顷刻瓦解。史载燕兵渡江以后,"帝忧惧。或劝帝他幸,图兴复。孝孺力请守京城,以待援兵。即事不济,当死社稷。"③看来方孝孺是比较清楚的,离开了南京,建文帝就没有多大的号召力了。遗憾的是,他们没有早做周密的部署,使南京固若金汤,以致给了燕王以可乘之机。当燕王从宦官那里得知金陵空虚的消息以后,立即决定"临江一决,不复返顾",乘间疾进,逾城不攻,很快到达南京城下,又很顺利地进了城,结束了"靖难之役"。

---

①《明史》卷 144《平安传》
②〔清〕谈迁:《国榷》卷 11。
③《明史》卷 141《方孝孺传》。

明成祖即位以后,在许多方面一反建文帝所为,从而使朱元璋建立起来的极端君主专制又大大地向前推进了一步。

永乐初年,"以篡得天下"的明成祖遭到了不少建文旧臣的强烈反对。为了强使这些反对派臣服,朱棣采取了野蛮而疯狂的屠杀手段。例如:磔杀方孝孺以后,又"悉燔削方氏墓";诛了九族还嫌不够,又将其朋友、门生算作一族并诛;结果,"坐死者八百七十三人,谪戍绝徼死者不可胜计"。左佥都御史景清,"赤其族,籍其乡,转相扳染,谓之瓜蔓抄,村里为墟"①。"胡闰之狱,所籍数百家,号冤声彻天。两列御史皆掩泣。(陈)瑛亦色惨。谓人曰:'不以叛逆处此辈,则吾等为无名'。于是诸忠臣无遗种矣。"②有人认为这些记载失实,明成祖还是比较宽大的。关于这点,谈迁曾经指出:"革除之初,鹰鹯成风。或戍或诛,家凛户怵。旧臣宿士,恫疑沮丧,殆无穴自避。"③《明史·刑法志二》也说:"成祖起靖难之师,悉指忠臣为奸党,甚者加族诛、掘冢,妻女发浣衣局、教坊司,亲党谪戍者至隆万间犹勾伍不绝也。"可见明成祖的"恶名"不是强加给他的。

就是在这种任意杀戮的情况下,朱棣的皇位得到了巩固,皇权也得到了进一步的扩张。洪武时期,朱元璋以重刑绳臣下,"中外凛凛奉法,救过不给"。当时,不敢"批龙鳞而逆天怒"的情况就屡见不鲜。但是,毕竟还有钱唐、韩宜可、茹太素、李仕鲁、叶伯巨、郑士利、周敬心、王朴、解缙等一批有名的直言敢谏之士。到了永乐时期,经过朱棣的再一次摧折,抗直不屈的人简直如凤毛麟角,极其罕见了。相反,阿谀逢迎、持禄固宠的风气却逐渐滋长起来。这种情况,正是皇权极度高

①《明史纪事本末》卷18《壬午殉难》。
②《明史》卷308《陈瑛传》。
③〔清〕谈迁:《国榷》卷13。

涨、君臣之间的主奴关系牢固确立的病态反映。

在朱棣为巩固自己统治而采取的措施中，贻害最烈的莫过于重用宦官，使其干政。明成祖在夺取帝位时，得到了宦官很大的支持；"靖难之役"以后，建文帝下落不明，传说纷纭，致使朱棣积疑不可解；更重要的，不少勋旧大臣对朱棣的篡位竭力反对，因而不能不招致朱棣对他们的疑忌。所有这些，都有力地促使朱棣对宦官的宠幸。宦官除被派遣出使外，还被派遣采办、提督市舶、监军、巡视、镇守。永乐十八年又专门设立东厂这一特务机构，使珰校刺事，多治诏狱。①从此以后，锦衣卫和东厂（以及后来设立的西厂、内行厂）互相表里，狼狈为奸，使空前规模的公开的特务恐怖统治达到惊人的地步；而且有明一代，不稍衰歇。这就不能不给所谓的"清流"以及广大人民带来无穷的灾难。

宦官的干政以及公开的特务恐怖统治，是极端君主专制的必然产物，是皇权极度高涨的反映；同时，极端君主专制又借宦官干政和公开的特务恐怖统治而愈益强化。

建文帝没有完成的削藩的历史使命，终于由明成祖来完成了。以反对削藩而起兵的朱棣，当他一旦把皇位抢到手以后，便陆续采取徙封，罪废，削夺护卫甲士，重申"祖训"、严格限制诸王行动等等措施，大大削弱了诸王的势力，使之再也不能成为威胁皇权的力量。后来虽然发生过安化王和宁王的反叛，但都旋起旋灭，没有也不可能造成兵连祸结甚至皇位转移的结局。诸王"拥重兵，据要地，以为国家屏翰"的情况，已成历史的陈迹；他们过去那种尊崇的地位也已一落千丈，一去不复返了。正统十三年九月，英宗给礼部尚书胡濙等说："近闻内

————————

　　①东厂之始，不见史传，王世贞考据以为始于永乐十八年，而谈迁则系于七年十二月。

外官员有以事至王府者,多方需索,以致窘迫。自今使臣至者,止许待以酒馔,余物一毫勿与之。"①景泰六年三月,南京吏部验封司郎中孟钊言:"近年以来,王有畏惧势要,下堂执手相见(朝廷使臣)者,上下失仪,其乖大体,乞悉遵祖训。"②其所以出现上述情况,主要是诸王畏惧朝廷,唯恐得罪。而永乐以后的藩王也的确是很容易获罪的。如随意出城网鱼、游玩、选择坟地、送丧等等,都将以有违"祖训"而受到申斥。诸王简直像囚犯一样,困处一城,受到严密的监视。他们完全变成了腐朽的寄生的社会集团,"世世皆食岁禄",全靠人民的血汗养活。

削藩和迁都是密切相关的。"靖难之役"以后,包括沿边诸王在内的藩王都遭到了削夺,于是朱元璋巩固北方边防的格局被打破了。如果在北边派驻重兵,而将统兵大权交给一些将帅,皇帝远远地在南京指挥,则完全违背了"威柄自操"的极端君主专制集权的原则。如不派驻重兵,又难免造成北方边防的空虚;而在中国的历史上,中原立国的王朝除少数例外,其主要威胁总是来自北方,这是朱棣无论如何也不能掉以轻心的。因此,根据当时具体的历史条件,唯一可能的选择,就是把都城迁到北京去,皇帝亲临国防第一线,把指挥大权牢牢地掌握在自己的手中。这对巩固国防、巩固皇权,无疑都是十分重要的。

迁都北京以后,北京成为政治和军事中心;南京则成为经济中心,在政治上却仍然占有重要的地位。这两个中心都控制在皇帝手里。于是,比起洪武时期来,大明帝国的统治以及皇帝的权力都显得更加牢固了。关于两京并建对巩固明王朝统治的重要性,《国榷》曾转引丘濬的话说:"天下财赋,出于东南,而金陵为其会;戎马盛于西北,

---

①《明英宗正统实录》卷 170,正统十三年九月庚子。
②《明英宗正统实录》卷 251,景泰六年三月壬申。

而金台为其枢;并建两京,所以宅中图治,足食足兵,据形势之要,而为四方之极者矣。"

马克思主义告诉我们,国家机构总要适应统治阶级的需要;否则就应进行改革。朱元璋为了集权于一身,废除了权力很大的中书省丞相,国家庶政由府部院寺分理,最后由朱元璋裁决。权力虽然因此而集中了,但却出现了新的情况。洪武十七年九月,给事中张文辅言:"自九月十四日至二十一日,八日之间,内外诸司奏札凡一千六百六十,计三千三百九十一事。"①每天要批阅奏札二百份,处理事务四百件。如此繁重的政务,由皇帝一个人来承担,自然会存在不少问题。因此,必须建立一个既不影响皇帝集权,又能协助皇帝处理政务的机构。而这样的机构只是到了明成祖的时候才建立起来。洪武三十五年(即建文四年)八月,成祖刚即位,就特简解缙、胡广、杨荣等直文渊阁,参预机务。内阁制度开始建立起来。当时"入阁者皆编检讲读之官,不置官属,不得专制诸司,诸司奏事亦不得相关白",大学士的责任只是"献替可否,奉陈规诲,点检题奏,票拟批答,以平允庶政"。他们官止五品,朝班远在尚书侍郎下。所以内阁大学士比朱元璋时期的殿阁学士在参预机务方面是进了一步,然而与过去的丞相相较,仍不可同日而语。仁、宣以后,杨荣、杨士奇、杨溥当政,他们以保傅之尊兼内阁大学士,从此阁权日重。但是,"大学士委寄虽隆,而终明世秩止正五品。故其官仍以尚书为重,其署衔必曰某部尚书兼某殿阁大学士"。②景泰四年五月,巡按山东监察御史顾曈以六部官偏执己见为由,奏议"自今各部常事俱径行。若吏部推选内外重臣,法司发落矜疑重囚,户部整理边储,兵部选将用兵,俱令会同内阁大臣计议可否,具

①《明太祖洪武实录》卷 165,洪武十七年九月己未。
②以上所引,均见《明史·职官志一》。

奏行之"。他这个建议立即遭到各部的强烈反对。户部尚书金濂说："六部尚书分理庶务,具载诸司职掌";兵部尚书于谦等也说："国家重务俱用奏请处分,此祖宗成法。今曛要先与内阁大臣计议,然后奏请。臣等但知遵祖训、重君命,其他非所敢从"。最后,景泰帝以"天下事祖宗法已定,不可擅自更改",将顾曛的建议否定了。①这是一次内阁和六部的权力之争。结果,六部仍然实权在握。终明之世,从制度上来说,内阁和六部始终没有过从属关系。即是说,相权始终没有恢复。

建文帝统治四年,日与方孝孺等讨论如何改革典章制度,"锐意复古。"明成祖扭转了这一趋势,使朱元璋建立起来的极端君主专制集权继续得到发展。所以,对明王朝的统治来说,"靖难之役"是关键的事件,而朱棣是继朱元璋之后的一个关键性人物。

(原载《西北师院学报(社会科学版)》1982 年第 1 期)

---

① 《明英宗正统实录》卷 229,景泰四年五月丁卯。

略论仁宣时期中枢权力结构的变化

明代的内阁。自永乐初年创建以来，到仁宣时期便发展到了"阁职渐崇""阁权益重"的地步。但是，究竟"崇""重"到什么程度？是否已经突破了朱元璋擘画的不设丞相、由九卿分理天下庶务的格局？对此，到今仍是仁者见仁、智者见智，莫衷一是。这是关系到明代君主专制集权高度强化的政治体制问题，因而进行一番探讨是很有意义的。

一

朱元璋在建立了明王朝以后，为了确保这一来之不易的江山，认真地总结了历史上、特别是元朝兴衰成败的经验教训。他认为，元朝之所以灭亡，是由于"宽纵"，由于"主荒臣专，威福下移"。为了避免重蹈这一覆辙，他决心把国家权力统统掌握在自己手里。而要作到这一点，改变中枢的权力结构，即废除历时一千多年的丞相制度是关键性的一着。他说：自古三公论道，六卿分职，并不曾设立丞相。自秦始置丞相，而"设相之后，臣张君之威福，乱自秦起.宰相权重，指鹿为马。自秦以下，人人君天下者，皆不鉴秦设相之患，相从而命之，往往病及于国君者，其故在擅专威福"①于是，洪武十三年（1380 年），朱元璋终于借故杀掉胡惟庸，废除了丞相制度。后来，朱元璋在《皇明祖训》里

---

① 〔明〕黄佐：《南雍志》卷 10《训谟考下》。

谆谆告诫其子孙臣僚们说:"今我朝罢丞相,设五府、六部、都察院、通政司、大理寺等衙门,分理天下庶务,彼此颉颃,不敢相压,事皆朝廷总之,所以稳当。以后子孙做皇帝时,并不许立丞相;臣下敢有奏请设立者,即时劾奏,将犯人凌迟,全家处死。"由此可见,朱元璋在强化君主专制集权方面,态度是何等的坚定!

废中书、政归六部以后,虽然保证了皇帝大权独揽,但在实践中却不可避免地会出现如下问题:即使像朱元璋这样精明能干而又勤于政事的皇帝,要靠一个人来处理偌大一个国家的军政事务,既难得超人的精力,也无法保证万无一失:如系庸懦或荒怠的皇帝,则国家机器将无法正常运转。因此,一个既能参政议政而又不掌握实权的机构势必应运而生。于是我们看到,在洪武时期,先是置的辅官,"以协赞政事";后来又设置大学士,"侍左右,备顾问",而"帝方自操威柄,学士鲜所参决"[1]。朱棣即位以后,特简解缙、黄淮、胡广、杨荣、杨士奇、金幼孜、胡俨等同入直文渊阁,后来谓之内阁。朱棣虽然出于实际需要,付与大学士"参预机务"之权,但又不便明显地违背祖制。所以内阁只是"代言之司";入内阁者,皆系编修、检讨、侍讲、侍读之官,官止五品,而且"不置官属,不得专制诸司。诸司奏事,亦不得相关白"[2]。仁、宣时期,内阁的职权又有了进一步的发展。首先,仁宗朱高炽刚即位,便以杨荣、杨士奇等皆东宫四臣,分别任命他们为尚书、侍郎、卿并兼殿阁大学士,后又加师、保之衔。宣德时期,内阁大学都兼尚书。于是官阶升到了一、二品。其次,宣德初年设置了属于内阁的机构:制敕房和诰敕房;而中书舍人则成了内阁的属员。再次,授予内阁大学上"密封言事"之权。仁宗鼓励他们"凡政事有阙"或有拒谏之事,"用

---

①《明史》卷 72《职官志一》。
②《明史》卷 72《职官志一》。

此印,密疏以闻"。①第四就是历来为人们津津乐道的"票拟"权,自宣德年间开始,到正统初年便制度化了。"中外章奏,宰相均用小票墨书,贴名疏面以进,谓之条旨。"②《明史》作者正是根据上述情况,作出在仁、宣时期"阁职渐崇""阁权日重"的论断的。

我们认为,仁、宣时期的内阁大学士,其职权的确较永乐时期有了发展,除尚未形成首辅、次辅这一点而外,其他如"掌献替可否,奉陈规诲,点检题奏,票拟批答,以平允庶政"③等主要职能都已具备。这正是朱元璋废除丞相以后,由于实际需要而必然形成的。因为中枢不能不有一个机构来协助皇帝处理国务,"平允庶政"。然而,总的说来,内阁的职权,并未超越朱元璋所规划的不设丞相、政归六部、凡事皆由朝廷总之的格局。《明史·职官志序》所说大学士杨士奇等权势在吏部蹇义、户部夏原吉之上,中叶以后,首辅"遂赫然为真宰相,压制六卿"的一段话,并不确切。从历史记载来看,不用说仁、宣时期内阁大学士的权力有限,就是中叶以后,由于"相权"已归之寺人,所以除极少数特殊情况外,首辅没有,也不可能成为真宰相。让我们看看曾任首辅的刘健、叶向高是怎么说的吧。武宗初年,刘健在上疏中极陈民生困苦,府库空虚,吏治腐败之后说:"臣等叨居重地,徒拥虚衔。或旨从中出,略不预闻,或有所议拟,径行改易。似此之类,不能一一备举。臣等心知不可,义所当言,累有论列,多不见允。此为户兵等部议处盐法等事,具本上陈,极言利害。拱俟数日,未蒙批答。若似臣等言是,则宜俯赐施行,臣等言非,则亦明加斥责;而乃留中不报,视之若无,使臣等趋向不明,进退无据,深忧极虑,寝食弗宁。"在无权处理任何事

①《明仁宗洪熙实录》卷四,永乐二十二年九月壬午。
②〔清〕龙文彬《明会要》卷29《职官一》。
③《明史》卷72《职官志一》。

物的情况下,他只好乞求"退休"①。万历时叶向高说:"昔之宰相,事得专行,故不必于谋议。今之阁臣,虚冒相名,自票拟而外,毫无事权。苟中有所见,而默无一言,是并谋议而失之矣。"②又说:"自不肖受事以来,六曹之政,绝未尝有一语相闻。甚至上疏之后,揭帖亦无,直至发拟,然后知之。……尝谓今日人情,论事权,则共推阁臣于事外,惟恐有一毫之干涉,论利害则共扯阁臣于事中,惟恐有一毫之躲避。其难易若乐已大失其平矣。……不肖无聊之中,每思高皇帝罢中书,分置六部,是明以六部为相也。阁臣无相之实而虚被相之名,所以其害一于此。今惟遵高皇帝旧制,仍裁阁臣,而天下事仍责之六部。彼六部操柄在手,事有分属,犹可支持,其与阁臣张空拳、丛群责而徒愤闷以死也,不大相绝哉!"③

十分清楚,内阁大学士之所以没有实权,像过去的宰相那样"掌丞天子,助理万机","佐天子总百官,平庶政,事无不统",很重要的一点,就是按照规定,内阁与六部没有隶属关系,大学士兼尚书只是虚衔,不许实际掌管六部事务。正如有的记载所说:"自汉以来,六曹皆宰相之统属也。自明革中书省,析其事权归之六部,始得专达于天子,而内阁惟司票拟之职,与古制迥异矣。"④《明史·职官志序》所谓"权压六卿"的事,不仅在仁、宣时期不可能发生,就是在中叶以后也是很少有的。沈德符说:"内阁辅臣,主看详、票拟而已,若兼领铨选,则为真宰相,犯高帝厉禁矣。"⑤整个明代,辅臣兼掌吏部的只焦芳,王恕,高

①〔明〕陈子龙:《明经世文编》卷53,刘健《论初政纷更疏》。
②〔明〕陈子龙:《明经世文编》卷462,叶向高《条陈时务疏》。
③〔明〕陈子龙:《明经世文编》卷461,叶向高《与申瑶老第二书》。
④〔清〕纪昀:《历代职官表》卷2《内阁》。
⑤〔明〕沈德符:《万历野获编》卷7《内阁》。

拱等几人,而且时间都不长。朱元璋之所以要废除中书省丞相之职,就是要部院分理天下庶务,而由皇帝独操威。他的子孙们在强化专制政权这点上,是决不会背离祖宗法度而使六部隶属于内阁辅臣,或者说让内阁"权压六卿"的。景泰四年(1453年)五月,巡按山东监察御史顾曈以六部官偏执己见为由,奏请"自今各部常事俱径行。若吏部推选内外重臣,法司发落疑重囚,户部整理边储,兵部选将用兵,俱令会同内阁大臣计议可否,具奏行之"。这个建议的实质是要内阁凌驾于六部之上,大学士成为变相的宰相,自然要遭到各部的强烈反对。户部尚书金濂说:"六部尚书分理庶务,具载诸司职掌";兵部尚书于谦等也说:"国家重务俱用奏请处分,此祖宗成法。今要先与内阁大臣计议,然后奏请。臣等但知遵祖宪、重君命,其他非所敢从。"最后,景泰帝以"天下事祖宗法已定,不可擅自更改"①,否定了顾曈的建议。自然,阁臣为了参政的需要,六部的事可以与闻,也可以商量。但这决不是制度规定的隶属关系,作主的还是六部。万历时,御史张文熙上疏,提请防止阁臣专擅自恣。神宗命管文书官宋坤口传圣旨与内阁:"朕于天下事不得尽知,常要咨访内阁,若各项事体都不预闻,设内阁何用?张文熙说这许多闲话,先生们也不要介意。"大学士申时行就此辩解说:"国家纪纲法度,分掌于部院,而统归于朝廷,阁臣则参机务,备顾问者。若于诸司之事全不与闻,即皇上有问,臣等凭何奏对?即有票拟,臣等凭何参酌?此岂皇上委任责成之意哉!"又说"部臣各有职掌,督抚各官各有责任,原未尝事事取裁,事事请教。但阁臣以平章政事为职",故于用人、行事,部臣及督抚也与阁臣商量。他认为,就部臣、督抚而言,不为"阿承";就阁臣而言,不为"侵越"。②后来叶向高也说:

①《明英宗正统实录》卷229,景泰四年五月丁卯。

②〔明〕陈子龙:《明经世文编》卷380,申时行《辨御史张文熙条陈疏》。

"我朝革中书省,散其权于六卿,阁臣供票拟之役耳。凡百政事,非六部必不可行、不能行。即其大者如吏部之升除,兵部之兵马,法司之问断,阁臣行而参之否?今议者责臣等以推诿,望臣等以径行。臣等亦曾从条陈中间有拟允,而部中之沈阁如故,臣等不得而问也。不得已拟令科臣纠参,而科臣之不纠参如故,臣等不得而强也。"①既然中叶以后实权仍在六部手中,那么,去废中书,政归部不远的仁、宣时期,就更应如此。

参预机务,是内阁大学士的重要职责。不过,我们决不能因此就认为大学士拥有很大的实权。朱元璋废除丞相以后,以事权分属九卿。每日君臣奏事即由皇帝面决可否,取旨奉行。永乐以后,大学士始预机务,然而奏取旨,一仍洪武旧例。宣德中,始令阁臣杨士奇等、尚书蹇义等票旨以进,然每遇大政,仍命诸大臣面议处分。所以,大权在皇帝手上面不在内阁。再说,参预机务只是出谋划策,并非执政。而谋议是否被采纳,取决于许多因素,诸如皇帝对阁臣的信任程度,皇帝是否于勤政事并虚心听取意见、阁臣的意见是否符合皇帝的意图,等等。总而言之,参预机务绝没有改变内阁大学士无权的现状,也决没有影响皇帝大权独揽。

有人认为,"面奏请旨,则其权常在朝廷;票之内阁,则其权属之内阁";由于内阁有代皇帝立言的票拟权,因而"部院有所建明,必预先关白,科道有所论列,多望承风指。何者?以票本之权在彼,虽英明圣断,一出于渊衷,而见形疑影,固群工之所缩颈而不敢与抗也"②。其实并非如此。黄宗羲说:"入阁办事者,职在批答,犹开府之书记也。其

①〔明〕陈子龙:《明经世文编》卷 462,叶向高《条陈要务疏》。
②〔明〕陈子龙:《明经世文编》卷 470,骆问礼《喉论》。

事既轻，而批答之意，又必自内授之而后拟之，可谓有其实乎！"①仁宗以前无票拟之事，宣德时也不经常，自正统以后逐渐成为一制度。实际上，票拟批答，不过是内阁大学士参预机务的一种方式，并不表明权力的归属。同时，内阁大学士并不是凭自己的意见票旨，而是根据皇帝的面谕；或者是司礼监太监到内阁计议，传达皇帝的旨意；或者是由太监将朝廷的命令传之管文书官，再由管文书官传之内阁辅臣；或者是折衷古今，裁度事理，"呈上御览"。无论采取哪一种办法，票旨的根据都是"内授"的皇帝的旨意，而最后又必须由皇帝认可才行。叶向高说："臣等拟旨故事，不过曰某部知道，其急者则曰该部看了来说，又最急者则曰该部上紧复行。如此而不行，则臣等之说穷。而每当票拟，亦自知其虚文而厌苦之矣。"②由此可见，决不能过高估计票拟的重要性，特别是仁、宣时期，票拟批答并不是阁臣经常性的、重要的工作，因而更不能以此作为判断阁臣权力大小的一种因素。

密封言事，与参预机务，票旨批答类似，只是建言、谋议的一种方式，并不说明内阁大学士因此而增加了何种权力。

宣德时诰敕、制敕房的设立以及两房中书舍人不由部选，表明内阁有了自己的办事机构和办事人员。这虽然比永乐、洪熙时进了一步，但与过去中书省直接指挥六部则不可同日而语，因而并没有也不可能改变内阁无权的地位。

当然，内阁大学士也并非毫无权力。在极端君主专制条件下，凡是皇帝的近侍以及讨得皇帝欢心、取得皇帝信任的臣僚，都可获得一定的权力。作为"代言之司"的内阁大学士自然也不例外。王世贞说："宣皇帝右文遏杀，内柄无大小悉下大学士士奇等取报行。而吏部塞

---

① 〔清〕黄宗羲：《明夷待访录·置相》。

② 〔明〕陈子龙：《明经世文编》卷462，叶向高《条陈要务疏》。

义、户部夏原吉以不时召,得选入省可六尚书事,与士奇均。而大学士陈山等或鲜所关预。岂非无颛职,由上轻重裁耶?"①由此看来,有权无权、权大权小,并不取决于是否阁臣,而是取决于皇帝的态度如何。正是由于如此,所以我们并不排除阁臣获得某种权力的可能。

然而,总的说来,仁宣时期的内阁虽然发生了一些变化,但并没有发生质变,内阁仍无实权。而且终明之世,内阁阁臣也决不等于宰相,尽管个别首辅权势很大。

二

《明史·杨士奇等传赞》说:"明称贤相,必首三杨。均能原本儒术,通达事几,协力相资,靖共匪懈。"而谷应泰却说:"三杨作相,夏、蹇同朝,所称舟楫之才,股肱之用者,止士奇进封五疏,屡有献替耳。其他则都俞之风,过于吁,将顺之美,逾于远救矣。"②这两种评价显然是大相径庭的。究竟谁较正确,只有让事实来证明了。

三杨与仁、宣的关系十分特殊。朱高炽为太子时,杨士奇为宫僚。时汉王高煦谋夺嫡甚急,士奇为保护朱高炽太子之位而两次下狱。杨荣在明成祖于榆木川去世时,沉着应变,秘不发丧,而以成祖逝世日期及"遣命传位意启太子",这就避免了汉王乘难造反的战祸。宣宗即位后,汉王反,荣力请帝亲征,帝从其计,很快平定了叛乱。杨溥曾为太子斥高炽宫僚,固太子受谗,被逮下狱,一系就是十年。此外,英宗能够继承皇位,三杨也曾起过决定性的作用。由于三杨在激烈的皇位继承斗争中作过特殊贡献,也为此而受过株连,加之他们又颇有才干,因之深受其主子的宠信。

---

①〔明〕王世贞:《弇山堂别集》卷45《内阁辅臣年表》。
②〔清〕谷应泰:《明史纪事本末》卷28《仁宣致治》。

不过,即令如此,在君主高度专制政权的明代,无论是仁宗还是宣宗,所能界予三杨的权力毕竟是有限的,决不会使他们"权压六卿"。《明史·夏原吉传》说:"原吉与(蹇)义,皆起家太祖时。义秉铨政,原吉管度支,皆二十七年,名位先于三杨。仁、宣之世,外兼台省,内参馆阁,与三杨同心辅政。"另外,我们从《明史·杨士奇传》中却看到这种情况,洪熙元年(1425年),兵部书李庆建议发军伍余马给有司,岁课其驹。士奇反对,"帝许中罢之。已而寂然。士奇复力言,又不报。有顷,帝御思善门,召士奇谓曰:'朕向者岂真忘之?闻吕震、李庆辈皆不喜卿,朕念卿孤立,恐为所伤,不欲因卿言罢耳,今有辞矣。'手出陕西按察使陈智言养马不便疏,使草敕行之。士奇顿首谢"。这条史料告诉我们:1.三杨与六卿等大臣的关系是颇为紧张的;2.三杨并没有夺制六卿的绝对权威;3.尽管仁宗宠任三杨,然而在错综复杂的人际关系中,也只有采取迂回曲折的办法来庇护三杨;4.也可以说仁宗是有意不让士奇感到自己的地位优于六卿。从上引两条材料来看,权势的天平是明显地向着蹇义、夏原吉等六卿倾斜的。所谓"一二吏兵之长,相与(内阁)执持是非,辄以败"的说法是根据不足的。

必须指出,三杨毕生所侍奉的都是极端专制的君主,君臣关系不可能是水乳交融的,他们不能"批龙鳞而逆天怒",只能小心翼翼,否则就会重蹈同辈解缙的覆辙。[1]据李贽《续藏书·杨荣传》引《水东日记》说:"夏太常仲昭,尝闻之杨太敏(荣)曰:'吾见人臣以抗直受祸者,每深惜之。事人主责有体,进谏贵有方。譬若侍上读千文,上云天地玄红,未可遽言也(李贽批:妙妙),安知不以尝我?安知主上所自云何?遽言之无益也。俟其至再至三,或有所询问,则应之曰:幼读千文,

---

[1]《明史·解缙等传赞》说:"(缙)动辄得谤,不克令终,夫岂能尽嫉贤害能者力固使之然欤!"言外之意是十分清楚的。

见书本是天地玄黄,未知是否？'"至于杨溥,《明史》本传说他:"质直廉静,无城府,性恭谨。每入朝,循墙而走。诸大臣论事争可否,或至违言,溥平心处之,诸大臣皆叹服。"由于他们的老成持重,甚至不免圆滑的心态,因而很少直言敢谏以匡君之失,更多的则是"将顺"或缄默。下面让我们举几件事例:

洪熙元年五月,李时勉上疏,劝谏仁宗"谅暗(守丧期间)中不宜近妃嫔,皇太子不宜远左右"。由于触到了朱高炽的隐私、痛处,以致"仁宗怒甚,召至便殿,对不屈,命武士扑以金瓜,胁折者三,曳出几死"①。宣宗即位后,命立即斩首。后以极其偶然的原因,李时勉才得以幸存下来。查继佐对此评论道:"以献陵(指仁宗)而有折胁谏官事,知朝廷颇好名。独难宣庙之必杀时勉……狱未成,而辄驰命西市乎？此非法,而三杨不一杨召苦口,何也？"②

史载仁宗即位之初,便将素所厌恶的"弹谥不避权贵"的耿直之臣陈谔贬为海盐知县。后来想起此人,但"竟未及召"。《国榷》引林之盛的话说:"陈公之鲠直,九死不移,宜其简在帝心,徒以执政不悦而不果召台,惜哉！洪熙之初,三杨秉国,而忮懻如此,何名为贤相！"

宣德六年(1431年)二月,巡按江西监察御史陈祚以宣宗"颇事游猎",上疏请共读真德秀的《大学衍义》,从中探求"古今若何而治,若何而得"③之由。不料这一极其寻常的建议却惹恼了朱瞻基从而招来了极不寻常的灾难。朱瞻基"怒甚。曰:'此吾几案间物,竖子将谓吾目不知书耶！'命械入之,举家下锦衣狱。籍其产。明年壬子,父思恭死,弟礼死。癸丑,母顾氏死,兄祐死。甲寅,从子瑀死。并狱中,凡五年始

---

①《明史》卷163《李时勉传》。
②〔明〕查继佐:《罪惟录》列传卷13《李时勉》。
③〔清〕夏燮:《明通鉴》卷21《纪二十一》。

释(按:此时宣宗已死),得归殡终丧。"①试问,在这种情况下,号称"贤相"的三杨曾经进过一言么?

由上所述,可见仁、宣不时挂在嘴上的乐闻谠言,要求臣下敢于面折廷争的号召,不过是掩盖他们凶残的狰狞面目的遮羞布而已。

仁宗和宣宗父子的生活可说是相当荒诞的。朝鲜《李朝实录》载:"洪熙皇帝及今皇帝皆好戏事。""洪熙沉于酒色,听政无时,百官莫知早暮。今皇帝燕于宫中,长作杂戏。"②宣宗游戏的主要的内容之一为畋猎。他多次带上大批侍从之臣和军丁到宣府等地,以巡边谒陵为名,大搞畋猎,劳民伤财。谈迁就此评议说:"古人清跸不烦供,今千骑万乘,羽卫如云,官罢于羁绁,民困于偫糇粮。偏州剧邑,望尘无地,游豫之风邈矣。……阅边谒陵,动逾旬日,一时诸臣,咸顺旨扈从。"③游戏的主要内容之二是歌舞。在他死后,单是释放的教坊司乐工就达3800余人,其规模之大可以想见。游戏的主要内容之三就是斗促织。为了满足其声色狗马之需求,除在国内大肆搜索外,还不断派遣宦官到朝鲜去索要秀女、歌伎、海青、土豹等。从吴晗所辑《朝鲜李朝实录中的中国史料》上编卷四、卷五可以看到,整个宣德年间,这种需索从未中断,从而给朝鲜人民带来了很大的痛苦。为了谏止仁、宣这些荒诞的行为,加强自身修养,改恶从善,李时勉几乎丢了性命,而陈祚则失去了自己的几个亲人。可是,号称"贤相"的三杨,除杨士奇曾上疏仁宗,空泛地指出当时"流徙尚未归,疮痍尚未复,民尚艰食,更休息数年,庶几太平可期"④。要仁宗警惕,不要乐而忘忧;上疏宣宗,请蠲

①〔清〕谈迁:《国榷》卷21。
②吴晗辑《朝鲜李朝实录中的中国史料》上编四卷。
③〔清〕谈迁:《国榷》卷21。
④《明史》卷148《杨士奇传》。

逋赋,减官田租额,理滞,汰工役,抚逃民之外,其余二人,则缄默不言。

不仅如此,有时甚至不免"逢君之恶"。史载宣宗皇后胡氏由于曾对宣宗的游猎进行规劝,同时也由于后宫争宠,宣宗乃决定以皇后死子为由,将其废掉,另立有子的孙贵妃为后。张辅、蹇义、夏原吉、杨士奇、杨荣等对此事意见分歧,几次议而不决。蹇义、杨荣私下"语原吉、士奇曰:上有志久矣,非臣下所能止"。为了使宣宗达到废后的目的,杨荣"列中宫过失二十事进,皆诬诋。曰:即此可废也"。因为太过份了,连宣宗都不敢接受,后来还是杨士奇想了个"好"主意,劝皇后主动辞让。①谈迁评论此事说:"诸臣顺旨,望风结舌。"又说:"杨文敏首进谄说,重玷主德,杨文贞(士奇)弥缝其失,亦规亦随。脱五人执义以争,如出一口,则帝终迟疑,莆翟不改其色矣,而如五人之无有坚救也。"②

仁、宣之世,社会矛盾逐渐严重起来,必须适当调整洪武、永乐时期的某些政策,发展生产,缓和统治阶级内部矛盾以及阶级矛盾,进一步巩固明王朝统治。三杨由于时代的机遇,对仁宣时期的政治稳定和经济繁荣作过一些有益的贡献,其功绩是应当肯定的。然而,总的说来,他们绝不是受到充分信任的、大权在握的什么"贤相"。

三

仁、宣时期中枢权力结构的变化,明显地反映在宦官干政条件的充分具备,司礼监权力的增长,从而形成了司礼监和内阁并峙的双轨制格局。不过,必须指出的是,在这种双轨制中,司礼监的权势始终居

---

①参阅《明史纪事本末·仁宣致治》。
②〔清〕谈迁:《国榷》卷20。

于内阁之上;或者说,只有司礼监才是明代中枢权力之所在。尽管不经内阁而"旨从中出"的,被认为不合经制,但皇帝的意旨(或者是打着皇帝旗号的宦官意旨)是照样通行无阻的。正如黄宗羲所说:"吾以谓有宰相之实者,今之宫奴也。盖大权不能无所寄,彼宫奴者见宰相之政事坠地不收,从而设为科条,增其职掌,生杀予夺出自宰相者,次第而尽归焉。有明之阁下,贤者贷其残膏剩馥,不贤者假其喜笑怒骂,道路传之,国史书之,则以为其人之相业矣。故使宫奴有宰相之实者,则罢丞相之过也。"①

本来,朱元璋为了避免历史上宦官干政给统治带来的灾难,严厉禁止宦官预政典兵,与诸司文移往来。甚至将"内臣不得干预政事,犯者斩"的禁令铸为铁牌,悬之宫门。②洪武十年(1377年)五月,"有内侍以久侍内廷,从容言及政事,上即日斥遣还乡里,命终身不齿"③。

不过,就明代而言,宦官干政是极端君主专制的必然产物。因此,即使是对宦官干政深恶痛绝的朱元璋,也不可避免地要使用宦官。如洪武八年(1375年)以内侍使河州(今甘肃临夏回族自治州)市马。十一年(1378年)十月,遣内臣吴诚诣总兵官指挥杨仲名行营观方略。十九年(1386年)九月,遣行人刘敏、唐敬偕内臣出使真腊等国。此外,还使内臣刺事,所以,在洪武时期,宦官干政的先例已开,禁令实际上解除了。

"靖难之役"以后,明成祖出于政治上的需要,对宦官甚为宠信完全抛弃了朱元璋不许宦官预政典兵的禁令。除大量派遣他们出使、采办、提督市舶、监军、巡视、镇守外,还增设东厂这一特务机构,使"珰

---

①〔清〕黄宗羲:《明夷待访录·置相》。

②《明史》卷304《宦官传序》。

③〔明〕王世贞:《弇山堂别集》卷91《中官考二》。

校刺事,布弥天之网",实行特务恐怖统治。

仁、宣时期,宦官进一步受到重用。如洪熙元年正月,命太监郑和领下西洋官军守备南京,此为南京守备之始。宣德时,对亲信用事的司礼监太监金英、范弘等竟赐予免死诏。弘诏略云:"克勤夙夜,靡一事之后期,致谨言行,惟一心之在国。退不忍于欺蔽,进必务于忠诚。免尔死罪于将来,著朕至意于久远。"①内官谭顺、王安、王瑾、兴安等几次同其他武臣率兵进行征讨。王瑾"从征汉王高煦还,参预四方兵事赏赉累巨万。数赐银记,曰忠肝义胆,曰金貂贵客,曰忠诚自励,曰心迹双清。又赐以两宫人,官其养子王椿"②。当时有李校尉者,极力反对,"谓奄人无辱宫嫔之礼。上大怒,命剪其舌"③。由于宦官备受宠幸,因而不免骄横,为所欲为。例如:仁宗时,"内官马骐传旨,谕翰林院,书敕付骐复往交阯闸办金银珠香"④。宣德时,"有中官奉旨传之六科,辄令径行诸司"⑤。其实者是假传"圣旨"。

尽管如此,但宦官绝大多数不通文墨,要真正参与政事,成为皇帝的有力助手,存在着很大的障碍,于是,"宣德元年(1426年)七月,始立内书堂,改刑部主事刘翀为翰林修撰,专授小内使书。其后大学士陈山、修撰朱祚俱专是职。选内使年十岁上下者二三百人,读书其中,后增至四五百人,翰林官四人教习,以为常"⑥。朱元璋不准宦官识字的禁令被彻底打破了。宦官有了文化,真是如虎翼,从而为他们控制中枢的权力,奠定了坚实的基础。正如夏燮所说:"自此内官始通文

---

① 〔明〕王世贞:《弇山堂别集》卷91《中官考一》。
② 《明史》卷304《金英传附王瑾传》。
③ 〔明〕沈德符:《万历野获编》卷6《赐内宦宫人》。
④ 〔明〕余继登:《典故纪闻》卷8、卷9。
⑤ 〔明〕余继登:《典故纪闻》卷8、卷9。
⑥ 〔清〕龙文彬:《明会要》卷39《职官十一》。

墨。司礼掌印之下则秉笔太监为重,凡每日(上)奏文书,自御笔亲批数本外,皆秉笔内官遵照阁中票拟字样,用朱笔批行,遂与外廷交结往来矣。"①

仁、宣时期,宦官进一步受到宠幸并培养他们掌握政权的能力,与中枢权力结构出现了空隙有密切关系。在废中书、政归六部以后,如果让内阁成为变相的中书,大学士成为无其名而有其实的宰相,这就违背了"祖训",并且影响君主的极端专制。这是明代任何一个皇帝都不能也是不愿如此作的。既然不让内阁掌握实权,而皇帝又不能事必躬亲,于是,培养一批既能办事又绝对听命于皇帝的忠实奴才,便是事所必然的了。

仁、宣时期,司礼监的权力迅速增长,宣德时已是"朝廷政令不由朝官,皆出自司礼监"。②英宗正统以后更是气焰嚣张,朝野受制。

根据记载,王振在宣德时便已崭露头角。英宗即位以后,凭着他在东宫时就服侍英宗朱祁镇的关系,权势急剧上升,超过了金英而掌司礼监。此时,三杨由于失去了宣宗的庇护而地位不稳,加之他们本身又有这样那样的问题,王振便公然下逐客令了。《明史·杨溥传附马愉传》载:"时(指正统元年)王振用事,一日语杨士奇、荣曰:'廷事久劳公等,公等皆高年倦矣。'士奇曰:'老臣尽瘁报国,死而后已。'荣曰:'吾辈衰残,无以效力,当择后生可任者报圣恩耳。'振喜而退。士奇咎荣失言。荣曰:'彼厌吾辈矣,一旦内中出片纸令某人入阁,且奈何?及此时进一二贤者,同心协力,尚可为也。'士奇以为然,翌日遂列侍读学士苗衷、侍讲曹鼐及愉名以进。"本来内阁大学士就没有什么实权,皇帝也不会给他们什么实权,因而其地位是很不稳固的。当司

①〔明〕夏燮:《明通鉴》卷19《纪十九》。
②吴晗辑《朝鲜李朝实录中的中国史料》上编卷5。

礼监太监的羽翼已经丰满之后，自然不会把内阁大学士放在眼里。所以，正统初年，当三杨还在台上的时候，王振便"导帝以严御下，大臣往往下狱"。就是杨荣也几乎不保。等到杨荣去世后，士奇、溥益孤立，正统七年（1442年）太皇太后去世，"振势益盛，大作威福，百官小有抵牾，辄执而系之，廷臣人人惴恐，士奇亦弗能制也"①。史载太皇太后曾拟杀掉王振，由于英宗和三杨的请求而作罢。这是不可能的事，扶植司礼监太监掌权，以填补中枢权力结构的空隙，是仁、宣的既定方针；加之王振在英宗的庇护下，权势已大，绝非太皇太后和三杨所能匹敌。不过，当时曾经发生过一场激烈的权力之争则是可以肯定的。那就是，三杨在太皇太后的支持下，企图扩大内阁的权力而左右政局；而王振则在英宗的支持下，步步夺权。结果是王振获胜，从而也就确立了司礼监、内阁这一中枢权力结构的双轨体制。而司礼监则在任何时候都是大权在握的。正如《明史·职官志序》所说："内阁之票拟不得不决于内监之批红，而相权转之寺人。于是朝廷之纪纲，贤士大夫之进退，悉颠倒于其手，伴食者承意指之不暇，间有贤辅，卒蒿目而不以能救。"

中枢权力结构的双轨制，虽然有利君主极端专制，但弊病很多。最重要的就是：最高统治者既要阁臣参预机务，票旨批答，但又不给予实权。这种不健全的政治体制，必然出现如王世贞所说的不正常现象："夫阁臣，于礼至贵倨也，视百司无乃重相压，何以相称焉。其喜怒借上意，故上不嫌逼也；威福间已意，故下屏息也；创白由六曹，故难不与也；取以诏行，故众无敢訾也。贤者当之不见迹而治，不肖者当之不及败而乱，此在人主择矣。"②至于司礼监，虽然握有很大的实权，但

---

①《明史》卷148《杨士奇传》。
②〔明〕王世贞：《弇山堂别集》卷45《内阁辅臣年表》。

它不是"外朝"机构,并不负实际责任,因而是"成事不足,败事有余"。由此看来,中枢在皇帝昏庸荒诞的时候,实际上是无人负责。所以,这种制度到了清朝就只好被摒弃了。

(原载《明史研究(第二辑纪念谢国桢先生九十诞辰专辑)》1992年,12月)

《弘治皇帝大传》前言

　　明宪宗成化二十三年(1487年)九月,孝宗朱祐樘登上了皇帝宝座,以明年为弘治元年。此时上距明王朝的建立,已整整过了120年。明朝的国势,到此究竟怎么样了? 弘治皇帝应是一个什么样的皇帝? 这就是本书所要回答的问题。

　　曾经有过一个时期,把帝王将相赶出历史舞台的说法甚嚣尘上。于是对他们的是非功过,很少去谈论。把问题绝对化,无疑是不恰当的。其实,我们在重视、强调客观规律以及人民群众对历史发展所起的作用的同时,决不能忽视个人在历史上的作用。普列汉诺夫在其著名的《论个人在历史上的作用》一书中指出:"如果说某些主观主义者因力求拼命抬高'个人'在历史上的作用而不肯承认人类历史运动是规律性的过程,那么现代某些反对主观主义者的人却就因力求拼命强调这种运动地规律性而显然决意要把历史是由人所创造,因此个人的活动在历史上不能不发生作用这一原理置之脑后了。"(着重点为原文所有)他在书中列举了诸如七年战争中,腓特烈第二只是因为布因林优柔寡断才得逃出窘境这样一些生动的事例,说明个人的作用,有时会对历史事件发生巨大的影响。个人、特别是一些杰出的历史人物,以及历史上所谓的奸臣、小人在历史上的作用,无论如何也不能忽视和否认,这是肯定的。至于帝王,特别是高度专制主义中央集权下的帝王,他们对于促进或延缓历史进程的作用,则更应予以足够的重视。因为这是无数历史事实证明了的。本传传主弘治皇帝朱祐樘,也将为你证实这一点。

对弘治皇帝作出恰当的评价,是本书无法回避的一个重要问题。

历史上有一种说法叫"弘治中兴"。其实并不存在"中兴"的问题。这是因为,明朝自英宗以后,即进入了中衰时期。成化年间,由于宪宗的荒诞不经,奸佞当道,群小横行无忌,以致社会矛盾颇为突出。弘治初年,迫于形势以及文武臣僚的殷切期望,朱祐樘对前朝的积弊,不得不进行适当的整饬。然而,其所采取的措施,力度既不大,时间也不长。所以,社会存在的各种矛盾仍然没有解决;明朝国势下滑的趋势依然没有停止;明王朝的统治在弘治年间并没有出现奇迹。当时的情况是,国势仍然在继续衰颓,尽管其进程显得比较缓慢。确切地说,表面上似乎还维持着升平景象,而实际上却潜伏着严重的社会危机。

过去对弘始皇帝朱祐樘的评价甚高。有的说他是"圣主",有的说他是"明君",甚至认为他是三代以下少有的令主。应该说,这些评价并不符合实际,因而是很不确切的。我们认为,总的说来,在明代的十六帝中,孝宗朱祐樘虽然不能说是昏庸之辈,但也绝非英明之君。他缺乏雄才大略,因而也就没有赫赫的文治武功。他以儒学为宗,恪守"敬天法祖""尊尊亲亲"的古训,这就使他很难清算其父宪宗的过错而改弦易辙,因为这是"彰先帝之过";同时也使他很难冲破外戚、宗室的包围,而不充分满足他们的请乞,并不惜耗费人民的膏血去豢养这批害国害民的寄生虫。他兼治黄老,迷信神仙佛道,崇尚清静无为,心怀慈悲,因而苟且偷安,得过且过,一心只想作个"太平天子"。本来,当时的内阁、六部、都察院布列着一些很有才干、颇负时望的大臣,而此时明王朝与鞑靼、瓦剌等的矛盾以及统治阶级与人民的矛盾都处于一种间歇期,并不激烈。按理说,在这种情况下,朱祐樘要导演一出有声有色的、威武雄壮的戏剧并不是不可能的。然而事实并非如此。这个责任自然不在群臣身上。朱祐樘是责无旁贷的!由此可见,朱祐樘不过是一个不很好,也不很坏的"中主"而已。

为尊者讳,为亲者讳,隐恶扬善,是儒家倡导的伦理道德。而这种观念,在日常生活中,在评价人物时,已经成为一种牢固的、很难冲决的传统。很早以来,对于君主,特别是专制君主,哪怕是昏君、暴君,死后也总能得个美谥,受到恭维。至于像明孝宗朱祐樘这样的皇帝,受到后世的赞颂是很自然的,也是可以理解的。当然,可以理解的并不都是正确的。

《明史》作者认为,在明代的十六帝中,除太祖、太宗以外,可以称道的就只有仁宗、宣宗与孝宗。这个看法应该说是可以接受的。宣宗以后的英宗、景帝、宪宗都存在严重的缺陷,英宗甚至弄到几乎倾覆宗社的地步,孝宗之后的武宗、世宗、穆宗、神宗、熹宗,更令人有每况愈下之感。所以比较起来,孝宗朱祐樘自然算是不错的。不过,这里有一个标准问题。朱祐樘只是比他前后的昏庸、狠戾或荒淫贪婪之君较好,犹如俗话说的"站在矮子当中高出一头"而已。如以一个君主应该有的气质、作风,以及应该尽的职责和可能完成的使命而言,则朱祐樘是很不合格的,或者说是不应该受到称颂的。

有的颂扬者只看表面现象,以为弘治年间"众正盈朝",同时对内对外都无大的战事,似乎是太平盛世。因而比拟其时为开元,朱祐樘就好像唐玄宗。实际上,那些颇负时望的名臣并未受到朱祐樘应有的信任而充分发挥其作用。鞑靼、瓦剌、兀良哈正是极衰之时,无力大举进攻,并不是朱祐樘有什么御敌良策。不是吗,面对弱小的敌人,他已经感到十分棘手,无能为力了。人民群众在赋重役繁、天灾频仍的情况下,生活在水深火热之中,大规模的人民起义正在酝酿之中,并不是朱祐樘有什么德泽,真的使老百姓安居乐业了。因此,弘治年间的所谓升平景象,只是一种表面现象,一种假象。只有透过表象,我们才能把握住事物的本质。那种只根据表象就大加赞颂,是不妥当的,其颂词是无法令人信服的。

　　还应注意的是,评价明代的君主,离开极端君主专制这一特定的历史条件,便很难深入,很难把握人物的本质特征。弘治皇帝尽管不为已甚,对臣下较为宽容、温和,但他的血管里仍然流淌着朱元璋遗传下来的"代天理物""威柄自操"的极端君主专制的血液。"唯辟作福,唯辟作威,唯辟锦衣玉食""普天之下莫非王土,率土之滨莫非王臣",在明代完全成为现实。因此,自朱元璋以下的明代诸帝,基本上形成了这样的性格特征:绝对地以自我为中心;他们不信任大臣,只相信宦官和近幸;他们爱干什么就干什么,想怎么干就怎么干,任何人也奈何不得;所有的臣民都是奴才,既是奴才,就只能"奉命唯谨",只能毫无保留地奉献一切,不止土地财产,也包括生命。所有这些,就是他们考虑问题和处理问题的出发点和归宿。朱祐樘自然也不例外。然而,绝对的权威必然导致绝对的腐败,导致背离常情的胡作非为,明代的大量事实为我证明了这点。在这种情况下,如果哪个皇帝多少表示出亲近大臣,或者偶尔采纳一点无损于自己和贵幸的意见,或者暂时减轻一点对老百姓的压榨,或者"减膳撤乐",说上几句无关痛痒的自责的话,那自然要被臣下高呼"圣明"了。

　　弘治年间所发生的历史事件以及这一时期的社会历史状况,自然与朱祐樘有着或多或少的关系。我们想通过这本传记反映出这个时期历史发展的脉络,反映出弘治朝在整个明代历史上应有的地位。然而,传记应以传主为中心。就是说,《弘治皇帝大传》不应该成为断代史。所以,本书在取材方面是有所选择的,而选择的标准就是如何才能更好地突出传主的特点。有些问题虽然很重要,但与传主无关,因而只好摈弃了。比如王守仁的心学。尽管此时"王学"的先驱如吴与弼、陈献章、湛若水与娄谅等人的"静观涵养",径求诸心,以自然为宗,以虚为基本,以静为门户,"随处体认天理"等等思想学说已经颇为流行,且为不少人服膺了;而王守仁在弘治朝已入仕途,且深受上述诸人的影响;但是,毕竟"王学"的最终形成,还是在正德年间王守仁贬谪贵州龙场驿以后的事。再说,孝宗朱祐樘对心学既未倡导,也未压制,与陈献章、湛若水、王守仁等也无特殊的关系。因此,本书只好把这个问题留给下面的传记了。此外,历史是一个整体,不能割断。为了弄清楚一些问题的来龙去脉,弄清弘治皇帝的统治是在什么情况下开始的,不得不追本溯源,联系弘治以前的历史。当然,我们注意了尽可能不使问题冗杂枝蔓。

如果弘治皇帝具有叱咤风云的雄才大略,创建了赫赫的文治武功;或者与此相反,荒淫腐朽、暴戾恣睢;那么,作为传记来说,都可能写得有声有色,吸引读者。遗憾的是,弘治皇帝既不是前者,也不属于后者,而是一个"中间人物"。因此,客观上给写好这本传记增加了困难;加上本人没有撰写传记的经验,缺少一支生花妙笔;效果自然是不会很理想的。

不过,话又得说回来,历史人物传记不是小说,不能夸张,更不能虚构,不能只顾以情节动人。我认为最主要的应该是真实。本书所述事实,都有根据。力求将当时实实在在的历史以及实实在在的弘治皇帝,展现在读者的眼前。为了雅俗共赏,所以既注意内容的科学性,又力求提高其可读性。行文尽量通俗易懂,不以词害意,避免大量地引证原文,以免影响阅读。常用的参考书目,作为附录列在书后。为了帮助读者了解文中所涉及的专门术语和个别问题,作了必要的注释。

辽宁教育出版社组织、出版的这套明代帝王传记,实质上是另一种形式的明史著作。可以肯定,它必将对明史的研究产生重要的影响。而在历史科学园地里,也将是一朵奇葩。因此可以说,辽宁教育出版社的同志们很有见地,对明史学界作出了有益的奉献。所以,当赵中男同志向我讲述了他们的构想并且热情地邀我撰写《弘治皇帝大传》时,我虽然有一定的困难,而且水平也有限,但还是愉快地接受了任务。在撰写过程中,中男同志还不时地给我支持。再有,我已年近七旬,又羸弱多病,如果没有老伴陈志芬的细心关照,要完成任务也是有相当困难的。现在,当任务即将完成之际,不能不由衷地感谢他们的关心和支持。

最后再说一句,由于本人水平有限,时间也紧迫,自觉本书尚有一些不尽如人意之处,敬请读者诸君不吝指正。

（原载郭厚安著:《弘治皇帝大传》辽宁教育出版社 1994 年）

略论王守仁"心学"的历史地位

王守仁(1472—1529),字伯安,别号阳明子,世称阳明先生。其一生活动,主要是两个方面,一是"破山中贼",一是"破心中贼"。前者主要是镇压人民的反抗斗争,后者则是建立"心学"体系,以"辅君""淑民",从而挽救封建统治危机。

中华人民共和国成立以后,对王守仁及其学术思想的评价,基本上是否定的。我们认为,对待历史人物,特别是对待学术思想,采取简单肯定或否定的做法,并不科学。以王守仁的学术思想而言,有其产生的历史必然性;它虽属主观唯心主义,但也有某些合理的因素,或者说有某些理性的闪光;而且更不能忽视的是,它对当时以及后世的巨大影响,这些影响并不全是消极的,也有若干积极的东西。由此可见,对待学术思想问题,必须采取慎重的态度,必须全面系统地深入研究,才能得出比较正确的结论。

一

洪武年间,朱元璋建立了高度的封建专制主义中央集权制度。"靖难之役"以后,明成祖朱棣又进一步巩固并发展了这一制度。高度专制主义中央集权的恶果之一,就是自宣宗以后的皇帝,怠于政事而喜好声色狗马、荒诞侈靡者,比比皆是。王守仁活动于政治舞台时的明武宗,其荒诞不经是很突出的。他南游北巡,所至强掠良家妇女,劫夺金银珠玉,以致数百里内,骚然不得安生①。其后入继大统的明世宗,长期深居宫中,祷祀斋醮无虚日。

皇帝既然昏庸荒怠,而又大权在握,这就必然形成一个既能揣摩主子的心意,处处逢迎,且又能作为忠实鹰犬,搏击群僚的宦官权势集团。明中叶时的王振、汪直、刘瑾,都是势焰熏灼,权倾朝野的大宦官。由于他们的干政,加剧了社会矛盾,加深了明代政治的腐朽黑暗。

由于皇帝及其走狗——宦官的极端专横,因此,臣僚们或者对政事的得失、民生的疾苦默默无言,以远祸荣身,甚或采取阿谀逢迎、奴颜婢膝、颠倒是非、混淆黑白的卑劣手段,以博得主子及其走狗的欢心和青睐。此外,由于剥削阶级的贪婪本性,以及封建社会权力对占有和扩大财富的决定性影响,这就驱使官僚们千方百计地去攫取更大的权势和更多的财富。于是,吏治自不得不日益败坏。

由于权势和财富的诱惑,因而统治阶级内部矛盾重重,而且愈演愈烈。"靖难之役"过后不久,又发生了汉王高煦之叛。武宗时则连续发生了安化王寘鐇和宁王宸濠企图"问鼎中原"的战乱。至于官僚与皇帝(即奴才与主子)、官僚与宦官、官僚与官僚之间的矛盾斗争,更是错综复杂,尖锐异常。

政治的黑暗腐朽,加之中叶以后土地兼并的日益猖獗,从而给社会生产和人民生活带来了深重的灾难。还在宣德年间,富庶的江南地区,农村逃亡的人口就逐渐增多,有的地方,"每里有逃去一半上下者"②。到了后来,随着封建敲剥的日甚一日,大量被排挤出土地的农民,只好背井离乡,流离转徙。正统、成化年间,流民已经成了严重的社会问题,终于酿成了三次大规模的农民起义,猛烈地冲击了明王朝

①详见毛奇龄《明武宗外纪》。

②〔清〕顾炎武:《日知录》卷10《苏松二府田赋之重》。

的统治。

对于当时的情况,王守仁曾概括地指出:"今天下波颓风靡,为日已久,何异于病革临绝之时。"①如何才能挽狂澜于既倒,具体地说,如何才能"格君心之非"以正"君德";如何才能更好地加强自身的修养,"破除心中之贼",使为上者真正做到"明德""亲民""止于至善",为下者能够克己以奉上。总而言之,如何才能使整个社会和谐地在封建纲常的轨道上运转,这就是当时的现实给政治家、思想家们提出来的严峻课题。

在中国的封建社会里,统治阶级一方面竭力维护尊卑上下的封建等级秩序,另一方面又竭力维护父子兄弟等封建宗法关系。这就是孔子在回答齐景公问政时所说的:"君君、臣臣、父父、子子。"②历代的封建思想家,无论采取何种理论形式,所要论证的。无非就是这种封建等级伦常关系的"天然合理性";他们所企求的,也无非是要人们把这种封建等级伦常关系,作为一种道德律条,自觉地信奉,从而使封建统治秩序处于稳定状态。在这方面,程朱理学是很突出的,因而长期受到封建统治者的尊崇。然而,到了明朝中叶,程朱理学却受到了王守仁心学的挑战,而无可奈何地失去了它昔日的独尊地位。这是因为,此时的形势发生了很大的变化,程朱理学要担当起扑灭人们心中有悖于封建纲常的"贼",使封建统治恢复正常的重任,显然是无能为力的了。而这自然与程朱理学的理论体系本身存在着难以补苴的罅漏是密切相关的。例如:朱熹认为要明"天理",要达到"一旦豁然贯通焉,则众物之表里精粗无不到,而吾心之全体大用无不明"的境界,必

---

①〔明〕王守仁:《王阳明全集》卷 21《答储柴墟》。
②《论语·颜渊》。

须经过一段"格物致知"的工夫。"所谓致知在格物者,言欲致吾之知,在即物而穷其理也。"①"所谓穷理者,事事物物各自有个事物底道理,穷之须要周尽。"②这种"即物穷理"的修养方法,失之支离烦琐,不少人可能终生都难"豁然贯通",以明吾心之"天理"。所以王守仁批评这种方法是"支离决裂,错杂纷纭,而莫知有一定之向"③。又如:程朱都讲要"去人欲",但是否所有的人欲都应去除? 天理和人欲如何区分? 就连朱熹本人也说不清楚。如他所说"饥欲食,渴欲饮者,人心也;得饮食之正者,道心也"④。有人问他天理、人欲同行异情的问题,他的回答是:"同行异情,只如渴饮饥食等事,在圣贤无非天理,在小人无非人欲。"⑤这些都很难自圆其说。所以他也不得不承认,天理、人欲的区别,只在"几微之间",甚至认为"无硬定底界"。至于人欲,也并非全都要去掉。他认为像饥而欲食,渴而欲饮之类的物欲,是不能没有的。其说法为何如此自相矛盾? 主要是善恶的本源是同一的。程朱都说"性即理也"。而理是善的,性自然也是善的。但实际上性却非全善。为了弥补这个漏洞,于是他们又说天地(自然)之性是善的,气禀之性则有善有恶。再加上"理"要依存于"气",致使这个问题越来越复杂,也越来越说不清楚。再如:程朱理学主要是"道问学",注重"格物致知""即物穷理",而朱熹又竭力提倡"知先行后",于是在士大夫中间逐渐产生一种脱离实际、只知不行、空谈性命的流弊。陈亮就曾批评说:"自道德性命之说一兴……于是天下之士,始丧其所有而不知适从矣。为

---

①《大学章句》第五章之后,朱熹"取程子之意以补之"之文。

②〔宋〕黎靖德:《朱子语类》卷15《大学二》。

③〔明〕王守仁:《王阳明全集》卷26《大学问》。

④〔清〕黄宗羲:《宋元学案》卷48《晦翁学案上》。

⑤〔清〕黄宗羲:《宋元学案》卷48《晦翁学案上》。

士者耻言文章行义,而曰'尽心知性',居官者耻言政事书判,而曰'学道爱人'。相蒙相欺,以尽废天下之'实',则亦终于百事不理而已。"①由此可见,程朱理学的衰落和王守仁心学的兴起是势所必然的事。

王学的崛起,还与学术思想的发展有密切关系。王守仁的学术思想应该说本之于思、孟学派,直接陆象山心学之传。当然,自元至明初,调和朱、陆的理学家的思想,也对王学的产生有着较大的影响。特别是吴与弼、娄谅、陈献章、湛若水等人的思想,对王守仁的影响更深。吴与弼之学,主要是"静观涵养",径求于心,"寻向上工夫",与陆象山很接近。他的弟子及再传弟子娄、陈、湛等人比他走得更远,也就是说,他们的学术思想,有不少更近于禅的心学成分。而王守仁与他们的关系都很密切,受他们的影响都很深,在摄取禅宗的思想方面,比他们更无避忌。自然,其间也有时代的因素。我们知道,儒、佛、道三家,历来是既互相排斥,又互相融合的。理学就是大量吸取佛、道的哲学思想,对儒家的政治伦理思想加以改造而成的新儒学。尽管不少儒学学者仍然打着辟佛老的旗号,但也仅仅是批判佛老的出世观点,而对其哲学思想、修养方法却是顶礼膜拜的。对佛老公开唱赞歌的也不乏其人。明初的大儒宋濂就是其中之一。他认为儒、佛是"同一"的、"一贯"的。前者是"化民成俗",后者则是"觉悟群迷"。前者是"修明礼乐刑政,为制治之具",后者则是"持守戒定慧,为入道之要"。虽有"处世""出世"之别,但是,"天生圣人化导蒸民,虽设教不同,其使人趋于善,道则一而已"②。这种儒、释、道"三教合一"的思想,随着程朱理学统治地位的动摇而日益抬头。于是,不避形迹地剥取佛道、特别是禅

①〔宋〕陈亮:《龙川集》卷5《送吴允诚运干序》。
②〔明〕宋濂:《宋文宪公全集》卷13《夹注辅教编序》。

宗思想的王守仁心学便应运而生了。可以说，王学的崛起和风靡一世，正是"三教合一"思潮泛滥所致。

二

王守仁的心学体系，主要包括"心即理""知行合一"以及"致良知"三个命题。

"心即理"是王守仁心学体系的基础。他对"心"的界说是："身之主宰便是心，心之所发便是意，意之本体便是知，意之所在便是物。"①"耳目口鼻四肢，身也，非心安能视听言动？心欲视听言动，无耳目口鼻四肢亦不能。故无心则无身，无身则无心。但指其充塞处言之谓之身，指其主宰处言之谓之心，指心之发动处谓之意，指意之灵明处谓之知，指意之涉著处谓之物，只是一件。"②又说："心不是一块血肉，凡知觉处便是心。如耳目之知视听，手足之知痛痒，此知觉便是心也。"③其说与程朱不同，心不只是一块血肉，而是身之主宰，是知觉（思维）的器官，是精神的实体。至于心与理的关系，王守仁也与程朱不一样，不是析而为二，而是合而为一的。他说："夫求理于事事物物者，如求孝之理于其亲之谓也，求孝之理于其亲，则孝之理果在于吾之心邪，抑果在于亲之身邪？假而果在于亲之身，则亲没之后，吾心遂无孝之理欤？见孺子之入井，必有恻隐之理。是恻隐之理果在于孺子之身欤？抑在于吾心之良知欤？其或不可以从之于井欤？其或可以手而援之欤？是皆所谓理也。是果在于孺子之身欤？抑果出于吾心之良知欤？以是例之，万事万物之理莫不皆然，是可以知析心与理为二之

①〔明〕王守仁：《王阳明全集》卷1《传习录上》。
②〔明〕王守仁：《王阳明全集》卷3《传习录下》。
③〔明〕王守仁：《王阳明全集》卷3《传习录下》。

非矣。"①从"心即理"的命题出发,王守仁进一步论证了心外无理、心外无事。他说:"心即理也。天下又有心外之事,心外之理乎?""意在于事亲,即事亲便是一物,意在于事君,即事君便是一物,意在于仁民、爱物,即仁民、爱物便是一物,意在于视听言动,即视听言动便是一物。所以某说无心外之理,无心外之物。"②甚至说:"人者,天地万物之心也,心者,天地万物之主也。心即天,言心则天地万物皆举之矣。"③

王守仁的"心即理"说,发展了陆象山的"宇宙便是吾心,吾心即是宇宙"的思想,使之更富于主观色彩,成了唯我主义。《传习录》下载:"先生游南镇,一友指岩中花树问曰:'天下无心外之物。如此花树,在深山中自开自落,于我心亦何相关?'先生曰:'你未看此花时,此花与汝心同归于寂,你来看此花时,则此花颜色一时明白起来,便知此花不在你的心外。'"这就把主观能动作用夸大到了荒谬的程度,用主观吞没了客观。不过,"心即理"的命题也有其合理的因素:它弥补了程朱"性即理"在理论上的罅漏;强调了人的主观能动作用,"无心则无身,无身则无心",探讨了思维与感觉的关系,虽然他没有得出正确的结论,仍然是有意义的;把全部问题放在身、心、意、知这种不能脱离血肉之躯的主体精神上,从而发展为王畿的"任心之自然"和王艮的"乐是心之本体",乃是逻辑的必然。于是,王学的末流便逐渐成了理学的"异端"。

王守仁的"知行合一"命题是针对当时的社会弊病而下的"药"。他说:"今人却将知行分作两件去做,以为必先知了,然后能行,我如今且去讲习讨论做知的工夫,待知得真了,方去做行的工夫,故遂终

①〔明〕王守仁:《王阳明全集》卷2《传习录中》。
②〔明〕王守仁:《王阳明全集》卷1《传习录上》。
③〔明〕王守仁:《王阳明全集》卷6《答季德明》。

身不行,亦遂终身不知。此不是小病痛,其来已非一日矣。某今说个知行合一,正是对病的药,又不是某凿空杜撰,知行本体原是如此。"①由于世人把知行分作两件,所以不仅不在行上下功夫,而且对知也忽略了。王守仁说:"今人学问,只因知行分作两件,故有一念发动,虽是不善,然却未曾行,便不去禁止。我今说个'知行合一',正要人晓得一念发动处,便即是行了;发动处有不善,就将这不善的念克倒了,须要彻根彻底不使那一念不善潜伏在胸中。此是我立言宗旨。"②知与行是辩证的关系,将其割裂为二固然不对,但用知代替行,吞并行同样是错误的。不过,我们应当看到,王守仁极大地强调了主体实践的能动性;反对追求纯客观认识的知,反对脱离行的知,因而使得他的后学日益摒弃程朱"敬义挟持"的修养工夫,而对现实采取积极的干预态度。

知、行本来是两个不同的概念,王守仁却用"知行本体原来如此",实即"心之本体"把两者"合一"了。他说:"某尝说知是行的主意,行是知的工夫;知是行之始,行是知之成。若会得时,只说一个知已自有行在,只说一个行已自有知在。"③又说:"知之真切笃实处即是行,行之明觉精察处即是知,知行工夫本不可离;只为后世学者分作两截用功,失却知、行本体,故有合一并进之说,真知即所以为行,不行不足谓之知。"④他还举《大学》之"如好好色,如恶恶臭"来论证见好色时已自好了,闻恶臭时已自恶了,这就是知行的本体。

王守仁的"知行合一"论,是从伦理道德规范着眼的,知是知"天理",行也是行"天理"。这就必然导致理论上的矛盾和错误。不过,他

①〔明〕王守仁:《王阳明全集》卷1《传习录上》。
②〔明〕王守仁:《王阳明全集》卷3《传习录下》。
③〔明〕王守仁:《王阳明全集》卷1《传习录上》。
④〔明〕王守仁:《王阳明全集》卷2《传习录中》。

的论证中也有一些合理的因素。如说:"称某人知孝、某人知弟,必是其人已曾行孝、行弟,方可称他知孝、知弟,不曾只晓得说些孝、弟的话,便可称为知孝、弟。又如知痛,必已自痛了方知痛;知寒,必已自寒了,知饥,必已自饥了。"①还说:"问、思、辨、行皆所以为学,未有学而不行者也。如言学孝,则必服劳奉养,躬行孝道,然后谓之学,岂徒悬空口耳讲说,而遂可以谓之学孝乎?学射必张弓挟矢,引满中的;学书则必伸纸执笔,操觚染翰;尽天下之学,无有不行而可以言学者,则学之始固已即是行矣。"②所有有关这些方面的论述,都触及了实践对于认识(知)的重要意义,应该给予肯定。

"致良知"是王守仁心学思想体系的核心。他说他生平讲学,只是"致良知"三字。"良知之外,别无知矣。故'致良知'是学问大头脑,是圣人教人第一义。"③"良知"就是"天理","致良知"就是克去私欲,恢复心体无善无恶之本来面目,即"存天理,去人欲"。

"良知"是人心所固有的善性,如见父自然知孝,见兄自然知弟,见孺子入井自然知恻隐,是不假外求的。而且,自古至今,无论圣愚,都是相同的。

认为"是非之心,不虑而知,不学而能"的"良知"是人心固有的,自然是唯心论先验论,但认为"良知"是无论圣愚皆同的,这就无异于否定了贤愚不肖的区别,承认人人都可成为圣人。这在当时是有十分重要的意义的。

"良知"既然是人心固有的善性,则人人都应该是善的。但现实却并非如此。王守仁解释说,这是由于除圣人之外,一般人容易受物欲

---

① 〔明〕王守仁:《王阳明全集》卷 1《传习录上》。
② 〔明〕王守仁:《王阳明全集》卷 2《传习录中》。
③ 〔明〕王守仁:《王阳明全集》卷 2《传习录中》。

之蔽所致。因此，"须学以去其昏蔽"。即须加一番"省察克治""致知格物"的工夫。这似乎又回到了程朱"居敬穷理"的老路，其实不然。王守仁反对程朱的"格物致知"，反对"即物穷理"，主张在心上用功夫。他说："若鄙人所谓'致知格物'者，致吾心之良知于事事物物也。吾心之良知，即所谓'天理'也。致吾心良知之'天理'于事事物物，则事事物物皆得其理矣。致吾心之良知者，致知也。事事物物皆得其理者，格物也。是合心与理而为一者也。"①他主张不论有事还是无事，都要一心在"天理"上用功，所以"居敬"就是"穷理"。他说："就穷理专一处说，便谓之居敬，就居敬精密处说，便谓之穷理，却不是居敬了别有个心穷理，穷理时别有个心居敬。名虽不同，工夫只是一事。"②这种一心只在"天理"上用功的修养方法，王守仁认为是"真切简易"，"虽至愚下品，一提便省觉"的救世良方。他说："世之君子惟务致其良知，则自能公是非，同好恶，视人犹己，视国犹家，而以天地万物为一体，求天下无治，不可得矣。"③刘宗周也认为，以"致良知""救学者支离眩骛、务华而绝根之病，可谓震霆启寐，烈耀破迷，自孔孟以来，未有若此之深切著明者也。"④

    自然，无论是王守仁的自视，还是刘宗周的评价，都不免过高，但在不怕背离孔孟，只怕抵牾程朱的当时来说，提出有异于程朱的"致良知"说，是需要一点勇气的。连王守仁自己也声称："平生于朱子之说，如神明蓍龟，一旦与之背驰，心诚有所未忍，故不得已而为此。"所谓不得已者，因为"道固如是"。他说："夫道，天下之公道也，学，天下

---

①〔明〕王守仁：《王阳明全集》卷2《传习录中》。
②〔明〕王守仁：《王阳明全集》卷1《传习录上》。
③〔明〕王守仁：《王阳明全集》卷2《传习录中》。
④〔清〕黄宗羲：《明儒学案》卷首《师说》。

之公学也;非朱子可得而私也,非孔子可得而私也,天下之公也,公言之而已矣。"①王守仁把孔子抬出来,说他根据的是孔门相传的《大学》,以此来压朱熹。他说:"夫学贵得之心。求之于心而非也,虽其言之出于孔子,不敢以为是也;而况其未及孔子者乎?求之于心而是也,虽其言之出于庸常,不敢以为非也,而况其出于孔子者乎?"②这些话是很有见地的,难怪有人要攻击他是"邪说",也难怪他的后学会发展为"离经叛道"的"异端"。

虽然王守仁批评程朱析心与理、知与行为二,但由于自身理论上的缺陷,把心分为道心与人心,所以在讲"省察克治"的修养工夫时,就难免不重蹈程朱的故辙。

王守仁认为,"教人为学,不可执一偏"。即既要"静时存养",又要"动时省察"。前者工夫主要是:"无事时将好色、好货、好名等私逐一追究搜寻出来,定要拔去病根,永不复起,方始为快。常如猫之捕鼠,一眼看着,一耳听着,才有一念萌动,即与克去,斩钉截铁,不可姑容,与他方便,不可窝藏,不可放他出路,方是真实用功,方能扫除廓清。"③但是,只是"静时存养"而不知"动时克治","临事就要倾倒"。所以他反对"口耳之学",主张"时时用力省察克治"。王守仁曾回答其属官"簿书讼狱繁难,不得为学"的疑问说:"我何尝教尔离了簿书讼狱悬空去讲学?尔既有官司之事,便从官司的事上为学,才是真格物。如问一词讼,不可因其应对无状,起个怒心;不可因他言语圆转,生个喜心;不可恶其嘱托,加意治之;不可因其请求,屈意从之;不可因自己事务烦冗,随意苟且断之,不可因旁人潜毁罗织,随人意思处之。这许

①〔明〕王守仁:《王阳明全集》卷 2《传习录中》。
②〔明〕王守仁:《王阳明全集》卷 2《传习录中》。
③〔明〕王守仁:《王阳明全集》卷 1《传习录上》。

多意思皆私,只尔自知,须精细省察克治,惟恐此心有一毫偏倚,杜人是非,这便是格物致知。簿书讼狱之间,无非实学。若离了事物为学,却是著空。"①

尽管王守仁的心学思想体系存在某些缺陷,但这并不影响他在中国儒学史和思想史上的地位,也决不会减弱他对当时以及后世的巨大影响。

三

自朱熹集理学之大成以后,程朱理学得到了进一步发展。元仁宗皇庆以后,程朱理学更上升为官方哲学,成为占统治地位的学术思想。

但是,正由于程朱理学处于独尊的地位,因而不可避免地日趋呆滞、僵化。同时,程朱理学本身也存在着缺陷,如不加以补充、修正就很难继续前进。所以,在元代,学宗程朱的人,除极少数坚守藩篱、不杂异说者外,都或多或少地杂采陆(象山)学,以补朱学之不足。此外,由于程朱学派所注释的儒家经典,为科举必读之书,因而一般士人(包括学宗陆学的人),为仕途着想,自然不得不研读程朱之学,从而受其影响。加之陆学本身也存在着空疏、"流于禅"的弊端,为了自身的发展,也需要杂采朱学。由于如此,所以在元代便出现了朱陆日趋"和会",或者说日趋合流的情况。当然,程朱理学的统治地位并未动摇。

明王朝建立以后,出于维护高度封建专制主义中央集权之需要,更是不遗余力地提倡程朱理学,致使程朱理学处于独尊的地位。然而这只是问题的一个方面。另一方面,却又日益显示出程朱理学的式微

---

① 〔明〕王守仁:《王阳明全集》卷3《传习录下》。

和停滞不前,以致终于被王守仁的心学所突破。《明史·儒林传序》说:"原夫明初诸儒,皆朱子门人之支流余裔,师承有自,矩矱秩然。曹端、胡居仁笃践履、谨绳墨,守先儒之正传,无敢改错。学术之分,则自陈献章、王守仁始。"《明儒学案·莫晋序》也说:"明初,天台、渑池椎轮伊始,河东、崇仁风教渐广,大抵恪守紫阳家法,言规行矩,不愧游、夏之徒,专尚修,不尚悟,专谈下学,不及上达也。""前此(按指陈献章、王守仁之前)诸儒,学朱而才不逮朱,终不出其范围。"

明中叶以后,王守仁的心学崛起,并很快地风靡一世。王学在某些具体问题上也采取了程朱的观点,来弥补心学之不足,但从总体上说来,显与程朱背驰。王学的出现,一扫程朱理学烦琐教条对思想界的禁锢,使人耳目一新,故从之者日众。"门徒遍天下,流传逾百年,其教大行,其弊滋甚,嘉、隆而后,笃信程朱,不迁异说者无复几人矣。"[①]程朱理学从根本上动摇了。

王守仁把宋明理学发展到了完备的程度,同时王学又导致了宋明理学的衰落,或者说它导致了嘉、隆以后理学批判思潮的兴起。这自然是王守仁始料所不及的。

王守仁殁后,尽管他在政治上遭到不公正的待遇,学术思想因背离程朱而受到攻击,但他的心学思想体系仍然得到广泛传播。《明儒学案》按地域把王门学者划分为浙中、江右、南中、楚中、北方、粤闽等六个学案,列专案叙述者六十六人。此外,又将王守仁弟子王艮为首的学者列为"泰州学案",专案叙述者十八人(《蕺山学案》亦系王门嫡传)。其他受王学影响,从而以其为宗者更不在少数。王学的广泛传播,充分说明了王学影响之深广。

---

① 《明史》卷 282《儒林传序》。

众多的王守仁的弟子和再传弟子，都能从一个或几个方面阐发王守仁的心学。特别是他的两大弟子王畿和王艮，既使王学得以风行天下，又使王学更具"异端"色彩。

王畿学主顿悟，使王学更近于禅。刘宗周认为："王门有心斋（王艮）、龙溪（王畿），学皆尊悟，世称二王。心斋言悟虽超旷，不离师门宗旨。至龙溪，直把良知作佛性看，悬空期个悟，终成玩弄光景，虽谓之操戈入室可也。"①实际上，王畿的禅悟还是从王守仁处来的。黄宗羲认为，畿"亲承阳明末命，其微言往往而在。象山之后不能无慈湖，文成之后不能无龙溪，以为学术之盛衰因之。慈湖决象山之澜，而先生疏河导源，于文成之学，固多所发明也"②。这些评语应该说是信而有征的。

以王艮为首的"泰州学派"是具有似儒、似道、似禅，亦儒、亦道、亦禅，不同于正宗"圣学"的特殊学派。黄宗羲在描述这个学派的特点时说："阳明先生之学，有泰州、龙溪而风行天下，亦因泰州、龙溪而渐失其传。泰州、龙溪时时不满其师说，益启瞿昙（释迦牟尼之姓，借指佛）之秘而归之师，盖跻阳明而为禅矣。……泰州之后，其人多能以赤手搏龙蛇，传至颜山农、何心隐一派，遂复非名教之所能羁络矣。……诸公掀翻天地，前不见有古人，后不见有来者。释氏一棒一喝，当机横行，放下拄杖，便如愚人一般。诸公赤身担当，无有放下时节，故其'害'如是。"③刘宗周则说："王门惟心斋盛传其说，从不学不虑之旨，转而标之曰'自然'，曰'学乐'，末流蔓衍，浸为小人之无忌惮。"④此派

---

①〔清〕黄宗羲：《明儒学案》卷首《师说》。

②〔清〕黄宗羲：《明儒学案》卷12《浙江王门学案二》。

③〔清〕黄宗羲：《明儒学案》卷32《泰州学案一》。

④〔清〕黄宗羲：《明儒学案》卷首《师说》。

中有不少人更近于禅,更主张纯任自然,蔑视传统的封建伦常。例如,颜山农认为:"平时只是率性所行,纯任自然,便谓之道。"又说:"凡儒先见闻,道理格式,皆足以障道。"①罗汝芳认为:"解缆放船,顺风张棹,无之非是。"②李贽更是"非圣无法",指出人人皆可以为圣,皆可以为佛,不必"专尊孔子而后为正脉"。反对以孔子之是非为是非。认为"六经、语、孟乃道学之口实,假人之渊薮",不能作为"万世之至论"③。所有这些,无疑是闪现了某些近代的理性的火花,同时也预示了理学危机的进一步加深。

包括王守仁心学在内的整个理学,发展到明朝末期以后,日益暴露了它难以克服的种种弊端。这些弊端,概括说来主要是:第一,无论在宇宙观、世界观、认识论以及方法论等方面,都存在着一些致命的理论缺陷。第二,把"内圣"与"外王"之学对立起来,极大地、片面地夸大、强调"内圣"之学,使"内圣"之学掩盖甚至是吞并了"外王"之学,以为只要"正心诚意",加强自我修养,就可以治国平天下。于是处处讲心、讲性,人人谈理、谈命,而以"礼乐兵农"等经世之学为"末务",置诸脑后。这种脱离实际的空谈,造成了巨大的恶果。顾炎武就曾指出:"……今之君子则不然,聚宾客门人之学者数十百人,'譬诸草木,区以别矣',而一皆与之言心言理,舍多学而识,以求一贯之方,置四

①〔清〕黄宗羲:《明儒学案》卷32《泰州学案一》。
②〔清〕黄宗羲:《明儒学案》卷34《泰州学案三》。
③〔明〕李贽:《焚书·童心说》。后来,刘宗周的弟子陈确也说:"此道自开辟来,便公之天下万世,且非孔、孟之所得私,况程、朱乎!"(《陈确集》文集卷3《与吴裒仲书》)又说:"《大学》首章,非圣经也。其传十章,非贤传也。""《大学》,其言似圣而其旨实窜于禅,其词游而无根,其趋罔而终困,支离虚诞,此游、夏之徒所不道,决非秦以前儒者所作可知。"(《陈确集》别集卷14《大学辨一》)真是先后如出一辙,清楚地反映了当时的学术思潮。

海之困穷不言,而终日讲危微精一之说……我弗敢知也。"①甚至直接指斥王守仁说:"以一人而易天下,其流风至于百有余年之久者,古有之矣;王夷甫之清谈,王介甫之新说,其在于今,则王伯安之良知是也。"②颜元则说:"吾读《甲申殉难录》,至'愧无半策匡时难,惟余一死报君恩',未尝不凄然泣下也;至览和靖(尹焞,程颐弟子)祭伊川'不背于师有之,有益于世则未'之语,又不觉废卷浩叹,为生民怆惶久之。"③李塨也沉痛地指出:"明之末也,朝庙无一可倚之臣,天下无复办事之官,坐大司马堂,批点《左传》。敌兵临城,赋诗进讲,其习尚至于将相方面,觉建功奏绩俱属琐屑,日夜喘息著书,曰此传世业也。以致天下鱼烂河决,生民涂毒。呜呼!谁实为此?无怪颜先生之垂涕而道也。"④第三,"存天理,灭人欲"是理学所要论证的核心命题。它要求人们摒弃物欲,禁锢甚至否定人们的自然欲望,使之生活在准宗教式的道德伦常的"牢笼"之中。这种禁欲主义的、清教徒式的道德说教,与现实生活存在着极大的矛盾。特别是随着社会经济的发展,人们自然物欲的增长,更是理学难以藩篱的。第四,理学不厌其烦地论证的尊尊、亲亲等一套严等级伦常之分的道德律条,是一条看不见的却是巨大的束缚广大臣民的绳索。特别是"饿死事小,失节事大"的教条,更使广大妇女陷入了苦难的深渊。由于如此,所以理学受到批判是必然无疑的,而它的衰落也是必然无疑的。当然,我们决不能因此就否定王守仁心学的历史地位。

(原载《西北师大学报(社会科学版)》1990 年第 1 期)

---

① 〔清〕顾炎武:《顾亭林诗文集》卷 3《与友人论学书》。
② 〔清〕顾炎武撰,黄汝成集释:《日知录集释》卷 18《朱子晚年定论》。
③ 〔清〕颜元:《存学编》卷 2《性理平》。
④ 〔清〕李塨:《恕谷后集》卷 4《与方灵皋书》。

论张居正的政治思想

张居正(1525—1582)是明朝颇有作为的地主阶级政治家。他所进行的社会改革及其取得的成果，过去和现在的不少论著已经给了肯定的评价。至于他的政治思想，却很少专题论述，甚至一些有关的专著也没有给他一席之地。这是颇为遗憾的事。我们认为，张居正的政治思想，内容较为丰富，其中还有一些闪光的东西。因此，它是值得研究的，是一笔应该批判继承的历史遗产。

一、效法"后王" 力主变革

效法"后王"，力主变革，是张居正政治思想的鲜明特点。

他说："法无古今，惟其时之所宜与民之所安耳。时宜之，民安之，虽庸众之所建立，不可废也；戾于时，拂于民，虽圣哲之所创造，可无从也。"①这一认识在当时来说是相当深刻的，是符合历史发展的客观实际的。因为历史的发展，总是从低级到高级，而与之相适应的各种社会制度，则总是从粗疏到严密，而且也总是从当时的实际情况出发的。尽管历史有继承性，然而，随着时间的推移，当情况发生了很大变化的时候，还要"法先王""率由旧章"，岂不是"方枘园凿"？因此，各种社会制度以及礼仪风俗，只能随着时代的发展而发展，随着时代的变

---

①〔明〕张嗣修等：《张太岳集》卷16《辛未会试程策三问》。

化而变化,决不能死守前人的规范。

在张居正看来,明太祖是"善法后王者"。他所创建的制度博采众长,是三代以下法制之最善者。不过,张居正并没有因此而就认为再不需要变革了。相反,根据当时的具体情况,以为变革势在必行。他说:"近来风俗人情,积习生弊,有颓靡不振之渐;有亟重难还之几,若不稍加改易,恐无以新天下之耳目,一天下之心志。"①如不审几度势,进行变革,明王朝的统治就很难维持。

张居正十分清楚,要"法后王",要实行变革,是很不容易的。他说:"天下之势最患于成,成则未可以骤反。治之势成,欲变而之乱难;乱之势成,欲变而之治难。"②明朝中叶以后,由于贵族大地主阶级日益腐朽没落而成了寄生集团,他们的既得利益不容丝毫侵犯;同时也由于法久弊生,积习难返;因此,哪怕是对现状稍加改易,也会横遭非议,困难重重。而事实正是如此。当张居正一旦触动某些积弊时,贵族大地主及其政治代表们的神经末梢便紧张起来。他们纷纷出马,举起"法先王","循阳章""施仁政"等等陈腐不堪的武器,对张居正大张挞伐。说他"才虽可为,学术颇偏";说他"专尚刻核""擅作威福"等等。对此,张居正是有充分思想准备的。他说:"不谷弃家忘躯以徇国家之事,而议者犹或非之。然不谷持之愈力,略不少回,故得少有建立。得失毁誉关头若不打破,天下事无一可为者"。③又说:"念己既忘家徇国,遑恤其他。虽机阱满前,众镞攒体,孤不畏也! "④还说:"二十年前曾有一宏愿,愿以其身为蓐荐,使人寝处其上,溲溺之,垢秽之,吾无

① 〔明〕张嗣修等:《张太岳集》卷36《陈六事疏》。
② 〔明〕张嗣修等:《张太岳集》卷18《杂著》。
③ 〔明〕张嗣修等:《张太岳集》卷32《答学院李公言得失毁誉》。
④ 〔明〕张嗣修等:《张太岳集》卷30《答河漕按院林云源言为事任怨》。

间焉。……有欲割取吾耳鼻,我亦欢喜施与,况诋毁而已乎?"[1]有人认为,这是张居正的"偏执"。应该说,这正是张居正之所以为张居正。他深深地知道,根据当时的具体情况,自己的出处去就,所系非浅。如果他被汹涌的逆流淹没,则腐朽的势力便可"呼朋引类,借势乘权,恣其所欲为,纷更变乱,不至于倾覆国家不已"。为了整个地主阶级的利益,为了地主阶级的国家,张居正决心"赴汤蹈火","以死振国"。他公开宣布"臣必不能枉己以徇人,必不能违道以干誉",纪纲必须振肃,法令定要奉行,决不姑息奸宄之人,必不引进险躁之士。"如有捏造浮言,欲以荧惑上听,紊乱朝政者,必举祖宗之法,请于皇上而明正其罪。"[2]为了实现自己的主张,为了坚持变革积弊丛生的现实而毫不退缩,这正是一个颇有作为的政治家应有的品质。

二、整饬纪纲　加强集权

整饬纪纲,修明法度,加强中央集权,从而维护和巩固地主阶级的专政,是张居正政治思想的核心。

朱元璋"忧危积心,日勤不怠"所建立起来的高度专制主义中央集权制度,到了中叶以后便逐渐地发生了弊病,运转愈来愈不灵了。特别是议论太多、诏令不行、纪纲不振等等,更极大地妨碍了中央集权,从而也就削弱了地主阶级的统治。因此,张居正所提出来的"省议论、重诏令、振纪纲"以加强中央集权的主张,确是现实的需要。

明中叶以后,随着吏治的日趋败坏,统治阶级内部矛盾的日趋尖锐,特别是专职言事的御史科道变成了政争的工具,于是政治舞台上便逐渐出现了一些反常现象:其一是是非无一定标准,遇事纷争不

---

① 〔明〕张嗣修等:《张太岳集》卷25《答吴尧山言宏愿济世》。
② 〔明〕张嗣修等:《张太岳集》卷43《乞鉴别忠邪以定国是疏》。

已。其二是徒托空言,哗众取宠。其三是飞短流长,恶意中伤。为了清除这些弊病,张居正提出了"枉无用之虚词,求躬行之实效"的主张。就是在办一事之前,要博采众议;等到议论已定之后,就要毫不动摇地贯彻执行。自然,任何事情都不会只有利而无害,也不会只有害而无利;任何人都有所长,也有所短。因而在办事过程中遇到议论时,要权衡利害,斟酌短长,不要被不负责任的议论所左右,把应办的事搁置起来,把应该信任的人摒弃不用。只有这样才能杜绝空言,制止纷争,从而把事情办好,提高实效。

"枉无用之虚词,求躬行之实效"的主张,既是针对当时议论太多的积弊提出来的,也是张居正这个政治家务实精神的反映。因此,他把"省议论"列在《陈六事疏》这篇带有施政纲领性质的奏议之首,无疑是具有深意的。

明朝中叶以后的政治舞台上还有一种令人触目惊心的现象,那就是有令不行,有禁不止,办事拖沓,敷衍塞责。张居正在隆庆时所上的《陈六事疏》中说:"臣窃见近日以来,朝廷诏旨多废格不行,抄到各部,概从停阁。或已题奉钦依,一切视为故纸,禁之不止,令之不从。"至于应办、应报之事,更是迟慢,"有查勘一事而数十年不完者,文件委积,多致沉埋,干证之人,半在鬼录;日月既远,事多失真"。于是只好稀里糊涂地了结。居正十分清楚,要骤然改变这个积习是十分艰难的,因为"奉公守法者上未必即知,而已被伤于众口;因循颓靡者上未必即黜,而且博誉于一时。故宁抗朝廷之明诏而不敢挂流俗之谤议,宁坏公家之法纪而不敢违私门之请托。盖今之从政者大抵皆然"[1]。但是,居正并没有向这种颓风妥协。万历元年(1573年)六月,他提出了

---

①〔明〕张嗣修等:《张太岳集》卷38《请申旧章饬学政以振兴人才疏》。

督促官僚认真办事的"随事考成法"。其具体做法是：凡六部、都察院在下达文件时，应"先酌量道里远近，事情缓急，立定程期，置立文薄存照，每月终注销"。除例行公事外，须要"转行复勘，提问议处，催督查核"的，另造文册二本，各注紧关略节及原立程限"，分送六部和内阁查考，办完一件，注销一件。如果抚按官有稽迟延搁的，由有关的部检举；如部院有容隐欺蔽的，由科臣检举，如六科有容隐欺蔽的，由内阁检举。这样，由内阁控制六科，六科控制部院，部院控制抚按等地方长官。实际上就是张居正高举着"考成"的鞭子，指挥着一架庞大的官僚机器颇有成效地运转起来了。诚如他自己所说："如此，月有考，岁有稽，不惟使声必中实，事可责成，而考验综核之法严，即建言立法者，亦将虑其终之罔效，而不敢不慎其始矣。致理之要，无逾于此。"①后人对此的评价也基本相似。谈迁说："江陵立考成法，以为制治之本。向者因循玩愒，至是始中外淬砺，莫敢有偷心焉。"②《明史·张居正传》也说："自是一切不敢饰非，政体为肃。"行政效率大大地提高了。

振纪纲、明法度，是张居正集权思想的重要组成部分。他说："窃见近年以来，纪纲不肃，法度不行，上下为务姑息，百事悉从委徇。以模棱两可谓之调停，以委曲迁就谓之善处。法之所加唯在于微贱，而强梗者虽坏法干纪而莫之谁何！"因此，他极力主张整饬纪纲，严明法度，反对纵释有罪以博取宽厚、仁政之虚名，认为这是"懦者姑息之说，衰世苟且之政"，决不能奉行。在他看来，只有严刑明法，才能"制欲禁邪"，使人不至于为非作歹；只有严刑明法，才能使豪右们"知朝廷法纪之不可干，上下分义之不可逾"，制止其骄横跋扈，使之不至于

---

①〔明〕张嗣修等：《张太岳集》卷38《请稽查章奏随事考成以修实政疏》。
②〔清〕谈迁：《国榷》卷68。

发展到不可收拾的地步①；只有严刑明法，才能使天下服从君主的教令，破除积习，扭转那种"陵替之风渐成，指臂之势难使"的局面，加强中央集权，达到"整齐而不乱"。他竭诚希望皇帝能够"张法纪以肃群工，揽乾纲而贞百度。刑赏予夺一归之公道，而不必曲徇乎私情；政教号令必断于宸衷，而毋致纷更于浮议。法所当加，虽贵近不宥；事有所枉，虽疏贱必申"②。实际上这也是他自己所遵循的信条。例如：果断地逮捕横霸一方、民愤极大的云南总兵官黔国公沐朝弼，并将其禁锢于南京。又如：严格限制借朝贡为名，骚扰百姓的孔子六十四代孙孔尚贤进京朝贡；指出假令孔子生在今日，"亦必斤斤守朝廷之法，不可逾越，况其后裔乎？"以后如果再行骚扰，"亦宜一体参究，庶为持法之公也"③。所有这些，就是张居正严明法纪，虽贵近不宥的精神的反映。

张居正坚持振纪纲、明法度的结果，正如《明史》本传所说，当时朝廷的诏令，"虽万里外，朝下而夕奉行"。也如谈迁所说："江陵本申韩之学，其佐治信赏必罚，捷于风雷。……威行万里，坐致富强。"而江陵没后，当政者"浮慕宽厚"，于是"狴多垂白之辜，吏尽苟且之治，而万历之政隳矣。末流寖弊，于是不得不思江陵也"④。这应该说是对张居正实行法治的客观而比较正确的评价。

三、立贤无方 惟才是用

在中国历史上，凡是有作为的政治家，没有不重视人才的。张居

①〔明〕张嗣修等：《张太岳集》卷28《答应天巡抚宋阳山》。

②〔明〕张嗣修等：《张太岳集》卷36《陈六事疏》。

③〔明〕张嗣修等：《张太岳集》卷33《答山东巡抚何莱山》，卷32《答藩伯徐中台》。

④〔清〕谈迁：《国榷》卷69，70。

正自然也不例外。“立贤无方,惟才是用”,就是他对待人才的态度。

为了做到“惟才是用”,张居正首先提出了综核名实的主张。

当时,由于朝廷没有综核名实,“称人之才,不必试之以事;任之以事,则不必更考其成。”因此名实不符的情况相当严重:“椎鲁少文者以无用见讥,而大言无当者以虚声窃誉。倜傥亢直者以忤时难合,而脂韦逢迎者以巧宦易容。其才虽可用也,或以卑微而轻忽之,其才本无取也,或以名高而尊礼之。或因一事之善而终身借之以为资,或以一动之差而众口訾之以为病。”[①]由于如此,所以华而不实、一意追求声名的风气,在官僚士大夫中间非常流行。以致是非不分,赏罚失当,“牛骥以竝驾而俱疲,工拙以混吹而莫辨”,真才实能之士无由而进,百官有司之职亦废弛不举。为了改变这种不合理的现状,张居正提出了“综核名实”的主张。就是“用人必考其终,授任必求其当”;“进退用舍,一以功实为准。毋徒眩于声名,毋尽拘于资格,毋摇之以毁誉,毋杂之以爱憎,毋以一事概其生平,毋以一眚掩其大德”。有功于国家的,即使“千金之赏,通侯之印”亦不吝惜;无功于国家的,“虽嚬笑之微,敝袴之贱”也不轻予[②]。曾经上疏弹劾严嵩、下过诏狱的董传策,是当时颇有名气的官僚。吏部拟起用他为礼部右侍郎兼南京祭酒,张居正不同意。认为“取师当以严正,董但酷暴耳。且又外廉内贪,宁可以一节取也?”[③]数日之后,董传策便因酷暴为其家人所杀。可见张居正确实不眩于人之声名。居正力排众议,将戚继光从南方调往北方,镇守蓟门;用李成梁镇辽;让四川总兵官刘显戴罪出征;曲意厚抚大同总兵赵岢、宣府总兵马芳等。说明他确能随才任使,因任而授官。

---

①〔明〕张嗣修等:《张太岳集》卷36《陈六事疏》。

②〔明〕张嗣修等:《张太岳集》卷36《陈六事疏》。

③〔清〕谈迁:《国榷》卷70。

就当时的情况而言,名不符实,以虚名博取功名富贵的,更突出地表现在一批扛着孔圣人大旗的道学先生身上。地主阶级的进步思想家李贽曾经对他们进行过深刻的揭露和批判。说他们"阳为道学,阴为富贵,被服儒雅,行若狗彘然"①。说他们"未得富贵也,养吾之声名以要朝廷之富贵,凡可以欺世盗名者,无所不至。其既得富贵也,复以朝廷之富贵养吾之声名,凡所以临难苟免者,无所不为"②。由于道学是猎取高官厚禄的捷径,因而自嘉靖中叶以后,讲究道学便"靡然成风"。甚者"借以把持郡邑,需索金钱,海内为之侧目"③。张居正对此是深恶痛绝的。他不仅从理论上反对道学,而且采取具体措施加以限制。万历七年(1579 年)正月,张居正以常州知府施观私创书院科敛民财,因而下令拆毁天下书院,尽以为公廨。于是,借讲道学以追求声名的颓风得到了一定程度的制止。

其次,张居正认为必须打破资格的限制,才谈得上"惟才是用"。

明中叶以后,量才录用被循资格授官所代替。进士出身的不仅可以得美官,而且迁转很快;如系举人出身,则一般只能得教职,即使转为州县官,也多是偏远之地。此外,很多抚按官总是戴上有色眼镜看举人出身的官员,"同一宽也,在进士为抚字,在举人则为姑息;同一严也,在进士为精明,在举人则为苛庚"④。这样就使得一些有才干的人的仕进受阻,因而心灰意冷,自暴自弃。为了使真才异能之士不至于"槁项黄馘,以终其身",张居正竭力主张打破资格的限制。万历三年(1957 年)六月,他以朝廷的名义,命抚按官,"有司贤否,一体荐劾,

---

①〔明〕李贽:《续焚书》卷 2《三教归儒说》。
②〔明〕李贽:《焚书》卷 5《贾谊》。
③〔明〕沈德符:《万历野获编》卷 8《嫉诮》。
④《明史》卷 227《贾三近传》。

不得偏重甲科"①。万历四年(1576年)十月,他又借山东抚按劾昌邑县知县孙鸣凤贪婪案之机,向神宗进言:"以后用人,当视其功能,不必问其资格。"神宗"深以为然"②。

再其次,张居正还提出了消除门户之见,天下之贤与天下用之的主张。

嘉靖以来,明朝统治阶级内部的政争日益加深。与之伴随而来的,就是一些大官僚往往网罗一帮亲故乡党,作为羽翼,作为政争的工具。这种纯粹出于个人利害的结合,当然谈不上什么选贤与能。

这种状况自然会遭到主张"立贤无方,惟才是用"的张居正的反对。他在《答南卿陈我度》一书中,表明自己"内不敢任爱憎之私,外不轻信毁誉之说",力矫前人之失,"消弭偏党"。又在《答南台长书》中说:"或曰某为新郑(按指居正的政敌高拱)之党,不宜留之;或曰某为新郑所进,不宜用之,纷纷藉藉,日引月长,甚无谓也。"张居正既是这样说的,也是这样做的。例如:与高拱关系很深的张佳胤,在高拱去位以后,张居正仍然对其重用,致使佳胤感到不安。居正与他去信说:"自公在郎署时,仆已知公。频年引荐,实出鄙意。不知者乃谓仆因前宰之推用为介,误矣。天下之贤与天下用之,何必出于己!"③又如:刘台、傅应祯、吴中行、赵用贤等都是张居正的门生,然而他们都曾弹劾过居正,同时又都受到过居正给他们的相应的处分。由此可见,张居正确实是不树党的。

尽管"消弭偏党"在当时是无法实现的,但是,由于张居正基本上信守"无论是谁亲故乡党,无计从来所作旧过,但能办国家事、有礼于

①〔清〕陈鹤:《明纪》卷39。
②《明神宗万历实录》卷55,万历四年十月癸酉。
③〔明〕张嗣修等:《张太岳集》卷25《答总宪张崛嵊言公用舍》。

君者,即举而录之"①的原则,因而在他当政时,不仅能发现一批人才,并且还能使他们各尽其才。关于这,不少论著都给予了肯定的评价。如《明史·张居正传》说他"能以智数驭下,人多乐为之尽"。《国榷》卷71 引林之盛的话说:"万历初年,江陵当国,号能用人。一时才臣,无不乐为之用,用必尽其才,或推毂至道显。"

四、民为邦本　本固邦宁

"民为邦本,本固邦宁",是传统的儒家的政治思想,张居正把它继承了下来。

张居正在执政期间,十分强调足食足兵。有人讥剌他不讲"王道",议论的不过是富国强兵之术而已。居正理直气壮地说,他执政七八年来,谋求的就是足食足兵,遗憾的是"闾里愁叹之声尚犹未息,仓卒意外之变尚或难支",要真正做到富而且强,谈何容易!②

张居正的"固本"思想,主要就是求其耗财病民者而去之,不必"索之于穷困之民,以自耗国家之元气"③这种思想在当时来说,是难能可贵的。

张居正善于找出问题的症结所在,而且一经认定以后,就会不遗余力地加以解决。

居正从当时的情况出发,认为"国匮民穷"的根源乃在于土地的高度集中。他说:"私家日富,公室日贫,国匮民穷,病实在此。"要足食足兵,就必须清丈土地,使赋役负担趋于合理。万历五年(1577 年)十一月,他以"豪民有田不赋,贫民摊派为累,民穷逃亡,故额顿减"为

①〔明〕张嗣修等:《张太岳集》卷 26《答总宪李渐庵论用人才》。
②〔明〕张嗣修等:《张太岳集》卷 31《答福建巡抚耿楚侗谈王霸之辨》。
③〔明〕张嗣修等:《张太岳集》卷 36《陈六事疏》。

由,请令丈量包括庄田、屯田、民田、职田、牧地等在内的所有土地。其目的就是要搜括隐匿的田亩,增加国家的收入,并使"小民免包赔之累,而得守其本业"①。张居正认为,清丈土地,"在小民实被其惠,而于宦豪之家,殊为未便"②,必然遇到他们的反对;同时,这件事是"均天下之大政",而积弊却太深,因之"非精核详审,未能妥当"。所以,他一方面声称:"苟利社稷,死生以之",表示了要把此事进行到底的决心;另一方面又再三告诫一些抚按大臣,要他们"无畏于浮言",趁他还在执政的时候,"做个一了百当,不宜草草速完"③。经过三年的清理,到万历九年(1581 年),全国土地面积达七百零一万多顷,比弘治时增加了八十多万顷。大量隐匿的土地被清查出来,既有利于赋役的征发,增加封建国家的财力,又可相应地减轻中小地主和人民的额外负担。

赋役负担的沉重和不均,是病民的一大问题。自英宗以后,赋役制度就开始不断地在发生变化。特别是嘉靖以后在某些地区所实行的一条鞭法,对于赋役制度的整顿以及在一定程度上减轻人民的负担方面,都起着较好的作用。因此,张居正便从万历五年起在有的地区推行一条鞭法。由于当时对此法的意见纷纭,有说很好的,有说很不好的,有说利害参半的,为了慎重起见,因而各地可根据具体情况,决定是否实行,中央不加强制。经过几年实践以后,到了万历九年才普遍推行。一条鞭法上承杨炎的"两税法",下启清初的"摊丁入亩",是对中国封建赋役制度的一次重大改革。它不仅相对地减轻了贫苦农民的沉重负担,增加了明王朝的财政收入,而且对商品货币经济的发展,也起了一定的积极作用。

①〔清〕谈迁:《国榷》卷 70。
②〔明〕张嗣修等:《张太岳集》卷 33《答山东巡抚何来山》。
③〔明〕张嗣修等:《张太岳集》卷 32《答江西巡抚王又池》。

与清丈土地、推行一条鞭法的同时，张居正还大力清理钱粮积弊，整顿驿递，以免赋役不均，"偏累小民"。《明史·张居正传》载："居正以江南贵豪怙势及诸奸猾吏民善逋赋，选大吏精悍者严行督责，赋以时输，国藏日益充"。此外，明代的驿递，是人民的一大负担，交通沿线的老百姓因此而"困敝至极"。为了纾民困，张居正严格限制使用驿递；使用驿递的官员，所用劳力及交通工具，不得超过定额；除规定费用外，不准额外勒索；准许使用驿递的"勘合"，用毕即行缴还；如有违犯上述规定的，由抚按及部科参治，否则一体治罪。张居正特别寄希望于抚按，他说："有司官卑，岂敢与大官相抗。所赖以行法振弊者，全在抚按耳！抚按官狃于故常，牵于私意，而责有司以奉法令、抗大官，势不能也。朝廷欲法之行，惟责之抚按，不责之有司。"①责抚按而不责一般有司的思想，是十分有意义的，应该给以充分的肯定。基于这样一种思想，居正的弟弟回原籍养病，儿子回原籍乡试，都"不敢惊扰有司"。更有甚者，连朝廷"遣皇亲于武当祈嗣，亦不敢乘传，往来皆宿食逆旅"②。驿递经过整顿以后，"畿辅诸郡，十减六七"，因而"小民欢呼歌诵"，喜形于色。

对于为民大害的官贪吏污问题，张居正也给予了足够的重视。嘉靖中叶的情况是："贿路大开，私门货积。但通关节，罔不如意。湿薪可以点火，白昼可以通神。"③"商贾在位，货财上流。百姓嗷嗷，莫必其命。"④张居正十分清楚，"致理之道，莫急于安民生，安民之要，惟在于

---

① 〔明〕张嗣修等：《张太岳集》卷29《答总宪李渐庵言驿递条编任怨》。
② 〔明〕张嗣修等：《张太岳集》卷32《答保定巡抚张浒东》。
③ 《明世宗嘉靖实录》卷225，嘉靖十八年六月壬寅。
④ 〔明〕张嗣修等：《张太岳集》卷32《答福建巡抚耿楚侗言致理安民》。

核吏治"①。所以他下定决心,并且采取措施,"杜绝贿门,痛惩贪墨",以便使小民免去额外的剥削,从而得以安其田里。尽管贪污之风没有也不可能完全刹住,但总算在一定程度上得到了抑制。

"民为邦本,本固邦宁"的思想,有其合理的地方,故而值得肯定。但也必须指出,它是从维护整个地主阶级和封建国家的利益出发的。适当减轻剥削,并不意味着统治阶级自愿放弃对于劳苦大众榨取成千上万收入的权利,而仅仅是为了使他们能够生存下去。这样,既可避免贫苦农民铤而走险,又可使封建国家赋税和力役的源泉不至于枯竭,从而地主阶级的统治也就可以因之维持不坠。至于惩治贪污,抑制豪强,其根本意图不过是要他们的压榨不要超过人民可以忍受的限度,同时也在于增加国库收入。而总的说来,则是为了维护地主阶级的利益。这在张居正的《答应天巡抚宋阳山》《答应天巡抚胡雅斋言严治为善爱》等书中是表达得十分清楚的。他说,如果富豪们"能奉公守法,出其百一之蓄,以完积年之逋,……由是秉礼以持其势,循法以守其富,虽有金粟如山,莫之敢窥,终身乘坚策肥,泽流苗裔,其为利也不亦厚乎?"完粮纳税,暂时吃点"小苦",便可换来子孙世代的富贵。张居正为地主阶级的考虑是很周到的,对他们是温情脉脉的。

万历十年(1582年)六月,张居正病殁。接踵而来的是以明神宗为首的腐朽顽固势力对他所进行的一系列迫害,张居正落得了一场悲剧性的结局,"举朝争索其罪,不敢言其功"。然而,这一股政治逆流,除了表明明王朝的腐朽统治是不可救药的以外,根本不可能改变张居正在历史上应有的地位。谈迁说他当政时"海内肃清,四夷詟服,人仓粟可支数年,帑寺积金不下四百余万。……洵经济之才也"②。《明

---

① 〔明〕张嗣修等:《张太岳集》卷38《请定面奖廉能仪注疏》。
② 〔清〕谈迁:《国榷》卷71。

史·张居正传》说他"肩劳任怨,举废饬弛,弼成万历初年之治。其时中外乂安,海内殷阜,纪纲法度,莫不修明。功在社稷,日久论定,人益追思",这可说是对张居正的盖棺论定。

（原载《社会科学》1985年第5期）

对张居正权力之剖析

张居正是一位现实而又精明的封建政治家，他运用自己手中的一切权力把嘉靖初年杨廷和等人的改革浪潮推向了顶峰，使日趋衰败、充满危机的朱明王朝有了起色，在明代历史上闪现了一束耀眼的光彩。综观这一宏大的改革场面，解析张居正改革之进程，我们不得不把观察点集中在张居正个人权力之上。

依朱元璋洪武宪制："六部分莅天下事，内阁不得侵。"①内阁大学士只备顾问而已，对一切政事既无决策权，更无行政权，对大小官吏也无任免权。可这对张居正来说，恰恰是个例外。一切大政方针出自张居正，一切阻碍其改革的大小官吏均遭到张居正毫不留情的指斥，乃至于罢免。张居正权力伸张到明代政治的各个方面。其权力之重，影响之大，在明代内阁首辅中是绝无仅有的。而运用这一权力所产生的巨大社会效益更使张居正显赫无匹。剖析这一重大改革历史现象中张居正的权力，无疑有助于人们正确认识封建时代权力与改革的密切联系及其深刻内涵。

一

内阁是明代皇权高度集中和强化的产物，是朱元璋废相之后出

---

① 《明史》卷 225《杨巍传》。

现的"参预机务"的顾问机构。尽管由于历史的发展变化使其权力有不断扩张的趋势,但这并不意味着以前宰相职权的翻版和再现。事实上,明代内阁的权力时而超出宰相之职,时而不及宰相之权。其权力的消长正好与宦官权力的大小成反比。之所以出现这种情形,是由明代的政治制度本身所决定的。

洪武十三年,朱元璋"罢丞相不设,析中书省之政归六部。"①废黜了延续一千六百多年的宰相制度,让六部直接向皇帝负责。由于朱元璋能"清心寡欲"地"勤于政事",所以,废相之后,尚能"自操威柄",行"赏罚予夺"之权。然而在朱元璋行驶如此大的权力的表象背后,我们应该看到他的劳苦之状。他"未曾暇逸……戴星而朝,夜分而寝"②,每天二百件公文奏疏和四百件军政要事都需经过朱元璋之手,都要经朱元璋苦心孤诣的评判和裁决。废相之后,皇权是极大地加强了,但在加强的同时,却要求皇帝能够勤于政事,去掉贪图享乐之欲。朱元璋能够一声令下消除宰相之职而不设,可朱元璋无法解决封建家族世袭帝位本身所固有的不可克服的后继之主的贪图逸乐之欲。他们往往把皇位看作一把可以睡大觉的安乐椅。尽管朱元璋生前费心劳神地劝其子孙修身养道,要求他们,"以祖宗忧天下之心为心"③。可劝者自劝,行者自行。他的后继子孙除个别外并不以天下之忧为忧,而是忘天下之忧而行自我之乐。修道求仙,沉湎于声色犬马。荒于政事,重蹈前代各朝后继之主的腐化享乐之辙,并且有过之而无不及。明神宗万历皇帝在位四十八年,其中就有二十四年不理朝政。从明宪宗到熹宗,各朝皇帝前后竟有一百六十多年不召见大臣议事。不难想象,

---

① 《明史》卷72《职官志一》。
② 〔清〕夏燮:《明通鉴》卷6《明纪六》。
③ 〔明〕余继登:《典故纪闻》卷2。

要这类后继之主行使独裁之皇权；并非易事，有时甚至是不可能做到的。如此，便有了超过汉唐的宦官之祸，有了大学士严嵩的专权用事，也有了内阁首辅张居正集权独裁以拯救明王朝之举动。

明代内阁草创于明成祖朱棣时期，完备于仁宗、宣宗、英宗之时。明中叶以后，其权力有不断加强的趋势，到了万历初年，特殊的政治环境使内阁集权独裁有了可能，在嘉、隆时期的内阁混斗中，张居正不动声色地静观局势的演变。到了十龄幼主明神宗继位以后，内阁纷争的白热化虽然已经过去，但尚未结束。恃才负气的内阁首辅高拱未能审辩当时各种势力的真面目而想以托孤之臣、元老之望集中权力，有所作为。他深知年幼的明神宗成不了大气候，准备收揽一切大权。他要求"凡内降命敕，府部章奏，自合公听并观。有传奉中旨，所司按法覆奏，白老臣折衷之，以复百官总己之义"①。甚至要求"讪司礼权，还之内阁"②。为了达到集权的目的，高拱以同床异梦的张居正为倚托。在准备夺取"专恣"的宦官冯保的司礼监权的步骤上，高拱更把张居正看作是自己的心腹而跟他商议计谋。张居正阳为策应，并说："去此阉，若腐鼠耳。"而"阴使人驰报保，得预为备"③。暗地里与冯保"谋去拱"。结果，高拱权未集成，反倒成了明神宗、冯保和张居正的"阶下囚"。他以"揽权擅政""夺威福自专""蔑视幼主"等罪名被赶出了内阁，逐出了朝廷。高拱的失败，张居正的上台，标志着嘉、隆时期内阁混斗的暂时结束。

万历初年，李太后"抚视上主持国秉柄，而倚冯保为重"。④张居正

①〔清〕谷应泰：《明史纪事本末》卷61《江陵柄政》。
②《明史》卷231《高拱传》。
③〔清〕傅维麟：《明书》卷150《张居正传》。
④〔清〕傅维麟：《明书》卷150《张居正传》。

的精明,就在于他能够审时度势,处理好自己跟李太后、明神宗和冯保三人的关系。对于他们,张居正尽量保持平衡,不得罪任何一方。他固结冯保,"凡江陵在外之相业,圣母圣庙之眷注,皆冯纳自埔之验也"①。"居正所蒙,壹皆媚珰之力也。"②冯保是张居正之所以能够上台,并在上台之后之所以能够保持其权力的关键人物。所以,史称:"居正傲于上而卑于冯保。"③为了使冯保能够长期支持自己,张居正不允许其他人靠近冯保,更不允许跟冯保"私结"。他听说张四雅"私结"冯保,即刻当其面"恫喝止之"。④其次便是李太后。《明史》认为,"万历初政,委任张居正,综核名实,几于富强,后之力居多"⑤。至于明神宗在张居正权力获取方面并不像张居正自己所说的那样,是明神宗"举天下之重,尽属于臣"⑥,因为十岁的明神宗的眼光并没有那么锐利和远大。明神宗并非"圣明"更非张居正之"知己"。他只是被张居正、冯保等人挟持利用而已。

如此,张居正、冯保、李太后和明神宗便构成了万历初年的政治权力中心。张居正包揽了明神宗的皇权、李太后的训子权以及冯保的司礼监权,使权力集于张居正一身并通过张居正的行使而显现出来。把张居正视为"权相"极难表明张居正权力的全部。在张居正当国的年代里,明神宗只是傀儡充位的皇帝而已。李太后与"冯保俱德居正。中外大柄,悉以委之"⑦。张居正自负是"帝者师",以受穆宗嘱托,对年

---

①〔明〕刘若愚:《酌中志》卷5《三朝典礼之臣纪略》。

②〔清〕谷应泰:《明史纪事本末》卷61《江陵柄政》。

③〔清〕傅维麟:《明书》卷150《张居正传》。

④〔清〕傅维麟:《明书》卷150《张居正传》。

⑤《明史》卷114《后妃传二》。

⑥〔明〕张嗣修等:《张太岳集》卷41《三乞守制疏》。

⑦〔清〕谷应泰:《明史纪事本末》卷61《江陵柄政》。

幼无知的明神宗时时严加指教,使明神宗"虽虚己以听。而内顾不堪"①;李太后以母子之情,太后之尊,"教上颇严,上或不读书,即召使长跪"②。使明神宗"事太后为谨";奉太后旨的内臣对明神宗"往往挟持太过",而冯保一见神宗有过或不轨,"辄闻慈圣"。由于明神宗对张居正、李太后心怀恐惧之感,使得冯保自鸣得意而"事上不能一切从顺,多逆上旨",使"上渐长而厌之"③。在他们三人面前,明神宗战战兢兢,敢怒不敢言。如是,皇权便在事实上转移到了张居正、李太后和冯保等人的手中,而张居正是其中的最主要代表者,是当时权力中心的核心人物。"居正威在世宗上矣。"④

张居正权力的实质就是,"代王行政"。张居正不仅是"相权"的代表者,而且更是皇权的化身。他直言不讳地认为自己"所理者皇上之事,所代者皇上之言也"⑤。由于明神宗年幼无知,李太后乃妇道人家,冯保为内臣宦竖,更为张居正之心腹,所以,权力自然而然地转落到张居正手中。于是,便出现了"事无大小,皇上悉委之于臣"⑥的局面。明神宗亲自对张居正说:"卿平日所言,朕无一不从。"⑦他"慨然以天下为己任,政自己出"⑧。他不怕别人说他"专擅",恰恰相反,他认为"今言者方以为擅作威福,而臣之所以代王行政者,非威也则福也"⑨。

---

① 〔清〕谷应泰:《明史纪事本末》卷 61《江陵柄政》。
② 〔清〕夏燮:《明通鉴》卷 67《明纪六十七》。
③ 〔清〕查继佐:《罪惟录》列传卷 11 下《张居正传》。
④ 〔清〕傅维麟:《明书》卷 150《张居正传》。
⑤ 〔明〕张嗣修等:《张人岳集》卷 39《被言乞休疏》。
⑥ 〔明〕张嗣修等:《张太岳集》卷 42《召辞纪事》。
⑦ 〔明〕张嗣修等:《张太岳集》卷 41《再乞守制疏》。
⑧ 〔清〕查继佐:《罪惟录》列传卷 11 下《张居正传》。
⑨ 〔明〕张嗣修等:《张太岳集》卷 39《被言乞休疏》。

认为只有这样才是真正对明神宗的"忠",是对穆宗托孤之言的真正负责。他要像诸葛亮那样,携同幼主在"非常"时期建立非常之功。

张居正的独裁专擅超越了一般的含义。他在上挟持皇帝,在下控制同僚和吏员。"凡事傲然取独断,不复谘访。"①在决策圈中,他要自己一人独断,"视同列蔑如也"②。他不允许其他阁臣与自己并驾齐驱。"同某人等办事"变为"随著元辅居正等办事"。张四维"恂恂若属吏,不敢以同僚自处"③。一次因为处理上疏激怒张居正的王用汲问题,张居正嫌张四维处理太轻而"厉色待之者累日"④。马自强"虽持正,亦不能有为,守位而已"⑤。与张居正同年的次辅吕调阳,"虽不敢有所持争,然内不甚附之。"只能"仰屋叹诧而已"⑥。为了扩大自己权力的基础,寻找自己的得力助手以推行其政令。张居正以"伯乐"的身份把他认准的人才全部选拔上来,安排在不同的岗位上,"内而内阁、六部、都察院,外而各省,督抚,没有一个不是居正推荐的人;言官之中,御史、给事中也几乎没有不听居正的指挥"⑦。他自豪地认为:自辅臣以至于百执事,孰非臣引荐者!"⑧为了拯救名不符实的官僚政治,革除弊患丛生的社会机制,出现"偏执"是极其自然的。当时的情形决定了张居正"操群下如束湿,异己者率逐去之"⑨。在决策中,张居正不要求

---

① 〔清〕傅维麟:《明书》卷 150《张居正传》。
② 《明史》卷 219《张四维、马自强传》。
③ 〔清〕夏燮:《明通鉴》卷 66《明纪六十六》。
④ 〔清〕夏燮:《明通鉴》卷 67《明纪六十七》。
⑤ 《明史》卷 219《张四维、马自强传》。
⑥ 〔清〕傅维麟:《明书》卷 150《张居正传》。
⑦ 朱东润:《张居正大传》,武汉:湖北人民出版社,1957 年,第 345 页。
⑧ 〔明〕张嗣修等:《张太岳集》卷 41《三乞守制疏》。
⑨ 《明史》卷 218《申时行传》。

他们有所作为,只要能顺从自己,认真执行政令即可。

正由于张居正的"专擅",以至于引起了许多人的不满,在其父逝世的消息传到北京后,张居正还未决定去留,就有许多人蠢蠢欲动,想趁此机会排挤张居正。纷纷要求张居正奔丧,"守制"的章疏传到了明神宗手中。更甚者,"翰林皆绯衣入阁",向次辅吕调阳道贺,准备赶走张居正,取代他的权力。这种举止和动机,使张居正感到:"我尚在,而不复少顾忌。即一旦出春明,何望更入!"[①]于是,他决计以"夺情"来对付这班人。他示意冯保,在明神宗和李太后的再三挽留下,乃"吉服视朝","夺情"成功。在整个事件中,散布对张居正不满言论的和不支持夺情的官吏均遭到张居正不同程度的打击和处罚。张居正之所以想"夺情",绝不是贪权恋位。他"夺情"的目的只有一个,就是使自己推行的改革继续下去而不至于中途夭折。他不相信内阁中的其他成员,他只相信自己。在他回江陵料理葬事期间,明神宗允准张居正,"得密封言事。仍戒内阁臣调阳等,有大事,毋得专决,仍驰驿之江陵,听张先生处分"[②]。明王朝的一切大政要事都要从北京送到张居正的家乡湖北江陵来听候张居正的裁判和批示。在北京的内阁辅臣吕调阳只得"怏怏不乐"而奈何不得。当张居正病重不能入阁理事时,张四维等只能处理阁中"细务",而"大事犹即家居正平章。居正始自力而其后急甚,不能遍阅,混颔之,尚不使四维等参预"[③]。张居正牢牢地把权力紧握在手,不容他人染指。

---

①〔清〕傅维麟:《明书》卷150《张居正传》。
②〔清〕傅维麟:《明书》卷150《张居正传》。
③〔清〕傅维麟:《明书》卷150《张居正传》。

二

明朝自正统以后，其腐朽反动日甚一日。特别是在嘉靖以后，积弊丛生，危机迭起。嘉、隆年间，"海内虚耗，公私贮蓄，殊可寒心"①。经济一片凋敝，军备废弛，边防日坏，"四夷未宾，边尘屡警"②；官僚政治日趋腐败。"自嘉靖以来，当国者政以贿成，吏朘民膏，以媚权门，而继秉国者，又务一切姑息之政。"③当时的明王朝处于极度混乱之中。张居正把这种情形概括为五大弊症："曰宗室骄恣、曰庶官瘝旷、曰吏治因循、曰边备未修、曰财用大匮。"④明王朝进退维谷，只有大刀阔斧的改革，才能挽救明王朝的统治危机，朱明王朝才能长治久安。张居正把挽救明王朝命运愿望的寄托于其改革之上。

要改革，就要集权。只有集权，才能推行改革措施。这其间并没有什么深奥的哲理，只有简明的对应关系。在以人治为主的封建社会里，没有强有力的权力的支柱是无法进行改革的。远的如范仲淹推行的"庆历新政"，其所以失败主要是由于宋仁宗在保守派势力的唆使挟持下而不再支持其改革的缘故；近的"戊戌变法"是康有为在光绪帝的全力支持下而开始推行的。最后，随着光绪帝的被囚禁，康有为的出逃而夭折。在中国封建社会的改革史上，从来没有不用强权推行其改革的。改革与权力之间有着极密切的关系。自然，张居正的改革也毫不例外。

然而，获得皇权的支柱推行改革固然重要，但若没有充满活力的

---

①〔明〕李诩：《戒庵老人漫笔》卷7《江陵论财赋揭帖》。
②〔明〕张嗣修等：《张太岳集》卷15《论时政疏》。
③〔明〕张嗣修等：《张太岳集》卷26《答应天巡抚宋阳山论均粮足民》。
④〔明〕张嗣修等：《张太岳集》卷15《论时政疏》。

官僚机构,那么,完美的政令只不过是空中楼阁罢了。对此,张居正深有认识:"致理之道,莫急于安民;安民之要,惟在于核吏治。"①吏治的好坏直接关系到封建王朝的治乱兴衰,是封建王朝治乱兴衰的晴雨表。张居正上台前的官僚机构腐败透顶。"士习浇漓,官箴刓缺,钻窥窦隙,巧谋蹦取,鼓煽朋党,公事排挤。"②他们"宁抗朝廷之明诏,而不敢挂流俗之谤议;宁坏公家之法纪,而不敢违私门之请托"③。要靠这样的官僚机构来推行改革计划是根本不可能的。张居正的改革说到底就是跟当时严重的官僚主义作坚决的斗争,是对明中叶极端腐朽的官僚肌体进行一次大的切割手术。只有把严重的官僚恶习加以整饬,使之充满活力,才谈得上政治的、经济的、军事的改革。

为了遏制办事拖拉,公文繁多而无实效的严重官僚习气,整饬积习太深,萎靡不振的官僚机制。张居正力行自己首创的"考成法"。具体做法是:"先酌量道理远近。事情缓急,定程限,立文薄,月终注销。抚、按稽迟者,部举之;部院容隐欺蔽者,六科举之;六科容隐欺蔽者,阁臣举之。月有考,岁有稽,则名必中实,事可责成。"④一改过去六部、六科直接向皇帝负责的政治体制为向内阁负责的新体制,使内阁、六科、部院、抚按形成垂直的制约关系。向内阁负责实际上就是向张居正负责。在崇尚实际、讲求效率、注重功用的张居正的严厉督责下,以"考成法"为指挥棒,配之以严格的考核标准来大力整肃吏治。

对官吏的考核主要是指他们能否遵循张居正的意志,顺从张居正的步伐,能否完成自上而下的分配给各自的行政任务而言的。具体

---

① 〔明〕张嗣修等:《张太岳集》卷 38《请定面奖廉能仪注疏》。
② 〔清〕傅维麟:《明书》卷 150《张居正传》。
③ 〔明〕张嗣修等:《张太岳集》卷 39《请申旧章饬学政以振人才疏》。
④ 〔清〕夏燮:《明通鉴》卷 66《明纪六十六》。

言之,就是他所说的:"以守己端洁,实心爱民,乃与上考;称职,不次擢用;若但善事上官,干理簿书而无实政及于百姓者,虽有才能干局,止与中考;其贪污显著者,严限追赃,押发各边子行输纳,完日发遣。"①在考核官吏中,监察机构发挥了重要作用,不称职者被及时地弹劾论处,政绩显著者则及时举奏褒奖。"内外官重复久任,郡国守相有异等,进廷陛,慰劳之。六曹积有功能。拜卿寺,转台省,有司积谷不如数不得升迁。"②经过张居正不遗余力的整顿,使吏治为之一新,行政效率大为提高。虽"万里之外,朝下而夕奉行。如疾雷迅风无不披靡"③。在张居正线性权力的驱策下,这架庞大的国家机器又有成效地运转起来了。

但是,改革却是异常的艰难和复杂,是那些"优游暇逸,循敝辙,守陋规"的大官小吏、高爵显位者把明王朝推向了崩溃的边缘。现在,反过来要改他们懒、散、慢的恶习,革他们以权谋私的命,剥夺他们的既得利益,所以,改革绝不是一首田园式的牧歌,而是充满错综复杂的激烈的统治阶级内部的改革与反改革的较量。面对这种险恶的形势,张居正丝毫没有畏缩和徘徊。他以"弃家忘躯"的决心誓与改革共存亡。但张居正在对待传统守旧的问题上,并不像王安石那样断然提出"三不足"的无畏主张,而使改革遭到更大的阻力。他时时、处处、事事打着祖宗的旗号,声称自己对祖宗法度是"兢兢守之,持而勿失"。④并且以祖宗之法之制来辅导和规范明神宗。神宗决心"黾勉法祖",并向居正担保,"那群奸小人乘机排挤的,自有祖宗法度治他,先生不必

---

① 〔明〕张嗣修等:《张太岳集》卷36《陈六事疏》。
② 〔清〕查继佐:《罪惟录》列传卷11下《张居正传》。
③ 〔清〕傅维麟:《明书》卷150《张居正传》。
④ 〔明〕张嗣修等:《张太岳集》卷41《三乞守制疏》。

介怀"①。如是,"祖宗法度"成了张居正进行改革,实现自我主张的挡箭牌。他利用这一至高无上、震慑力极大的"绳祖宗法度"使其改革进程减少了诸多不必要的、人为的干扰和阻力。

在自己集权独裁而整顿吏治的同时,还必须寻找干练得力者授以充分的权力和一切的便利。为了加强北方边防,他力排众议,冲破一切干扰。把戚继光调到北方,镇守蓟门。并时时给以庇护,驳斥顽固势力对戚继光的无端攻击。当他认定唯有潘季驯才是治河之人时,便予以全力支持,并设法消除一切掣肘,使他得以无后顾之忧地致力于河漕建设。张居正最需要的就是像戚继光、潘季驯、李成梁、谭纶等人一样的干练务实之才。在当时的"非常"时期,他偏爱那些起而做事的助手,而厌恶不务实际、坐而论道的"腐儒"。他给那些能体会自己的意图,具有一技之长者授权并予以支持,使自己的政令和意图能够比较顺利地贯彻执行。

张居正企图通过对吏治的整顿来解除明王朝危机的愿望达到了。当时出现了"中外乂安,海内殷阜,纪纲法度莫不修明"②的景象。政风得以整肃,吏治得以澄清,"一切不敢饰非,政体为肃"③。国库得以充实,"太仓粟可支十年,炯寺积金至四百万"④。战、守、抚兼施,使边境得以安宁,二十余年平安无战衅。张居正的改革取得了明显的效果。

三

张居正的改革是应该称赞和讴歌的。但在称赞和讴歌之余,我们

①〔明〕张嗣修等:《张太岳集》卷 41《谢召见疏》。
②《明史》卷 213《张居正传》。
③《明史》卷 213《张居正传》。
④〔清〕谷应泰:《明史纪事本末》卷 61《江陵柄政》。

更应该理智地思考另外一个问题,即张居正是一位继往者,但不是一位真正的开来者,他深知自己的改革措施会使他处于"危地",他也准备为他的改革事业献出自己的生命。但遗憾的是,他只准备把明廷整肃一番使民富国宁就行了,而没有想如何使自己的改革事业让后人继续进行下去,也没有在权力的交接上下一番功夫。代皇帝行事,以"帝者师"自负而严格指教明神宗,不仅未使其成为"尧、舜之君",其腐朽昏庸、贪财好利反而成了桀、纣之暴主。他对内阁成员的严厉控制和驾驭使他们产生了逆反心理。随着张居正权力的消失,明神宗便失去理智而不顾一切地来大肆清算张居正的专权独裁之帐;内阁成员以及一切不满张居正的人,也蜂拥而上,在报复张居正的浪潮中,争当急先锋。现实是严酷的,作为一位有所作为的改革家,应该是能够清醒而又全面地把握住自己改革命运的继往开来者。可张居正没有也不可能出色地扮演这一角色。这是封建改革者的悲剧。改革只与张居正的名字联系在一起。改革只在张居正权力有效期间才能推行。张居正谢世之日,就是其改革结束之时。

张居正可以被指摘之处甚多,而最最重要的则在于对权力的极端迷信。在他看来,权力似乎是可以实现自己一切愿望的魔杖。然而,在现实生活中却远不是这样的。

在封建专制时代,特别是在专制主义中央集权高度强化,"朕即国家"的明代,权力过分集中,没有约束,没有限制,使整个国家的命运系于一人之手,既不合理,也潜伏着巨大的危险性。不管权力行使者用它救国富民,还是祸国殃民。

在明代内阁中,严嵩和张居正一个以权谋私,一个以权治国。可谓截然不同的两个目的、两种做法、两种后果,但招来的惩处却完全相似。甚至张居正更为惨重。严嵩对嘉靖皇帝的"忠",完全是从自己的利益来考虑的。他用"忠"从嘉靖皇帝那儿窃取权力来损公肥私,弄权蠹政,对时政起了消极破坏的作用,把日益腐朽的明王朝推向了更为险恶的深渊。相形之下,张居正"擅权","秉政","非有异志"。他"以忠结主"是为了挽救"私家日富,公室日贫,国匮民穷"的明王朝。他运用自己的独裁权为摇摇欲坠的朱明王朝打了一剂强心针。可在权力至上,唯皇权独尊的时代,严嵩也好,张居正也罢,在欺骗皇帝,僭越皇权面前却是犯了同样的错误。当朝皇帝是明神宗,而非张居正;皇权的所有者是明神宗,也非张居正。可在张居正当国的年代里,这种"法定"次序来了个颠倒。明神宗似乎成了张居正手中的玩物。对此,明神宗愤懑不已。他只知道自己是真正的皇帝,懂得作为皇帝所应有的尊严和权威,他绝对不会承认自己的年幼无能。随着明神宗的"醒悟",昔日的张"先生"、张"元辅"成了他今日发泄一切积怨的对象了。他准备"剖棺戮尸"以其"罪状布天下"。在我们今天看来,张居正是颇为杰出的政治家,他何罪之有!然而在当时,张居正真是罪莫大焉!根据《明律》的规定,大臣专擅者斩,冒犯皇权,"威震主上"构成了封建时代最大的罪行。张居正无论如何冲决不了这张网罗。尽管他为朱明王朝立下了汗马功劳。

　　权力是张居正推行改革的支柱。最后,其改革也必然随着他的权力的而消失而夭折。为了维护自己业已取得的权力,打击自己的反对者,张居正只得诉诸自己手中的权威。权力惩处和权力强制是封建权力的象征。在让权力说话的人治时代,张居正不可能超脱这一窠臼,反而更加强化了封建权力惩处和强制的程度。谁要攻击张居正,谁就是对当朝皇帝的蔑视和触犯,是"竦动幼主,阴间左右"[1],是对张居正一片"忠心"报国的亵渎,谁就要遭到贬谪罢黜。在明代,监察系统十分完备,言官至上,议论针砭风气浓厚。言官有权议论朝政得失,有权

---

[1]〔明〕张嗣修等:《张太岳集》卷28《答奉常陆五台论治用刚》。

弹劾官吏,不管其地位有多么显赫! 但张居正不这么看,他要用自己手中的权力遏制这种强大的惯性。他把"议论"之风看作是造成明中叶名不符实的主要原因之一。他每每"重谴言事者,甚至要求台谏毋议及冢宰"。①通过张居正的大力遏制,使言官的权力受到了极大的限制,导致了"台谏习为脂韦,以希世取宠。事关军国,卷舌无声,徒摭急之务,姑塞言责"②。张居正企图"省议论"的愿望达到了,但他是作为用权力堵塞和强制而达到其目的的。其效果当然只是暂时的。对于内阁成员的严控使他们产生了愤愤之情,在张居正逝世之后,即刻出现了对他个人的全面报复和对其改革的全面反动。张居正当政时遭到贬谪罢黜的大小官吏均得了平反起用。"一时大小臣工,以言获罪,以冤见抑者,次第登用。"③而张居正的"亲党皆坐斥"④,张四维、申时行相级柄政,实行"一切务为宽大"的政策就是对封建官僚习气的宽容和姑息,是对张居正改革的全盘否定。

权力把张居正推向于唯我独尊的高峰,也把他陷入了籍没,身败名裂的深渊。"当其柄政之时,举朝争诵其功而不敢言其过。至于今日既败,举朝争索其罪而不敢举其功"⑤。在他手握威权时,"人们心恨居正而不敢发"⑥。生前的显赫一时导致了他死后湮没无闻数十年。他不可避免地重蹈封建专制时代所有改革者共同面临的厄运:身败名裂、家破族诛、人亡政息。

---

① 《明史》卷 229《刘台传》。
② 《明史》卷 220《赵世卿传》。
③ 〔清〕傅维麟:《明书》卷 133《申时行传》。
④ 《明史》卷 220《王之诰传》。
⑤ 〔明〕李诩:《戒庵老人漫笔》卷 8《论张江陵籍没书》。
⑥ 〔清〕傅维麟:《明书》卷 150《张居正传》。

权力并非万能。万历时,明王朝已病入膏肓,张居正以集权独裁而推行的改革只能使它回光返照,而不能使之起死回生。张居正的开拓进取精神与当时强大的明哲保身、师古守旧、庸碌无为的懒、散,慢的整个官僚机制极不融洽。两者的冲突斗争最终以张居正的失败而告终。十年的改革付之东流。明王朝旧态复生,而且每况愈下,不可救药了。

张居正靠强权并没有也不可能根除明王期的痼疾。单靠权力来进行改革,实行自救,其本身就有着极大的局限性。对权力的崇拜不能不引起我们的深思!

（原载《甘肃社会科学》1989 年第 2 期）

论亡国之君朱由检

崇祯十七年(1644年)三月十九日,李自成攻占了北京,明毅宗烈皇帝①朱由检在绝望中自缢于万寿山之寿皇亭。明亡。

明朝灭亡前不久,朱由检曾说:"朕非亡国之君,诸臣皆亡国之臣矣。"②临死前他又以血书于衣袂曰:"朕之失天下,皆因文官不合心,武官不用命,以致如此。文武可杀,百姓不可杀。"③

朱由检是否亡国之君?或者说,明朝的灭亡,究竟应由他还是他的臣下负主要责任?

明朝的灭亡,有其历史的必然性。加之朱由检又不像历史上许多亡国之君那样昏庸荒淫。同时还以身殉社稷,因而博得了当时以及后来不少人的同情和赞颂。例如,张岱说:

> 古来亡国之君不一,有以酒亡者,以色亡者,以暴虐亡者,以奢侈亡者,以穷兵黩武亡者。嗟我先帝,焦心求治,旰食宵衣,恭俭辛勤,万几无旷,即古之中兴令主,无以过之。④

---

①此为弘光朝所谥。隆武时改称思宗。清顺治时谥曰庄烈愍皇帝。也有称思宗、怀宗的。

②〔清〕查继佐:《罪惟录》卷17《毅宗烈皇帝纪》。

③〔清〕计六奇:《明季北略》卷20《得先帝遗魄》。

④《石匮书后集·烈皇帝本纪》。其他如《明史》,《罪惟录》《明史纪事本末》《明亡述略》等书的作者也有类似的看法。

李自成在讨明檄文中也说:"君非甚黯,孤立而炀灶恒多;臣尽行私,比周而公忠绝少。"①从这方面来说,明朝的覆亡,朱由检似乎不应负主要责任。

然而,他毕竟是集大权于一身的专制君主,明王朝是葬送在他的手里的,所以决不能辞其咎责。过去的史学家也多指出了这一点,例如张岱说他:

> 日事居积,日事节省,日事加派,日事借贷。……焦于求治,刻于理财,渴于用人,骤于行法,以致十七年之天下,三翻四覆,夕改朝更。耳目之前,觉有一番变革,向后思之,讫无一用,不一枉却十七年之精励哉!②

查继佐则说他:"独少推诚,稍舞智,往往以处逆魏之法绳其下,于是诸臣救过不暇,即贤者亦或宁自盖。而坚任诸内侍,益灰豪杰之隐。"③

固然,把朱由检与暴君昏主等同起来,不加区别地一概贬斥,并不允当;但是,如果认为他不是暴君昏主就为其开脱,而把亡国之责都推到诸臣身上,也不符合历史事实。谷应泰说:"怀宗之图治,与其所以致乱,揆之事实,盖亦各不相掩焉。"④应该说,朱由检本想求治,而结果却愈乱;本不想亡国,但结果却亡了国。这是朱由检的悲剧,也是明王朝的悲剧。而这一出悲剧的导演者正是朱由检本人,决不是其臣下。这就是我们的结论。

---

①〔清〕谈迁:《国榷》卷 100。

②〔明〕张岱:《石匮书后集》卷 1《烈帝本纪》。

③〔清〕查继佐:《罪惟录》卷 17《毅宗烈皇帝纪》。

④〔清〕谷应泰:《明史纪事本末》卷 72《崇祯治乱》。

一

明朝自正统以后，"国势浸弱"。正德时期，由于武宗的荒诞，国势更加不振。世宗的统治，不仅没有扭转这种颓势，反而使社会的各种矛盾加深了。张居正把当时的弊端概括为"宗室骄恣""庶官瘝旷""吏治因循""边备未修""财用大匮"。①海瑞则概括为"吏贪将弱，民不聊生，水旱靡时，盗贼滋炽"②。当时的景象，的确无异于汉唐之末世，只是仅免于危亡而已③。

万历初年，张居正当国，进行了一系列社会改革，使本来是摇摇欲坠的明王朝，国势曾一度臻于富强。然而好景不长，张居正死后，改革立即终止，所取得的成就也一切化为乌有，依然是"纪纲凌迟，侵渔日滋，吏贪而民玩，将惰而兵骄，国储荡然"④。

万历中年以后，明朝的国势急转直下，有其深刻的社会根源。那时，中国的封建社会已到了晚期，封建地主阶级已经腐朽没落，完全成了严重阻碍社会发展的寄生阶级。自给自足的自然经济虽然仍占统治地位，但商品经济已有较大发展，资本主义生产关系亦已萌芽，并对社会生活的各个方面产生着一定的影响。在整个封建社会里，土地兼并之风从未稍息。加之明中叶以后商品经济的发展，贵族、豪绅地主阶级为了满足其奢侈糜烂的生活享受，迫切需要扩大剥削，因而更加助长了土地的兼并。于是，土地的集中便达到了惊人的程度，在这种情况下，农民便大批地、迅速地破产，挣扎在死亡线上；或者沦为

①〔明〕张嗣修等：《张太岳集》卷15《论时政疏》。

②〔明〕海瑞：《海瑞集》卷1《治安疏》。

③参阅《张太岳集》卷32《答福建巡抚耿楚侗言致理安民》；卷35《答西夏直指耿楚侗》。

④〔清〕谈迁：《国榷》卷72。

豪绅地主的依附农民和仆隶,子子孙孙受其奴役。

以皇帝为首的统治阶级为了追求更多的财富供其淫乐,除正常的赋税剥削外,还暴敛横征,多次实行加派。更有甚者,自万历二十四年(1596 年)以后,还大量派遣宦官充当矿使税监,借开矿收税为名,在全国范围内进行疯狂的掠夺。他们"矿不必洞而税不必商,凡民肌髓髑髅、丘陇阡陌皆称矿税,而官及四民皆列市贩"①。他们不仅在通都大邑、富庶之地搜括,而且对偏州僻县、贫瘠之区也不放过。如陕西山阳县,地不产金,银砂也很细微,但却每岁派纳金近百两,银近万两。后以拖欠数多,便令百姓包纳,"每当比追,闾阎骚动,鸡犬靡宁,笞楚并兼,肢体残破,父母妻子不相保,狼狈惨切之状,不忍见闻"②。对于当时这种野蛮的敲剥及其严重后果,内而勋戚大僚、词臣科道,外而各省抚按,纷纷上疏诤谏,一致请罢矿税,有的言词甚为激切。如万历二十八年(1600 年)六月,凤阳巡抚李三才上疏言:

> 矿税烦兴,万民失业,朝野嚣然,莫知所计。如臣境内,……千里之途,中使四布,棋置星罗,如捕叛亡。无赖亡命,翼如虎狼。……近来楚中内使,沿途掘坟,得财方止,毒虐人鬼。且一人之心,千万人之心也。皇上欲金银高于北斗,而不使百姓有升斗糠秕之储;皇上欲为子孙千万年之计,而不使百姓有一朝一夕之计。试观往籍,朝廷有如此政令,天下有如此景象而不乱者哉!③

尽管如此,可是"以豪珰奸弁为心膂,以矿砂税银为命脉"④的明

---

①《明神宗万历实录》卷 354,万历二十八年十二月庚辰。
②《甘肃财富志》转引《秦州志》。
③《明神宗万历实录》卷 348,万历二十八年六月丁丑。
④《明神宗万历实录》卷 354,万历二十八年十二月庚辰。

神宗，对这些逆耳的忠言却置若罔闻，甚至声言要处治"一二畜物，薄示惩戒"①。在朝廷的纵容下，矿监税使更加强横，他们"操弓挟矢，戕及良民，毁家踰室，祸延鸡犬"②，致使"三家之村，鸡犬悉尽，五都之市，丝粟皆空"③。矿使税监派出后几年，全国就"如沸鼎同煎，无一片安乐之地。贫富尽倾，农商交困，流离转徙，卖子抛妻，哭泣道途，萧条巷陌"④。这不仅严重地阻碍了商品经济和资本主义萌芽的发展⑤，而且也严重地阻碍了整个社会经济的发展，给人民群众带来了极其深重的灾难。

随着商品经济的发展，传统的纲常名教受到了冲击。然而，封建士大夫们还不愿撕去仁义道德这一温情脉脉的面纱，而是把它作为欺世盗名，追逐富贵利禄的工具。因此，明末的官场充斥着"阳为道学，阴为富贵，被服儒雅，行若狗彘"⑥的假道学家。他们"未得富贵也，养吾声名以要朝廷之富贵，凡所以欺世盗名者，无所不至。其既得富贵也，复以朝廷之富贵养吾之声名，凡所以临难苟免者，无所不为"。直"穿窬之盗矣"⑦。吏治的败坏达到极点。到了神宗末年，更是"职业尽弛，上下解体"。

问题的严重性还在于，官僚士大夫们为了争权夺利，互相党比，

①《明神宗万历实录》卷357，万历二十九年三月己未。

②《明史》卷220《赵世卿传》。

③《明史》卷223《王宗沐》。

④〔清〕官修《明臣奏议》卷33《请罢矿税疏》。

⑤关于矿监税使对商品经济和资本主义萌芽的危害，万历二十九年七月应天巡抚曹时聘上疏以及万历三十年九月户部尚书赵世卿上疏言之甚详。文见《明神宗万历实录》卷361，卷376。

⑥〔明〕李贽：《初谭集》卷10《释教》。

⑦〔明〕李贽：《焚书》卷5《贾谊》。

围绕万历年间几次"京察""大计"以及"梃击"等三大案，展开了十分激烈的斗争。在这场斗争中，开始是东林党占优势。但是到了后来，由于东林党人心胸狭窄，无容人之量；又无深识远虑，去对付反对派；再加上他们的队伍本身也不纯；于是齐、楚、浙三党逐渐得势，以致"邪党滋蔓"，"贤奸杂用，溃败决裂，不可振救"[1]。此时确已深深地埋下了亡国的祸根。

熹宗统治时期，社会矛盾进一步激化。魏忠贤企图威劫天下，实行公开的特务恐怖统治。"当是时，东厂番役横行，所缉访无论虚实，辄糜烂"；"民间偶语，或触忠贤，辄被擒僇，甚至剥皮刲舌，所杀不可胜数，道路以目。"[2]以崔呈秀、王绍徽、曹钦程、霍维华等为首的、专与东林为敌者，都投到魏忠贤门下，结成"阉党"。他们造《天鉴录》《同志录》《点将录》等，以李三才、叶向高、邹元标、顾宪成、刘一燝、赵南星等为魁，尽罗人不附忠贤者，号曰东林党人。他们借"三案"、辛亥、癸亥两京察以及熊廷弼事，罗织罪名，搏击善类。凡是名列天鉴、同志、点将诸录的，或者惨死在他们的屠刀之下，或者受到不同程度的惩罚，无一幸免。这场斗争，极大地影响着明朝的国运。因为统治阶级内部的厮杀，特别是"小人"对"君子"的斥逐甚至屠戮，使朝廷之上，善类为之一空，这就大大地削弱了明王朝的统治力量。《明史·熹宗本纪赞》说："神宗末年，废坏极矣。虽有刚明英武之君，已难复振，而重以帝之庸懦，妇寺窃柄，滥赏淫刑，忠良惨祸，亿兆离心，虽欲不亡，何可得哉！"

---

①《明史》卷 21《神宗本纪赞》。
②《明史》卷 305《魏忠贤传》。

二

如前所述,明朝覆亡的征兆,在万历、天启时已经十分明显了。然而正如韩非所说:"亡征者,非曰必亡,言其可亡也。……木之折也必通蠹,墙之坏也必通隙。然木虽蠹,无疾风不折;墙虽隙,无大雨不坏。"[①]从客观上来说,明朝是被农民起义的疾风骤雨摧毁的,但农民起义却不是明亡的根本原因,正像《明史·流贼传序》所说:"明之亡亡于流贼,而其致亡之本不在于流贼也。"

明朝的"致亡之本",首先在于完全丧失了人心。

明末农民起义是由横征暴敛以及严重的自然灾害酿成的。朱由检即位之初,起义刚刚爆发。当时可以采取两种办法,一是用武力进行野蛮的镇压;一是收拾人心,即减轻剥削,加意赈恤,给饱受煎熬的广大农民留一条活路。由于朱由检顽固的地主阶级立场,决定了他选择的只能是前者而不是后者。而这就注定了明王朝必然覆灭的命运。

明朝末年,阶级矛盾十分尖锐,全国如同布满干柴一样,只要有星星之火,立即可成燎原之势,要想扑灭是很难的,也可以说是不可能的。再说,要镇压人民起义,就要集兵,集兵就要加赋,加赋就会进一步把人民推向死亡的深渊,从而使更多的人加入起义队伍,于是又要更多地加赋、集兵,去镇压更加壮大的起义队伍。这就形成一个恶性循环,而明王朝也就走进了一条死胡同。

明朝的财政自万历中年以后就入不敷出,到崇祯年间更是捉襟见肘。当时朝廷的实际岁入仅 200 万,而支出则为 500 余万。有的记载说,明亡时尚有积金十余库,为李自成捆载而去。对此,《甲申朝事小纪·崇祯库藏》条辨之甚力,以为绝无此事。说"城破,惟东裕库珍宝

---

① 〔战国〕韩非:《韩非子》卷 5《亡征》。

存耳,安有所谓十余库积金? 而纷纷谓怀宗不轻发内帑,岂不冤哉!"
史惇认为李自成捆载而去者,系内臣聚敛的私蓄。他证以吴暗山的话
说:"吾尝司计,请发内帑。上令前,密谕曰:'内库无有矣'。遂堕泪。"①

显然,以这样的财政状况,要承受增饷、缮兵以镇压农民起义的
重担是无论如何也不行的。于是,以加派为主的各种搜括手段便纷纷
出笼了。

万历末年,以"辽饷"名义增赋520万,崇祯初年再增140万。后
来又加征"剿饷""练饷"。先后增赋1670万,比正赋1500万两增加了
一倍多。再加上没有限制的地方加派、杂派、暗加、贴助、军前私派②以
及"捐助""搜括"等等,全国究竟加派多少,真是难以数计。

加派、捐助、搜括带来了极其严重的后果。崇祯十四年(1641年),
左懋第上疏说:

> 臣有事河干一载,每进父老问疾苦,皆言练饷之害。三
> 年来.农怨于野,商怨于途。如此重派,所练何兵? 兵在何所?
> 剿贼御边效安在! 奈何使众心瓦解,一至此极乎? ③

"众心瓦解",深刻地道出了朱由检敲骨吸髓政策的必然结局。十六年
(1643年),保定巡抚徐标入见朱由检时说:

> 标自淮来,数千里,见城陷处,固荡然一空,即有完城,
> 仅余四壁,蓬蒿满路,鸡犬无声,曾未遇一耕者。土地人民,
> 如今有几? 皇上亦何以致治乎? ④

面对这一荒凉残破的城乡悲惨画图,朱由检也只有"欷歔泣

---

① 〔清〕史惇:《恸余杂记·东厂》。
② 参阅孙承泽《春明梦余录·劾军前私派疏》以及《明史·叶廷秀传》。
③ 《明史》卷275《左懋第传》。
④ 《崇祯实录》卷16,崇祯十六年五月己亥。

下"了。

崇祯年间,广大人民既苦于加派,也苦于官吏的贪污腐败。崇祯元年(1628 年)户科给事中韩一良曾上疏说:"……然今之世,何处非用钱之地,何官非爱钱之人?向以钱进,安得不以钱偿?臣由县官居言路,以官言之,则县官行贿之首,而给事为纳贿之魁。"由于上司的督取以及考满朝觐之费,"非从天降,非从地出,而欲守令之廉,得乎?"①朱由检对此疏赞赏备至,自然只是止于赞赏而已。三年,兵部尚书梁廷栋为加赋辩解时说:

> 今日间左虽穷,然不穷于辽饷也。一岁中阴为加派者不知其数,如朝觐、考满行取、推升,少者费五六千金,合海内计之,国家选一番守令,天下加派数百万。巡按查盘访缉,馈遗谢荐,多者至二三万金,合天下计之,国家遣一番巡方,天下加派百余万。而曰民穷于辽饷,何也? ……故今日民穷之故,惟在官贪。使贪风不除,即不加派,民愁苦自若;使贪风一息,即再加派,民欢忻自若。②

"民穷之故,惟在官贪",此话有一定道理;但说"使贪风一息,即再加派,民欢忻自若",则是完全错误的,是为了"售其加派之说"的"所谓亡国之言"③。因为在整个崇祯年间,贪风事实上并没有也不可能止息,相反是愈来愈盛。因而人民也就始终生活在重赋和贪污所造成的苦难深渊之中。

崇祯年间,曾经不断地有人指出加派、捐助、搜括之害,恳求朱由检减轻赋税、惩治贪污以收拾人心。而朱由检的态度一是不予理睬,

---

① 〔明〕张岱:《石匮书后集》卷 1《烈帝本纪》;《明史》本传。
② 《明史》卷 257《梁廷栋传》。
③ 《明史》卷 257《张鹤鸣等传赞》。

甚或加以惩处。一是曲意辩解。如针对吴执御提出的加派、捐助、搜括不可行的意见，朱由检却说什么"加派原不累贫，捐助听之好义，惟搜括滋奸，若得良有司奉行，抚按稽察，岂至病民？"①这完全是诡辩。加派虽以田赋为准，但羊毛出在羊身上，地主阶级自然会把这部分负担转嫁到农民身上。捐助一事，遭到勋戚、大珰的顽强抵制，无法进行；即使有所得，也是"敲骨吸髓以尽人之财""析骸易子以尽人之力"来的，何尝是什么"润橐脂膏之羡""好义急公之效？"②至于"良有司"，在当时只是凤毛麟角，而大量的则是"婪官奸胥"。因此，加派、捐助、搜括之害民，是无法掩盖的事实。

其实，加派、捐助、搜括以及官贪吏污之害，朱由检是十分清楚的。然而，除了动辄减膳撤乐、责臣罪己之外，并没有采取什么有力的措施。例如，崇祯十年（1637 年）闰四月，以大旱久不雨，朱由检下诏罪己说：

> 张官设吏，原为治国安民。今出仕专为身谋，居官有同贸易。催钱粮先比火耗，完正额又欲羡余，甚至已经蠲免，悖旨横征。才议缮修，乘机自润。或召买不给价值，或驿路诡名轿抬，或差派则卖富殃贫，或理谳则以直为枉。阿堵违心，则敲扑任意。囊橐既富，则奸匿可容。抚按之荐劾失真，要津之毁誉倒置。又如勋戚不知厌足，纵贪横于京畿。乡宦灭弃防维，肆侵凌于闾里.纳无赖为爪牙，受奸民之投献。不肖官吏，畏势而曲承。积恶衔蠹，生端而勾引。嗟此小民，谁能安枕！

情况的确很严重，但朱由检既无"罪己"之意，其责臣下也只是要

---

①《崇祯实录》卷4，崇祯四年春正月乙亥；《石匮书后集·烈皇帝本纪》。
②〔清〕谈迁：《国榷》卷94。

他们"都著洗涤肺肝,共竭悃诚,仰祈天意,以救民苏。"①十七年(1644年)二月,眼看明朝国运将终,朱由检在《罪己诏》中才第一次较多地责备自己。他说:

> 朕为民之父母,不得而卵翼之。民为朕子,不得而襁褓之。坐令秦、豫丘墟,江楚腥秽。贻羞宗社,致疚黔黎,罪非朕躬,谁任其责!所以使民罹锋镝、蹈水火,殚量以壑,积骸成丘,皆朕之过也。使民输刍挽粟,居送行赍,加赋多无艺之征,预征有称贷之苦,又朕之过也。使民室如悬磬,田卒污莱,望烟火而无门,号冷风而绝命,又朕之过也。使民日月告凶,旱潦洊至,师旅所处,疫疠为殃,上干天地之和,下丛室家之怨,又朕之过也。至于任大臣而不法,用小臣而不廉,言官首鼠而议不清,武将骄懦而功不举,皆朕抚御失宜,诚感未孚。中夜以思,局蹐无地。已实不德,人则何尤!

但笔锋一转,又说什么"念用兵征饷,原非得已,各省直抚按官急饬所属有司,多方劝谕"。钱粮是不能少的,只是不得"擅加耗羡,朦混私征"而已②。这种满纸空话的《罪己诏》,没有什么效果是不言而喻的。谈迁就曾指出:

> 当其时,民苦于横征,率空言无指实。朝廷好负人,亟则引咎,缓则反汗,愚夫习而知之,故耳目顽固如初也。倘即减今岁田租之半,躬阅内府,尽出其所有金币珠玉等,尺寸无少靳,明示吏民以充禄饷;诛一二掊克之吏,锐意更始;而吏民不为感动者,未之有也。③

---

①〔清〕计六奇:《明季北略》卷13《责臣罪己》。
②〔清〕计六奇:《明季北略》卷20《十一颁罪己诏》。
③〔清〕谈迁:《国榷》卷100。

在朱由检的思想深处,总认为有了钱粮,就可以集兵、练兵,从而也就可以扑灭农民起义,巩固自己的统治。他下令"考选专主催科",极其严厉地强迫大小臣僚采取一切手段去敲扑老百姓。于是为官者"畏降级罚俸之及,明示吏民曰:'自要官,顾不得尔悲。'于是不责纳户,专责粮长。更有钱粮已赦,乘急沿追"①。其结果自然是民怨沸腾,"益走为盗"。正如崇祯十二年(1639年)吏科都给事中王家彦所说:"民何至接踵为盗?盗何至溃裂以极?论者谓功令使然。催科急者书上考,督责严者号循良。"②

朱由检把赌注押在加派钱粮、用武力镇压人民上,结果是人心尽失,纷纷加入起义队伍。而所集之兵,"索饷则强,赴敌则弱;杀良冒功则强,除暴救民则弱"③,更加速了明王朝的覆灭。崇祯十六年,马世奇对朱由检说:

> 闯人之所附,非附闯也,苦兵也。一苦于杨嗣昌之兵,而人不得守其城垒;再苦于宋一鹤之兵,而人不得有其家室;三苦于左良玉之兵,而人之居者行者,俱不得安保其身命矣。贼知人心之所苦,特借剿兵安民为辞,一时愚民被欺,望风投降。贼又为散财赈贫,发粟赈饥,以结其志,遂至视贼如归,人忘忠义。其实贼何能破各州县,各州县自甘心从贼耳!④

"甘心从贼",清楚地说明了人心的向背,说明了朱由检完全是自掘坟墓。

---

① 〔清〕谈迁:《国榷》卷95。
② 《明史》卷265《王家彦传》。
③ 《明史》卷267《范淑泰传》。
④ 〔清〕计六奇:《明季北略》卷19《马世奇人对》。

三

明朝的"致亡之本"还在于统治阶级内部的分崩离析,再也无法照旧统治下去了。

造成明末统治阶级内部分崩离析的重要原因,首先在于党争、内讧。

天启时,阉党专权,以致"善类为之一空"。朱由检即位以后,以果敢的手段除掉客、魏,并严厉地清洗阉党。根据《先拨志始》卷下所载《钦定逆案》,受到凌迟处死以至削籍为民等各种处罚的共254人①。惩处不可谓不严,人数不可谓不多。但是,党争并未因此终结。这是因为,首先,漏网的和定了罪的,老是在寻找机会翻案,而当局者则总是日费提防,双方仍然纠缠不已。其次,党争由来已久,门户之见很深,正如赵翼所说:"崇祯帝登极,阉党虽尽除,而各立门户,互攻争胜之习则已牢不可破,是非蜂起,叫呶蹲沓,以至于亡。"②再次,特别是由于朱由检"没有兼容并包的态度",又"没有用人的手段"③,有如昏主"明不能烛,强不能断","取舍不在于己,威福潜移于人"④。所以,虽然朱由检对大臣的植党深恶痛绝,并严加提防,但结果不但没有制止党争,反而使党争潜滋暗长。

崇祯年间的东林党人已不全是"清流",而是良莠混杂了。李清在谈到当时的情况时说:"今之门户,亦骎骎莠乱苗矣。盖始犹正与邪角,而今则邪与正混,言夷行跖,文章之外,另有肺肠,致泾渭不分,可

---

①另有"逆案漏网"57人。《明史·韩爌传》则言列入逆案者为262人。

②〔清〕赵翼:《廿二史札记》卷35《明言路习气先后不同》。

③详见《明清之际党社运动考·崇祯之党争》。

④〔宋〕司马光:《资治通鉴》卷245《文宗元圣昭献孝皇帝》。

叹也。"①有的人不讲气节，翻手为云，覆手为雨。再说，东林党中有很多人心胸褊狭，以我划线，把所有不是或者不依附东林的人，一概视为"小人"而加以排斥。于是，东林愈来愈孤立，而党争也呈现出十分复杂的局面。

由于朱由检"以党疑臣"，所以崇祯时期的党争便由公开的厮杀，转为隐蔽的角斗。有些人利用朱由检疑忌大臣植党的心理，将"党比"的罪名加在自己所要排斥、陷害的人身上，然后借朱由检的手来达到自己的目的。或者将"党比"的罪名加在攻击自己的人身上，借口自己孤立无援，以此博得朱由检的同情和支持，从而巩固自己的权势。

党争的结果，使本来就缺乏济世之才以挽狂澜于既倒的局面更加严重了。阉党之祸以后，少许有能力而且愿意实心任事的人，又在激烈的党争中被排斥而去，甚至惨遭杀身之祸。如既有抗清谋略，又忠君爱国的袁崇焕，结果只落得个寸磔于西市的悲惨下场。虽然他的下狱系因朱由检误中反间计，但与魏忠贤遗党王永光、高捷、史䌹的竭力攻击有密切关系②。其他如锐意任事的礼部尚书兼东阁大学士刘鸿训、兵部尚书李邦华、工科都给事中许誉卿等，都因党争而去位，甚至受到处罚。而一批真正结党营私的奸佞，却把持朝政，颠倒是非，残害人民。于是，明王朝的统治力量极大地削弱了。对此，昔人言之甚为痛切。如《甲申朝事小纪·一朝五十相论纪》说："举军国大计，无一关大臣、小臣之心。间取得失功罪，搀而入于恩仇之中，俾主上为之仿徨疑误，莫适所从，兼以混任事者之心，而抵于败。"

明朝统治阶级内部的分崩离析的原因，还在于朱由检的举措乖张。

朱由检在明王朝的统治处于风雨飘摇时登上了皇帝宝座。他虽

①〔明〕李清：《三垣笔记》卷中。
②详见《明史·袁崇焕传》。

然决心"锐意更始,核治名实",但对"人才之贤否,议论之是非,政事之得失,军机之成败,未能灼见于中不摇于外也。且性多疑而任察,好刚而尚气。任察则苛刻寡恩,尚气则急遽失措。"当时,"委政柄者非庸即佞,剿抚两端,茫无成算。内外大臣,救过不给,人怀规利自全之心。言语戆直、切中时弊者,率皆摧折以去。其所任为阃帅者,事权中制,功过莫偿,败一方即戮一将,隳一城即杀一吏。赏罚太明而至于不能罚,制驭过严而至于不能制"①。刘宗周曾愤激地向朱由检指出:"国事至此,诸臣负任使,无所逃罪,陛下亦宜分任咎。"②其实何止是"宜分任咎",朱由检应对国事负主要责任才是。

自朱元璋建立高度专制主义中央集权制度,集大权于皇帝一人之手以后,历代相沿不改。朱由检虽然才识远远不及朱元璋,但"代天理物,威柄自操","惟辟作威,惟辟作福"的思想和作风,却一点也不逊色。他把大权紧紧地攥在自己手上,然后按照自己的意志严厉地驱使诸臣亦步亦趋。但是,由于朱由检才识平庸,且"恃一人之聪明而使臣下不得尽其忠,则耳目有时壅;凭一人之英断而使诸大夫国人不得衷其是,则意见有时移"③。因而每多失误。刘宗周曾上疏朱由检,衷心希望他"开示诚心","以票拟归阁臣,以庶政归部院,以献可替否予言官。不效,从而更置之,无坐锢以成其罪"④。但却未被朱由检采纳。

朱由检十分自信,自信到刚愎自用的程度。他根本不把群臣放在眼里,对他们的建议,凡是不合己意的,一概置若罔闻,甚或给以惩处。如刘宗周奏请勿汲汲于近功,勿规规于小利,勿存自用之心,勿专

---

①《明史》卷309《流贼传序》。
②《明史》卷255《刘宗周传》。
③《明史》卷255《刘宗周传》。
④《明史》卷255《刘宗周传》。

任内臣,刑罚宜当宜平,赋敛宜缓宜轻,应"以收人心为本"。这些意见都是切中时弊的,然而朱由检却以为"迂阔"或"归过朝廷"而不用。其他请停加派,请停告密,请撤监视内臣,倚重士大夫等奏疏,可说没有一件被采纳的,甚至是"一鸣辄斥"。

由于明末的吏治积弊太深,官僚们"宁背君父不背私交,宁隳职业不破情面",往往置国计民生于不顾,而争意见之异同。加以朱由检求治心切,企图在一朝一夕之间改变现状;而温体仁之流又"专务刻核,迎合帝意",因而出现了"治乱国用重典"的局面。以内阁大学士而言,50 人中赐死者 2 人,谪戍、配赎、削籍、革职、议处者若干人,"其克保令名者,数人而已"①。以刑部尚书而言,先后 15 人中,以阉党抵死者 1 人,遣戍者 2 人,下狱瘐死者 2 人,其余削籍、逮系、落职闲住者若干人,善去者独胡应台 1 人。②以总督而言,17 年间,共诛 7 人。其他大小臣僚,动辄得咎,下禁狱者相继,以至狱囚几满。尽管如此,但吏治并未因此好转,因循苟且之风并未因此改变。因为在封建社会里,刑罚的轻重往往以皇帝的好恶为转移,加之当时的门户之见很深,刑罚又往往被某些人用作政争的工具。因此,罚不当罪的情况比比皆是。如总督郑崇俭"未失一城、丧一旅,因他人巧卸,遂服上刑"③。崇祯十二年(1639 年),清兵大入,陷 70 余城。事后明朝杀总监、分监、巡抚、总兵、副将以至州县官 36 人,而杨嗣昌却贬削不及④。薛国观虽

①《明史》卷 251《李标等传赞》。
②《明史·乔允升传》。所言刑部尚书 17 人,不确;而郑三俊系再任,故实为 15 人。
③《明史》卷 260《郑崇俭传》。
④《明史》卷 252《杨嗣昌传》。

然有罪,但罪不至死,朱由检徒以私愤杀之。①刑罚既然不当,其结果自然不能起到惩治误国害民者,激励臣僚实心任事的作用,反而愈来愈使统治阶级内部离心离德,局势更难收拾。

由于朱由检刚愎自用,喜谀恶谏,滥施刑罚,因而使明末的官风士习更趋腐败。他们或者尸位素餐,将国事置诸脑后。如大学士来宗道,唯知"烧香吃茶",故有"清客宰相"之称②。陈演于国事"无所筹画,顾以贿闻"③。或者务为容悦,如陕西道御史白抱一所说:

> 刻深狠戾者,谓皇上之果于持法,则务为戕伤善类,以快己之私;便辟机便者,谓皇上之欲为推恩,则又为狎比淫朋,以遂己之欲。总之务为容悦之意多,自然安社稷之意少。怀患得患失之隐以事君,窃作福作威之权以罔上,后先一揆,彼此一致也。④

他们或者巧为规避,不肯任事。如汤开远所说:"乃有宁甘斥黜,必不肯任不敢任者,以任亦罪,不任亦罪;不任之罪犹轻,而任之罪更重也。"⑤这种情况,连朱由检自己也知道。他曾对群臣说:"你们每每上疏,求举行文华商榷,然犹事事如故,召对都成旧套,商榷俱属虚文,何曾做得一件实事来!"⑥这种虚与委蛇,不肯任事的办法,被不少官僚当作应付朱由检的良方。虽然朱由检厌恨这种"使乖",但正如周延儒所说:"事如此英主,不使乖,不得也。"⑦尤有甚者,则流为谄媚、欺

---

①《明史》卷253《薛国观传》。
②〔明〕张岱:《石匮书后集》卷1《烈帝本纪》。
③《明史》卷253《陈演传》。
④〔清〕汪楫:《崇祯长编》卷2。
⑤《明史》卷258《汤开远传》。
⑥〔明〕文秉《烈皇小识》卷1。
⑦〔明〕文秉《烈皇小识》卷8。

阁,以此来谋取更大的好处。如果既不逢迎,又不规避,而是想要有所作为,其结果不是被斥而去,就只好引退。

以怀疑猜忌的态度对待群臣,在明代的历代帝王中,朱由检是相当突出的。他不相信文武大臣堪称任使,同时也总是怀疑他们结党营私,欺君罔上。于是他抛开正常的选官制度,而以自己的好恶来取人。这样,有些人便凭一言或一事"称旨"而骤进,有的人又可能因一言或一事"不称旨"而骤退。17 年间,内阁大学士先后达 50 人之多,其他如吏、兵、刑等部尚书以及总督、总理、巡抚等文武大员也像走马灯似的更换。轻率地进退官员,既给幸进者开了方便之门,也使一些确实有才者不能尽其用。

派遣大量的宦官特务去监视文武官员,是朱由检不信任其臣僚的又一反映。他曾说:

> 朕御极之初,撤还内镇,举天下事悉以听之朝士。不意诸臣营私卸过,罔恤民艰,竟置膜外,甚有蚀剥为升官肥家计。间有一二廉谨者,又拘泥迂疏,慢视职掌。或性乏通警,属下欺蒙。即有一二不能不瞻徇情私,又因循推诿。居恒但有虚声,有事均无实济。己巳之冬,致逆虏直薄都下,宗社震惊,举朝束手,此士大夫负国家也。由是不得已照成祖监枪之例,分遣各镇监视,添设两部总理,虽一时权宜,亦欲诸臣自反。①

用内臣监视,实际上并非权宜,在整个崇祯年间,除极短暂的时间外,各边关都派有监军、监视;还有大量旗尉,往来各边,侦探军情;又有遍布全国的厂、卫特务,专事讯访、告密。"凡缙绅之门,必有数人往来

---

① 〔清〕谈迁:《国榷》卷 93。

踪迹,故常晏起早阖,毋敢偶语。旗校过门,如被大盗。官为橐囊,均分其利。""高门踞蹐无宁居。其徒黠者,恣行请托,稍拂其意,飞诬立构,摘竿牍片字,株连至数十人。"①在朱由检看来,"此辈由我操纵,故厌薄朝臣,则以中官参之。有时撤回,以明驾驭之在我,而不知此辈如毒药猛兽,未有不终罹其祸者也"②。内官监军的结果,使官军更加腐败,完全丧失了战斗力。宦官的权势太重,因而把持了朝政,加剧了党争,并实际操纵了文武官员的进退。由于他们能给人以荣辱祸福,因而不少人便以重贿与之相勾结,所以更加助长了贪污之风,政治愈益败坏。总之,朱由检不信任群僚,而紧紧依靠宦官,意图用这些鹰犬去搏噬臣民,从而使天下事有一个转机。殊不知事与愿违,反而加快了明朝灭亡的步伐。在情况十分危急的关头,以"吾辈富贵自在",率先开门迎降,投靠新主子的竟是朱由检自以为忠于自己的奴才。历史就是喜欢这样捉弄人!

(原载《西北师大学报(社会科学版)》1989 年第 5 期

①《明史》卷 95《刑法志三》。
②〔清〕谈迁:《国榷》卷 100。

人才匮乏　功败垂成
——甲申 350 周年纪念

李自成领导的明末农民大起义,在浴血奋战 17 年之后,于 1644 年攻克北京,推翻了明王朝。眼看胜利在望,可是由于人谋不臧,终于功败垂成。

"北京四十天",这个值得怀念的日子距今已整整 350 周年了。50 年前,郭沫若先生发表《甲申三百年祭》,指出李自成领导的农民军在进入北京之后,犯了胜利时骄傲的错误,因而失败了。此后,人们对这个问题又进行了很多有益的探讨,提出了许多中肯的看法。

我们认为,李自成之所以招致惨败、胜利冲昏头脑、"流寇主义"、战略策略错误等等,自然都是重要原因。不过,如果我们再深入地思考一下,便会发现,导致这些错误产生的更深刻的根源,不能不说是大顺军领导者的素质较差以及这次农民运动严重地缺乏人才。

一

明王朝覆亡的命运,在万历、天启时便已注定了。正如《明史·熹宗本纪赞》所说:"神宗末年,废坏极矣,虽有刚明英武之君,已难复振,而重以帝之庸懦,妇寺窃柄,滥赏淫刑,忠良惨祸,亿兆离心,虽欲不亡,何可得哉!"

朱由检即位以后,表面上似在旰食宵衣,励精图治,实际上是刚愎自用,倒行逆施。张岱说他:"日事居积,日事节省,日事加派,日事借贷。……焦于求治,刻于理财,渴于用人,骤于行法,以致十七年之天下,三翻四覆,夕改朝更。耳目之前,觉有一番变革,向后思之,迄无一用,不一枉却十七年之精励哉!"①

由于朱由检企图不惜一切代价将农民起义血腥地镇压下去,因而给广大劳苦群众带来了极其深重的灾难。崇祯十四年(1641年),左懋第上疏说:"臣有事河干一载,每进父老问疾苦,皆言练饷之害。三年来,农怨于野,商怨于途。如此重派,所练何兵?兵在何所?剿贼御边效安在?奈何使众心瓦解,一至此极乎!"②"众心瓦解",清楚地说明了人心的向背,说明了朱由检完全是自掘坟墓。十六年(1643年),保定巡抚徐标在入见朱由检时说:"标自淮来,数千里,见城陷处,固荡然一空,即有完城,仅余四壁,蓬蒿满路,鸡犬无声,曾未遇一耕者。土地人民,如今有几?皇上亦何以致治乎?"③面对这一荒凉残破的城乡悲惨画图,朱由检也只有"欷歔泣下"了。

对于当时的严峻形势,朱由检是十分清楚的。可是,除了动辄下罪己诏——实际上是责备臣下——说空话假话之外,并没有采取什么有力的措施以挽救危亡于万一。例如,崇祯十年(1637年)闰四月,以大旱久不雨,朱由检下罪己诏说:"张官设吏,原为治国安民。今出仕专为身谋,居官有同贸易。催钱粮先比火耗,完正额又欲羡余,甚至已经蠲免,亦悖旨横征。……阿堵违心,则敲扑任意。囊橐既富,则奸蠹可容。抚按之荐劾失真,要津之毁誉倒置。又如勋戚不知厌足,纵贪横于京畿。乡宦灭弃防维,肆侵凌于闾里,纳无赖为爪牙,受奸民之投献。不肖官吏,畏势而曲承。积恶衙蠹,生端而勾引。嗟此小民,谁能

---

① 〔明〕张岱:《石匮书后集》卷1《烈帝本纪》。
② 《明史》卷275《左懋第传》。
③ 《崇祯实录》卷16,崇祯十六年五月己亥。

安枕！"情况的确是够严重的。但朱由检却只是痛责群臣,而毫无"罪己"之意。至于措施,则是空话一句:"都著洗涤肺肝,共竭悃诚,仰祈天意,以救民苏。"①到了明朝将亡的崇祯十七年二月,朱由检虽然在《罪己诏》中破天荒地责备了自己,说什么:"朕为民之父母,不得而卵翼之。民为朕子,不得而襁褓之。坐令秦豫丘墟,江楚腥秽。贻羞宗社,致疚黔黎,罪非朕躬,谁任其责!"但仍表现出对农民起义的刻骨仇恨。同时依然不放弃搜刮,说什么:"念用兵征饷,原非得已,各省直抚按官急饬所属有司,多方劝喻,毋失抚字。倘有擅加耗羡,朦混私征,及滥罚淫刑,致民不堪命,立行正罪。"②这种满纸空话的《罪己诏》,没有什么效果是可想而知的。谈迁就曾指出:"当其时,民苦于横征,率空言无指实。朝廷好负人,亟则引咎,缓则反讦,愚夫习而知之,故耳目顽固如初也。倘即减今岁田租之半,躬阅内府,尽出其所有金币珠玉等,尺寸无少靳,明示吏民以充禄饷;诛一二掊克之吏,锐意更始;而吏民不为感动者,未之有也。"③然而事实是,朱由检除了空话还是空话。因此,老百姓就必然普遍存在"时日曷丧"的念头。

能够取代明王朝的力量,从崇祯十六、十七年的情况看,不外是,山海关外刚刚兴起的清朝,李自成领导的大顺农民军,以及李自成进入北京后,明朝士大夫拥立的南明弘光小朝廷。下面让我们扼要地分析一下上述几种力量究竟何者可能性最大。

清朝:此时已占有整个东北,并联结朝鲜、蒙古,形成对明廷半包围的态势。这是一股新兴的势力,政通人和,社会经济稳定发展,同时拥有一支20多万人的劲旅。因而虎视眈眈,早就处心积虑地要问鼎

①〔清〕计六奇:《明季北略》卷13《责臣罪己》。
②〔清〕谈迁:《国榷》卷100。
③〔清〕谈迁:《国榷》卷100。

中原。不过，当其未入关时，它的力量还没有强大到足以灭亡明朝的程度，同时山海关又是一道很难逾越的障碍，所以尽管清兵几次进关，不得不在掳掠一番之后即行退却。

可是，由于李自成的失误，而使情况发生了戏剧性的变化。清朝统治者获得了难得的机会，轻易地进了山海关。而且得以挥舞为明帝报仇的旗帜，招降纳叛，迅速组成满汉地主联合阵线。这样，既增强了扑灭农民革命的力量，又减少了进关后抢占全国的阻力。在策略上，既驱使吴三桂、洪承畴等走狗为其前驱，跟踪追击农民军，不让其有喘息的机会；同时又以君父之仇鼓动弘光小朝廷继续与农民军为敌，使农民军几面受敌，而自己则坐收渔人之利，各个击破。

南明弘光朝：这是明王朝的继续，而其腐朽黑暗程度却又有过之而无不及。据记载，弘光这个昏君在内庭悬挂一副对联："万事不如杯在手，百年几见月当头。"傍注："东阁大学士王锋奉敕书。"[1]1645年，清兵南下，势如破竹。"福王除夕悄然不乐，亟传各官人见。诸臣皆以兵败地蹙，俱叩头谢罪。良久曰：'朕未暇虑此，所忧者，梨园子弟无一佳者。意欲广选良家，以充掖庭，惟诸卿早行之耳。'或对曰：'臣以陛下忧敌未宽，或思先帝，岂意思及此！'遂散出。"[2]其君既如此昏庸荒淫，其臣自然也不会把国事放在心上。大权在握的马士英、阮大铖之流，热衷于逢君之恶；他们结党营私，排斥异己；揽权纳贿，卖官鬻爵。此外，文臣则吵吵嚷嚷，忙于党争；武将则各霸一方，不顾强敌压境，全力内讧。这样的小朝廷，纵然有像史可法等少数公忠为国的文武大臣，也是决然不能战胜强敌而站稳脚跟的。或者说，它的覆灭是必然的。

大顺政权：李自成领导的农民军，虽然屡经挫折，但在转战南北

---

① 〔清〕抱阳生：《甲申朝事小纪》初编卷8《弘光失德》。
② 〔清〕抱阳生：《甲申朝事小纪》初编卷8《弘光失德》。

17 年之后,终于拥有一支能征惯战的、三四十万人的精锐部队。推翻了明王朝,摧毁了明朝中央和湖北、陕西、甘肃、山西、河北、河南、山东一大片地方的统治机构。打垮了明朝战斗力较强的边兵,其他官兵、包括剽悍的左良玉部也大都闻风丧胆,一触即溃。即使清朝统治者也心存畏惧,不能稳操胜券。李自成已建立新政权,形成君临天下之势,不少明朝降官已经把他当作即将登基的新主子。如果不是李自成的失误,清兵不能进关,是无法与李自成争夺天下的。至于弘光小朝廷,更是自顾不暇,根本不可能恢复旧物。可是,胜利在望的形势,却由于农民军自身的原因——领导集团素质较差以及人才严重匮乏而瞬即消失了。

二

我们说,农民军的致命弱点是领导者的素质较差以及人才的极端匮乏,并由此而导致最终的失败,这是从无数的历史事实中得出来的结论。下面我们只需考察一下关系到农民军成败的若干关键问题,便不难得到有力的印证。

根据地的建设问题。众所周知,由于朱元璋采纳了朱升“高筑墙,广积粮,缓称王”①的意见,注意了根据地的建设,因此能在陈友谅、张士诚的夹缝中逐渐壮大起来,终于削平群雄,建立了明王朝。

可是,李自成领导的农民军,在长期地转战南北的过程中,却始终没有建立根据地的要求和实践。虽说当时的客观形势对农民军建立根据地不很有利,但也并非绝对不可能。问题主要出在农民军本身。包括李自成在内的领导层,对建立巩固的革命根据地缺乏认识,不知道革命根据地是“达到保存和发展自己、消灭和驱逐敌人之目的

①《明史》卷 136《朱升传》。

的战略基地"①。而农民军中大量的破产游民,则是"流寇主义"得以始终存在的深厚基础。再者,当时也没有像朱升那样一些地主士大夫向李自成提出建立根据地的建议。只是到了崇祯十三年(1640年)李岩归自成之后,才向他提出这个问题。吴伟业说:"初,自成无大志,所至屠戮,百姓保坞壁不肯从。李岩教以据中原取天下,宜拊循以收人心。"②

但是,尽管自崇祯十六年二月之后,李自成已经建立并一再充实中央和地方政权,但从实际情况来看,从襄阳到西安,再到北京,仍然是"流寇主义"的继续。不能说根据地的建设已经得到足够的重视,更不能说根据地已经巩固了。不是吗,李自成虽然进了北京,可仍时时想着他的故乡,所谓"陕吾故乡也,富贵必归故乡,即十燕未足易一西安也"③。而其部属也"志得意满、饮酒高会,有富贵归故乡之心"④。因此,北京及其周围的河北、山东、山西等地是否巩固,他们并不在意。其实,就是陕西是否稳固,他们也未必关心。其次,从维持新政权所需官员的数量来看,则严重地不足。如在襄阳建立的中央政权,六政府只有侍郎而无尚书,属员只有从事;地方政府没有省一级官员,州县也缺员甚多。到了西安,正式开国建元,六政府有了尚书,但均由左侍郎兼任;此外虽设置了学士、宏文馆、文谕院、谏议等等官职,但除牛金星任天佑殿大学士外,其余职位都因无人而空着。地方政府仍缺省一级官员,州县官吏同样大量缺员。到了北京之后,中央政府的机构

---

①毛泽东:《抗日游击战争的战略问题》,《毛泽东选集》第2卷,人民出版社1967年版,第387页。

②〔清〕吴伟业:《绥寇纪略》卷9《通城击》。

③〔清〕谈迁:《国榷》卷101。

④〔清〕吴伟业:《绥寇纪略》卷9《通城击》。

扩充了,官员也基本配齐。但是官员的绝大部分系明朝降官,同时六部中有的缺侍郎,大部分则缺司一级官员。地方政府有了省一级的节度使,但不全;而州县官大都是山、陕秀才,就任时,每每单车就道,只身前往。再说,这些中央或地方官员的素质,也是颇成问题的。以李自成十分信任的牛金星而言,他是在明王朝统治下断绝了升官发财的道路以后,乘农民革命汹涌澎湃、泥沙俱下、鱼龙混杂的情况下,投靠李自成以谋求自身出路的。在投靠李自成后,他并没有立过什么战功。进入北京以后,作为天佑阁大学士的牛金星,没有去"规划并组织新制度",以巩固大顺政权,而是抓住考选官吏的大权,招降纳叛,结党营私,使明朝官场中的腐朽作风在大顺政权内部蔓延滋长。在形势危急时,大搞破坏活动。最后竟投降了清朝,"玷列卿寺,靦颜朝右"[1]。至于明朝降官,当然不能说都不好,但其中的确有不少人是迫于形势,甚至有少数人是怀着不可告人的目的混进大顺政权的。他们极易受形势的影响,当大顺政权比较稳固时,还不致有二心,但稍有风吹草动,便会逃之夭夭,甚至成为敌人。矢志不二的很少。例如:明刑科给事中光时亨,投降后以原官视事。时亨乃寄书其子说:"诸葛兄弟,分事三国,伍员父子,亦事两朝。我已受恩大顺,汝等可改姓走匿,仍当勉力读书,以无负南朝科第。"[2]又如兵科给事中时敏,当北京城破时,有人问他作何计较,他说:"天下将一统矣。"投降了大顺,选授四川宜宾县令(?)。"出都,闻贼败,遁归故里"[3]。再如明濮县知县王孙蕙,当农民军进京后,即撰《贺表》以进,竭尽谄媚之能事,超擢为长芦盐运使。赴任途中,声势煊赫,"乘船所过,州县迎送惟谨"。至德州地

---

①《清史稿》卷240《季开生传附》。
②〔清〕计六奇:《明季北略》卷22《从逆诸臣》。
③〔清〕计六奇:《明季北略》卷22《从逆诸臣》。

方,遇原明部分官僚反水,截杀大顺委派之官吏。"孙蕙惶怖无策,取'督盐旗'碎之,毁凭契,焚伪敕,埋印于地"。在绝望中狼狈窜回无锡原籍①。由上所述,可以清楚地看出,大顺政权的官员,数量既严重地不足,忠心耿耿的也很少,而出类拔萃者更是阙如。因此,政权自然是很难巩固的,而只能像建筑在沙滩上的大厦一样,一遇风浪,便会轰然倒塌。李自成自山海关败归后,便一蹶不振,是毫不奇怪的。

对待清朝的问题。崇祯十七年正月,李自成在底定关中,准备东向伐明之际,清顺治致书自成,相约"协谋同力并取中原"。还说什么:"倘混一区宇,富贵共之矣,不知尊意如何耳。惟速弛书,倾怀以告,是诚至愿也。"自成对此毫无反应,更不用说采取相应的措施。

崇祯十七年二月,李自成攻下太原,乃移檄远近,指斥明朝君臣:"君非甚暗,孤立而炀蔽恒多;臣尽行私,比党而公忠绝少。甚至赂通宫府,朝廷之威福日移;利入戚绅,闾左之膏脂尽竭。"②通篇绝口未提对清斗争问题。这是一个严重的失策。如果把这篇檄文与朱元璋发布的否定元朝统治的合理性,高举民族斗争旗帜,号召北方汉族士庶归顺,同时也争取蒙古、色目群众以减少阻力的《谕中原檄》③相较,更可看出李自成的素质确实太低,而其左右也的确缺乏运筹帷幄之士,因而无法制定高超的斗争策略。

就当时的情况来说,稍有战略眼光的人都知道,对清斗争是无法回避的问题。遗憾的是,大顺领导集团却智不及此,从而使自己在斗争中处于极其不利的地位。民族斗争在当时来讲,是很有号召力量的一面旗帜。联系到清军入关之后,尽管打着为明朝报君父之仇的幌

---

①〔清〕抱阳生:《甲申朝事小纪》初编卷2《王孙蕙降贼始末》。

②《明季北略》卷20《李自成伪檄》,《小腆纪年附考》等书所载文字略异。

③参见《弇山堂别集》卷85;《明太祖实录》卷26。

子,然而仍有大量的各族人民以及原明的文武官员、地主士大夫进行着不屈不挠的、长达几十年的斗争。因此,如果李自成响亮地提出反清的号召,肯定能够鼓舞更多的人与自己共同战斗。

大顺领导集团在襄阳所定的进军路线,也反映了他们对反清问题的忽视。当时,牛金星(时任左辅)主张先取河南,直捣京师。杨永裕(时任礼政府侍郎)则认为应先据留都(南京),截断明朝漕运。而吏政府从事顾君恩(原明庠生)却说:"先据留都,势居下流,难以济事,其策失之缓。直捣京师,万一不胜,退无可归,其策失之急。不如先取关中,为元帅桑梓之邦,且秦都百二山河,已得天下三分之二,建国立业,然后旁略三边,资其兵力,攻取山西,后向京师,方为全策。"①李自成同意了后一种意见。这一战略虽较稳妥,然而在攻占北京之后,势必出现两种情况:一是与清朝直接对垒,一是江南的明朝残余势力将聚集起来与大顺政权为敌。这样,大顺军将腹背受敌,难于应付。如果大顺领导集团的整体素质高一些,自会考虑到如何避免这种不利局面的出现。其实,大顺军应在占领山西、河南全部以及河北、山东部分之后,不要急于进占北京,而南下攻取南京。进而占领长江中下游地区。经过一段时间的整顿、巩固,再进军北京。如探囊取物。这样的好处是:第一,把对清斗争的包袱先让"日薄西山,气息奄奄"的明王朝背上,让他们去互相厮杀。即使他们合流了,但却理亏,李自成完全可以义正词严地击败对方。第二,有充裕的时间去扩大和巩固根据地,进一步完善中央和地方政权,从而使自己立于不败之地。第三,可以获得江南财赋之区的有力支持。第四,可以防止明朝残余势力聚集起来建立割据政权的企图。总之,这样做的优越性很多,大顺政权完全

①〔清〕彭孙贻:《流寇志》卷8

能够因此摆脱被动挨打的困境而处处主动,事事主动。

与反清问题紧密相连的是招抚吴三桂的问题。由于李自成忽视对清斗争,因而对吴三桂所构成的严重威胁也就掉以轻心,毫不在意,认为山海关不过是弹丸之地,"用靴尖踢倒耳"。在缺乏战略眼光以及骄傲自满、麻痹轻敌的思想指导下,大顺军在进入北京之后,没有乘胜前进,追歼穷寇,而是屯兵北京城内,只派降将唐通和白广恩率兵几千去镇守山海关,并命唐通去招降吴三桂,简直形同儿戏。大顺政权既没有派重兵去迫使吴三桂归顺,也没有用民族大义去激励吴三桂抗清,更没有采取有力措施防止其叛降清朝,充当走狗和刽子手。结果"养痈贻患",李自成及其同伴不能不深受其害,从而留给后人一幅悲壮的历史画卷。

追赃助饷问题。作为农民阶级对剥夺者的剥夺以及对压迫者的惩治运动,是完全可以理解的,是无可厚非的。但是,如果李自成要想建立并巩固自己的政权,要想得到官僚士大夫真心实意地拥戴,那么,这种普遍地严刑追赃的做法,尽管追回了一些赃款,但总的说来是"为渊驱鱼,为丛驱雀",把本来可以为自己所用的力量,变成了反对或者伺机反对自己的力量,因而是得不偿失的。如果大顺领导集团具有较高的策略水平的话,完全可以把追赃助饷一事放在大局稍稍稳定之后进行。即使要追赃,也只需选择少数赃私很多、民愤极大的贵族、官僚开刀,而且也用不着身负军国重任的刘宗敏来主持其事。

受谗杀害李岩问题。它反映了李自成小生产者的狭隘自私心理以及缺乏知人善任的领导素质。李岩参加农民起义军后,初期作为李自成的"谋主",提出"收人心以图大事"的口号,作为行动纲领。要收人心,就"须托仁义"。而其内涵则主要是:对明朝的官僚和士大夫采取区别对待的策略;满足农民对土地的要求,减轻人民赋役的重负,解决群众的燃眉之急;整肃军纪,保持农民军的革命性,增强农民军的战斗力。这些主张，都为李自成所接受并基本上付诸实施，而且在实践中也取得了很大成效。在李岩归自成后的短短两年多里，农民军便迅速地壮大起来，建立了自己的政权，并攻占了北京，推翻了明朝的统治。在进入北京之后，李岩仍然保持清醒的头脑，并且一如既往地拥护李自成，向他提出中肯的意见；同时在李自成东征时，留守北京；李自成兵败后，又与刘宗敏联兵反击吴三桂的追兵。当自成兵败退至山西平阳时，李岩还主动提出率兵前往河南收拾局势，表明了他仍然忠实于李自成，并无二心。可是，不该发生的事却发生了。

按照当时的情况来看，大顺军的处境是十分严峻的。吴三桂一直紧追不放，而山东、河北、河南的不少州县，明朝的官僚和封建士大夫也乘机反扑，杀害大顺政权的地方官吏。河南是三秦门户，晋楚屏藩，战略地位十分重要。如果李岩能够率兵前往，则河南已失州县将能恢复和巩固。这样，吴三桂必然不敢穷追；河南、山西、陕西、湖广可以连成一片，进可以攻，退可以守；形势会发生很大变化。不幸的是，早就忌恨李岩的牛金星却跳了出来，造谣中伤。说李岩是想"乘机窃柄以自王"，诬陷他"欲反"。怂恿李自成"不如除之，无贻后患"。于是，"自成令金星与岩饮，杀之"。结果，"文武不和"，"上下解体"，"自成遂不能复战"，终于导致了最后的失败。①

李岩的被杀，固然由于牛金星进谗。然而，如果自成对岩深信不疑，任何人进谗都是无济于事的。退一步说，即使李岩到了河南之后，真的反叛了李自成，充其量不过是独树一帜而已。从战略上来讲，他仍可牵制吴三桂而策应李自成，总比杀掉他从而使自己孤立起来，使

---

①参见《明史·李自成传》；《明季北略》卷23《李自成死罗公山》；《小腆纪年附考》卷第6；《绥寇纪略》卷9；《国榷》卷102。

军心瓦解的好。由此可见,李自成缺乏领导者应有的容人之量和知人之明,缺乏统帅应有的才干和战略眼光。与多尔衮等人相较,他的失败可说是很难避免的。

三

李自成出身贫苦,崇祯二年(1629年)参加农民起义军后,历经千难万险,但革命意志始终坚定不移。他曾被迫西走松潘草地,进入人迹罕至的草泽地带;在敌人尾追时,率领农民军奋战,曾27个昼夜没有解甲卸鞍。在潼关原战败以后,只剩下刘宗敏、田见秀等十几骑,被围于崤函山中;后来又被困在巴东之西的鱼腹山中。尽管如此,但李自成始终不屈不挠,坚持战斗并取得了初步的胜利。进入北京后,李自成仍然保持着旺盛的斗志,保持着艰苦朴素、接近人民群众的优良作风。史称他早晨只吃小米稀饭,"惮用他物";在殿上接见百官时,"戴尖顶白毡帽,蓝布上马衣,躐鞴鞋";东征吴三桂时,是"绒帽蓝布箭衣";退出北京时,他已称帝,"仍穿箭衣,但多一黄盖"。他曾几次在武英殿召见父老,问民间疾苦;与刘宗敏、田见秀等人仍平等共事。因此,作为农民革命的领袖来说,李自成是杰出的。

然而,李自成如果要作开国皇帝的话,那他就必须接受儒家思想的洗礼,就必须广泛罗致官僚地主士大夫,特别是他们当中的佼佼者,取得他们真诚的拥戴,像朱元璋与地主士大夫的关系那样。因为这在当时的历史条件下,是唯一可行之路。

按照马克思的观点,由于小农的生活条件和生产方式,严格地说来,他们并"没有形成一个阶级"。因此,"他们不能以自己的名义来保护自己的阶级利益"。"他们不能代表自己,一定要别人来代表他们。他们的代表一定要同时是他们的主宰,是高高站在他们上面的权威,是不受限制的政府权力,这种权力保护他们不受其他阶级侵犯,并从上面赐给他们雨水和阳光。"①此外，马克思还说："无论哪一个社会形态，在它们所能容纳的全部生产力发挥出来以前，是决不会灭亡的；而新的更高的生产关系，在它存在的物质条件在旧社会的胎胞里成熟以前，是决不会出现的。所以人类始终只能提出自己能够解决的任务，因为只要仔细考察就可以发现，任务本身，只有在解决它的物质条件已经存在或者至少是在形成过程中的时候，才会产生。"②由此可见，李自成领导的明末农民起义，绝不可能建立一个农民政权，而只能建立一个清明的封建王朝，李自成也只能作一个农民盼望的"好皇帝"。否则就只能像毛泽东同志在《中国革命和中国共产党》一文中所说的那样，"总是陷于失败"。

　　既然农民起义不能建立农民政权而只能建立封建王朝是时势使然，那么，争取地主士大夫的支持也就成为顺理成章、无可厚非之举了。在这方面，朱元璋可算是个典型。

　　朱元璋之所以能够从一个游方僧成长为开国皇帝，除了他自身的优势之外，很重要的就是得到了众多的地主士大夫（其中不乏当时颇有声望、很有才干的名儒）的拥戴和支持。《明史·陈遇等传赞》说："太祖起布衣，经营天下，渡江以来，规模宏远，声教风驰，虽曰天授，抑亦左右丞弼多国士之助欤！"同书《刘三吾等传赞》则说："昔人谓天下不患无才，惟视上之网罗何如耳，顾不信哉！"

　　"惟视上之网罗何如"，可谓一语破的。在削平群雄和反元斗争中，朱元璋所至"征召耆儒"；明王朝建立之后，更是多次遣使求遗贤

---

①《路易·波拿巴的雾月十八日》，《马克思恩格斯选集》第 1 卷，人民出版社 1958 年版，第 693 页。

②《政治经济学批判·序言》，《马克思恩格斯选集》第 2 卷，人民出版社 1958 年版，第 83 页。

于四方。在网罗地主士大夫方面，真可谓不遗余力。因为朱元璋深深地懂得："躬擐甲胄、决胜于两阵之间，此武夫之事，非儒生所能；至若承流宣化、绥辑一方之众，此儒者之事，非武夫所长也。"[①]不仅如此，朱元璋还鼓励将帅们亲近儒生，多读经书。他曾在与诸将论用兵方略时说："汝等非不善战，然临事决机，智或不足。宜亲近儒者，取古人之书，听其议论，以资智识。"[②]由于如此，所以朱元璋的将帅延礼儒生，讲论经史的不少。

如果将李自成与朱元璋相较，便不免形成强烈的反差。李自成自始至终都没有获得大量的地主士大夫的真诚拥护，他的队伍里更缺乏当时具有影响力的、颇有才干的名儒。造成这种状况的主要原因，我们认为是：

第一，李自成及其伙伴们，没有认识到儒生对自己取得并巩固胜利的重要性，以为单凭自己横冲直撞就可以打天下、坐天下。他们不知道儒生们掌握的儒学，是最适合于维护封建统治秩序的思想体系。因为按照儒家以伦理为核心的政治观点所建立的社会，最有利于维护"君君、臣臣、父父、子子"的尊卑等级秩序以及宗法血缘关系，保持整个社会的稳定与和谐。特别是封建社会后期，新儒学更是调节各阶级、阶层的关系，使之各得其所，从而维护现存统治秩序的有力武器。李自成等人也没有认识到，儒士们具有运筹帷幄之中，决胜千里之外的能力；掌握治国安民之术，有比较丰富的统治经验；有不同程度的号召力，能够影响群众的向背；可以侍左右、备顾问，讲论经史、奉陈规诲……。

第二，李自成长期没有建立政权的想法，自然不会感到罗致士大

---

① 〔明〕周应宾：《旧京词林志》卷1。
② 〔明〕余继登：《典故纪闻》卷1。

夫的迫切性。相反,从各书的记载来看,在崇祯十三年以前,大顺军所至之处,对官僚地主士大夫,大都是一杀了之。如崇祯八年(1635年)正月,攻陷颍州,"杀故宦兵部尚书张鹤鸣,云南按察副使张鹤腾,中书舍人田之颖,知县刘道远,光禄寺丞李生白,训导于加遇,庠生张大同,贡士郭三杰、白精表……诸生遇害百余人"[①]。难道其中就没有可以争取的对象?

第三,崇祯十三年以前,大顺军所执行的政策,使官僚地主士大夫闻而生畏,从而产生强大的离心力。此后,特别是大顺政权建立之后,情况虽然有了变化,但大顺军执行的一些不恰当的政策,如普遍地追赃助饷,只录用四品以下文官等等,仍然较大程度地影响着士大夫归心于大顺政权。

第四,崇祯十三年以后,大顺内部的举贡生员日益增多,因而或多或少地对大顺政权罗致出身进士的士大夫产生微妙的影响。这个问题是明朝的选举制度造成的。明朝初年,资格对一个人的仕途并不起决定性的作用。中叶以后,进士(通称甲科)的选授迁转,越来越优于举人(通称乙榜)。贡生、秀才之流的境遇就更差了。崇祯九年(1636年)十月,兵科给事中宋权上疏指出,铨政之弊,主要是只论资格而不论才干。沿边各道,都是乙榜,而"内地安富之处",则没有乙榜的份。他说:"臣非谓乙榜皆不堪边道,而所以用乙榜者,非用其才也,用以代进士耳。"此外,"凡水旱盗贼之处,钱粮难完,城郭不固之处,进士不受也。即间有一二贤者除授其间,数月后抚按又奏调善地,曾有抚按题一甲科于兵凶战危之地者哉!"[②]由于如此,所以进士、举人两个阶层便不免隔阂矛盾。尽管不断有人呼吁,但因积重难返,始终未能

---

①〔清〕谈迁:《国榷》卷94。
②〔清〕谈迁:《国榷》卷95。

改变。现在,不少举贡生员投靠了大顺,加上大顺自己考选的,便形成了一股不小的势力。他们要保持并增强自己的政治地位,必然抵制进士出身的儒士而倾向于举贡生员。赵翼曾说:"自成所用牛金星,乃举人不第者,每肆毒于进士官,而戒军中勿害举人。至河南(即今洛阳),贼将误杀一县令,或告曰:'此举人也'。群骇而去。"①这样,进士出身的官僚士大夫要被大顺政权信任和重用,自然是比较困难的。

第五,元朝统治时期,大多数的汉族地主士大夫在政治上没有出路,没有前途。因而不满元朝的统治。而朱元璋则在渡江之后就明确宣告他要建立新的封建王朝。"贤士吾礼用之";后来又宣告他要"驱逐胡虏,恢复中华","复汉官之威仪"。所以,朱元璋与地主士大夫自然是一拍即合。

可是,明末的情况则迥然不同。进士出身的儒士,地位优越,"天下之爵,皆其砧几上物;天下之官,皆其朋比,横行莫问。及回迁转,不曰其俸久,则曰其资深"②。加之明末农民起义又是单纯地反对阶级压迫的斗争,后来虽有民族斗争的旗帜可以利用却弃之不顾,而李自成也迟迟没有宣告他要建立新的封建王朝,因此,深受理学思想熏陶的士大夫,便很难与李自成合拍而仍把希望寄托在明王朝身上。他们不是公开反抗,就是逃遁,或者在"保全名节""报答皇恩"的思想指引下自杀。左副都御史施邦曜的遗诗:"惭无半策匡时难,惟有捐躯报主恩",真实地描绘了这些走投无路的儒士们的心态。李自成进入北京之后,虽然有一些原明的官僚前往吏政府报名,等候录用,实际上是迫不得已的,真心实意者并不多。

上述种种,既有主观因素,也有客观因素,而以主观因素为主。就

---

① 〔清〕谈迁:《国榷》卷95。

② 〔清〕赵翼:《廿二史札记》卷20《黄巢李自成》。

是说,李自成对"尊贤礼士"、网罗人才的重要意义没有足够的认识,以致大顺政权人才极端匮乏,并终于功败垂成。联系到清朝初年许多在明朝不能发挥作用,而又没被大顺政权罗致的官僚地主士大夫,却在治国安民方面做出了较好的成绩,就更加感到李自成在这个问题上的严重失策。

(原载《西北师大学报(社会科学版)》1994 年第 3 期

《明实录》简介

　　《明实录》是明代官修的一部重要历史文献,根据《明史》卷97《艺文志》二所记:《明太祖实录》257卷,建文元年(1399年)董伦等修;永乐元年(1403年)解缙等重修;九年(1411年),胡广等复修。起于元代至正辛卯(1351年),迄于洪武三十一年戊寅(1398年),首尾48年。万历时允科臣杨天民请,附建文元、二、三、四年事迹于后。《成祖实录》130卷,杨士奇等修。《仁宗实录》10卷,蹇义等修。《宣宗实录》115卷,杨士奇等修,《英宗实录》361卷,成化元年(1465年)陈文等修。起宣德十年(1435年)正月,迄天顺八年(1464年)正月,首尾30年。附景泰帝事迹于中,凡87卷。《宪宗实录》293卷,刘吉等修。《孝宗实录》224卷,初为刘健、谢迁等修,后为焦芳等续修。《武宗实录》197卷,费宏等修。《世宗实录》566卷,隆庆(1567—1572)中徐阶等修,未竣。万历五年(1577年)张居正续修成之。《穆宗实录》70卷,张居正等修。《神宗实录》594卷,温体仁等修。《光宗实录》8卷,天启三年(1623年)叶向高修成,有熹宗御制序;既而霍维华等改修,未及上而熹宗去世,至崇祯元年(1628年)始进呈;向高原本并贮皇史宬。《熹宗实录》84卷,温体仁等修。

　　据《明史·艺文志》载,尚有《睿宗实录》50卷,费宏等修。睿宗为世宗父亲,本系藩王,其事迹与整个国家的大政方针没有关系,无甚可述,因而后来只好形同废纸,湮没不传。正如《万历野获编》卷二《实录难据》条所说:"至于兴献帝以藩邸进崇,亦修实录,何为者哉! 其时总裁费文宪等,苦无措手,至假借承奉长史等所撰实录为张本。……今学士大夫有肯于秘阁中借录其册,一展其书者乎?止与无只字同。"

至于崇祯朝的实录,在明亡以后,南明的弘光朝曾议论过纂修事宜,也曾搜集过一些资料。但因不久弘光小朝廷即行覆灭,故不采。

各朝实录,基本上是在新皇帝即位以后,即任命监修、总裁、副总裁、纂修等官,开馆纂修。监修官在明初系文武并用;"至宣德十年(1435年)修宣宗实录,始命以英国公张辅一人充监修官,其总裁仍属辅臣杨士奇等。自此景朝以来遂为定制,无复文臣监修事矣。"辅(《万历野获编》卷一《监修实录》)总裁为殿阁大学士,副总裁由翰林院学士充任,纂修官则由内阁于翰林院、詹事府、春坊、司经局诸官内具名题请;同时并以布政司正官及知府充任。监修实为挂名,具体工作主要由纂修官承担,而总裁则总其成,职任紧要者厥为副总裁官。其纂修程序,据王鏊《震泽长语》卷上《官制》条载:"凡修史则取诸司前后奏牍,分为吏、户、礼、兵、刑、工为十馆,事繁者为二馆,分派诸人,以年月编次,杂合成之,副总裁删削之,内阁大臣总裁润色。"

实录修成以后,抄录正副二本,正本于皇极殿进呈后,送皇史宬贮藏;副本贮藏于内阁;而底稿则在实录进呈前焚于禁中。本来实录是严禁外传的,但由于每次修实录时,必取前朝实录作为参考,因此阁臣、史官都得以私抄,这样就逐渐流布于外。到了万历十六年(1588年),因神宗"索累朝实录进览,阁臣对以实录成时,史臣俱会同焚稿于芭蕉园,人间并无底稿;唯皇祖世宗,特建皇史宬以藏列圣宝训实录,但册样稍广,宜减为书册,庶便展阅;容令中书官誊进,陆续上呈。上允之。由是金匮石室之藏,俱登乙览矣。"(《万历野获编》补遗卷一《今上史学》)从此实录的传布更广。

清初修《明史》时,尚以《明实录》为主要参考材料。康熙曾下谕:《明史》修好后,实录应并存。可见当时《明实录》仍完整地保存着。但后来几经变乱，皇史宬所藏正本及内阁所藏副本俱荡然无存，只剩下一些抄本流传。现在流传的江苏国学图书馆传抄本，前者梁鸿志于民国二十九年（1940年）所写序言，谓《明实录》"至中时行当国，虽许流布而传抄者稀。汲古阁毛氏所藏之棉纸精抄为册二百五十有九，昆山顾亭林先生自言手抄实录凡十三朝。今则自内阁库本及徐坊抄本外，所谓毛本顾抄，举不得见，唯广州图书馆藏有范氏天一阁旧藏之太祖、英宗两朝实录数册而已。南京龙蟠里图书馆旧曾传抄明代实录，自洪武迄崇祯凡十六朝，为卷二千九百二十有五。……兹本虽属传抄，海内亦不多觏"。梁氏即据此传抄本影印行世（甘肃省图书馆及兰州大学图书馆均有收藏）。该书无《睿宗实录》，卷帙也与《明史·艺文志》所记不尽相同。该书共五百册。《熹宗实录》有阙。最后三册为《思宗实录》，以一年为一卷，共17卷，事实的记叙异常简略，至于全书的抄写，可说是相当的拙劣，鲁鱼亥豕以至断简残篇，所在皆是；有的几乎不能卒读。1940年，吴晗同志在其所著《记明实录》一文中曾说："历史语言研究所汇校本正在整理中"，然时至今日，仍无一部较好的汇校本问世，不能不说是一件十分遗憾的事。

关于《明实录》的史料价值，历来有三种评价。少数人完全肯定。如万斯同认为"实录者直载其事与言而无增饰者也"；他甚至提出纂修《明史》"要以实录为指归"，真是推崇备至。而多数人则完全持否定态度。如《震泽长语》卷上《官制》谓："我朝翰林皆史官，立班头虽近螭头，亦远在殿下。成化以来，人君不复与臣下接，朝事亦无可纪，凡修史则取诸司前后奏牍，……分派诸人，以年月编次，杂合成之"；"其三品以上乃得立传，亦多纪官阶迁擢而已，议（间）有褒贬，亦未必尽公"。郑晓《郑端简公今言类编》卷五《正讹》谓"我朝虽设修撰、编修、检讨为史官，特有其名耳。实录进呈，焚草液池，一字不传。说中间类多细事，重大政体，进退人材多不录。每科京师乡试考官赐宴皆书，家宰内阁大臣,其先后相继竟不可考,他可知矣"。《万历野获编》卷二《实录难据》条谓:"本朝无国史,以列帝实录为史,已属纰漏,乃太祖录凡经三修,当时开国功臣,壮猷伟略,稍不为靖难归伏诸公所喜者,俱被铲削。建文一朝四年,荡灭无遗,后人搜括捃拾,百千之一二耳,景帝事虽附英宗录中,其政令尚可考见,但曲笔为多"。夏燮《明通鉴》卷首《义例》谓:"明人恩怨纠缠,往往藉代言以侈恣笔。如宪宗实录,邱濬修郄于吴陈(原注:谓吴与弼、陈献章);孝宗实录,焦芳修郄于刘谢(原注:谓刘健、谢迁);武宗实录,董玘修郄于二王(原注:谓王琼、王守仁)。而正史之受其欺者遂不少,弇州所辩,十之一二耳。至如洪武实录再改,而其失也诬;光宗实录重修,而其失也秽。"纪昀《四库全书总目提要》史部七《弇山堂别集一百卷》条在谈到《明实录》时也说:"盖明自永乐间改修太祖实录,诬妄尤甚。其后累朝所修实录,类皆阙漏疏芜"。只有王世贞等少数人,虽然指出《明实录》的确存在问题,但同时也肯定其史料价值。

我们认为这后一种认识是可取的,而完全肯定或完全否定《明实录》都是不恰当的。

《明实录》之所以值得肯定,主要是:

它的史料来源主要是"诸司前后奏牍",此外则为特遣官员以及进士或国学生分赴各布政司郡县采辑的先朝事迹;因而是第一手材料。只要参之以野史、文集、碑志、剔除其诬妄失实之处,则仍不失为一部有相当价值的史书。过去《明史稿》《明史》《国榷》《明通鉴》等等较为重要的明代史学著作,或者以实录为依归,或者以实录为重要的参考材料,其原因恐怕就在于此。

纂修实录时所凭借的资料是十分丰富的。据孟森先生《崇祯存实疏抄跋》云,该书"装八巨册(西北师范学院图书馆所藏国立北大文史部编《崇祯存实疏抄》为 16 册),共一千一百余页,所存不过崇祯六年正月中一月奏疏。想见崇祯一朝十七年间所存之疏，当有如此者一千数百册矣。"崇祯朝如此，其他各朝当亦类似。根据如此丰富的材料所修成的实录，其内容便自然涉及甚广。据《宣宗实录》卷首所附之凡例，计有 52 项之多，其他各朝的实录，体例虽不完全一致，但基本内容则无多大差异。这些内容主要包括：一、皇室统治集团的种种活动及其礼仪。如皇帝即位；上皇太后尊号，册立皇后、皇妃、皇太子，及册封郡王王妃公主；大驾，卤簿及皇太后，皇妃以至公主的仪仗；经筵日讲；亲王之国；诸王，公主冠婚；谒陵、巡边、留守；祀天地、宗庙、社稷、山川以及诸神、孔子等的典礼；宗室之间的纠纷；犯罪及废立；等等。二、文武官制衙门及土官衙门新设改建革罢及复旧者；文武官吏的升迁除授，封赠承袭；朝觐考察；有关国体之建言及所奉圣旨；选法及荐举；等等。三、每岁户口总数，每岁所收税粮屯田籽粒总数及漕运总数，采纳金银等件税课、茶课等项，并减免税粮麦米等项总数；转输漕运之法；田赋徭役及农桑劝课之令；征收或停罢岁办诸物；屯种之例和考较之法；诸王、公主、公侯、驸马岁禄以及官吏俸给、军士月粮数目及支给之法；凶荒岁歉赈恤；仓库坑冶之建革；盐场、中纳盐粮及户口食盐则例；钞法；等等。四、各处学校之增设或罢革；每科京府乡试、礼部会试，廷试，所定各处科举额数，廷试制策题，进士选读书及暂放归，下第举人除授官及选读书；天象、气候、日月薄蚀、祥异及军民之家一产三子以上蒙恩赏者；旌表孝子、顺孙、义夫、节妇；等等。五、军制、勾军补伍，命将各处镇守防边及备御规划；镇国人民起义和叛乱；军民衙门官马滋生马，边境茶马买马之政；关津、巡缴、驿传、递运、烽火侯之设立及改革；朝贡贸易及"封拜赐赍"，"南倭北虏"以及与此类似的民族之间的战争；等等。六、刑律及文武官吏犯罪之惩处；平反冤狱；风宪官及文武臣僚弹劾大臣之罪；厂、卫特务之横肆；等等。七、修理宫殿，营建山陵；修缮各处城池屯堡及新建革者；差官各处提督圩田水利及新开修治河渠、圩岸、坡(陂)塘、桥道;工匠起取放免;等等。真可谓巨细无遗。有的资料,如明王朝与女真族的关系,因清朝入关以后,各书都不敢直书,真相被大大隐匿或被歪曲,而《明实录》却大量地保存了这方面原始的、比较真实的情况,因而是相当有价值的。

实录系编年体,对历史事件的发生、经过及其结果,完全按照时间的先后顺序叙述,因而原委比较清楚。如《明通鉴》卷首《义例》所说:"上徽号、册皇后,有行礼之月日,有诹吉之月日,定郊祀,更庙制,有议礼之月日,有诹吉之月日;……皇子、皇孙之生,有诞生之月日,有诰告之月日;实录中分书之。而见之本纪者,大都据颁诏月日,故往往与本帝纪中月日不合。光宗生于万历十年八月丙申,见明史稿,明史系之九月丙辰者,下诏之月日。故三编据实录改入八月。熹宗生于万历三十三年,史稿、明史书是年十二月乙卯;而证之天启四年孙承宗入贺万寿,则十一月十四日,故三编据实录改入十一月"。当然,其中也存在一些问题,如《明通鉴·义例》说,"明史本纪多据实录,故其月日干支最详。然稽之传志,则多不合。盖实录所记攻战剿抚及克复郡邑等事,多据奏至京师之月日,而传纪中记事本之原奏者多据交绥之月日,故有近者数十日,远者数月不等"。

不可否认,《明实录》也的确存在不少问题。而这些问题的存在,也的确或多或少地影响了它的价值。这些问题,除上引诸家记及的外,还有:

实录并不是凡事都据实直书。按照儒家为尊者讳,为亲者讳的传统,因而对皇帝总是充满着歌功颂德的谀辞(其中大部分来自臣僚的奏章,有的则出自纂修官之手);或者对于一些在他们看来是不甚光彩的事,则多所避讳;甚至歪曲事实真相,加以弥缝;对一些极其荒诞的帝王,也尽量隐匿其恶迹,为其洗刷。总之,对《明实录》所载的有关帝王的史实应持审慎态度,否则便会"受欺"。例如:太祖实录对朱元璋与红巾军韩林儿的关系避而不谈,即使提到韩林儿授予官职事,也捏称为不受;派遣廖永忠沉韩林儿于瓜洲渡一事,更是讳莫如深。至于朱元璋屡兴大狱,诛除元勋宿将,则尽量归过于勋臣而为朱元璋隐讳。明成祖为了证明自己是理应继位而非篡夺,故将太祖实录一修再修。本为庶生,硬要捏造一个懿文太子、秦、晋、燕、周五人同为嫡出的假案;为了证明自己是合法的继承人,便于懿文太子死后,增入太祖于东阁门召谕群臣,表明国有长君乃国家之福,意欲立燕王一节;以肃清沙漠为一人之功,则窜入晋王无功及欲构陷成祖之语;洪武三十年防边,与辽王并命,改为俱听燕王节制;太祖病危,本系诏诸王镇守国中,改为敕符台燕王还京师,至淮安,用事者矫诏却还,及帝临终,犹问燕王来未之语。类似这种曲为隐讳增饰的情况,在其他各朝的实录中并不鲜见。如明世宗自中年以后,深居宫中,斋醮无虚日;肆意搜括,以致民穷财尽,海内骚然;加之"南倭北虏",战事连年,人民的生命财产多遭毁灭,国力也耗损不小;而世宗却笃信严嵩等奸臣,致使朝政日非,统治愈益腐朽黑暗。当时情况,正如张居正所说有如汉唐之末世。然而实录对世宗却极力推崇:说他议礼定制为"明兴以来文治之盛未始有也";赞他"孜孜以敬天恤民为务,或雨旸稍愆,则霄分露祷,深自遣责,贫民无告者为设糜粥之,施药疗之";称他"尤重边防,四方有警,许所司以不时白奏,亲自筹决,……用能北障胡氛,南清海珍(畛),妖民豪酋,旋发而殪,盖实繇庙谟先定云";总而言之,"上神功盛德,不可缕指,综其始终大要,以严驭吏,以宽治民,以经术为师,以法律为辅,以明作修内政,以安静饬边防。其于稽古考文之事尤为备谨,而皆发之孝思,本之敬一。故功成制定,华裔乡风,中兴大业,视之列祖有光焉。……真可谓神圣不世出之主矣。"对于他的荒诞,只轻描淡写地说:"晚年留意玄理,筑斋于西内居之。"这样的评价。与实际相较,何啻天壤之别!

根据明律的规定,颂扬大臣美政才德者斩。因而对文武大臣的功绩在实录中没有也不可能充分反映。至于一般臣僚,则涉及更少。至于对人物的臧否,因自中叶以后,臣僚之间的门户之见愈来愈深,后来甚至形成党争,因而实录所言的是非功过是颇成问题的。一些言官的议论,不是空谈,无补于事,就是为政争而发,因而很难作为评价人物或事件是非的依据。在这方面,正是"实录难据"。

经济方面的材料,因其所受政治斗争的影响较少,故一般说来记叙比较客观,但其缺点在于:真正属于经济的材料少,而属于财政的材料多。诸如土地制度、土地兼并、生产关系、租赋征收、国内外贸易以及手工业生产状况等等材料,或者太少,无法窥其全貌;或者干脆付之阙如,不得而知。即使是属于财政方面的材料,也由于各朝实录的体例不尽一致,因而多数不能形成较为完整的、系统的东西。以每年国家的户口,土田以及各种赋税收入的数字而言,各朝实录的详略就很不一致;万历四十七年之间,只记载了一次,而且还相当简略。其他如灾荒赈济、官吏俸禄及军饷等等的记载也有类似情况。

《明实录》的其他缺陷尚多,这里不再一一列举。虽然如此,该书仍然是研究明史者必读的一部很有价值的典籍。

(原载《西北师院学报(社会科学版)》1988 年增刊)

论明清之际对君主专制的批判

在中国历史发生剧烈震荡的明清之际,主要是 17 世纪,思想界曾经掀起过一阵批判极端君主专制的浪潮,其锋芒之锐利以及影响之深远,都是值得称道的。可是,这阵批判君主专制的思潮,到了 18 世纪反而沉寂了,直到近代资产阶级革命兴起时,才又继续向前发展。并逐渐达到了它的高峰。因此,对明清之际的批判君主专制思潮进行一番考察,弄清它何以会在此时兴起? 具有何种性质? 这对我们深入了解明末清初的历史是颇为有益的。

一

在君主专制形成和发展的过程中,一些地主阶级的思想家,总是力图论证君主专制的必要性和合理性。正如马克思在《黑格尔法哲学批判》一文中所说:"黑格尔力图在这里把君主说成真正的'神人',说成理念的真正化身。"①

早在战国时期,当君主专制正在形成之际,韩非代表新兴地主阶级,就充分论证了中央集权及君主专制的必要性。他说:"事在四方,要在中央,圣人执要,四方来效,虚而待之,彼自以之。"②为了保证君主专制,韩非从法、术、势几个方面提出了一系列具体做法。在韩非看

---

① 《马克思恩格斯全集》第 1 卷,人民出版社 1958 年版,第 273—274 页。
② 〔清〕王先慎:《韩非子集解》第 2 卷《扬权》。

来,君主必须独尊,而所有的臣僚则只能以奴仆自居,任其主子驱使。所谓"贤者之为人臣,北面委质,无有二心。朝廷不敢辞贱,军旅不敢辞难,顺上之为,从主之法,虚心以待令,而无是非也。故有口不以私言,有目不以私视,而上尽制之。为人臣者,譬之若手,上以修头,下以修足,清暖寒热,不得不投入,镆铘傅体,不敢弗搏"①。只有在这种从属的主奴关系牢固地建立起来的情况下,天下才能大治,否则就会不安宁,甚至大乱。

随着封建君主专制制度的发展,一些封建卫道士如汉代的董仲舒、唐代的韩愈以及宋代的二程、朱熹等人,更竭力为王权的天然合理性辩护,使"君权神授"以及封建纲常愈益理论化和哲学化。

与封建卫道士们不断地为君主专制辩护的同时,君主专制却日益暴露出它的腐朽和反动。于是,一些有识之士便不断地对君主专制进行揭露和批判。而这种揭露和批判最集中、最猛烈的时期,当数明清之际。当时,一批著名的学者、思想家如刘宗周、黄宗羲、顾炎武、王夫之、颜元、吕留良、唐甄等,或者蔑视历来被奉为神圣的君权,或者对君主专制大张挞伐。刘宗周在上疏崇祯时说:"国事至此,诸臣负任使,无所逃罪,陛下亦宜分任其咎。"他要求崇祯"开示诚心","御便殿以延见士大夫,以票拟归阁臣,以庶政归部院,以献替可否予言官。不效,从而更置之,无坐锢以成其罪。"②在君主极端专制的情况下,刘宗周居然提出要崇祯帝对国事负责,并且信任士大夫,分权与各职能部门,如果不是思想上破除了"君王圣明,臣罪当诛"的陈腐观念,是不会这样提出问题的。顾炎武也反对君主个人独裁。他说:"后世有不善

①〔清〕王先慎:《韩非子集解》第2卷《有度》。
②《明史》卷255《刘宗周传》。

治者出焉,尽天下一切之权、而收之在上。"①极端专制的君主,"人人而疑之,事事而制之"。于是科条文簿日多一日,致使天下之事愈来愈坏。与顾炎武同时代的吕留良,不仅具有强烈的民族意识,而且对君主专制也极力反对。认为自秦以下的帝王,都是"以诈力取天下,以法术治天下"的,"君臣之伦"已不复存在。"君以为惟我之所欲为,臣以为生杀刑赏为君所制。不得不然,于是尊君卑臣,相去悬绝,故其治也以威力相慑。"②

明清之际对君主专制抨击最烈的,当数黄宗羲和唐甄。黄宗羲认为,尧、舜、禹以后之为君者,总是把天下看作自己的私产,这就造成了天下的不得安宁。因为当"其未得之也,屠毒天下之肝脑,离散天下之子女,以博我一人之产业","其既得之也,敲剥天下之骨髓,离散天下之子女,以奉我一人之淫乐"。黄宗羲由此得出结论:"为天下之大害者,君而已矣。"③他认为,把后世的君主看作寇仇,名为独夫是应该的。他批判了宋儒提出的"君臣之义无所逃于天地之间"的谬论,也批判了朱元璋为维护极端君主专制而将孟子逐出文庙以及废除丞相的错误。在君臣关系上,黄宗羲反对"愚忠"的说教。认为"我之出而仕也,为天下非为君也,为万民非为一姓也"。为臣者应从天下万民出发,而不应为一姓之兴亡而行事。如果"轻视斯民之水火,即能辅君而兴,从君而亡,其于臣道固未尝不背也"④。

唐甄对君主专制的批判,其锋芒之锐利,不减于黄宗羲。他首先抹去了罩在君主头上的神圣光圈,将其还原为人。他说:"天子之尊,

①〔清〕顾炎武撰,黄汝成集释:《日知录集释》卷9《守令》。
②〔清〕吕留良撰,陈鏦编:《四书讲义》卷6《论语三》。
③〔清〕黄宗羲:《明夷待访录·原君》。
④〔清〕黄宗羲:《明夷待访录·原臣》。

非天帝大神也,皆人也。"①天子虽然不是神,但却掌握着亿万生民的命运,决定着国家的治乱兴衰。他说:"治天下者惟君,乱天下者惟君。治乱非他人所能为也,君也。"②又说:"破家亡国,流毒无穷,孰为之而孰主之? 非君其谁乎! 世之腐儒,拘于君臣之分,溺于忠孝之论,厚责其臣而薄责其君。彼乌知天下之治,非臣能治之也;天下之乱,非臣能乱之也。……治乱在君,于臣何有!"③他与黄宗羲相似,以为自汤武之后,"其村其将,皆惨刻少恩,谲诈无实,惟利天下,利爵土,无救民爱人之意。非屠府县百十城,杀无辜数千百万人,绝烟火,绝鸡犬之声千百里者,不可以得天下。"④因此他断言:"自秦以来,凡为帝王者皆贼也。"⑤

二

明清之际对君主专制的批判绝不是偶然的, 它有着深刻的社会根源和思想根源。

首先,它是历史上否定君权和批判君主专制思想的继续和发展。

"民为邦本,本固邦宁"的民本思想,在中国有着深厚的土壤。早在战国时期,与君主专制形成的同时,孟轲就提出了"民为贵,社稷次之,君为轻"⑥的著名论断。他并不认为君主是神圣的,如果像桀、纣那样的暴君,则只能是人人得而诛之的独夫民贼,不配称君。在君臣关

---

①〔清〕唐甄撰,"注释组"注:《潜书》上篇下《抑尊》。
②〔清〕唐甄撰,"注释组"注:《潜书》上篇下《鲜君》。
③〔清〕唐甄撰,"注释组"注:《潜书》下篇上《远谏》。
④〔清〕唐甄撰,"注释组"注:《潜书》下篇下《仁师》。
⑤〔清〕唐甄撰,"注释组"注:《潜书》下篇下《室语》。
⑥〔战国〕孟轲等:《孟子》卷14《尽心章句下》。

系上,孟子认为为臣的不必绝对服从君主。他说:"君之视臣如手足,则臣视君如腹心;君之视臣如犬马,则臣视君如国人;君之视臣如土芥,则臣视君如寇仇。"①甚至说:"君有大过则谏,反复之而不听,则易位";或者"反复之而不听,则去"②。孟子的这些话,无不闪现着中国传统文化民主性思想的光辉,并且对后世无疑有着深远的影响。

孟子之后,对君主专制的揭露和批判,在中国封建社会里,不仅一脉相承,从未中断,而且随着君主专制的发展还愈益深入。下面让我们举几个突出的例子:

《抱朴子·诘鲍篇》所记鲍敬言的"无君论"认为,君主的产生是由于暴力而非上天的安排,否定了"君权神授"的观点。自从有了君主以后,社会反而愈来愈坏,人民反而愈来愈受罪。之所以如此,是由于君主为了满足其穷奢极欲的生活享受,便残酷地压榨百姓。"劳之不休,夺之无已,田芜仓虚、杼柚之空,食不充口,衣不周身",给老百姓带来了深重的灾难。而"无道之君,无世不有,肆其虐乱,天下无邦"。他由此得出了无君胜于有君的结论。尽管鲍敬言是从道家的立场出发批判现实的,因而不免有缺点甚至错误,但他对"君权神授"的观点以及君权过重带来的危害的揭露和批判,则无疑是十分深刻的。

在君主专制高度发展的宋代,与道学家竭力鼓吹君主专制相反,永康学派的陈亮与永嘉学派的叶适,尖锐地批判了君主专制。陈亮认为宋廷衰弱的根本原因在于中央高度集权,君主威福任意。他指斥孝宗皇帝独断,致使地方空虚,本末俱弱。他说:"五代之际,兵财之柄,倒持于下,艺祖皇帝束之于上,以定祸乱。后世不原其意,束之不已,故郡县空虚而本末俱弱。今不变其势而求恢复,虽一旦得精兵数十

---

①〔战国〕孟轲等:《孟子》卷 8《离娄章句下》。
②〔战国〕孟轲等:《孟子》卷 10《万章章句下》。

万,得财数万万计,而恢复之期愈远,就使虏人尽举河南之地以还我,亦恐不能守耳。"①叶适认为,春秋以前,"君臣之间,差不甚远,无隆尊绝卑之异,其身之喜怒哀乐,尚可反求"②。秦汉以后,权力日益集中在君主手中。特别是宋代,鉴于唐末五代祸乱之相寻,于是"尽收威柄,一总事权,视天下之大,如一家之细"③。高度集权的结果,对内来说,确实"安枕无事"了,可却积弱不振,卒致"靖康之祸"。由于如此,所以陈亮、叶适都主张削弱君权,限制君权。

宋元之际的邓牧的思想,比陈亮、叶适更为激进。他否定了君主的神圣性,认为君主是人人都可以做的。他说:"彼所谓君者,非有四目两喙鳞头而羽臂也,状貌咸与人同,则夫人固可为也。"④他进而指出,古之为君者,没有特权,生活也较简朴,与老百姓无甚距离,因而无须防范别人抢夺其宝座。可是到了后来,君主把天下看作自己的私产,任意敲剥,尽情享乐;为了防人抢夺其尊位,"焚诗书,任法律,筑长城万里,凡所以固位而养尊者,无所不至"。对此,邓牧愤慨地指斥道:"天生民而立之君,非为君也,奈何以四海之广,足一夫之用耶!"⑤邓牧还对君主专制制度下的腐败吏治进行了深刻的揭露和猛烈的抨击。他认为专制君主所豢养的官吏,都是君主的帮凶;他们无所避忌,白昼肆行抢夺,结果是"官逼民反",太平无望。他说:"夫夺其食不得不怒,竭其力不得不怨。人之乱也,由夺其食;人之危也,由竭其力。而号为理民者,竭之而使危,夺之而使乱,二帝三王平天下之道,若是然

①〔宋〕陈亮撰:《陈亮集》卷1《上孝宗皇帝第三书》。
②〔宋〕叶适撰:《习学记言》卷11《左氏》。
③〔宋〕叶适撰:《水心集》卷1前集《上光宗皇帝札子》。
④〔宋〕邓牧:《伯牙琴·君道》。
⑤〔宋〕邓牧:《伯牙琴·君道》。

乎！"①

由上所述,明清之际对君主专制的批判,与中国历史上固有的民本思想之间,其承传关系与发展脉络是十分清楚的。特别是孟子及邓牧的思想影响,更是显而易见。

其次,明清之际对君主专制的揭露和批判,是明中叶以后逐渐萌生的"异端"思潮在政治思想方面的表现。

在中国的封建社会里,历代的封建思想家,总是采取各种理论形式来论证"君君、臣臣、父父、子子"这种封建等级伦常关系的"天然合理性";而其目的,无非是要人们把这种封建等级伦常关系作为一种道德律条,自觉地信奉,从而使封建等级秩序处于稳定状态。在这方面,程朱理学是很突出的,因而长期受到封建统治者的尊崇。可是到了明朝中叶,程朱理学由于形势的变化以及它本身难以克服的缺陷而失去了昔日的光辉。其一统天下无可奈何地被王守仁的心学打破了。正如《明史·儒林传序》所说:"明初诸儒,皆朱子门人之支流余裔,师承有自,矩矱秩然。"自陈献章、王守仁始,学术有了变化。"宗守仁者曰姚江之学。别立宗旨,显与朱子背驰。门徒遍天下,流传逾百年,其教大行,其弊滋甚。嘉、隆而后,笃信程朱不迁异说者,无复几人矣。"顾炎武在《日知录·朱子晚年定论》中也有相同的看法,说是"文成以绝世之资,倡其新说,鼓动海内。嘉靖以后,从王氏而诋朱子者,始接踵于人间"。

众所周知,王守仁并非封建的叛逆,他对维护明王朝的统治,曾立下过汗马功劳。可是,他的主观唯心主义的"心学",却有悖于统治

---

① 〔宋〕邓牧:《伯牙琴·吏道》。

者倡导的程朱理学,而被某些人视为"邪说"①。王守仁为了维护自己的学说,公然宣称:"夫道,天下之公道也;学,天下之公学也;非朱子可得而私也,非孔子可得而私也,天下之公也,公言之而已矣。"又说:"夫学贵得之心,求之于心而非也,虽其言之出于孔子,不敢以为是也,而况其未及孔子者乎?"②包括这些大胆言论在内的王守仁的心学思想体系,后来被他的门人发展成了"离经叛道"的"异端",变成了一股批判假道学的思潮。黄宗羲说:"阳明先生之学,有泰州(王艮)、龙溪(王畿)而风行天下,亦因泰州、龙溪而渐失其传。……泰州之后,其人多能以赤手缚龙蛇,传至颜山农、何心隐一派,遂复非名教之所能羁络矣。"③例如,王艮说:"圣人之道,无异于百姓日用。凡有异者,皆是异端。"④这就把道学从神圣的殿堂拉到了寻常百姓之家,使之成为"愚夫愚妇能知能行者"。颜山农认为:"平时只是率性所行,纯任自然,便谓之道";"凡儒先见闻,道理格式,皆足以障道。"⑤这无异是在向历来崇奉的"先圣先贤"发起挑战。特别是李贽,对当时流行的假道学更是深恶痛绝,直比之为"穿窬之盗",说他们"阳为道学,阴为富贵,被服儒雅,行若狗彘然"⑥。以为这些人不仅"可恶,可恨",甚至"可杀,可剐"。李贽在极其严峻的尊孔氛围中,冒着"非圣无法",从而招

---

①《明史·王守仁传》载,守仁死后,桂萼等应诏上疏说:"守仁事不师古,言不称师,欲立异以为高,则非朱熹格物致知之论;知众论之不予,则为朱熹晚年定论之书。号召门徒,互相倡和。……传习转讹,背谬弥甚。"他们请求世宗"禁邪说以正人心"。

②〔明〕王守仁:《传习录》卷中《答罗整庵少宰》。

③〔清〕黄宗羲:《明儒学案》卷32《泰州学案》。

④〔明〕王艮:《心斋王先生语录》卷上。

⑤〔清〕黄宗羲:《明儒学案》卷32《泰州学案》。

⑥〔明〕李贽:《续焚书》卷2《说汇》。

致杀身之祸的危险，指出人人皆可以为圣，皆可以为佛，反对对孔子的迷信，对儒家典籍的迷信。李贽的这些言论，像在腐臭的死水潭里投下一块巨石，立即掀起了轩然大波，使统治者感到极大的震恐，因而以"敢倡乱道，惑世诬民"等"罪名"，将其逮捕下狱，迫害致死。

程朱理学是维护封建等级、纲常名教的官方哲学，其地位的动摇，极大地影响了封建统治秩序，特别是促使具有进步思想的人们以新的眼光去审视传统的、所谓"天经地义"的一些观念的合理性，因而产生了政治思想上的"异端"——君权的神圣性被怀疑、被否定了。

第三，明清之际对君主专制的批判，是对明王朝自中叶以后日益衰朽以至灭亡的严酷现实的反思。

崇祯十七年（1644年）三月，李自成攻占北京，明朝灭亡。这一天翻地覆的事件，在一大批地主士大夫的思想上引起了很大的震动。痛定思痛，纷纷起而追寻亡国的原因，以便从中吸取应有的教训。在导致亡国的诸多原因中，文武官僚大都负有不可推卸的责任，这是显而易见的，毋庸赘叙。而地主士大夫的空谈性命，也是十分重要的。顾炎武说："今之君子，聚宾客门人数十百人，与之言心言性；舍多学而识以求一贯之方，置四海困穷不言而讲危微精一，我弗敢知也。"①顾炎武认为，这种流弊不止导致亡国，甚至会亡天下。颜元曾说："吾读《甲申殉难录》，至'愧无半策匡时难，惟余一死报君恩'，未尝不悽然泣下也。"②空谈误国，可见一斑。至于"代天理物，威柄自操"的专制君主，是否也应负亡国之责？按照传统的观念，皇帝是"天生圣明"，罪过都是臣下的。但是在君权的神圣性已经动摇的情况下，因而不少史家在

①〔清〕顾炎武：《顾亭林诗文集》卷6《答友人论学书》。
②〔清〕颜元：《存学编》卷2《性理评》。

肯定明思宗的同时,也指出了他对亡国难辞其咎。如张岱说他:"日事居积,日事节省,日事加派,日事借贷。……焦于求治,刻于理财,渴于用人,骤于行法,以致十七年之天下,三翻四覆,夕改朝更。耳目之前,觉有一番变革,向后思之,迄无一用,不一枉却十七年之精励哉!"①查继佐则说他"独少推诚,稍舞智,往往以处逆魏之法绳其下。于是诸臣救过不暇,即贤者亦或宁自盖.而坚任诸内侍,益灰豪杰之隐。"②而思想家们则从更深层次看待这个问题,他们审视了秦始皇以来千百年的历史,特别是宋、明历史,确切地指出了天下兴衰治乱的根源在专制君主的身上,而不在其臣下.尽管他们与天下的兴衰治乱有关。这一以大多历史事实为依据的理论概括,是颠扑不破的真理。

第四,明清之际对君主专制的批判,也是地主士大夫在极端君主专制下政治地位日益低下的奋起抗争。

秦汉以后,随着君主专制的不断发展,文武官员的地位也在日益下降。先是伙伴关系,后来降为雇佣关系,到明代以后更降为主奴关系。洪武年间,朱元璋屡兴大狱,被无辜杀戮谪戍者以万计;至于廷杖、镣足视事、黥面等辱及人格的事则更多。刘基曾建议朱元璋在"国威已立"的情况下,"少济以宽大",实则希望他能尊重地主士大夫的人格,给他们一点地位。这当然是办不到的。洪武以后,尽管时易势殊,然而君臣之间的主奴关系却丝毫没有发生变化。以崇祯帝朱由检而言,其人才识平庸,但却将大权紧紧攥在自己手上,驱使诸臣亦步亦趋。结果,"委政柄者非庸即佞,剿抚两端,茫无成算。内外大臣,救过不给,人怀规利自全之心。言语戆直、切中时弊者,率皆摧折以去。其所任为阃帅者,事权中制,功过莫偿,败一方即戮一将,隳一城即杀

---

①〔明〕张岱:《石匮书后集》卷1《烈皇帝本纪》。

②〔清〕查继佐:《罪惟录》卷17《毅宗烈皇帝纪》。

一吏。赏罚太明而至于不能罚,制驭过严而至于不能制。"①在他统治的十七年中,内阁大学士共用了 50 人,"其克保令名者,数人而已"②。其他大小臣僚,动辄得咎,下禁狱者相继,以至狱囚几满。士权的低落是与君权的高涨密切相关的。严酷的现实使得不愿长期安于奴仆的境遇,并且还想对国家的治乱、生民之疾苦尽点力量的士大夫,自然要严厉地批判极端的君主专制,主张削弱君权,力争实现士大夫与君主共同治理天下的愿望。

三

明清之际出现的这股批判君主专制的思潮,是否具有反对封建制度的性质? 我们的回答是否定的。

在科学社会主义传入中国之前,凡是说到封建的,无一不是指西周"封建诸侯以屏藩王室"的模式。对这种模式的封建制度,明清之际的思想家们知道它已经被历史淘汰,不可能复活了。然而,这一制度的某些方面又必须以某种形式保留,从而弥补郡县制度(即君主专制制度)之不足。例如,黄宗羲说:"封建之弊,强弱吞并,天子之政教有所不加;郡县之弊,疆场之害,苦无已时;欲去两者之弊,使其并行不悖,则沿边之方镇乎!"③他提出在北方的九边以及南方的云、贵都设方镇。方镇的钱粮兵马、田赋商税、政教张弛、下属的辟召,都自行处理,不从中制。"每年一贡,三年一朝。终其世,兵民辑睦,疆场宁谧者,许以嗣世。"④顾炎武则提出"寓封建之意于郡县之中"的主张。他认

①《明史》卷 309《流贼传序》。
②《明史》卷 251《李标等传赞》。
③〔清〕黄宗羲:《明夷待访录·方镇》。
④〔清〕黄宗羲:《明夷待访录·方镇》。

为："封建之失，其专在下；郡县之失，其专在上。"要消除两者的弊病，就只有在郡县制的框架内，采取某些封建之意，即加强地方郡县的权力。甚至允许郡县长官世袭①。此外，顾炎武还主张恢复古代的宗法制度。他说："一家之中，父兄治之；一族之间，宗子治之。其有不善之萌，莫不自化于闺门之内，而犹有不帅教者，然后归之士师。……是故宗法立而刑清。"②与黄宗羲、顾炎武同时代的事功学派大师颜元，在其《存治篇·封建》论中，更是力主"封建"，认为"非封建不能尽天下人民之治，尽天下人材之用。"即使因此而出现动乱，也比君主一人系天下之安危为好。由此可见，这些思想家们并不反对西周模式的"封建"制度。

至于根据历史唯物主义所阐述的关于封建制度的主要特征来衡量，同样不能认为明清之际的思想家们是反对封建制度的。

以顾炎武、黄宗羲、王夫之为代表的明清之际的思想家都不反对地主土地所有制，而地主土地所有制乃是封建制度的基石。顾炎武对北魏以至隋唐时期实行的均田制甚是赞赏。以为"人君欲留心民事，而创百世之规，其亦运之掌上而已"③。王夫之从其历史进化观出发，认为土地制度从"田无定主"到"画井分疆"，再到"民自有其经界，而无烦上之区分"，是土地私有化的必然趋势。所以他不主张"限田"，也不赞同恢复"井田"或"均田"，以为只需维持现行的土地制度即可。黄宗羲反对"限田"，认为"其意虽善，然古之圣君方授田以养民，今民所自有之田，乃复以法夺之。授田之政未成而夺田之事先见。所谓行一

---

①详见《顾亭林诗文集·郡县论》；《日知录集释》卷9《守令》。

②〔清〕顾炎武撰，黄汝成集释：《日知录集释》卷6《爱百姓故刑罚中》。

③〔清〕顾炎武撰，黄汝成集释：《日知录集释》卷10《后魏田制》。

不义而不可为也"①。他主张推行卫所之屯田,因为屯田与井田的实质是相同的。他说:把官田之外的"实在田土,均之人户一千六十二万一千四百三十六,每户授田五十亩,尚余田一万七千三十二万五千八百二十八亩,以听富民之所占,则天下之田自无不足,又何必限田、均田,纷纷而徒为困苦富民之事乎!"②从顾、黄、王的言论看来,他们维护地主土地所有制的思想是十分清楚的。

除地主土地所有制外,封建社会还存在农民和手工业者以本身劳动为基础的个体所有制,他们占有生产工具和自己的私有经济。这种农业和手工业相结合、劳动者和生产资料相结合的自然经济,是封建制度长盛不衰的前提。马克思说:"这种生产方式是以土地及其他生产资料的分散为前提的。它既排斥生产资料的积聚,也排斥协作,排斥同一生产过程内部的分工,排斥社会对自然的统治和支配,排斥社会生产力的自由发展。"③当然,这种生产方式发展到一定的程度,就必然要被消灭。而它被消灭的过程,就是"生产者和生产资料分离的历史过程"④。这是十分痛苦、十分残酷的过程,自然不符合中国传统的保护和发展小农经济的"仁政"思想,因而也就难于被深受"仁政"思想熏陶的明清思想家们所接受。他们为了保护和发展小农经济,反对横征暴敛,反对荒淫侈靡,反对官贪吏污。这些无疑都是正确的。然而,对一些顺应社会经济发展趋势而采取的措施,诸如两税法与一条鞭法所实行的货币地租以及用金银交易等,他们也一概反对,这就暴露了他们落后于时代的守旧思想。顾炎武说:"自三代以至于

---

①〔清〕黄宗羲:《明夷待访录·田制二》。

②〔清〕黄宗羲:《明夷待访录·田制二》。

③〔德〕马克思:《资本论》第一卷,人民出版社 1956 年版,第 830 页。

④〔德〕马克思:《资本论》第一卷,人民出版社 1956 年版,第 783 页。

唐,所取于民者,粟帛而已。自杨炎两税之法行,始改而征钱,而未有银也。"宋以后逐渐征银,至明而大行。他认为,用银钱交纳赋税,必然加重人民负担,甚至丰收之年老百姓也要相率卖其妻子换银输官;同时,也必然出现更多的贪官污吏,因为银子便于携带、储藏。所以他主张商业繁荣的通都大邑可以征银,而其他地方则仍征粟米,最多十分之三征钱。这样于国于民都有好处①。黄宗羲的观点与顾炎武基本相同。他说"古者任土作贡","汉唐以前未之有改"。杨炎改行两税才折钱。而明代则"自漕粮而外尽数折银","不特谷米不听上纳,即欲以钱准银亦有所不能矣。"以银为赋,即使丰年也不足上供。因此他认为:"圣王者而有天下,其必任土所宜。出百谷者赋百谷,出桑麻者赋布帛,以至杂物皆赋其所出,斯民庶不困瘁尔!"②他竭力反对用银交纳赋税和交易,以为这是"天下之大害"。他说:"后之圣王而欲天下安富,其必废金银乎!"③

由劳役地租发展为实物地租,再发展为货币地租,是地租形态的进步,也是社会经济发展的必然趋势。而明清之际的思想家们却十分留恋汉唐以前的实物地租形态,竭力反对杨炎以后的货币地租形态。至于使用金银,他们更是深恶痛绝。殊不知这是商品经济发展到一定程度的产物,正如马克思所说:"随着商品交换日益突破地方的限制,从而商品价值日益发展成为一般人类劳动的化身。货币形式也就日益转到那些天然适于执行一般等价物这种社会职能的商品身上,即转到贵金属身上。"④由此可见,尽管明清之际的思想家反对货币地租

---

① 〔清〕顾炎武:《顾亭林诗文集》卷1《钱粮论》。
② 〔清〕黄宗羲:《明夷待访录·田制三》。
③ 〔清〕黄宗羲:《明夷待访录·财计一》。
④ 〔德〕马克思:《资本论》第一卷,人民出版社1956年版,第107页。

以及用金银交易的意图在于使百姓能够"仰事俯畜",乐岁终身饱。凶年不至于死亡,然而他们毕竟昧于大势。不了解货币地租及用金银交易对发展商品经济的重要作用,不了解发展商品经济的重大历史意义。因此,他们的观点便不免与历史发展的趋势背道而驰。

在封建经济基础上,有一整套强大的上层建筑。地主阶级的总头子皇帝和各级官吏以及整个地主阶级,对农民和手工业者实行残酷的超经济强制剥削,农民和手工业者对地主阶级及其国家则存在强烈的人身依附关系。这种压迫与被压迫、剥削与被剥削的关系,明清之际的思想家们从总体上来说并不反对。他们反对的只是君主专制,主张的不过是限制君权,提高士大夫的地位;轻徭薄赋,实行"仁政"而已。例如,顾炎武说:"人君之于天下,不能以独治也。"黄宗羲也说:"夫人主受命于天,原非得已。"而唐甄的人伦观则把君主放在首位。他认为事君之道应是"杀之而不怨"①。而"善事君者,敬之如天而处之无异于人,同其情而平其施"。不要"矫为亢直,而犯之以其所不能受!"天子"好游""好色""好财""好古器""好宫室",都是人之常情,要"遂其情",因势利导,不要"与天子争胜,必欲伏至尊而使出我下"②。王夫之比上述诸人走得更远。他说:"帝王之受命,其上以德,商周是已。其次以功,汉唐是已。"但是,宋太祖既无德又无功,何以也能受命?这是因为"宋之君天下也,皆天所旦夕陟降于宋祖之心而启迪之者也。……启之、牖之、鼓之、舞之,俾其耳目心思之牖,如披云雾而见青霄者,孰为为之耶?非殷勤佑启于形声之表者日勤上帝之提撕而遽能然耶!佑之者天也,承其佑者人也"。由于上天的眷顾,无德无功的

---

①〔清〕唐甄撰,"注释组"注:《潜书》上篇下《明悌》。
②〔清〕唐甄撰,"注释组"注:《潜书》下篇上《善游》。

宋祖,居然一统天下,底于大定,垂及百年,世称盛治①。这是典型的"天人合一""君权神授"的观点。既然君权是神授的,那就得服服帖帖地受其统治,不能因为压榨太甚就想造反,"易吾共主,杀此有司,以舒吾怨也。"假如真的乱起来了,破坏了封建统治秩序,老百姓遭受的惨祸,更是目不忍睹。此时"则将视暗君墨吏之世,如唐虞三代而不可复得矣。"他告诫人们不要"忘乎上之有君也,忘乎先世以来延吾生以至今者君也,忘乎偷一日之安而尚田尔田庐尔庐者君也。"如果"一触其私利之心,遽以不能畜厚居盈为大怨,诅君上之速亡,竟戴贼而为主",是不仁,是愚顽。在这种情况下、士大夫有责任"匡维世教,以救君之失,存人理于天下"。不要火上浇油,"诅咒其君父,蛊斯民之怨怼"②。十分清楚,王夫之是要人们忍受压榨,安心做"奴隶",而不要去掀翻那吃人的筵席!

明清之际的思想家们不反对封建制度,已如上述。那么,这股批判君主专制的思潮,其性质是否属于近代的启蒙思想?我们的答复也是否定的。

中国自明代的嘉靖中叶即 16 世纪中期以后,资本主义生产关系的最初萌芽在长江三角洲和东南沿海一带出现了。随着经济关系的变化,阶级关系以及上层建筑的哲学、政治思想也有着某些变化。不过,我们必须正确估计这一历史性的变化,否则对当时的情况便很难得出正确的结论。

事实上,在鸦片战争前,中国的资本主义萌芽由于阻力很大以及明清之际的战乱,因而发展极其缓慢,力量极其微弱。自给自足的封建经济仍然占着绝对的优势,直到鸦片战争以后的较长时间内依然

①〔清〕王夫之:《宋论》卷 1《太祖》。

②〔清〕王夫之:《读通鉴论》卷 27《僖宗》。

如此。马克思写于 1859 年 11 月的《对华贸易》一文。曾指出资本主义国家用大炮打开了中国的大门以后，英、美的商业并未很快推进。究其原因，马克思说："我们曾认为，除了鸦片贸易之外，对华进口贸易迅速扩大的主要障碍，乃是那个依靠着小农业与家庭工业相结合的中国社会经济结构。"①因此，我们决不可将 16、17 世纪的中国资本主义萌芽的发展程度估计过高，似乎资本主义的生产关系已经是普遍的关系；而且在这种关系的基础上，已经产生了一个市民阶层（或中等阶级）和它的政治代表；同时在思想领域里，也出现了启蒙运动。

我们知道，西欧的"启蒙运动"出现在 18 世纪。这时，上距资产阶级革命以及资本主义在欧洲的确立，已经一个世纪了。启蒙思想家们的理论核心是人性论，他们竭力鼓吹"自由""平等"是"天赋人权"、鼓吹"法律万能"、鼓吹私有财产神圣不可侵犯。可是，明清之际的思想家们所反对的只是君主权力的过分扩张，他们仍然维护封建的纲常名教，封建的等级制度。"自由""平等""天赋人权"这些资产阶级的观念，他们压根儿就没有，有的不过是传统的"仁政"思想。至于法律，他们也基本上持否定态度。顾炎武说："法禁之多，乃所以为趣亡之具。"又说："法愈繁而弊愈多，天下之事，日至于丛脞，其究也眊而不行。上下相蒙，以为无失祖制而已。"②黄宗羲盛赞三代以上"法愈疏而乱愈不作，所谓无法之法也"。而三代以下正好相反，"法愈密而天下之乱即生于法之中，所谓非法之法也"。他认为"自非法之法桎梏天下人之手足，即有能治之人，终不胜其牵挽嫌疑之顾盼，有所设施，亦就其分

①《马克思恩格斯选集》第 2 卷，人民出版社 1958 年版，第 57 页。
②〔清〕顾炎武撰，黄汝成集释：《日知录集释》卷 8《法制》。

之所得,安于苟简而不能有度外之功名"①。他与顾炎武一样,都主张法禁要简,以便实行人治。所以,总的说来,我们认为明清之际的思想家对君主专制的批判,并不是代表新的阶级呼唤新的制度,他们不过是地主阶级内部的反对派,即"开明"的进步的地主阶级的代表。

当然,我们并不否认明清之际的思想家们的历史功绩。他们对君主专制的大张挞伐,以及限制君主权力过分膨胀的若干设想,都闪耀着理性的光辉,对后世有着很大的影响。例如梁启超就说过:"我们当学生时代,《明夷待访录》实为刺激青年最有力之兴奋剂。我自己的政治活动,可以说是受这部书的影响最早而最深。"②又说该书"于晚清思想之骤变,极有力焉"③。至于他们提倡的"经世致用"的学风,对有清一代所产生的巨大影响,则是众论一致的问题,用不着多说了。

(原载《西北师大学报(社会科学版)》1995 年第 5 期

---

① 〔清〕黄宗羲:《明夷待访录·原法》。
② 梁启超:《中国近三百年学术史》,团结出版社 2006 年版,第 54 页。
③ 梁启超撰,朱维铮校注:《清代学术概论》,复旦大学出版社 1985 年版,第 15 页。

《明夷待访录》读后

  《明夷待访录》是明末清初著名的思想家、清代朴学"先导大师"之一的黄宗羲（1609—1695）的重要著作，它集中地反映了黄宗羲以批判极端君主专制为核心的光辉的政治思想。顾炎武在读了此书以后，大加赞赏，以为照此实行，则"百王之敝可以复起，而三代之盛可以徐还也"。①梁启超也说："我们当学生时代，《明夷待访录》实为刺激青年最有力之兴奋剂。我自己的政治活动，可以说是受这部书的影响最早而最深"。②又说："梁启超、谭嗣同辈倡民权共和之说，则将其书节钞，印数万本，秘密散布，于晚清思想之骤变，极有力焉"。③由此可见，《明夷待访录》所产生的影响，是如何的至深且巨。

  尽管过去对此书的研究已取得不少成果，但我认为仍有深入研究之必要。

一

  在《明夷待访录·原君》篇里，黄宗羲对于君主专制的极端不合理及其造成的危害，进行了无情的揭露和鞭挞。

---

①〔清〕黄宗羲：《南雷文定》附录《与黄梨洲书》。
②梁启超：《中国近三百年学术史》，团结出版社 2006 年版，第 54 页。
③梁启超撰，朱维铮校注：《清代学术概论》，复旦大学出版社 1985 年版，第 15 页。

宗羲指出，很长时期以来，为人君者，都是些极端的自私自利者。他们把天下看作莫大的产业，可以传之子孙，受享无穷。于是，为了夺得这份产业，便不惜"屠毒天下之肝脑，离散天下之子女"。当他们登上皇帝宝座以后，又"敲剥天下之骨髓，离散天下之子女，以奉我一人之淫乐"。因之黄宗羲自然地得出了"凡天下之无地而得安宁者，为君也"；"为天下之大害者，君而已矣"的光辉论断。宗羲还指出，对这些"以天下之利尽归于己，以天下之害尽归于人"，"以我之大私为天下之公"的君主，天下之人"视之为寇仇，名之为独夫，固其所也"。如果以为"君臣之义无所逃于天地之间，至桀纣之暴，犹谓汤武不当诛之，而妄传伯夷、叔齐之事"，难道"兆人万姓崩溃之血肉，曾不异乎腐鼠"，"天地之大，于兆人万姓之中，独私其一人一姓乎"！①

在极端君主专制的淫威弥漫于整个神州的情况下，指斥"如父如天"的皇帝，是不折不扣的"犯上"，是"大逆不道"。而宗羲却敢于抹去皇帝头上令人目眩的光环，剥去他圣洁的外衣，还他一副丑恶狰狞的真相，这是需要多么大的勇气，多么高的才识啊？

黄宗羲的"为天下之大害者，君而已矣"的思想，绝不是危言耸听，而是对严酷的现实的强烈控诉。

恩格斯指出，在欧洲中世纪晚期，"王权是一种进步的因素"，"在漫无秩序中它是秩序的代表，它把正在形成中的国家和叛乱不已的各诸侯国家所造成的分裂状态形成了一个对比。在封建主义外衣下所形成的一切革命因素之倾向王权，也正同王权之倾向他们一样"。②然而中国却具有自己的特点。自秦以后，中国就是一个统一的、多民

---

①以上引文见《明夷待访录·原君》。

②[德]恩格斯：《论封建制度的解体及资产阶级的兴起》，《封建社会历史译文集》，三联书店1955年版，第13页。

族的、封建中央集权的国家,其间虽有厮杀、割据,但在历史的长河中,不过是偶尔出现的几个漩涡而已。君临天下者,越到封建社会后期,越是大权独揽,"威柄自操",他无需借助"第三等级"的力量去削平叛乱不已的诸侯;相反,为了满足一己之奢欲,皇帝可以毫无顾忌地把他的贪婪的双手伸向各个部门,各个行业,伸向绝大多数的臣民。这里我们只举一个例子就足以说明问题了。从万历二十四年(1596年)起,腐朽而贪婪的明神宗,派遣大量的宦官充当矿监税使,到全国各地进行公开的掠夺。所谓"内臣务为劫夺,以应上求。矿不必穴而税不必商。民间邱陇阡陌皆矿也,官吏农工皆入税之人也。公私骚然,脂膏殚竭"。①凤阳巡抚李三才在请停矿税疏中说:"自矿税繁兴,万民失业。陛下为斯民主,不惟不衣之,且并其衣而夺之,不惟不食之,且并其食而夺之。征榷之使急于星火,搜括之令密如牛毛。……皇上爱珠玉,人亦爱温饱,皇上爱万世,人亦恋妻孥。奈何皇上欲黄金高于北斗,而不使百姓有糠秕升斗之储,皇上欲为子孙千万年,而不使百姓有一朝一夕?"②当时,尽管朝野一致反对矿税,同时由于矿税的搜括而在辽东、陕西、江西、云南、湖广、苏州等地不断地激起民变,可是吸血成性的明神宗仍然我行我素,直到万历四十八年(1620年)七月他带着大量珠宝进入坟墓,矿税才以"遗诏"停止。然而,这种穷极勒索,肆为攘夺的结果,已使"吴中之转贩日稀,机户之机张日减",河西务"先年布店计一百六十余名,今止三十余家矣";临清"向来缎店三十三座,今闭门二十一家;布店七十三座,今闭门四十五家;杂货店今闭门四十一家,辽左布商绝矣"。③在全国范围内,已"如沸鼎同

①《明史》卷237《田大益传》。
②《明史纪事本末》卷65《矿税之弊》。
③《明神宗万历实录》卷376,万历三十年九月丙子。

煎,无一片安乐之地。贫富尽倾,农桑交困;流离转徙,卖子抛妻,哭泣道途,萧条巷陌"。①"三家之村,鸡犬悉尽;五都之市,丝粟皆空"。②社会经济遭到了极大的摧残,而明王朝的覆灭亦"于此决矣"。对于这种皇帝的意志支配着一切,主宰着一切,整个国家的命运完全操纵在他一人手里的极不合理的现实,黄宗羲义正词严地给以谴责,是毫不足怪的。

　　黄宗羲反对君主专制的思想,无疑继承了中国历史上民主性思想的精华。早在战国时期,孟子就提出了"民贵君轻"的光辉思想。后来,随着君主专制的不断强化,反君主专制的思想也在不断发展。南宋时陈亮提出限制君权的主张,反对君主威福在己,生杀任意。他说:"天佑下民而作之君,岂使之自纵其欲哉!"③因此,君主要尽量节欲而决不能纵欲。叶适也主张削弱君主权力,改变君臣、君民之间的极不平等的关系。宋元之际的思想家邓牧,对君主专制更是给了严厉地批判。他把皇帝从神圣的殿堂拉出来,指出"彼所谓君者,非有四目两喙鳞头而羽臂也,状貌咸与人同,则夫人固可为也"。既然如此,皇帝就不该享受特权,鱼肉人民。他愤怒地写道:"天生民而立之君,非为君也,奈何以四海之广,足一夫之用耶!"④到了明代,一方面是极端的君主专制,另一方面也不乏要求思想解放,个性自由,蔑视权威的斗士。如宗羲的老师、山阴(今绍兴)的刘宗周,就曾一再指责思宗的过失,说他,"恃一人之聪明,而使臣下不得尽其忠";"凭一人之英断,而使诸大夫国人不得衷其是"。说他应对国事"分任其咎",应作深刻检讨;

---

①〔清〕清高宗敕编,《明臣奏议》卷 33《请罢矿税疏》。

②《明史》卷 223《王宗沐传》。

③〔宋〕陈亮撰,《陈亮集》卷 9。

④〔宋〕邓牧:《伯牙琴》。

并且开诚布公，延见士大夫，倾听他们的意见；同时，"以票拟归阁臣，以庶政归部、院，以献可替否予言官"，不要专断独行。所有这些，都不能不对博通经史、讲求"经世致用"的宗羲产生深刻的影响。

我们还应注意到，反对君主专制的思想，还不同程度地在与黄宗羲同时代的某些人中有所反映。例如：顾炎武主张君民平等，反对君主独裁，极力提倡分权，"寓封建于郡县之中"。①最为激进的当然要数唐甄了。他说："天子之尊，非天帝大神也，亦人也。"②他接着指出："自秦以来，凡为帝王者皆贼也。"③"至于国破家亡，流毒无穷，孰为之而孰主之？非君其谁乎！世之腐儒，拘于君臣之分，溺于忠孝之论，厚责其臣而薄责其君。彼乌知天下之治，非臣能治之也；天下之乱，非臣能乱之也。……治乱在君，于臣何有！"④请看，这些闪光的思想，与黄宗羲的思想何其相似乃尔！我们认为，这绝不是偶然的巧合，而是在极端腐朽的君主专制下，迸发出来的强烈的反抗呼声，是一种时代思潮。如果我们再联系到黄宗羲在《原君》篇里提出来的"有生之初，人各自私也，人各自利也"，"向使无君，人各得自私也，人各得自利也"等等鼓吹自私自利的观点，我们就更能从中窥探出一种新的动向，如果这些思想家们再前进一步，就会跨入一个新的、更为广阔的天地。然而，他们没有也不可能再向前迈出一步，时代的限隔毕竟是难以逾越的。

二

黄宗羲虽然尖锐地批判了极端君主专制，但他并没有否定封建

①参看《日知录》《顾亭林文集》
②〔清〕唐甄撰，"注释组"注：《潜书》上篇下《抑尊》。
③〔清〕唐甄撰，"注释组"注：《潜书》下篇下《宝语》。
④〔清〕唐甄撰，"注释组"注：《潜书》下篇上《远谏》。

制度,没有否定君主。他说"夫人主受命于天,原非得已"。①因此,从总体来说,他的光辉的民主思想就免不了罩上一层封建的乌云。

黄宗羲认为,要限制君主的权力,首先得明辨君臣之间的关系。他说:"原夫作君之意,所以治天下也。天下不能一人而治,则设官以治之。是官者,分身之君也"。从本质上来说,"臣之与君,名异而实同"②,都是共同治理天下的人。"夫治天下犹曳大木然,前者唱邪,后者唱许。君与臣共曳木之人也"。③因此,君主就不应该高高在上,处于独尊的地位。就应该尽自己应尽的责任,即为天下兴利除害。"不以一己之利为利,而使天下受其利;不以一己之害为害,而使天下释其害"。④否则就该逊位让贤,而不应"鳃鳃然唯恐后之有天下者不出于其子孙。"至于为臣者,应该明确自己是君之师友,而不是其仆妾,"我之出而仕也,为天下,非为君也;为万民,非为一姓也"。⑤如果认为臣是为君而设的,只"以君之一身一姓起见","视天下人民为人君囊中之私物",自己的职责只在于给君主当好看家狗,而置"斯民之水火"于不顾,那么,这样的人即使"能辅君而兴,从君而亡,其于臣道固未尝不背也"。因为"天下之治乱,不在一姓之兴亡,而在万民之忧乐"。⑥这就是黄宗羲的君臣观。它对传统的"君为臣纲","君要臣死,臣不得不死"的封建纲常,无疑是一个有力的冲击。在君臣关系事实上已经变成主奴关系、猫鼠关系,地主阶级内部仅有的一点民主空气已经窒息的明清时期,宗羲的上述思想,真像一声令人振聋发聩的惊雷,对

---

①〔清〕黄宗羲:《明夷待访录·奄宦下》。
②〔清〕黄宗羲:《明夷待访录·原臣》。
③〔清〕黄宗羲:《明夷待访录·原臣》。
④〔清〕黄宗羲:《明夷待访录·原君》。
⑤〔清〕黄宗羲:《明夷待访录·原臣》。
⑥〔清〕黄宗羲:《明夷待访录·原臣》。

后世民主革命也有相当大的启迪作用。

宗羲提出来的限制君权的另一主张就是设置宰相。他认为:"有明之无善治,自高皇帝罢丞相始也"。这是因为:第一,"古者君之待臣也,臣拜,君必答拜",彼此是平等的。"秦汉以后废而不讲。然丞相进,天子御座为起,在舆为下",①还多少保持着主客的关系。现在罢除了宰相,就再没有人能与天子匹敌了。这样,天子就更加高高在上,更加奴视臣僚,更加专断独行,为所欲为。第二,按照封建宗法制度的规定,天子传子,但"天子之子不皆贤";在这种情况下,幸赖宰相传贤而不传子,"足相补救"。可是在罢除宰相之后,"天子之子一不贤,更无与为贤者矣"。②这样,势必会给国家和人民带来无穷的灾难。第三,废除宰相后设立的内阁大学士,其职责只是备顾问以及根据皇帝的意旨批答章奏,"犹开府之书记也"。内阁没有僚属,没有办事机构,其事权很轻,根本不能与昔日的宰相相提并论。内阁既无实权,而天子又不能或不愿处理政事,于是就依靠一群凶残的宫奴来进行统治,这就出现了明代为害至深且巨的宦官专政。

黄宗羲提出设立宰相一人,参知政事若干人,每日与其他大臣一起,在便殿与天子共同议政。章奏由天子批答。"天子不能尽,则宰相批之,下六部施行。更不用呈之御前,转发阁中票拟;阁中又缴之御前而后下该衙门如故事往返,使大权自宫奴出也"。③此外,宰相设政事堂,下分若干房,分管天下庶务,"凡事无不得达"。

设立宰相,是一种限制君权过分膨胀的有效措施。但它并不是责任内阁制。因为皇帝仍然大权在握,仍然是名副其实的国家元首。

---

①〔清〕黄宗羲:《明夷待访录·置相》。

②〔清〕黄宗羲:《明夷待访录·置相》。

③〔清〕黄宗羲:《明夷待访录·置相》。

使学校成为舆论、议政的场所，是宗羲限制君权的又一措施。宗羲认为，设立学校，不仅是为了养士，更不是为了科举，而是"必使治天下之具皆出于学校，而后设学校之意始备"。①具体说来，就是一方面要形成一种良好的风尚，"使朝廷之上，闾阎之细，渐摩濡染，莫不有诗书宽大之气"，另一方面，则要形成强大的舆论力量，去影响政局，左右政局，"天子之所是未必是，天子之所非未必非"，从而使天子"不敢自为非是而公其非是于学校"。②要像东汉时的太学那样，"三万人危言深论，不隐豪强，公卿避其贬议"。或者如"宋诸生，伏阙捶鼓，请起李纲"。只有这样，才能使"盗贼奸邪，慑心于正气霜雪之下，君安而国可保也"。③

宗羲还提出，太学的祭酒，应择当世大儒充当，其地位应与宰相相等。每月的初一，天子与宰相、六卿、谏议等都得前往太学。"祭酒南面讲学，天子亦就弟子之列。政有缺失，祭酒直言无讳"。④郡县的学官，也由名儒主之。每月的初一、十五，大会一邑之缙绅、士子；郡县官亦须前往听学官讲学，而且执弟子之礼。"其以薄书期会不至者，罚之。郡县官政事缺失，小则纠绳，大则伐鼓号于众"。⑤

宗羲的这一设想，虽然在当时是不可能实现的，然而却是难能可贵的。应当说，后来康有为、梁启超等人提出来的君主立宪方案，在黄宗羲这里已经有了最初的萌芽。

此外，黄宗羲还提出恢复方镇的主张。在他看来，"唐之所以亡，

---

①〔清〕黄宗羲：《明夷待访录·学校》。
②〔清〕黄宗羲：《明夷待访录·学校》。
③〔清〕黄宗羲：《明夷待访录·学校》。
④〔清〕黄宗羲：《明夷待访录·学校》。
⑤〔清〕黄宗羲：《明夷待访录·学校》。

由方镇之弱,非由方镇之强也"。①由于方镇势弱,所以"黄巢、朱温遂决裂而无忌"。因此,宗羲以为有必要在沿边设立半独立性的方镇。这种思想,与顾炎武"寓封建之意于郡县之中"的思想是一致的。炎武认为:"封建之失,其专在下,郡县之失,其专在上",只有寓封建于郡县之中,才能使"二千年以来之弊可以复振"。②虽然这种办法可以限制君权,但它可能带来的危害却难以估量。因此,这种包含着阶级偏见的主张,是不足为训的。

黄宗羲严厉地批判了封建的法为"一家之法而非天下之法",是"非法之法"。③这一见解是十分精辟的。可是,他所憧憬的三代之法,即所谓"二帝三王知天下之不可无养也,为之授田以耕之;知天下之不可无衣也,为之授地以桑麻之;知天下之不可无教也,为之学校以兴之,为之婚姻之礼以防其淫,为之卒乘之赋以防其乱"。④其概念是十分模糊的,空洞的,看不出是在为哪一个特定的阶级呐喊。

三

明末清初,许多有识之士都强烈地谴责摧残人才的科举制度。黄宗羲也不例外。

明初官吏的来源,主要是学校培养和科举选拔以及荐举、保举等。洪武三年(1370年)朱元璋下诏"特设科举以起怀材抱德之士,务在经明行修,博古通今,文质得中,名实相称。其中选者,朕亲策于廷,观其学识,品其高下而任之以官。果有才学出众者,待以显擢。使中外

---

① 〔清〕黄宗羲:《明夷待访录·方镇》。
② 〔清〕顾炎武:《亭林文集》卷1《郡县论九篇》。
③ 〔清〕黄宗羲:《明夷待访录·原法》。
④ 〔清〕黄宗羲:《明夷待访录·原法》。

文臣由科举而选,非科举者毋得与官"。①此后,由于专重科举,学校便不再受到重视,甚至没有生徒在校肄业,"入其庭,如废寺然"。②荐举、保举也徒有其名。于是,取士就只剩下了科举一途。而明代的科举,考试内容只限于四书五经;作文的形式是刻板的八股文,而且只能"代圣贤立言"。这种考试,只能摧残人才,窒息思想。早在洪武年间,宋濂就曾指出,应试士子,专"以摘经拟题为志,所最切者,唯四子一经之笺,是钻是窥,余则漫不加省。与之交谈,两目瞪然视,舌木强不能对"。③后来更有人指出,八股取士之害,比秦始皇焚书坑儒有过之而无不及。如黄宗羲也说:"取士之弊,至今日而极矣"。④虽然如此,但由于高中之后,立刻就可以得官;同时,要想做官也只有这条路可走。因此,士子们便不得不听任科举这根无情的鞭子的驱策。

黄宗羲认为,如果取士只有科举一途,那么,"虽使古豪杰之士若屈原、司马迁、相如、董仲舒、扬雄之徒,舍是亦无由而进取之",⑤未免太严了。如果一旦考中即授之以官,又未免太宽了。"严于取,则豪杰之老死邱壑者多矣;宽于用,此在位者多不得其人也。"⑥所以,他主张宽于取士而严于用士。"宽于取则无枉才,严于用则少倖进。"⑦宽于取士之法有科举、荐举、太学、任子、郡邑佐、辟召、绝学、上书等,"而用之之严附见焉。"总的精神就是广开才路,而又严防倖进。例如:

---

①佚名著:《皇朝本纪》,西川大学图书馆藏。
②〔明〕陆容:《菽园杂记》卷13。
③〔明〕宋濂:《宋文宪公全集》卷36《大明故中顺大夫礼部侍郎曾公神道碑铭》。
④〔清〕黄宗羲:《明夷待访录·取士上》。
⑤〔清〕黄宗羲:《明夷待访录·取士下》。
⑥〔清〕黄宗羲:《明夷待访录·取士下》。
⑦〔清〕黄宗羲:《明夷待访录·取士下》。

科举之法，考试内容除四书五经外，还应包括诸子和诸史，大大扩充范围。同时，考试方法也不再用八股文。"为经义者，全写注疏大全汉宋诸儒之说，一一条具于前而后申之以己意，亦不必墨守一先生之言。"①如果"不条众说，或条而不能备，竟入己意者，虽通亦不中格"。为史者，"亦必撼事实而辨是非。若事实不详，或牵连他事而于本事反略者，皆不中格"。宗羲认为，这是改变浮薄之风，"趋天下士于平实"的好办法。所有博士弟子员，先经省试合格，然后参加礼部主持之会试。"登第者，听宰相鉴别，分置六部各衙门为吏，管领簿书；拔其尤者，傲古侍中之职，在天子左右。"②经过几年考核，合格的出为郡县官；优异者为各部主事。如果会试落第，则"退为弟子员，仍取解试而后得入礼闱。"于是，科举及第既不容易，及第之后要得官亦非易事。

州郡每年可以举荐一人，但必须首先经过"宰相以国家疑难之事问之，观其所对"；然后再"令廷官反复诘难"；如"能自理其说者，量才官之；或假之职事，观其所效而后官之。若庸下之材，剿说欺人者，举主坐累，其人报罢。"③要由其他途径得官，同样也比较困难。

按照黄宗羲的这一设想，就可基本上做到既不埋没人才，又可避免冒滥。比起单一的八股取士来，当然好多了。不过，黄宗羲毕竟不能忘情于官僚地主阶级。在他看来，"大夫之子与庶民之子同试，提学受其请托，是使其始进不以正；不受其请托，非所以优门第也。"④于是设为任子之法，实际上是隐含照顾之意。此外，他还特为从事诸如历算、乐律、测量、占候、火器、水利之类的"绝学者"开辟了一条与一般士子

---

①〔清〕黄宗羲：《明夷待访录·取士上》。

②〔清〕黄宗羲：《明夷待访录·取士下》。

③〔清〕黄宗羲：《明夷待访录·取士下》。

④〔清〕黄宗羲：《明夷待访录·取士下》。

同样的出路,只要他们果有发明。应该说,这是宗羲的过人之处。

四

黄宗羲的经济思想比较复杂,有为新兴市民阶层的呐喊,也有对现存制度的补偏救弊。

明朝中期以后,封建土地兼并日益严重,而赋役的征发则越来越繁重。结果,广大农民处于极端贫困的境地,"谷花始收,当场扣取,勤勤一年,依然冻馁"。不少农民被从土地上排挤出来,到处流亡,最后,绝大多数人仍然被封建的生产关系所吞没。在这种情况下,阶级矛盾和阶级斗争便日益尖锐起来。针对上述情况,黄宗羲绘制了一幅"天下安富"的蓝图。

首先是土地问题的解决,宗羲认为最好的办法是实行屯田,即恢复井田。其根据是:"天下屯田见额六十四万四千二百四十三顷,以万历六年实在田土七百一万三千九百七十六顷二十八亩律之,屯田居十分之一也。授田之法未行者特九分耳。由一以推之九,似亦未为难行。""以实在田土均之人户一千六十二万一千四百三十六,每户授田五十亩,尚余田一万七千三十二万五千八百二十八亩,以听富民之所占,则天下之田自无不足。"①这是一种既想解决农民的土地问题,又要照顾富民利益的方案。尽管这是一种不可能实现的空想,然而仍不失为对新的土地制度的探索。

黄宗羲是私人土地所有制的积极维护者。他反对董仲舒、师丹、孔光等限民名田之议,认为"今民所自有之田,乃复以法夺之,授田之政未成,而夺田之事先见,所谓行一不义而不可为也"。又说,只要实

---

① 〔清〕黄宗羲:《明夷待访录·田制二》。

行屯田,"又何必限田、均田,纷纷而徒为困苦富民之事乎"! ①应该说,宗羲的这一认识,并不是他的首创。中唐以后,随着均田制的彻底破坏,地主土地所有制便日益发展起来。宋朝初年,"不抑兼并"甚至成了封建王朝的国策。其后,土地买卖更加盛行,土地兼并也更加剧烈。而封建政府所关心的主要在于赋税收入的多寡,而不在乎土地归谁所有。从王安石变法和张居正改革,都没有采取平均土地或抑制兼并的措施,便可得到充分的证明。与此相适应的是,维护土地私有的言论,见于史籍记载的,日益增多而且异常鲜明。如崇祯九年(1636 年)四月,武生李琏请括江南富户报名输官,大学士钱士升拟旨下刑部提问,思宗不许。士升乃上疏言:"比来借端倖进者,实繁有徒,然未有诞肆如琏者也。……郡邑之有富家,固贫民衣食之源也。地方水旱,有司令出钱粟均粜济饥;一遇寇警,令助城堡守御;富家未尝无益于国。……今以兵荒,归罪于富家朘削,议括其财而籍没之。此秦皇不行于巴清,汉武不行于卜式者,而欲行于圣明之世乎? 今秦晋楚豫已无宁宇,独江南数郡稍安,此议一倡,无赖亡命相率而与富家为难,不驱天下之民胥为流寇不止。"②这真是一篇为地主阶级土地私有制辩护的绝妙文章。从历史发展的角度来说,地主土地所有制取代封建国家土地所有制,是一大进步。它有利于土地的商品化,自由买卖;有利于租佃契约关系的发展,从而有助于农民人身依附关系的减轻;有利于商品货币经济的繁荣。所以,一般地说来,关于维护地主土地所有制的主张,应该给以肯定,因为相对地说来,它比封建国家土地所有制优越。然而,在明清之际,当资本主义萌芽已有一定程度的发展的情

---

① 〔清〕黄宗羲:《明夷待访录·田制二》。
② 《明史》卷 251《钱龙锡传附钱士升传》;〔清〕计六奇:《明季北略》卷 21《钱士升论李琏搜括之议》。

况下,地主占有土地,如果进行资本主义式的经营,自然应当为之辩护;如果仍然用来进行高额的封建地租剥削,则不合时代的要求而应给以否定。可惜我们在《明夷待访录》中看不出黄宗羲是在为新式经营的地主呼吁,因而我们有理由认为他的维护地主土地所有制的主张并不是进步的,本质上与钱士升无异。

而且,既要使耕者有其田,又要保持富者对土地的占有也是很不现实的。明代的土地自弘治以后就大量失额,《明史·食货志》说是"非拨给于王府,则欺隐于猾民"。《中州杂俎》载:"明季河南诸藩最横,汴城即有七十二家王子,田产子女尽入公室,⋯⋯莫中江先生尝云:'中州地半入藩府'。"[①]顾炎武说,静海县土地在嘉靖初年便"尽为皇帝势家所夺,无复余地,可以耕种";又说:"吴中之民,有田者什一,为人佃作者什九。"[②]其他如"神宗子潞王就封,请得景藩故籍田产,多至四万顷。福王之国,亦援例以请,而版籍已定,尺寸皆夺之民间,不得已减半,中州田不足,则取山东、湖广田益之。"[③]熹宗时,瑞王及遂平、宁国二公主的庄田都在万顷以上。仅仅举此材料就不难看出,在这种情况下,何来土地给每户授田五十亩? 分剩的一万七千顷土地,连福王这样的大贵族都不能满足,又何能听其他富民所占? 所以,要实现耕者有其田,就必须剥夺剥夺者;要不限田、均田,就只好让农民流离失所。

应该指出,黄宗羲关于"每户授田五十亩"的构想,无疑有其积极的意义。让我们引用马克思对小生产的精辟见解来加以论述。马克思

①汪价《中州杂俎》卷 1,传引自谢国桢《明代社会经济史料选编》下册,福建人民出版社 1981 年版,第 47 页。

②顾炎武《菰中随笔》卷 2 上;同上引书第 49—51 页。

③〔清〕赵翼:《廿二史札记》卷 32《明分封宗藩之制》。

说："劳动者对他的生产资料的私有权是小生产的基础，而小生产又是发展社会生产和劳动者本人的自由个性的必要条件"。接着，马克思又说："这种生产方式是以土地及其他生产资料的分散为前提的。它既排斥生产资料的积聚，也排斥协作，排斥同一生产过程内部的分工，排斥社会对自然的统治和支配，排斥社会生产力的自由发展"。不过，马克思随即指出，这种生产方式"只同生产和社会的狭隘的自然产生的界限相容"，要使它永远存在下去是不可能的。"它发展到一定程度，就造成了消灭它自身的物质手段。从这时起，社会内部感受到它束缚的力量和激情，就活动起来。这种生产方式必然要被消灭，而且已经在消灭"。消灭的过程就是多数人的小财产转化为少数人的大财产，广大人民群众被剥夺，从而"形成资本的前史"。①由此可见，在明清之际提出耕者有其田的主张，是具有远见卓识的。

其次是关于田赋问题。黄宗羲认为，天下之害民者不仅在井田之不复，老百姓没有土地，还在于赋税过重。他以江南为例说："今天下之财赋出于江南。江南之赋至钱氏而重，宋末尝改；至张士诚而又重，有明亦未尝改。故一亩之赋，自三斗起科至于七斗，七斗之外，尚有官耗私增；计共一岁之获，不过一石，尽输于官，然且不足。"②对如此害民的重赋，黄宗羲坚决反对。他说："自秦而后，民所自有之田也。上既不能养民，使民自养，又从而赋之。虽三十而税，较之于古，亦未尝为轻也。"③宗羲以为比较妥善的办法是："授田于民，以什一为则，未授之田，以二十一为则，其户口则以为出兵养兵之赋"；如此则"国用自

---

① 〔德〕马克思：《资本论》第一卷，人民出版社1956年版，第830页。

② 〔清〕黄宗羲：《明夷待访录·田制一》。

③ 〔清〕黄宗羲：《明夷待访录·田制一》。

无不足,又何事于暴税乎？"①赋税过重所带来的危害是十分清楚的,毋容多说。所以,无论黄宗羲反对暴税所持的理由及其解决此一问题的方案如何,其立场是应该给予肯定的。顺便提一下,黄宗羲主张的是减赋而不是减租,因此与佃农是无关的,与土地很少的半自耕农也关系不大。在这一点上,宗羲还不如与他同时代的顾炎武。②

宗羲除了反对暴税以外,还反对所税非所出,即赋税折钱折银。他极力主张"任土所宜",即"出百谷者赋百谷,出桑麻者赋布帛,以至杂物皆赋其所出"。如此则"斯民庶不至困瘁";否则,以银为赋,"凶年田之所出不足以上供,丰年田之所出足以上供,折而为银,仍不足以上供也。无乃使民岁岁皆凶年乎"？③

必须指出,"任土所宜"是十分陈腐的传统观念。实际上,从劳役地租到实物地租再到货币地租,这是地租形态上的不断进步,是社会历史发展的必然趋势。明中叶以后发展起来的货币地租,其影响是十分深远的。第一,农民为了交纳货币地租,必然要出卖部分产品,或者种植能够获得较多货币的经济作物,因此,他们与市场的联系增强了,从而促进了商品货币经济的发展,自然经济则日益解体。正如马克思所说,在实物形式转化为货币形式以后,"虽然直接生产者仍然要继续亲自生产至少是他的生活资料的绝大部分,但是现在他的一部分产品必须转化为商品,当作商品来生产。因此,整个生产方式的性质就或多或少发生了变化。"④第二,"在实行货币地租时,占有并耕

---

①〔清〕黄宗羲：《明夷待访录·田制三》。

②《日知录》卷10《苏松二府田赋之重》说：吴中佃户"至有今日完租,而明日乞贷者。故既减粮额,即当禁限私租,上田不得过八斗,如此则贫者渐富,而富者亦不至于贫"。

③〔清〕黄宗羲：《明夷待访录·田制三》。

④〔德〕马克思：《资本论》第三卷,第898页。

种一部分土地的隶属农民和土地所有者之间的传统的合乎习惯法的关系,必然会转化为一种由契约规定的,即按成文法的固定规则确定的纯粹的货币关系。因此,从事耕作的土地占有者实际上变成了单纯的租佃者。"这种转化,在可能的情况下,一方面会产生"资本主义租地农场主",另一方面又会使从前的土地占有者成为"对他所耕种的土地取得完全所有权的独立农民"。而这种独立农民,必然使那种"剥削农业雇佣工人的习惯发展起来"。因此,"他们积累一定的财产并且本人转化为未来资本家的可能性也就逐渐发展起来。"①仅此就足以说明,虽然货币地租会给某些地区、某些农民带来痛苦,但从历史发展的观点来看,是值得肯定而不应加以反对的。

另外,马克思还讲到,从产品地租到货币地租的转化,要以商品货币经济的发展为前提,"没有社会劳动生产力的一定程度的发展,这种转化是不能实现的"②。根据一条鞭法在全国推行后曾遭到不少人反对;山东登、莱地区由于谷贱,百姓"不得以银输官"以及关中地区"谷甚多,而民且相率卖其妻子"以易银输官③;黄宗羲力主"任土所宜"等等情况来看,产品地租要转化为货币地租还是相当困难的。这就从一个侧面告诉我们,明清之际,社会劳动生产力的发展还是有限的,商品货币经济的发展也只限于某些条件比较好的地区和部门。因此,对资本主义萌芽发展的程度不能估计过高。

再次,黄宗羲不仅认为以银为税之害天下,甚至认为"赋税市易,银乃单行,以为天下之大害"。欲天下安富,非废金银不可。否则,"当今之世,宛转汤火之民,即时和年丰,无益也;即劝农沛泽,

---

① 〔德〕马克思:《资本论》第三卷,第 899—900 页。
② 〔德〕马克思:《资本论》第三卷,第 899 页。
③ 〔清〕顾炎武:《亭林文集》卷 1《钱粮论上》。

无益也"①。在他看来,振救此弊的最好办法,莫过于铸造钱币。这样,
"封域之内,常有千万财用流转无穷,此久远之利也"。②自然,使货币
单一并上下流通,对商品经济的发展是有利的。然而,从黄宗羲对货
币的总的看法来说,却并不符合时代的要求,甚至可以说是开倒车。
他认为,"废金银,其利有七:粟帛之属,小民力能自致,则家易足,一
也;铸钱以通有无,铸者不息,货无匮竭,二也;不藏金银,无甚贫甚富
之家,三也;轻赍不便,民难去其乡,四也;官吏脏私难处,五也;盗贼
肢箧,负重易迹,六也;钱钞路通,七也"③。似乎只要一废金银,一切社
会问题都可迎刃而解了。当然,这不过是不切实际的幻想而已。因为
那种以自给自足的自然经济为主体的、恬谧宁静的社会,已经成了
历史的陈迹,一去不复返了。在商品交换已有一定程度发展的明清
之际,由金银来担任货币职能是历史的必然,可以说是无法抗拒的。
正如马克思所说:"随着商品交换日益突破地方的限制,从而商品价
值日益发展成为一般人类劳动的化身,货币形式也就日益转到那些
天然适于执行一般等价物这种社会职能的商品身上,即转到贵金属
身上。"④

最后,黄宗羲认为,要使民富,还必须"崇本抑末"。所谓"崇本",
即"使小民吉凶,一循于礼";所谓"抑末",即凡为佛、为巫、为优倡以
及为奇技淫巧等不切于民用百货者,应"一概痛绝之"。他说:"世儒不
察,以工商为末,妄议抑之。夫工固圣王之所欲来,商又使其愿出于途
者,盖皆本也。"⑤

---

① 〔清〕黄宗羲:《明夷待访录·财计一》。
② 〔清〕黄宗羲:《明夷待访录·财计二》。
③ 〔清〕黄宗羲:《明夷待访录·财计一》。
④ 〔德〕马克思:《资本论》第一卷,第107页。
⑤ 〔清〕黄宗羲:《明夷待访录·财计三》。

"工商皆本"的思想是对传统的"重本抑末"的大胆否定。这在黄宗羲的思想中是极其有价值的、熠熠闪光的东西。在资本主义萌芽已有一定程度的发展，而且需要冲破封建的包括传统的偏见的束缚继续向前发展的时候，"工商皆本"这一命题的提出，其社会意义以及可能产生的积极影响是显而易见的，毋容赘述。

不过须要指出的是，黄宗羲在提出"投巫驱佛"、禁倡优、禁酒肆的同时，连"机坊""奇技淫巧"也一并当作禁止的对象，所谓"除布帛外皆有禁"。①如果真是这样，商品货币经济是难有较大发展的。联系到宗羲对货币地租以及以金银为货币的态度，我们认为，在他身上还背着比较沉重的包袱。

总的来说，黄宗羲能在三百多年前提出一系列带有市民阶级民主主义色彩的主张，的确不愧是一位启蒙思想家，或者说是杰出的思想家。然而，明清之际资本主义萌芽的力量毕竟是太微弱了，传统的封建束缚还难以在较大的程度上摆脱，即所谓"死的拖着活的"。因此，在这位启蒙思想家的头脑中，便不可避免地存在着一些旧制度的幽灵；同时在他所描绘的理想社会的蓝图中，又不免存在一些虚幻的楼阁。自然，我们不应该苛求于古人，因此，必须从总体上给以充分的肯定。

（原载《西北师院学报(社会科学版)》1985 年第 3 期）

---

① 〔清〕黄宗羲：《明夷待访录·财计三》。

明代的河西走廊和"关西七卫"

在汉代，河西走廊不仅是抗击匈奴的前沿阵地，而且是中西交通的孔道。盛唐时期的"丝绸之路"更是蜚声中外。宋代后，由于海上交通的开拓和日益发展，河西走廊逐渐失去了它昔日的光辉，但西域（包括西亚）的使节、商人以及游客们并没有绝迹。这种情况，直到明代仍然如此。在明代，河西走廊的重要性还特别反映在它的军事方面。因此，总的说米，河西走廊在历史上是占有重要地位的。

河西走廊

明代的河西走廊，北面紧邻蒙古瓦剌，南面直接藏族各个部落，西面是西域以及与河西走廊连接在一起的"丝绸之路"。因此，从它的地理位置来说，既是明朝的国防前哨，又是中西交通的要冲。其地位之重要，是显而易见的。

洪武元年（1368 年）八月，大将军徐达攻下了大都（今北京），元顺帝退到了漠北，元朝灭亡了。

虽然如此，但当时元朝的实力仍然很强大，对明王朝的确是个严重的威胁。为了巩固新朝的统治，朱元璋集中力量与残元势力进行了长期的斗争，直到洪武二十一年（1388 年），才算平定了漠北，获得了相对的安宁。

此后，蒙古分为东边的鞑靼和西边的瓦剌两部。这两部的势力常常此消彼长，交相称雄。他们不断地侵扰明朝的边境，有时是单独行动,有时则是联合进攻,有几次甚至闹到了很凶的地步。例如:英宗正统十四年(1449年),瓦剌大举入侵,英宗在太监王振的怂恿下亲征。结果在现在河北省怀来县的土木堡打了个大败仗,英宗当了俘虏,文武大臣和士兵被俘和死伤的不计其数。瓦剌军乘胜直逼北京,幸赖于谦组织和领导军民奋勇抗击,才没有酿成更大的灾难。又如,鞑靼在嘉靖二十九年(1550年)、三十三年(1554年)几次突破明朝边防,进围北京。明朝君臣一筹莫展,只好让敌人尽量抢掠,满载而去。事后,嘉靖皇帝杀了几个文武大臣来发泄自己胸中的愤怒,同时也算是对国防的整饬吧。可以说,在整个明朝统治时期,北边边防都是很紧张的。蒙古贵族对于明王朝的侵扰,河北、山西、陕西、宁夏等地区固然首当其冲,而西陲的甘肃也难以幸免。如肃州(今酒泉)、甘州(今张掖)、凉州(今武威)、镇番(今民勤)、兰州、平凉、庆阳、环县等地,便经常遭到蒙古铁骑的蹂躏。

至于河西走廊南面,于河湟地区的藏族各部,自洪武初年以来,就对他们采取了封官厚赐,分而治之;茶马互市,加强了经济控制;提倡喇嘛教,进行思想麻痹等等手段来统治。所以,虽然也不时有点骚乱,但始终没有成为大患。不过,对于可能出现的蒙、藏联合,形成南北夹击,以致动摇关陕,威胁北京的形势,是时刻警惕着,未尝掉以轻心的。

严峻的现实给明王朝统治者提出了必须大力加强甘肃防务的紧迫课题。

明代河西走廊的重要性,不仅在于军事方面,而且还在于它仍然是中西陆上交通的孔道。根据《明史》和其他史书的记载,当时西域与明朝有政治、经济关系的,主要有火州(故址在今新疆吐鲁番东南的哈拉和卓堡西南)、吐鲁番、别失八里(在今新疆吉木萨尔北破城子)、达什干(今新疆塔什干)、撒马儿罕(在今乌兹别克)、俺的干(即安集延,在今乌兹别克)、哈烈(今属阿富汗)、沙哈鲁、米昔尔(即今埃及)、鲁迷(即今土耳其)、天方(泛指阿拉伯)等等几十个地区和国家。这些地区和国家的使节、商人和旅行者,无论从"丝绸之路"的北路或中路到北京,都必须经过河西走廊。例如,明成祖永乐十七年(1419年),沙哈鲁遣使来中国,走的是北路。他就是经过撒马儿罕、塔什干、赛蓝,折而向东,沿天山北麓及伊犁河谷到达裕勒都斯(今新疆准噶尔盆地西南),然后越过大山,到达吐鲁番,再经哈密而至肃州,最后穿过河西走廊,来到北京。又如:葡萄牙人鄂本笃,于明神宗万历三十年(1602年)前来中国访问时,走的是南路。他从印度的亚格拉启程,经过配夏哇(今巴基斯坦的白沙瓦)、可不里(今阿富汗首都喀布尔),越过帕米尔高原,到撒里库儿(今新疆塔什库尔干塔吉克自治县),再东北行到叶尔羌。然后沿天山南麓及塔里木河东进,经阿克苏、库车、察理斯(今新疆焉耆回族自治县)、吐鲁番等地到达哈密。最后由哈密进嘉峪关而至肃州。

不管走哪条路线,都要经历不少艰难险阻,其中有终年积雪、道路崎岖、人迹罕至的高山深谷,也有一眼望不到尽头、黄沙弥漫的浩瀚荒漠,还有出没无常的杀人劫货的强盗,所以,前往中国北京的使节、商人、旅游者总是结伴而行,每伙几十人以至五六百人不等;再加上进贡以及携带货物和生活用品的马和骆驼,真是浩浩荡荡。这样,既可互相照顾,又可共同防御盗匪。尽管如此,还是有不少人死在了异乡的土地上。明王朝为了招徕更多的"贡使"(商人为了寻求庇护和得到明朝的优厚待遇,总是以"贡使"的随从身份同行),以显示"天朝上国"的威风和得到所需要的奢侈品,对来贡者总是优礼有加。当使节到了哈密,就让他们稍事休息,并以极其丰盛的酒筵相待。到了嘉峪关,办完了入境手续以后,就由明王朝免费供给舒适、精美、有时甚至是豪华的宿食以及全部交通工具。特别是,当"贡使"来到明朝国境以后,明王朝便要竭尽全力保护他们的安全;甚至当他们还未到明朝国境以前,明王朝也尽量利用自己的国威,力争天山南北的商路能够畅通无阻。

要保障"贡使"的安全和商路的畅通,就必须以甘肃为依托。从这点来说,也应注意对甘肃的经营。

事实证明,明朝对北边的防务是十分重视的。其中有力的措施之一就是修筑东起鸭绿江、西至嘉峪关的万里长城。甘肃境内的长城,西起嘉峪关,向东经金塔寺(今金塔县)、镇原所(高台西北一百二里),然后东南向,经高台所(今高台县),到甘肃镇(今张掖)之清安堡。再从山丹卫之扇马湖墩起,东南行经永昌卫(今永昌县),折而向北至镇番卫,再折而南下经凉州卫,古浪所,庄浪卫(今永登)、安宁堡、兰州。至此东北行,经靖虏卫(今靖远县)、镇戎所(今属宁夏固原县),终于下马关。全长约二千里。它好似一条巨龙,翻山越岭、穿沙漠、过草地,飞腾在祖国的大地上。它把无数座雄关、隘口、敌台和烽燧连成一气,形成一条坚固的防御线。

不仅如此,明王朝还沿着长城线设立了九个重镇:辽东、宣府、大同,延绥、宁夏、甘肃、蓟州、固原、偏头。每个镇的兵员大约在十万人左右,随着长城防守的需要又时有增减。

甘肃的防务,与其他各镇相比,有共性,也有它的特殊性。所谓共性,就是它们都是防御蒙古贵族侵扰的前沿阵地;所谓特殊性,就是由于甘肃的地理形势而造成的防务上的艰巨性。

针对它的特殊性,朱元璋在建立大明帝国以后,就效法汉武帝创建河西四郡,从而隔绝匈奴和西羌的联合,以免为患于汉朝,同时保证"丝绸之路"的畅通这个成功的经验,撤销元代甘肃省一级的建制,使河东属于陕西布政使司,设立府、州、县;而河西则改为军事建制,设立卫所。从洪武五年(1372年)设置庄浪卫起,后来又陆续设置甘州左、右、中、前、后五卫(都在今张掖)、肃州卫、山丹卫、永昌卫、凉州卫、镇番卫、西宁卫(今属青海)以及碾伯(今青海乐都)、镇原、古浪、高台四个守御千户所。这些卫所属陕西行都指挥使司,直隶于中央的右军都督府。陕西行都司驻甘州,它所辖卫所的兵力,大约在十万人左右。有这样雄厚的兵力,在一般情况下,是完全可以应付裕如的。

明王朝除了修筑长城、设卫屯驻重兵之外,还设置一些"羁縻"卫所(一种由当地少数民族首领任长官而与明朝保持朝贡关系的卫所),作为屏障。"关西七卫"就是其中的七个卫。

"关西七卫"

所谓"关西七卫",就是指洪武、永乐年间设置在嘉峪关以西的七个卫:安定、阿端、曲先、罕东、赤斤蒙古、沙州和哈密。

七卫中安定、阿端、曲先、罕东四卫在今青海境内,哈密卫在今新疆境内,沙州和赤斤蒙古卫在今甘肃境内。七卫所辖地域,东与嘉峪关相邻,西北达到今新疆巴尔库山,西边包括罗布泊,西南尽有柴达木盆地。在以上地区内,当时的居民主要是维吾尔族、蒙古族、藏族与撒里维吾尔族(即黄头回纥)。

七卫中最早设置的安定卫,距甘州西南一千五百里,东近罕东,北邻沙州,南接柴达木盆地。元朝封宗室卜烟帖木儿统治其地。洪武七年(1374年)六月,卜烟帖木儿遣使去南京朝贡。八年正月,又遣使将元朝所赐的金字牌上缴,并请在其地设置安定、阿端二卫。朱元璋同意了这一请求,封卜烟帖木儿为安定王,任命其部下沙剌等为卫的指挥。从此贡使往来不绝,与明朝保持着良好的关系。后来因为内部矛盾重重,互相仇杀不已,势力逐渐衰微,不过与明王朝的关系仍然未变。正德七年(1512年),蒙古酋长亦不剌阿尔秃斯侵占了青海,纵兵四出劫掠,安定卫因而遭到极大的摧残,部众于是散亡。

阿端卫设且不久,便被别部攻破,其卫遂废。到永乐四年(1406年)又才重新置卫设官。直到正统年间(1436—1449年),阿端卫还几次入朝,后来却与明朝断绝了联系。

曲先卫在柴达木盆地的西端,界于安定卫与阿端卫之间。洪武时设卫,后来遭到番将朵儿只巴的进攻,部众逃窜散亡,只好暂时并入安定卫。永乐四年重新设置曲先卫,任命三即为指挥使,散即思为副。从此以后,屡次入贡。宣德五年(1430年),由于散即思多次率领部众拦劫往来贡使,阻塞道路,受到了明王朝的讨伐。曲先与明朝的关系,虽然出现了这一段小小的令人不愉快的插曲,但不久就以散即思表示谢过而恢复了昔日的良好关系。成化时(1465—1487年),吐鲁番强盛,曲先多次遭到它的侵掠。正德七年(1512年),亦不剌占据了青海,曲先更遭到他的蹂躏,以致部族逃窜迁徙,其卫遂亡。

罕东卫在赤斤蒙古以南,嘉峪关西南,青海湖东侧,南面则以黄河为限。仁宗洪熙时(1425年),部内有些群众因为向明朝纳马的差役十分繁重,无法忍受,只好相率逃到北边的赤斤;甚至更远到沙州(今敦煌)境内。面对现实,明朝只好允许他们在这里耕牧,不过每年仍然要在肃州纳马。宣德七年(1432年),明朝封其酋长班麻思结为罕东卫指挥使,但他并没有因此就率领部众回到原来的地方,而是依旧住在沙州。于是,罕东卫土官便分为南北二支。正统时,由于沙州卫部众全部内迁甘州,因而班麻思结便完全占有了沙州之地。成化时,吐鲁番侵占了哈密,罕东(北支)与之接境。指挥只克为了加强自己的力量,抵御吐鲁番的侵逼,便于成化十五年(1479年)九月上奏,请照罕东、赤斤之例,立卫赐印,以便为朝廷捍卫西陲。兵部认为,近来吐鲁番势盛,吞没了哈密,罕东、赤斤等既不能自保,又互相矛盾,彼此不能救援,西陲因此不得安宁。如果沙州再无人统理,势必为强敌所并。这样,边防就会更加多事。因此,应该答应只克的请求。明宪宗同意了兵部的意见,在沙州设置罕东左卫,令只克仍以都指挥使统治其地。正德十一年(1516年),吐鲁番以兵威胁乞台(只克子)降附,同时进犯肃州。乞台虽不投降,但却无法自卫,于是只好率领部众内徙肃州。不久,沙州便为吐鲁番占据。

罕东卫的南支,在吐鲁番强盛时,便多次遭到侵掠;正德中(1506—1521年),蒙古酋长侵入青海,罕东又遭到蹂躏,因而更加衰微。后来不得不相率内迁,居住在甘州。

亦斤蒙古卫在嘉峪关西二百四十里,其居民和酋长多系蒙古族。永乐八年(1410年)设卫,以塔力尼为指挥佥事,从此朝贡不绝。塔力尼死后,其子且旺失加袭职,与明朝的关系更加密切。正统初年,明朝往来哈密的使臣,且旺失加特意款待,并且派人马护送。这时,瓦剌强盛,也先几次遣使赤斤,要求与且旺失加联姻,尽管懦弱的英宗也以瓦剌势焰熏灼,令且旺失加屈从也先,但他始终不愿意。景泰二年(1451年),也先再次遣使赤斤求婚,兵部尚书于谦认为,亦斤诸卫,长期以来作为朝廷的藩篱,也先招降结亲,其用意在于撤掉朝廷的屏蔽。现在要紧的是命令守边诸臣,整饬兵备,加强防务。同时命令阿速(且旺失加子)尽力捍御,如有紧急情况,立即报告,发兵应援。景帝同意这个意见,给了阿速以有力的支援。五年(1454年),也先急于要吞并赤斤,遣使给阿速送去印信,迫使他臣服。阿速一心向往明朝,执意不从。恰好也先被杀,迫降的事也就结束了。成化九年(1473年),吐鲁番攻占哈密,遣使招赤斤卫都督佥事昆藏叛明,昆藏不从,杀了来使,并将情况报告了朝廷。后来,赤斤更援助哈密都督罕慎,收复了哈密城。成化十九年(1483年)以后,赤斤不断地遭到藏族以及吐鲁番的侵扰。大肆杀掠的结果,致使亦斤残破不堪,一蹶不振,最后只好全部内迁肃州之南山。

沙州卫卫城在现在的敦煌县。其辖境东有苦峪城(在今安西县境),西有蒲昌海(今罗布泊),西北接哈密界,南邻安定卫,北连蒙古瓦剌等部。境内居民多系蒙古族、维吾尔族和藏族。永乐二年(1404年),酋长困即来、买住率众归附,于是设置沙州卫,授予二人指挥使的职务。自此朝贡不绝,与明朝保持着良好的关系。宣德十年(1435年),沙州遭到哈密的侵犯,同时瓦剌也咄咄逼人,困即来、买助便率领部众二百多人来到塞下,请求内附,于是将其迁移到苦峪居住。从此不再返回沙州,只是遥领其众而已。正统九年(1444年),困即来去世,授其子喃哥为都督金事。但内部矛盾重重,分崩离析。正统十一年(1446年),喃哥率领部众入塞,被安置在甘州。沙州便全部被北迁的罕东一支所占领。

哈密卫城在今新疆哈密县。它的南面是沙州,西面是火州,北面是瓦剌,东面是肃州。居民有回族、维吾尔族、哈剌灰族。永乐二年(1404年)以脱脱为忠顺王,统率其众。四年(1406年)立哈密卫,以马哈麻火者等为指挥、千百户等官。又以周安为忠顺王长史、刘行为纪善。明王朝之所以对哈密如此重视,主要原因是,这里当西域的要冲,希望它对中外使节送往迎来,同时加以保护,并且进而统领西番,屏蔽西陲。但遗憾的是,脱脱及其继任的各王,大都昏庸懦弱,加以境内种族复杂,矛盾很多,因而众心涣散,国势日益衰弱。于是,瓦剌、吐鲁番、沙州、罕东、赤斤等不断入侵,大肆掳掠。天顺四年(1460年),忠顺王卜列革死,无亲属可以继任,便以其母弩温答失里暂时主持国事。这样一来,部众更其离散。后来,蒙古部落酋长乩加思兰以及吐鲁番苏丹阿黑麻几次攻占哈密,致使哈密更加残破。弘治五年(1492年),明朝立陕巴为忠顺王。六年春,阿黑麻借故夜袭哈密,俘虏了陕巴,又占据了哈密。在此情况下,明王朝决定废弃陕巴,驱逐吐鲁番贡使,关闭嘉峪关,修缮苦峪城,令流亡的哈密人前往居住。这样一来。嘉峪关以外各部,由于不能朝贡贸易,因而都怨恨阿黑麻。阿黑麻在此压力之下，只好送还陕巴及哈密之众，请求照样通贡。嘉靖(1522—1566 年)中叶，明朝政府对是否兴复哈密的问题，展开了一场争论，最后以哈密三立三绝，不容易兴复，不如扔掉这个包袱为宜。于是决定不再过问哈密之事，同时也允许吐鲁番通贡。明王朝妥协了，而西陲因此得以稍稍宁息。后来哈密服属了吐鲁番，但对明王朝仍然每岁一贡。

总的说来，"关西七卫"与明朝的关系是比较好的。当他们的力量比较强盛时，明朝只需北防蒙古贵族的侵扰而无西顾之忧。但当它们相继削弱、残破以至于覆亡之后，蒙古亦不剌等便占据了青海，吐鲁番也直逼嘉峪关。于是西陲日益多事，明王朝也更难于应付了。

（原载郭厚安、吴廷桢主编：《悠久的甘肃历史》，甘肃人民出版社，1988 年）

附录

郭厚安主要论著目录

一、著作

1. 吴廷桢、郭厚安主编:《中国历史上的改革家》,甘肃教育出版社 1986 年。

2. 赵吉惠、郭厚安主编:《中国儒学辞典》,辽宁人民出版社 1988 年。

3. 郭厚安、吴廷桢主编:《悠久的甘肃历史》,甘肃人民出版社 1988 年。

4. 郭厚安、陈守忠主编:《甘肃古代史》,兰州大学出版社 1989 年。

5. 郭厚安编:《明实录经济资料选编》,中国社会科学出版社 1989 年。

6. 赵吉惠、郭厚安、赵馥洁、潘策主编:《中国儒学史》,中州古籍出版社 1991 年。

7. 吴廷桢、郭厚安主编:《河西开发研究(古代卷)》,甘肃教育出版社 1993 年。

8. 郭厚安《弘治皇帝大传》,辽宁教育出版社 1994 年。

9. 吴廷桢、郭厚安主编:《河西开发史研究》,甘肃教育出版社 1996 年。

10. 郭厚安、李清凌卷主编:《西北通史(第三卷)》,兰州大学出版社 2005 年。

二、论文

1. 柯建中、郭厚安:《从元末农民起义与明初社会状况论朱元璋的历史地位》,《四川大学学报(社会科学)》1958(2)。

2. 郭厚安:《略谈明初的屯田》,《历史教学》1958(4)。

3. 郭厚安:《论张居正的改革——兼论封建社会后期法家的历史地位》,《西北师范学院学报》1975(3)。

4. 郭厚安:《〈水浒〉与封建社会后期的农民起义——兼驳接受招安是农民的阶级局限性的错误观点》,《甘肃师大学报(哲学社会科学版)》1976(1)。

5. 郭厚安:《明末农民革命的经验教训》,《甘肃师大学报(哲学社会科学版)》1976(3)。

6. 郭厚安:《秦汉之际阶级斗争的历史不容歪曲》,《甘肃师大学报(哲学社会科学版)》1977(2)。

7. 郭厚安:《论朱元璋——兼评“让步政策论”》,《甘肃师大学报(哲学社会科学版)》1977(3)。

8. 郭厚安:《读〈论李岩〉——与孟凡人同志商榷》,《甘肃师大学报(哲学社会科学版)》1978(2)。

9. 郭厚安:《论李贽的所谓“尊法反儒”思想,对广东某教授主观唯心主义的批判》,《甘肃师大学报(哲学社会科学版)》1979(1)。

10. 郭厚安:《假皇权以肆虐的奴才——论明代的宦官》,《甘肃师大学报(哲学社会科学版)》1980(1)。

11. 郭厚安:《论明初的吏治》,《甘肃师大学报(哲学社会科学版)》1981(1)。

12. 郭厚安:《“靖难之役”及其对明代专制主义中央集权的影响》,《西北师范学院学报》1982(1)。

13. 郭厚安：《关于明代专制主义中央集权高度强化的问题》，《西北师范学院学报》1983(4)。《中国史研究动态》1984(1)转载。

14. 郭厚安：《明代江南赋重问题析》，《西北师范学院学报》1984(4)。

15. 郭厚安：《〈明夷待访录〉读后》，《西北师范学院学报》1985(3)。

16. 郭厚安：《论张居正的政治思想》，《甘肃社会科学》1985(5)。

17. 郭厚安：《对朱元璋"右贫拟富"政策之剖析》，《西北师范学院学报》1986(4)。

18. 郭厚安：《明初选举制度论述》，《西北师范学院学报》1987(4)。

19. 郭厚安：《〈明实录〉简介》，《西北师范学院学报》1988(增刊)。

20. 郭厚安：《明代的河西走廊和"关西七卫"》，郭厚安、吴廷桢主编：《悠久的甘肃历史》，甘肃人民出版社1988年。

21. 郭厚安：《明清之际的甘肃社会经济》，郭厚安、吴廷桢主编：《悠久的甘肃历史》，甘肃人民出版社1988年。

22. 郭厚安、田澍：《对张居正权利之剖析》，《甘肃社会科学》1989(2)。

23. 郭厚安：《论亡国之君朱由检》，《西北师大学报(社会科学版)》1989(5)。

24. 郭厚安：《略论王守仁"心学"的历史地位》，《西北师大学报(社会科学版)》1990(1)。

25. 郭厚安：《论朱元璋的治国之道》，《西北师大学报(社会科学版)》1991(1)。

26. 郭厚安：《论仁宣之治》，《西北师大学报(社会科学版)(创刊50周年纪念)》1992(2)。

27.郭厚安:《略论仁宣时期中枢权力结构的变化》,《明史研究(第二辑)纪念谢国桢先生九十诞辰专辑》1992(12)。

28. 郭厚安:《〈河西开发研究〉(古代卷）前言》,《西北师大学报(社会科学版)》1993(1)。

29. 郭厚安:《也谈明代的祖制问题》,《西北师大学报（社会科学版)》1993(5)。

30. 郭厚安:《〈弘治皇帝大传〉前言》,郭厚安:《弘治皇帝大传》,辽宁教育出版社 1994 年。

31.郭厚安:《人才匮乏,功败垂成——甲申 350 周年纪念》,《西北师大学报(社会科学版)》1994(3)。

32. 郭厚安:《论明清之际对君主专制的批判》,《西北师大学报(社会科学版)》1995(5)。

33. 郭厚安:《论"靖难之役"的性质》,《西北师大学报(社会科学版)》1997(3)。

34.郭厚安:《多有创建的学术著作——评〈历代经略西北边疆研究〉》,《中国边疆史地研究》1998(4)。

《陇上学人文存》已出版书目

● 第一辑 ●

《马　通卷》马亚萍编选　　　《支克坚卷》刘春生编选
《王沂暖卷》张广裕编选　　　《刘文英卷》孔　敏编选
《吴文翰卷》杨文德编选　　　《段文杰卷》杜琪　赵声良编选
《赵俪生卷》王玉祥编选　　　《赵逵夫卷》韩高年编选
《洪毅然卷》李　骅编选　　　《颜廷亮卷》巨　虹编选

● 第二辑 ●

《史苇湘卷》马　德编选　　　《齐陈骏卷》买小英编选
《李秉德卷》李瑾瑜编选　　　《杨建新卷》杨文炯编选
《金宝祥卷》杨秀清编选　　　《郑　文卷》尹占华编选
《黄伯荣卷》马小萍编选　　　《郭晋稀卷》赵逵夫编选
《喻博文卷》颜华东编选　　　《穆纪光卷》孔　敏编选

● 第三辑 ●

《刘让言卷》王尚寿编选　　　《刘家声卷》何　苑编选
《刘瑞明卷》马步升编选　　　《匡　扶卷》张　堡编选
《李鼎文卷》伏俊琏编选　　　《林径一卷》颜华东编选
《胡德海卷》张永祥编选　　　《彭　铎卷》韩高年编选
《樊锦诗卷》赵声良编选　　　《郝苏民卷》马东平编选

第七辑

《常书鸿卷》杜　琪编选　　　《李焰平卷》杨光祖编选
《华　侃卷》看本加编选　　　《刘延寿卷》郝　军编选
《南国农卷》俞树煜编选　　　《王尚寿卷》杨小兰编选
《叶　萌卷》李敬国编选　　　《侯丕勋卷》黄正林　周　松编选
《周述实卷》常红军编选　　　《毕可生卷》沈冯娟　易　林编选

第八辑

《李正宇卷》张先堂编选　　　《武文军卷》韩晓东编选
《汪受宽卷》屈直敏编选　　　《吴福熙卷》周玉秀编选
《蹇长春卷》李天保编选　　　《张崇琛卷》王俊莲编选
《林　立卷》曹陇华编选　　　《刘　敏卷》焦若水编选
《白玉岱卷》王光辉编选　　　《李清凌卷》何玉红编选

第九辑

《李　蔚卷》姚兆余编选　　　《郗慧民卷》戚晓萍编选
《任先行卷》胡　凯编选　　　《何士骥卷》刘再聪编选
《王希隆卷》杨代成编选　　　《李并成卷》巨　虹编选
《范　鹏卷》成兆文编选　　　《包国宪卷》何文盛　王学军编选
《郑炳林卷》赵青山编选　　　《马　德卷》买小英编选

第十辑

《王福生卷》孔　敏编选　　《刘进军卷》孙文鹏编选
《辛安亭卷》卫春回编选　　《邵国秀卷》肖学智　岳庆艳编选
《李含琳卷》邓生菊编选　　《李仲立卷》董积生　刘治立编选
《李黑虎卷》郝希亮编选　　《郭厚安卷》田　澍编选
《高新才卷》何　苑编选　　《蔡文浩卷》王思文编选